U0808788

集 刊 名： 形象史学
主办单位： 中国社会科学院古代史研究所文化史研究室
主　　编： 刘中玉

2022 年夏之卷

编委会（以姓氏笔画为序）

主　任　孙　晓（中国社会科学院古代史研究所）

委　员

卜宪群（中国社会科学院古代史研究所）
马　怡（中国社会科学院古代史研究所）
王子今（西北大学）
王月清（南京大学）
王亚蓉（中国社会科学院考古研究所）
王彦辉（东北师范大学）
王震中（中国社会科学院古代史研究所）
尹吉男（中央美术学院、广州美术学院）
成一农（云南大学历史与档案学院）
仲伟民（清华大学）
扬之水（中国社会科学院文学研究所）
李　旻（美国洛杉矶加州大学）
李　零（北京大学）
杨爱国（山东省博物馆）
杨宝玉（中国社会科学院古代史研究所）
杨富学（敦煌研究院）
沙武田（陕西师范大学）
沈卫荣（清华大学）
陈支平（厦门大学）
陈星灿（中国社会科学院考古研究所）
尚永琪（宁波大学）
罗世平（中央美术学院）
金秉骏（韩国首尔大学）
郑　岩（北京大学）
耿慧玲（台湾朝阳科技大学）
黄厚明（南京大学）
谢继胜（浙江大学）
臧知非（苏州大学）
熊文彬（四川大学）
池田知久（日本东方学会）
渡边义浩（日本早稻田大学）

编辑部主任　宋学立

编辑部成员

王　艺　王　申　刘中玉　刘明杉　纪雪娟　安子毓　李凯凯　宋学立　杜艳茹　徐林平　常文相　黄若然

本辑执行编辑

宋学立　黄若然

总第二十二辑

古文字与中华文明传承发展工程专项资助集刊
CSSCI 来 源 集 刊

形象史學

中国社会科学院古代史研究所文化史研究室 主办

刘中玉 主编

2022年
夏之卷
（总第二十二辑）

中国社会科学出版社

图书在版编目(CIP)数据

形象史学．2022年．夏之卷：总第二十二辑／刘中玉主编．
—北京：中国社会科学出版社，2022.5
ISBN 978-7-5227-0492-0

Ⅰ．①形…　Ⅱ．①刘…　Ⅲ．①文化史—中国—文集
Ⅳ．①K203-53

中国版本图书馆CIP数据核字(2022)第125058号

出 版 人　赵剑英
责任编辑　李凯凯
责任校对　闫　萃
责任印制　王　超

出　　版　中国社会科学出版社
社　　址　北京鼓楼西大街甲158号
邮　　编　100720
网　　址　http://www.csspw.cn
发 行 部　010-84083685
门 市 部　010-84029450
经　　销　新华书店及其他书店

印刷装订　北京君升印刷有限公司
版　　次　2022年5月第1版
印　　次　2022年5月第1次印刷

开　　本　787×1092　1/16
印　　张　21.5
字　　数　420千字
定　　价　128.00元

凡购买中国社会科学出版社图书，如有质量问题请与本社营销中心联系调换
电话：010-84083683
版权所有　侵权必究

纪念沈从文先生诞辰120周年

沈从文

王亚蓉摄

沈从文与金介甫

王亚蓉摄

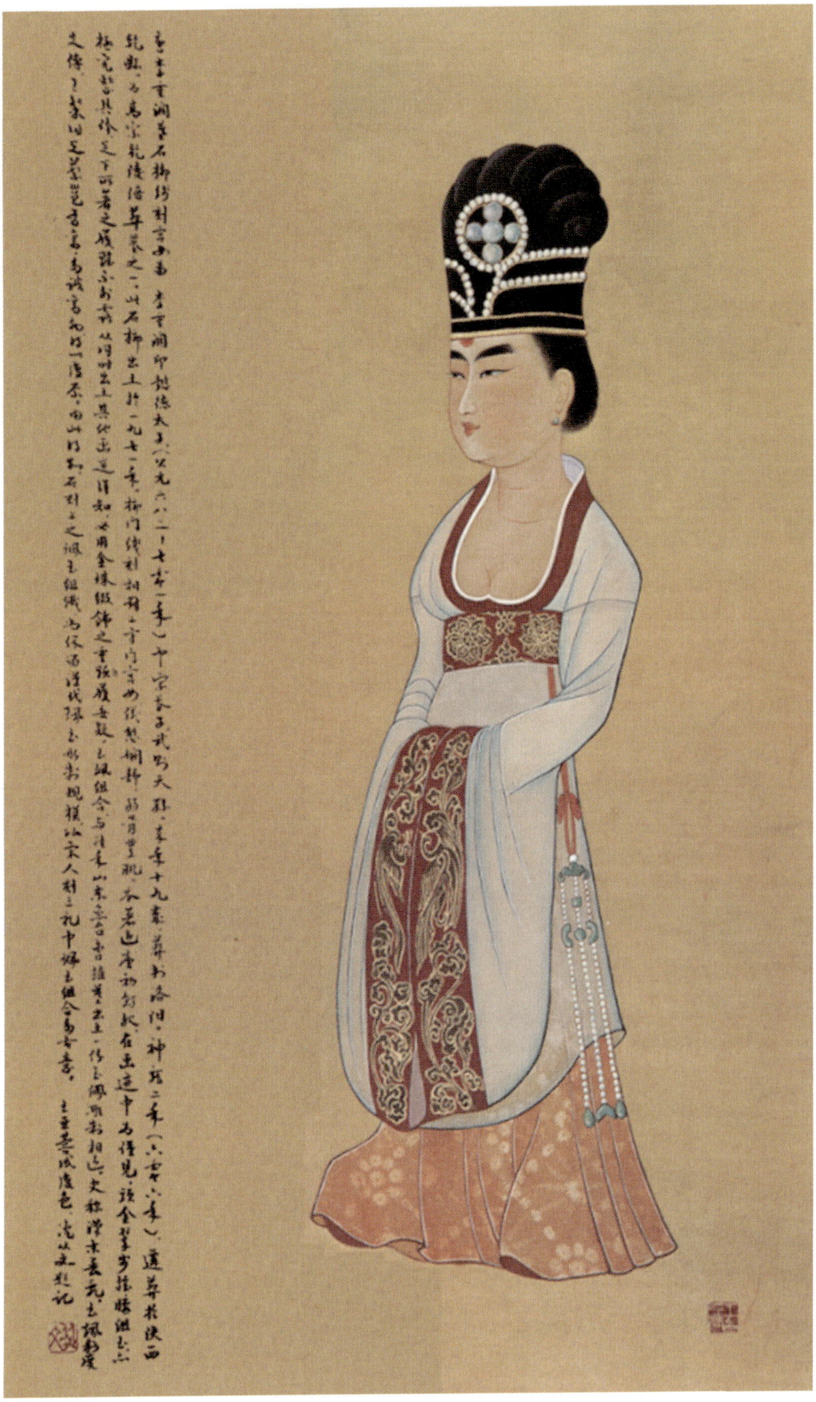

懿德太子墓女官

王亚蓉绘图，沈从文题记，金介甫收藏

目 录

三 图像研究

栏目主持 黄厚明

四 文本研究

栏目主持 宋学立

一

纺织考古

沈从文暨王㐨、王亚蓉服饰研究及纺织考古大事记

1949 年

• 47 岁的沈从文（1902—1988）选择从北京大学转入北京历史博物馆（1959 年更名中国历史博物馆）工作后，在午门两侧朝房陈列室做讲解工作。依沈先生自述：一方面对观众介绍文物陈列，另一方面遇专家、教师也是一个方便讨教学习的场所。讲解工作他坚持了近十年。

1953 年

• 年仅 23 岁的抗美援朝志愿军文工团团员王㐨（1930—1997）回京休假，到北京历史博物馆参观时幸遇沈从文讲解。沈从文为他详细讲解展柜里文物方方面面的知识，吸引他此后几天全在馆中度过，直至休假结束，方得知讲解员大名。多年后，王㐨对王亚蓉说：沈先生是他的启蒙老师。

1958 年

• 王㐨从朝鲜回国后复原转业，考取鲁迅美术学院的同时，接到中国科学院植物研究所录用邀请。在征询沈从文意见后，果断放弃鲁美和植物所，而选择到中国科学院考古研究所工作，被任命为技术室副主任。他在兼顾日常管理的同时，始终参与青铜器、漆器、陶器、纺织品等各类出土文物的修复与研究工作。

1962 年

• 王㐨对考古中发现的各种染缬工艺产生浓厚兴趣，开始通过实验研究染缬文物的染色工艺，并详细记录实验过程。2014 年，其女儿王丹将其实验记录和相关研究成果汇辑成《染缬集》，由北京燕山出版社出版。

1964 年

• 经文化部副部长齐燕铭推荐，历史博物馆决定由沈从文承担周恩来总理交办的编写《中国历代服饰图谱》任务，并由美工组陈大章、李之檀、范曾等担任绘图助手，计划年底完成，后因文化大革命暴发，未能印行。

1966 年

• 受考古研究所委派，王孖、王振江等去山西大同清理日伪时期的万人坑。王孖依考古发掘程序将所出各类干尸和遗物依次拍照、绘图、记录，整理工作持续到1968 年。之后这批资料一直保存在考古研究所，直到 1995 年，始由香港商务印书馆出版。

1968 年

• 王孖参加河北省满城汉墓发掘，并主持出土纺织品等文物的修复和保护，与白荣金成功修复了第一件出土的汉代金缕玉衣。

1969 年

• 冬，年近七旬的沈从文下放到湖北咸宁五七干校，此后虽经六次迁转，仍在缺少资料的情况下凭记忆复写《中国历代服饰图谱》书稿，并将疏忽遗漏或多余处一一记录，以备日后补改。

• 冬，王孖赴山西太原及侯马参加侯马盟书出土保护工作。

1970 年

• 王孖接国际修复任务，为阿尔巴尼亚修复两部“二战”中埋藏的珍贵手写金字、银字羊皮《圣经》。任务由中国科学院院长郭沫若直接交办给考古研究所所长夏鼐，夏鼐指派王孖承担主持这项工作，由考古研究所和化学研究所共同组成修复工作组。王孖发明桑蚕单丝网加固技术，成功完成修复任务，并顺利通过外交部、中国科学院和阿尔巴尼亚驻华大使馆共同验收。

1971 年

• 沈从文从干校回到北京，继续编改《中国历代服饰图谱》，并将文稿上交中国历史博物馆。

1972 年

• 夏鼐、王仲殊、王孖等赴陕西考察乾陵，并赴安阳参与车马坑清理、保护工作。

• 王孖、王振江、白荣金代表考古研究所参与并主持湖南长沙马王堆一号汉墓丝织品文物的发掘与修复工作。

1973 年

• 王亚蓉经中国人民大学文学系杨纤如教授介绍，在北京东城区东堂子胡同51 号后院一间小北屋结识沈从文和王孖。沈从文开始让王亚蓉参与物质文化史插图工作，首先绘制《熊经鸟申》和《扇子的衍进》插图。

• 经王孖介绍，王亚蓉调入考古研究所技术室。

• 夏鼐、王孖、白荣金赴湖南长沙继续参与并主持湖南长沙马王堆一号汉墓丝织品文物的发掘与修复工作。

1974 年

• 王亚蓉参与大葆台汉墓出土纺织品清理工作，并对已清理完成的刺绣残片和已碳化的冠缨组带，破解其编组工艺，并成功复编。

• 王㐨再赴湖南长沙继续参与并主持湖南长沙马王堆三号汉墓丝织品文物的发掘与修复工作。

1975 年

• 王㐨赴安阳工作站完成殷墟妇好墓出土器物上纺织品痕迹加护工作。

• 王㐨、王亚蓉赴湖南长沙，继续进行马王堆一号及三号汉墓出土纺织品的室内清理保护工作。

• 王㐨参与湖北省荆州凤凰山 167 号汉墓纺织品发掘、保护工作。

1976 年

• 王㐨、王亚蓉参与鉴定河南信阳发掘的春秋时期黄君孟夫妇合葬墓被盗纺织品文物。

• 王亚蓉赴洛阳考古工作站绘制陶俑，后又被临时调往安阳工作站，为殷墟妇好墓简报赶制绘图。

• 王㐨参与河北省满城中山靖王刘胜墓出土丝织品文物现场保护工作。

1977 年

• 考古研究所王㐨、韩悦赴云南考察卡佤族、傣族、布依族等原始制陶工艺，并拍摄纪录片若干集。

• 王㐨、王亚蓉除考古研究所日常工作外，每日下班步行至东堂子胡同 51 号沈从文处，协助其完成绘图等工作。

• 王㐨、王亚蓉赴赤峰博物馆参与荣宪公主墓出土服饰文物修复保护工作。

• 王㐨几次向中国科学院领导反映沈从文服饰研究的困难情况，申请将其调入中国科学院工作。中国科学院院长胡乔木、秘书长刘仰峤了解情况后，经与沈从文面谈，商定其调入事宜。

1978 年

• 中国科学院哲学社会科学部编制改为中国社会科学院。经国家文物局批准，沈从文正式调入中国社会科学院历史研究所，并担任新成立的古代服饰研究室主任。同时在其坚持要求下，社科院同意王㐨、王亚蓉担任其工作助手，王亚蓉调入历史研究所，王㐨则仍暂留考古研究所。

• 中国社会科院在北京西郊友谊宾馆租用两个套房，作为古代服饰研究室临时工作室。在此，沈从文及夫人张兆和携王㐨、王亚蓉、胡戟历时四个多月，终于完成《中国历代服饰图谱》图稿的最后整合工作。书名最后确定为《中国古代服饰研究》，计 25 万字，新增补插图 150 幅。

1979 年

• 春节期间，中国社会科学院秘书长梅益在联谊会中，与领导香港三联、中华、商务出版业务的兰真，谈定《中国古代服饰研究》由香港商务印书馆出版。

• 中国社会科学院以“要报”形式，向中央和国务院领导报告《中国古代服饰研究》的出版情况。

• 古代服饰研究室由友谊宾馆租住地迁至北京日坛路六号院三间木板房内。

• 王孖由考古研究所调入历史研究所，任古代服饰研究室副主任。同年，谷守英调入研究室，从事摄影及暗房工作。

• 经中国社会科学院批准，沈从文赴美多所大学讲学。

• 王孖、王亚蓉、谷守英赴云南省博物馆及西双版纳等少数民族地区，调研考古出土的纺织文物及少数民族保留的各类纺织、刺绣，为期 4 个月。

1980 年

• 沈从文、王孖、王亚蓉完成《中国古代服饰研究》定稿工作。夏，沈从文、张兆和、王孖、王亚蓉同赴广州校对文稿。期间前往中山大学参观博物馆，并拜访老友商承祚、容庚两位先生。商老欣然为《中国古代服饰研究》题写书名。

• 沈从文在广州接受香港三联出版社潘耀明采访。

• 王孖赴南京、扬州天山等地，并参加天山汉墓发掘工作。

1981 年

• 香港商务印书馆正式出版《中国古代服饰研究》(8 开本)。沈从文将第一本样书签名赠予邓颖超，以表达对周恩来总理的敬意。外交部礼宾司将该书列入国礼名单。据新闻报道，该书曾赠予美国尼克松总统、英国伊丽莎白女王和日本裕仁天皇等外国元首。

• 《中国古代服饰研究》获国家社会科学研究一等奖。

• 王孖赴内蒙古豪欠营辽墓发掘工地，参加契丹女尸的提取工作。

1982 年

• 王孖、王亚蓉参加湖北江陵马山一号楚墓现场提取及室内清理、修复工作。沈从文所写《打开战国的丝绸宝库》一文，发表在《中国画报》外文版。

• 王孖参加内蒙古赤峰宁营子元代壁画保护工作。

1983 年

• 王孖赴内蒙古赤峰宁营子，参加元代壁画的揭取、保护工作。

• 王孖赴广州主持南越王墓出土纺织品保护工作。

• 古代服饰研究室搬迁至朝阳门内吉兆胡同 3 号中国社会科学院宿舍院 5 间平房内。

1984 年

• 王孖接替沈从文任古代服饰研究室主任，并筹划出版十卷本《中国服饰大系》。

• 湖南省博物馆正式聘请王孖、王亚蓉为顾问，指导马王堆汉墓一号、三号墓的纺织品文物修复、保护、研究工作。

• 王孖再赴广州主持南越王墓出土纺织品保护工作。

• 王孖赴沈阳博物馆途中，在锦州火车站被辽宁省考古所“截留”，参与北京大学和辽宁省考古所金牛山工地的发掘工作，协助提取被包胶在石灰岩中的人头骨。王孖创用界面渗透法，安全分离被矿物盐胶结在巨石上的人头骨化石，鼻中隔软骨亦完整提取。

1985 年

● 王丹参与广州南越王墓出土残朽纺织品的清理、保护工作。该墓发现了印花凸板模具，印证了王丹在研究马王堆一号印花敷彩纱时，提出的汉代已有印花模具的推论。

● 自本年起至 1990 年，王亚蓉因研究复织项目未获资助，开始自筹经费，复织湖北江陵马山一号楚墓出土部分刺绣衣衾纺织品。

1986 年

● 王丹、王亚蓉参与湖南沅陵元代夫妇合葬墓出土纺织品的清理、保护工作。

● 王丹、王亚蓉赴日本参加第四届国际服饰学会研讨会，分别作了演讲，并被国际服饰学会聘为理事、顾问。

1987 年

● 王丹、王亚蓉应陕西省考古所邀请，赴扶风县参与法门寺唐塔地宫纺织品文物的发掘、清理工作。

● 王丹、王亚蓉、胡戟同台湾记者沈重，沿郑州、西安、兰州至乌鲁木齐一线，考察丝绸之路上出土的丝织品。

● 王丹主导发明的桑蚕单丝网保护技术获中国中国社会科学院优秀科技成果一等奖。

1988 年

● 历史研究所与大英图书馆联合出版斯坦因从敦煌藏经洞带回的写经背面的手书文献。敦煌研究组人员做完考察工作后，历史研究所派遣王丹、王亚蓉赴大英图书馆进行拍摄。

● 为筹建中国艺术馆，维多利亚与艾尔伯特博物馆聘请王丹、王亚蓉协助鉴定所藏中国明清各类服饰及丝绸文物。该中国艺术馆经费由中国收藏家徐展堂提供。

1989 年

● 王丹、王亚蓉继续完成敦煌藏经洞手书文献的拍摄工作，期间赴巴黎集美博物馆考察。6 月回国。

1990 年

● 王丹、王亚蓉赴巴黎参加联合国教科文组织的丝绸之路出土纺织品出版准备工作。期间，王亚蓉突发急性心梗入院，康复后回国。

● 王丹赴乌鲁木齐参加联合国教科文组织丝绸之路考察国际研讨会。

1991 年

● 王亚蓉赴黑龙江省博物馆，对黑龙江阿城金代齐王夫妇合葬墓纺织品进行鉴定和研究。

● 中国社会科学院在湖北省荆州博物馆举办首届国际服饰研讨会，王亚蓉在会上首次发表马山楚墓实验考古的复织研究成果。

● 王丹、王亚蓉在昌平县（今北京市

昌平区）泰陵参加古代丝织品复织工作会议。

1992 年

• 王亚蓉赴日本名古屋参加世界首届扎染会议，并发表演讲。

• 应辽宁省博物馆馆长徐秉琨邀请，王亚蓉赴沈阳参加法库叶茂台辽墓出土丝织品的清理、修复工作。2008 年，该墓丝织品运至考古研究所纺织考古部进一步清理，至 2013 年，修复工作完成。

1993 年

• 王亚蓉应河南省考古研究所邀请，赴三门峡市参加西周虢国 M2009 墓出土玉器上附各种丝织残片、合裆麻裤的清理工作。

• 王㐨利用胶东半岛莱州湾产的骨螺螺腺体内提取物，试验汉代文献记载的齐紫染紫技术。

• 5 月，北京大学赛克勒博物馆开馆，伦敦大学艾兰教授、哈佛大学张光直教授在看到王亚蓉复织的江陵马山楚墓 N10 绵衣后，张光直赞为“这是用实验考古学的方法研究纺织文化的最好例证”。

1994 年

• 由历史研究所主办，王㐨、王亚蓉筹办的“纪念沈从文从事服饰文化研究四十周年汇报展”在郭沫若纪念馆举行。中国社会科学院常务副院长王忍之作“辛勤耕耘，惨淡经营”的题辞。

• 王亚蓉随湖南省博物馆赴韩国首尔举办楚汉刺绣展，展出江陵马山楚墓复织衣绣及马王堆汉墓出土刺绣衣物。之后，又巡展至荷兰阿姆斯特丹博物馆。

1995 年

• 新疆中日联合考古队在民丰尼雅发现纺织品丰富的汉晋贵族墓。王亚蓉受国家文物局委派，随宿白、严文明等专家赴新疆自治区考古研究所考察，并留在乌鲁木齐主持尼雅遗址丝织品揭取清理工作。该墓出土了著名的“五星出东方利中国”经锦护膊、“王侯合婚千秋万代宜子孙”锦被等一大批精彩纺织品文物。

• 王亚蓉参加双向选择，主动退休，并继续主持尼雅遗址丝织品揭取清理工作。

• 王㐨在北京完成阿城金墓出土绣花罗鞋的修复工作。

1996 年

• 王㐨、王亚蓉在研究室接待瑞士丝织品专家访问团，之后王亚蓉陪同专家团考察首都博物馆旧址（孔庙内）所藏明清丝织品精彩文物。

1997 年

• 王㐨因肾病去逝，时年 67 岁，他为中国纺织考古学的奠基作出了显著贡献。

2000 年

• 王亚蓉受中国社会科学院考古研究所所长徐苹芳推荐，主持北京老山汉墓丝织品现场提取、保护工作，其后在北京辽金元城垣博物馆库房内，完成出土残碎刺绣荒帷的修复，共历时三年。

2003 年

• 为迎接 2008 年奥运会，首都博物馆筹建新馆，聘请王亚蓉组建古代纺织品研究保护工作室，成功修复北京考古研究存放半个世纪的元代国师海云法师塔墓出土的僧帽、元缂丝等重要丝织品文物。

• 王亚蓉工作室成功修复元代白塔寺天宫藏密封册、绣袱等重要丝织品文物。

• 受吐鲁番文物局局长李肖委托，工作室修复多件吐鲁番出土丝织品，并为吐鲁番博物馆培养纺织品修复人员。

2004 年

• 王亚蓉主持复织定陵出土的明神宗十二章缂丝衮服及孝靖皇后百子衣，至 2007 年完成。

• 吐鲁番博物馆修复人员在首博结束学习。王亚蓉携纪秀文、司志文，与之同赴吐鲁番博物馆，助其成立丝织品、纸制品文物修复工作室。截至目前，该工作室已取得多项研究成果。

• 王亚蓉、司志文参加火焰山下洋海墓地八座春秋战国墓葬纺织品的发掘、保护工作。

2005 年

• 王亚蓉工作室主持修复保护河北省隆化县鸽子洞出土的元代纺织品，至 2009 年完成，并编写报告《洞藏锦绣六百年——河北隆化鸽子洞藏元代文物》。

2006 年

• 受北京文物局委托，王亚蓉携工作室傅萌、司志文、陈超对清康熙时期武官墓殓葬服装进行脱取和保护。

• 江西赣州慈云寺塔于 2004 年出土大量北宋纸画碎片，但残碎过甚，一直未能复原。2006 年，修复工作委托王亚蓉工作室。经过五年分拣拼合，工作室于 2011 年完成修复工作，成功复原 20 余幅宋供养绘画，并发现年款。2019 年完成出版报告。

• 王亚蓉应中国社会科学院考古研究所所长王巍邀请，返聘回考古研究所，计划筹建纺织考古研究部。

• 受国家文物局专家组委派，王亚蓉携首都博物馆工作团队主持江西靖安东周大墓纺织品的发掘和保护。该墓发掘被评为 2007 年十大考古发现。2009 年，在该墓第一阶段抢救清理工作进入尾声时，工作被叫停，后虽多方申请重新启动，然因纺织文物离开地下密闭环境已三年之久，难再进行修整，造成不可挽回的遗憾。

• 王亚蓉带领首都博物馆工作团队，并携带在北京定制好的清洗池、修复所用各种框架及丝网机，赴长沙湖南省博物馆对汉代马王堆、元代华容墓出土丝织品进行提取和修复。

2010 年

• 中国国家博物馆赵作勇、杨琴以实

习身份，参与首都博物馆工作室清康熙时期武官墓殓葬服装脱取、保护工作，后又在王亚蓉的帮助下，在国家博物馆建立纺织修复工作室。

2011 年

• 应江西省考古所请求，王亚蓉携考古研究所纺织考古部对江西明代宁靖王妃吴氏墓出土服饰进行二次修复。

2013 年

• 王亚蓉携考古研究所纺织考古部对山东日照海曲 M125 汉墓锁绣荒帷和组带、河南睢县明代夫妇合葬墓出土丝织服饰分别进行修复。

2014 年

• 王亚蓉携考古研究所纺织考古部对 1972 年出土的山东临淄齐故城大夫观战国墓丝织物进行修复。

• 受国家文物局委派，王亚蓉参与江西海昏侯墓纺织品的发掘与保护工作。

• 中国文物学会成立纺织文物专业委员会，并举办第一届学术研讨会，王亚蓉在会上当选为会长。

2015 年

• 9 月，中国文物学会纺织文物专业委员会第二届学术研讨会在西安大唐西市博物馆举行，会议主题为“以丝绸之路作为起点”。

2016 年

• 中国社会科学院正式批准建立纺织考古绝学学科，王亚蓉为学科带头人。

• 3 月 18 日，中国社会科学院考古研究所在苏州成立纺织考古科研基地。

• 王亚蓉获得中国首批“大国工匠”荣誉称号，后又获 2016 年全球十大文化人物称号。

• 受国家文物局委派，王亚蓉赴河北省东陵清理保护清温僖贵妃墓被盗寻回的十件（套）服饰，并制定修复保护方案。

• 纺织考古部分别对江西省丰城市博物馆所藏明代纺织品、河北省梳妆楼出土元代纺织品、西藏阿里故如甲木墓地出土纺织品、河南省睢县出土明代丝织衣物（80 件/套）进行了修复和保护。

• 10 月，中国文物学会纺织文物专业委员会第三届学术研讨会在四川博物院举行。

• 王亚蓉受聘为北京服装学院“中国传统服饰文化抢救传承与设计创新研究”项目博士生导师。

2017 年

• 王亚蓉携纺织考古部参与江西省南昌市象山南路 M11 汉墓纺织品的发掘和清理工作。

• 纺织考古部对北京市海淀区玲珑巷明代宦官墓纺织品进行修复、保护。

• 12 月，王亚蓉编著《中国刺绣》出版。

2018年

• 4月16日，国务院副总理孙春兰、中国社会科学院院长谢伏瞻等领导视察纺织考古部，王亚蓉进行了约半小时的汇报。

• 纺织考古部对北京市五里坨宦官墓纺织品进行起取与保护。

• 王亚蓉主编《中国古代纺织文化研究与继承》论文集出版。

• 12月，清东陵景陵妃园寝温僖皇贵妃墓出土服饰结项会在京举行。

2019年

• 2月，由中国文物学会纺织文物专业委员会主办的“中华传统服饰文化学术研讨会暨金玉华裳中华传统服饰臻萃展”在泉州市博物馆举行，会议主题为“弘扬传统服饰文化”。

• 5月，上海博物馆藏纺织品文物修复项目结项会在京举行。

•《慈云祥光——赣州慈云寺塔发现北宋遗物》出版，报告采纳北大教授宿白意见，对复原作品不定名，不添加文字。9月11日，中国社会科学院考古研究所、江西省赣州市人民政府在京共同举办发布会，国家文物局副局长顾玉才出席。

• 在王亚蓉参与筹划下，北京服装学院成功获批文物与博物馆学纺织考古专业硕士专业学位授权点，同年招收第一批硕士生。

• 王亚蓉携纺织考古部参加江西上饶广丰纪氏夫妇合葬墓纺织品的发掘与揭取工作，共揭取各类纺织品文物三十七件/套。

• 10月，“楚风汉韵—中国文物学会纺织文物专业委员会第五届学术研讨会”在湖南省博物馆召开，同时举行“锦绣中华——古代丝织品文化展”。

2020年

• 王亚蓉参加西安工程大学举办的首届“科技·艺术·考古”高层论坛。

2021年

• 纺织考古部选取明宁靖王妃吴氏墓出土的织金璎珞纹云肩妆花缎夹袄、妆金团凤纹补鞠衣，进行复原复织研究。

• 中国社会科院考古研究所和北京市文物局签署战略合作协议，与首都博物馆、明十三陵遗产管理中心达成合作意向，对定陵纺织品文物进行现场实践考察，并选定第一阶段研究标本，拟定实施计划。

• 王亚蓉参加湖南长沙桃源刺绣传承与发展学术研讨会及展览。

• 王亚蓉参加西安工程大学考古文物保护修复联合合作会议，指导并参与其大学建立以纺织、服饰文物保护修复为主的实验研究中心。

• 中国历史研究院举办学习习近平总书记致仰韶文化发现和中国现代考古学诞生100周年贺信精神座谈会，王亚蓉从培育纺织考古学的角度谈了学习体会。

•《秦始皇陵铜车马内饰复原复织研究》获批为国家社科基金中国历史研究院重大历史问题研究专项“中国考古

研究专题”委托项目。

●3月19日，大葆台汉墓博物馆通过新华网直播“百年考古系列讲座”《重现大国霓裳》，邀请王亚蓉主讲。

●5月10日，中国社会科学院古代史研究所文化史研究室举办《形象史学》创刊十周年系列讲座，邀请王亚蓉主讲《沈从文与纺织考古》。11月25日，王亚蓉接受古代史研究所所史工作组访谈。

●7月11日，王亚蓉携司志文、邢文静、赵娜在CCTV10录制的纺织考古公开课《考古中的锦绣年华》节目播出。

（赵娜整理）

字书文物修复的桑蚕单丝网·PVB加固技术发明回顾*

王㐨 旧作　王亚蓉 增补（中国社会科学院考古研究所）

1970—1971 年间，中国科学院接受了国务院交办的“为阿尔巴尼亚修复两部珍贵古书”的国际修复任务。这两部古书为阿尔巴尼亚公元 6—9 世纪的珍贵文化遗物——6 世纪的羊皮纸泥金泥银在羊皮纸上书写的圣经，一部书是泥金书写的圣经，另一部是泥银写的圣经。这两部世界闻名的中世纪传抄的“培拉特圣经古抄本”，用羊皮纸制成，一部是 6 世纪的银书大字本，另一部是 9 世纪的金字小字本。它们原藏于培拉特城古教堂中，“二战”中因躲避德军的战火埋入地下，多年后被发掘时朽败严重，书卷坚硬板结，“一触即粉”，欧洲多家博物馆拒绝接收修复。在周总理访欧时，阿尔巴尼亚霍查总统请求中国帮助修复这两部圣经。

任务下达中国科学院后，科研局组成了阵容豪华的专家组，组长是郭沫若，副组长是夏鼐，具体落实由考古所和化学所共同参与修复保护。阿尔巴尼亚羊皮书板结粘连，用中国传统书画装潢托裱技术不适用，因为传统书画装裱不具有透明性，所以需要寻找其他方法。当时国际上常采用日本纸、无纺布、薄纱等材料进行修复，缺点是修复后会让字迹清晰度下降，弊病显著。

在文物的内加固上，轻率地使用人工合成材料恐会造成损失，寻找一种透明度高的天然材质，联合组王㐨先生负责寻找天然有机材料。他先是从羊肠膜、真丝纱等有机材料中试验，但透明度都不理想，最后发现桑蚕茧单丝是透明的，后经过与他夫人合作，做成了小小绕网机，可得三种方孔的丝网，方径分别为 0.5mm、1mm、1.5mm。

联合技术组在 8 种技术中进行选择，一个合成材料，另外一个是天然材料。其中合成的黏合剂 17 种，进行了一系列的

---

* 本文主体部分收入王丹编《染缬集》（北京燕山出版社 2014 年版）一书。

筛选。经过数月，终于在1971年5月成功研制出以桑蚕单丝绕网机为主体，以聚乙烯醇缩丁醛为黏合剂的一整套丝网加固技术。用它来正面加固字书等薄质脆弱文物，既有实效，外观又不显痕迹，亦不影响对文物的观察研究与照相，是一种新创的理想的文物保护加固材料和技术，其效果比以往对字书文物正面加固的任何方法都有显著的优点。化学所科研人员再认真选出可逆性的粘合剂——聚乙烯醇缩丁醛，简称PVB，分子链较长，具有良好的柔顺性，有很好的拉伸强度和抗冲击强度，透明度好，且有很好的耐光、耐水、耐热的成膜性。

经过不懈努力，圆满地完成了国家交予的任务。这两部修好后的古书已作为国宝由阿尔巴尼亚国家档案局珍藏，将作为中阿友谊的永久纪念。完成修复任务的同时，中国科学院复制了两部崭新的羊皮书，由中国政府送给阿尔巴尼亚。

图1 阿尔巴尼亚羊皮书

图 2 第一代绕网机

此后这项技术于 1972—1973 年，成功地应用于湖南长沙马王堆汉墓出土的两千年前的丝绸、帛画等丝织品文物保护工作中，1987 年又应用到陕西扶风法门寺出土唐代珍贵丝绸文物的加固工作中。后经王亚蓉先生及其修复保护团队四十余年来的跟踪观察，证明了此项技术对于修复有机质文物有绝对安全性与可靠性。

在利用丝网加固技术进行修复时，修复人员需要制作一个“独一无二”的丝网。之所以说它“独一无二”，指的是丝网的制作要根据所要加固的文物的具体状况而定。2006 年王亚蓉先生承接的江西赣州慈云寺塔天宫出土脆弱经卷的修复项目中，就是主要利用这项技术辅助完成了高难度的修复工作。

王亚蓉先生多年来一直推广和应用着这项技术，在修复实践中深深感到这项发明在有机质文物保护上所起到的重要作用，即应用时，蚕茧可以根据被保护的色彩任意染色。尤其是应用在纺织品文物的修复上，方便、快捷、安全，修复人员可以根据文物的脆弱程度，现场制作选择适宜密度加工丝网、选择适用的黏合剂浓度，以文物现状为准，现用现做，最大限度地保证技术使用的准确性。因国际修复任务而发明的“单根桑蚕丝绕网技术”应用在阿尔巴尼亚两部羊皮泥金、泥银经上，已经历半个世纪仍无恙，作为阿尔巴尼亚国宝级收藏，此国宝若要观看需得到阿尔巴尼亚总统的特别批准。

2018 年 11 月，北京外国语大学柯静教授因翻译《阿尔巴尼亚历史外文化概况》一书，在阿尔巴尼亚大会堂获得阿方授予的“国家贡献勋章”，同时阿方请她回国帮忙询问修复羊皮书圣经一事，因阿方没任何资料。2019 年 6 月，柯静教授向中国社会科学院考古研究所陈星灿所长咨询修复羊皮书的事，陈所长让他来到纺织考古部办公室向我咨询，说“阿方非常希望更多了解羊皮书修复工作技术问题”，因疫情至今无下文。

战国服饰的复原研究

■ 王亚蓉（中国社会科学院考古研究所）

20 世纪 60 年代我有机会在中央工艺美院学习，最后却走上了服饰文化考古第一线，面对着异味重且腐败的着衣尸骨。这样的转变，或许在开始的时候会觉得是因为工作的需要，时间久了，在这众多"不美"中的我，终于悟出了：我的执着和纺织文化研究给我的次次震撼已让我离不开这些，我固执地走上了服饰文化研究的路，一条沈从文先生、王孖先生都支持鼓励的道路——古代服饰的复原研究。

下面的文字，摘自我在日本的一篇演讲，是 1982 年我参加了湖北荆州马山一号楚墓发掘以后，1984—1990 年我对湖北江陵马山一号楚墓出土衣衾的复制研究简报。

春秋战国时期，社会政治经济各方面都在发生重大变革。以丝麻为原材料的纺织业生产也空前繁荣起来，高级丝绸加工工艺技术的提高更是突飞猛进。社会上层已形成了一个巨大的奢侈品消费集团，衣必文绣自不待言，即使宫室狗马亦多有身披锦绣。邦国之间的礼尚往来使用美锦文绣耗资可观。哪怕为解决政治问题或战争请求盟和，也使用大量的纺织刺绣的生产者——执针，织纴的工奴和"女工妾"作为贿赂（《左传·成公》"楚人伐鲁"条；《国语·晋语》"晋人伐郑"条）。社会各方面在这种风气下，高级丝绸的消费量急剧增长，促使这一时期官、私营纺织刺绣生产的规模日益扩大。产品的精美新奇都达到了前所未有的水平。

中国的丝绸自古享誉世界，这不仅见诸古文献的记载，近三十年的考古发掘也不断为中国辉煌的古代服饰文化提供实证。研究和继承中国的服饰文化变得更迫切、更需要也更有条件了。战国服饰实物资料，主要见于 1982 年被沈先生誉为"丝绸宝库"的楚国贵族墓葬。该墓出土的众多丝织文物，给我们提供了认识和研究楚国服饰文化的重要实证。

这座墓葬在湖北省江陵县城外马山砖瓦厂内，出土的丝织文物极为丰富，共有衣物三十五件，包括服饰、衾被及其他丝绸用品；发现的丝绸品种也很为可观，包括绢、绨、纱、罗、绮、锦、丝、绦、编组、刺绣和针织品等十余类。在工艺技术和装饰艺术方面都具有相当充分的代表性，堪称战国丝织文物之精华，近些年在研究这批文物的基础上，我对江陵的丝绸衣物做了实验复织研究。实验中更全面地认识了解到马山衣饰的各类加工工艺和它的穿着功用。这里仅就复制工作的一些问题，试谈一下我对战国出土服饰、染织、刺绣和缝纫工艺的初步研究成果与评价。

复制品的通常概念是依照文物原件制作一件外观与之相同的、可供陈列展览的替代品，但这是最一般的复制品。从实际经验来看，复制品主要有以下几种形式：

（1）文物“现状的复制品”：即按文物出土后看到的样子，包括质感、色调、纹饰、残缺形状以及文物久经埋藏的历史风貌特征，着意如实表现，做得水平高的可以乱真。选用的复制材料与工艺，可以与文物一致也可以不同，重在追求表面酷似。例如：用石膏翻模复制铜、骨、陶器，用涂料仿作表面色泽。复制突出的重点是造型、尺寸、纹饰、色调外观与原件一样。这种复制品是展览、观察的普通替代品，因直接取模于文物本体，也具有一定的科研价值。

（2）文物现状与复原相结合的复制品：这种复制品不是折中，也不是各一半，而是侧重现状或文物原貌的复制方法，复制时要照顾到文物现状与原貌的协调性。

（3）文物的实验考古研究成果——“复原复织品”：这是一种有实物依据及可信的文献资料，经过研究恢复文物的造型、纹饰、色彩、结构，并使之完整化，再现化的研究复织方法。这种研究方法是我们对古代文物的实际形态，工艺技术及生产力水平、美学价值和历史地位有更深入、较实际的研究后再现文物原状形态的方法。“复原复织品”的基本要素是掌握准材料，应当选用与文物相同的原材料，还要应用古人的工艺方法为织作条件复织成品。复原复织是在综合研究和科学实验为基础上，恢复文物本来面貌、质量与工艺技术的研究成果。

为了对战国服饰的研究工作能够有一些切合实际的认知，在进行了初步直观分析之后，我们选马山楚墓的几件实物标本，试做“复原复织”实验研究，作为具体研究的一种形式来探索古代实际应用的各种加工工艺，以期再现楚国服饰的历史原貌。通过对文物的全面探索研究，有依据的，最接近文物本来感观效果的把衣物原有的华贵壮美，以及染、织、绣的技艺水平重新表现出来。我认为这是研究古代服饰织造、设计、剪裁等方面较好的科研手段。

一 复原研究 N7 对龙对凤纹绣衾（大被）

绣衾长 220cm，宽 207cm，衾上缘正中有一个深 20cm，宽 40cm 的方形凹口。上缘“被识”为彩条纹绮，衾被面三边镶有飞凤纹绣缘，衾面由五幅刺绣对龙对凤纹匹料拼缝而成。

衾被原件现在保留下来的色彩感觉较少、较灰暗，经过两千多年地下埋藏及棺内液体的浸溶，使色彩蜕变很多，但某些局部叠压部位或反面，仍保有部分较鲜明的色彩。这次的复原件就是依照当年我们参加马山墓发掘时，对刚刚出土的织物保存较鲜亮部位的颜色，现场观察寻找用色规律，摹绘色标所记录的色彩复制的。共有六种颜色：深蓝、天青、绛紫、金黄、深黄、牙白。刺绣工艺为锁绣针法，刺绣技法上能较明显地分辨出原件是由多人刺绣而成，刺绣针码的大小、宽窄及纹线的处理手法略不相同，共性中表现出个性，复原时按最典型工艺做了统一规定，每 1cm 绣 8 针，每个锁绣圈套 1.25mm，宽 0.7mm。

图 1 对龙对凤纹绣纹样（N7）

图 2 飞凤纹绣纹样

因当地气候多雨潮湿，为保暖养生而特别设计被头形制，即被头正中设凹口，这种形制比现代长方形被型能更好地保暖肩部。其型制于先秦文献中未见记载，沈从文先生曾撰文介绍江陵楚墓丝绸，指出此被或即稍后文献中所说“鸳衾”。

被面刺绣纹样为串联的对龙对凤纹（图1、图2），不仅刺绣工艺精湛，纹样单位之大也是出土丝绸文物纹饰中前所未有的。图案设色重对比，通体以冷色调为主，典雅抒情。一个花纹单位由四对凤纹、三对龙纹构成，左右对称，花纹纵向以植物枝蔓作串联，上部轴线处用个三角形花纹合总两列龙凤，形成一个181cm长的大单位纹样。图案设计及设色水平极高，凤与龙的造型具写实感，又非常抽象。其中一对龙凤纹仅各有一足一尾，由一线相牵与一凤体相连，而另一对凤，则只有一羽一爪，以中腰一线与上部龙纹合身。此外龙身凤距，凤身而龙爪的例子也可互见，艺术构想大胆而充满幻想，情韵绵密，格律谨严。

二　复原研究N10凤鸟花卉纹绣绵衣

这是马山一号楚墓内棺出土的第十件彩绣绵衣，绵衣两袖平直，袖展158cm，身长165cm。上衣正裁四片，“下裳”由九片拼缝，襟、摆锦缘宽9cm（图3）。N10绣衣乃此墓绣衣中最为精绝的一件，每厘米绣10个锁绣套圈，每个套圈长1mm，丝纹挺括利落，精美无匹。绣纹为正面鸟像，两翅平开直身而立作起舞状，头上冠羽有如华盖，两侧垂悬如流苏，神秘庄严使人联想到古代盛饰的女巫。两翅上曲部分复作两鸟头形状，其一更生出花枝向上漫卷至顶，反倒挂下长长的三穗花串，似战国组缨陆离玉佩之状。呈现出楚文化纹饰设计与设色的神秘情趣魅力（图4）。

这件锦衣，领、袖、衣缘、周身均有纕缘，衣缘为特别织造的马山楚墓C型大菱纹锦。锦衣领内、外均附有钉缝在上面的纹饰精美的窄绣装饰带，类似现今的护领或男士们使用的各色领带。这件衣服或是一种礼服类服饰，锦衣领内、外均用稀疏的针脚固定，大约当时楚人要因应时节随时更换窄带。

衣领上的这种窄绣装饰带，马山楚墓出土有四种，以N10衣领外侧钉附的绣带最精美。带宽6.8cm，花纹单位长17cm，采用对顶针纬向纳绣显示花纹的方法绣成车马畋猎纹。在方寸之地作出一幅楚贵族陵险阻、搏虎豹、射猛兽的田猎场面，工艺之精不可想象，仅用绛、黄、蓝、棕四色便造成如此富丽效果，尤以翠蓝色为最漂亮（图5）。复制这条领，绣工难在针法非常细密，耗用工时数量惊人。

图3　N10 绵衣正面

图4　N10 凤鸟花卉纹绣纹样之四

图5　绣彩畋猎纹饰带（纳锦绣技法复制领缘正背面对比）

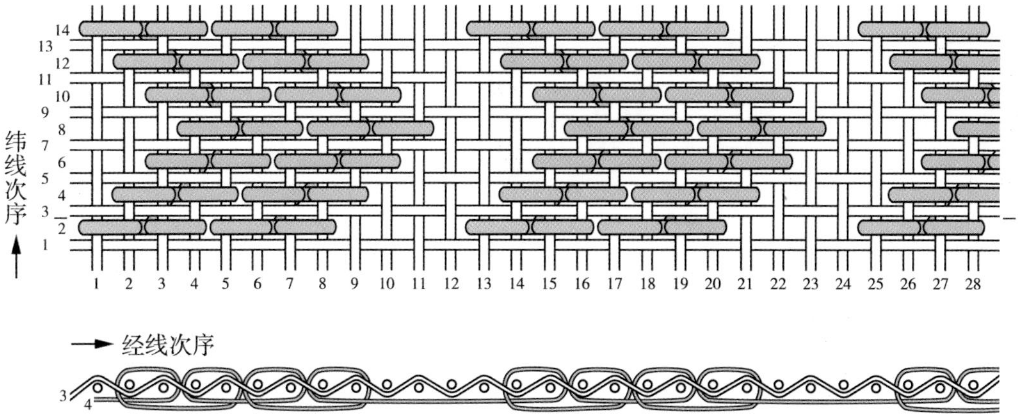

图6 N10纬线起花绦的组织结构图（B型）

（1）先用合股丝线平织窄带，织造密度平均为每平方厘米经线32.6根，纬线18根。带宽6.8cm，共排列经线222根。

（2）织带完成，将其染成深褐色，再按意匠图纹饰绕经线纬向纳绣花纹。这种绣法从表面看非常像纬线显花的织锦（图6），但比纬锦花纹遮盖力强，线纹纯净鲜明。由于在带上满地做绣，过去我们误认为这是一种特殊的“绕经纬花织物”，直到最近研究复织N10绣衣需织造这条领带结花本时，深入接触实践才发现，所谓“绕经纬花织物”是绝难在织机上提花织造的。反转而探求其他方法，实践证明它是一种特别的刺绣技法——绕经纳绣针法的作品。刺绣时，采用这种纳绣工艺，要求绣工有极好的眼力，数着布丝一针不错地按照意匠图依次绕经纳绣，一个单位纹样大约要绣30个工作日。完成这一条绣领则需大半年时间，不说设计者的智巧和艺术价值，仅绣这条装饰绣带的劳动量就令人惊骇。

（3）就绣带外观而言，它酷似织锦，胜似织锦，但到底不是织锦。如果这种刺绣工艺要有一个命名，可称为“纳锦绣”或“纳缕绣”，王充《论衡·程材篇》提到“纳缕之工，不能织锦”，可能指的就是这种特殊而费时的绣作。这段文字应是刺绣与织锦的比较，可以作为命名的参证。

三 复原研究N9龙凤虎纹绣单衣

这件虎纹单衣是尸身上包裹的第六层（即九道带子以内从外到内的第六层）总编号为N9，出土时衣身、衣袖分别放置在尸身上，未缝制成衣，现复原件依N13形制完成，原绣地四绞素罗用绢料代替，因为织罗的技术已经暂时失传，只能选用绢地进绣一件替代品。

绣衣两袖平直，袖展274cm，身长175cm，长袖敛口，“下裳”五片拼缝，襟缘宽12cm，领缘宽4cm（图7）。

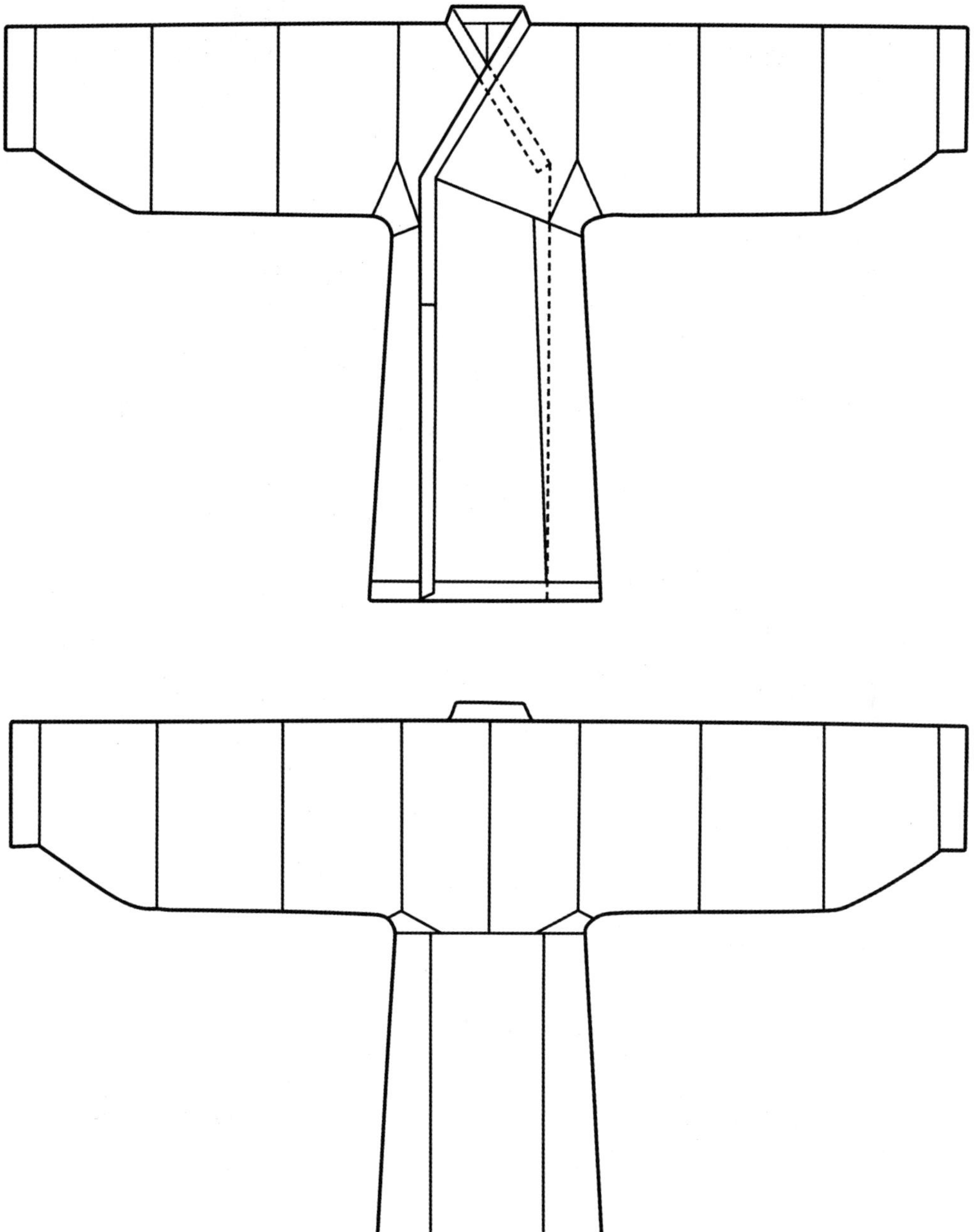

图7 N15小菱形纹锦面绵袍正、背面

图8　N9单衣龙、凤、虎纹绣纹样

N9绣纹为一只旋转飞舞的凤凰，双翅，爪尾下各压着两条扭摆挣扎的龙和一只引颈怒吼的虎。抽象而又神肖地勾画出一组凤虎龙相搏的场面，整件绣衣由76

组纹饰组成，高雅壮美。特别是图案中两两相对的虎，周身由朱墨二色绣作旋转条纹，斑斓彪炳威猛而秀美，可说是虎虎生风的一件杰作。图案单元纹样不大，以一凤二龙一虎组成一方形图案单位，仅金钟花型凤冠突破方形甩出搭压在另一个花纹单位的虎尾上，成了图案间相互嵌合勾连的纽带。凤鸟两翼一字张开，压在方形图案单位的对角线上，这是很巧妙的一个图案完整设计招数。花纹单位左右反转，上下平移，整个图案布局即为之一变，由凤展翅造成的大斜线，把图案拼连出一个大菱形联合单位纹样，两虎并立其间，平添无限生机（图8）。

图9 N2 蟠龙飞凤纹绣（对龙对凤纹样）

四 复原研究 N2 龙凤大花纹彩绣衾

N2 绣衾原件绣面是由刺绣匹料零头拼缀成被面的，故花纹不完整，绣面表现得没有完整的规律，但色彩保存较好，辉煌壮丽的艺术效果仍然光芒四溢，不可掩蔽。首先摩绘拼对复原了纹样和色彩。再彩绣复制出匹料的原貌，更见出设计布局的大气和雄浑气势。

纹样以龙凤为主题，左右对称，色彩不多但设色巧妙。以花纹密集形式构成长方形块面，形成一个轴对称的花纹单位，高 78cm，宽 45cm。在对称轴一侧花纹配置一大龙居上，体态状如游蛇，盘曲呈“弓”字形。龙巨口细尾，张牙舞爪，上颚夸张的向前伸展，头上有冠角，身长达 96cm，其间攀附一条小龙，蜷首回身与之呼应。下部为一只长冠曲颈修身卷尾的大凤，作凌空飞逐之状（图 9）。翼下则一妩媚幼凤依傍相随，凤喙衔着龙尾，龙作扭曲挣扎状，如此一幅情景，使画面充满生命的活力，洋溢着世情味和戏剧性。其中寓意跟后世“龙凤呈祥”帝后象征一类可能不相干。

纹样的中上部骑轴线设一花树，花树上端两龙首相拱处，嵌有鲜明金黄涡轮纹，若这是代表太阳，花纹设意或与《山海经》中“九日居下枝，一日居上枝”的扶桑树故事相关联。图案原件可分辨色彩有六七种之多，古代在染色工艺上必相当考究，至今仍显得深沉，明快，旧里透新。

复原马山墓两件绣衣，并对其同出各式衣物的研究，使我们有机会对战国服饰的设计、剪裁及印染织绣装饰技艺获得了一些新的认识。我想就染色工艺和设计剪裁结构两个方面发表些粗浅看法。

这次丝绸文物的复原研究工作中，N10 畋猎纹纳绣领丝带的绣线都是用植物染料染色的。N9 虎纹的朱红绣线是用矿物颜料朱砂着色的。王㐨先生 1973 年以来在这方面进行了多种实验，解决了矿物颜料朱砂染色的技术难题，并首先应用到这次马山楚墓复原复制刺绣品中。矿物朱砂染色是一种特殊着色方式，采用天然卵黄乳化剂与粘合剂——熟桐油混调，再加研磨得极细的朱砂颜料制成色浆，以揉染法着色。用朱砂量之大也超出一般人的想象，大致丝绸与朱砂的重量比例为 1∶1。即 1 公斤丝绸得使用 1 公斤朱砂着染，甚至高饱和的涂染着色可达 1∶3。工艺流程时间也是比较长的。其他色彩，以畋猎纹领为例：丝带本身先经铁媒染处理，再用黄花松树皮和苏木套染，钴蓝为青黛染成；黄为栀子，棕为黄花松树皮，用不同的媒染法、不同的浸染次数染得的。

服制形式方面：过去多认为中国衣裳的剪裁方式，只有传统的平面剪裁。平片的裁，平片的缝，宽博舒适，但肩腋前后多折，不甚附体。而战国楚墓出土衣服却是平面剪裁产生立体效应的较早例证，也就是平面中国式的剪裁平面拼缝表现出立裁效果。马山墓衣制一律作交领、右衽、直裾、上衣下裳连成一体的深衣制。“衣作绣，锦为缘”，袖腋处设“小腰”左右各一，即深衣制度所谓“衽当旁”的“衽”。穿上身时，小腰的功效即可显现：本来前后平直的上衣，着衣后因“小腰”嵌片横于腋下，遂把上衣胸襟向前推隆十余厘米，又造成两呈作八字式低垂。腰部自然收敛，结带束腰，“下裳”部分即作筒裙状变化。“上衣”即呈现立体化，相应地表现出人的形体美。这是至为简单、成熟且充满才智的设计，是值得我们今天的服装设计师，从中吸取教益的。

这项复原研究工作，有关衣衾的形制，尺寸均依照彭浩先生《江陵马山一号楚墓》发掘报告为准，并参考了王抒《深衣释衽——江陵马山一号楚墓发掘报告》对衣腋下插角“小腰”的新解释，特此致谢！

郴州战国墓出土丝织品文物工艺考析

■ 董鲜艳（湖南省博物馆） 夏 添（湖南工程学院） 胡仁亮（郴州市博物馆）

前 言

郴州市位于湖南省东南部，地处南岭山脉与罗霄山脉交错、长江水系与珠江水系分流的地带，自古以来为中原通往华南沿海的“咽喉”。东界江西赣州，南邻广东韶关，西接湖南永州，北连湖南衡阳、株洲，素称湖南的“南大门”。郴州历史悠久，是古代炎帝部落苍梧越的聚集地，秦末汉初楚义帝熊心的都城。2013 年 3 月在郴州市北湖区桂门岭东面的山腰上发掘了一座战国墓葬，这是郴州地区迄今为止考古发现的第一座棺椁保存较好的战国墓葬。出土丝织品的种类、图案以及刺绣、楚墨书等文物信息表明，此墓葬应为战国时期楚墓，也是迄今中国境内同类织物出土地点的最南界。此墓葬的发掘为战国丝织品的研究提供了翔实的考古材料和新的实物资料，具有重要的研究价值。笔者从织物纤维种类出发，考察不同纺织品的织物组织及种类，进而联系工艺基础考证纹饰构型特征及文化内涵，以期为先秦纺织艺术考古研究提供参考。

一 织物纤维种类鉴别

确定织物纤维的种类是纺织品文物研究和保护整理的首要任务。对织物纤维的研究，一方面为后期文物保护工作者对文物病害原因分析和文物修复材料选择提供重要依据，另一方面有助于厘清中国古代纺织纤维品种的分布和服用状况，并为中国古代服饰制度的仪礼研究奠定基础。[1]织物纤维的鉴别是利用纤维内在的物理性质或者外观形态特征的不同，采用不同手段将其区分。为满足后续保护整理和研究的需要，对不同种类的纤维进行取样分析，取样时对不同形态和不同残片全面取

---

1 赵丰、樊昌生、钱小萍等：《成是贝锦——东周纺织织造技术研究》，上海古籍出版社，2012，第 17—20 页。

样。由于文物残片质地较为糟朽，大多鉴别方法无法鉴定其属性，因此先采用扫描电镜观察形貌，再利用红外光谱从分子层面对形貌观察的结论进行确认。

首先，对郴州战国墓出土的锦、绢、罗、绣线、丝绵等纤维进行检测，采用扫描电镜对不同纤维的纵向和横截面进行分析，在此基础上再利用红外光谱对扫描电镜的结果进行补充，分析结果如下（图1）：

通过扫描电镜分析结果可知，样品纤维较细，纵面光滑，横截面近似圆角正三角形，可能为桑蚕丝。纤维的红外图谱在1660—1620 cm^{-1}处出现了-C＝O 伸缩振动所产生的特征吸收谱带（酰胺Ⅰ特征谱带）；在1530—1500cm^{-1}处出现了-NH 变形振动所产生的特征吸收谱带，主要代表形成氢键的-NH 的振动（酰胺Ⅱ特征谱带）；在1265—1230 cm^{-1}处还有-CN 和-NH 的伸缩、弯曲振动所产生的吸收谱带（酰胺Ⅲ特征谱带）；在636cm^{-1}附近处为酰胺Ⅴ的特征吸收带，主要是N—H 面外

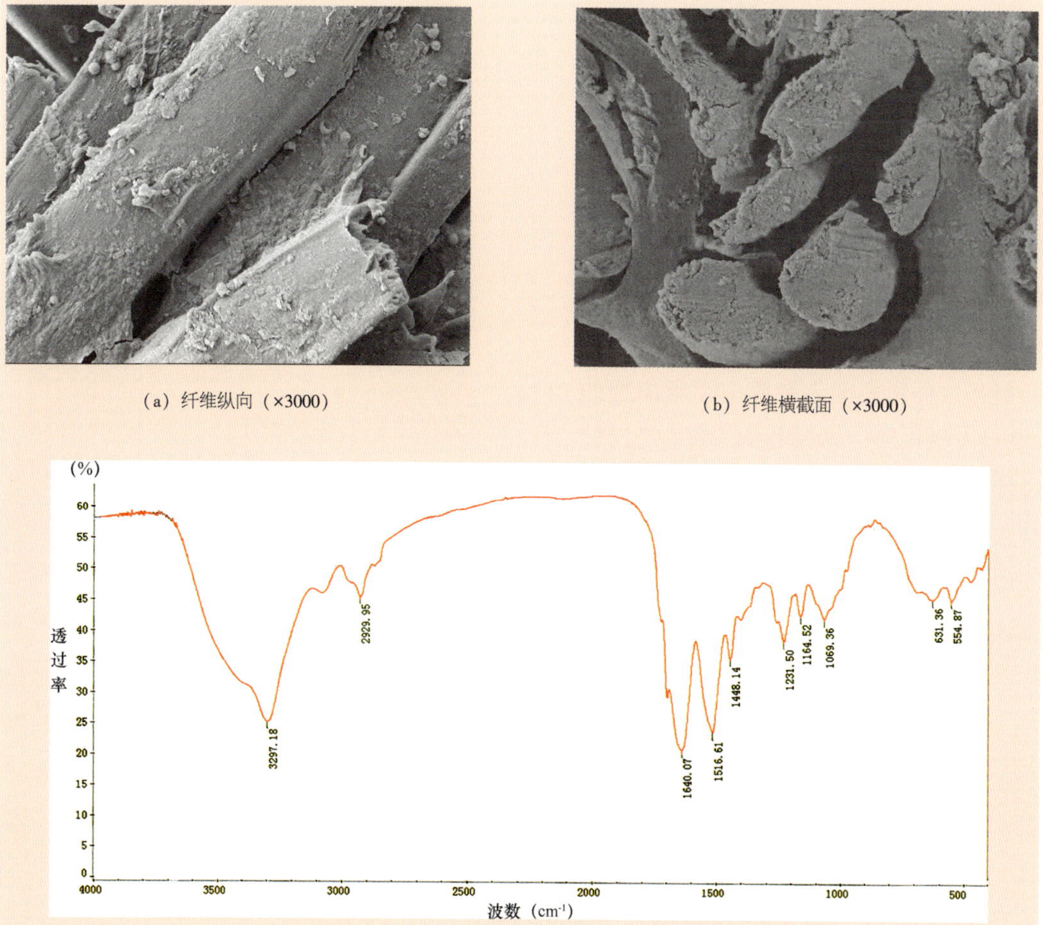

（a）纤维纵向（×3000）

（b）纤维横截面（×3000）

（c）纤维红外光谱

图1 纤维纵向、横截面和红外光谱

弯曲振动所产生的吸收谱带；在 3300—3290 cm^{-1}处有 N—H 所产生的特征吸收峰，主要代表是 N—H 的振动吸收。波数在 554cm^{-1}处的吸收是 C=O 面外弯曲振动吸收产生的。这些都是桑蚕丝的特征峰，因此可以确定该样品原材料是桑蚕丝纤维。[1]结合既往楚墓发掘的丝绸遗存信息来看，大量桑蚕丝的使用表明楚人丧葬习俗及物质生活中对丝织物的装饰需求是不可或缺的。这座一棺一椁（士等级）的郴州楚墓出土丰富的织物品种即可证。

二 纺织品织造特征

纺织品的外观特征、内在性质是由织物的结构，即织物中纱线、纤维的排列和状态及其相互间作用所决定的。[2] 战国楚地织造技术和工艺较西周有了较大的发展和提高，具体表现为楚墓出土丝织物如绢、纱、罗、锦、绮结构的丰富变化。丝织物是当时纺织生产的主要材料，将郴州楚墓发掘的纺织品结构特征与战国楚墓出土同类织物作横向比较，即可窥见战国时期养蚕缫丝及卓绝的织造技术。

（一）平纹类素织物

郴州楚墓出土的平纹类素织物最多，有 25 种不同类别，最高密度约在 110×90 根/cm^2，最小密度约在 35×25 根/cm^2。根据密度、细度、捻度不同以及加工工艺和织造工艺，再结合文献记载，学界一般将经纬交织较紧密的轻薄平纹丝织物称作绢。从使用功能看，楚墓出土绢的用途极为广泛。服饰品（衣、裙、裤、帽），丧仪品（绞紟、衾、幎目、棺饰、荒帷、壁饰），生活用品（系物带、盛物囊、佩囊、器幂、罐封、壶封、镜衣、席缘、车舆装饰），书写绘画工具（帛书、帛画），都是绢质。[3] 此外，经纬线纤细、经纬密度较小，且纱线带有捻向的平纹类丝织品被称为纱，织物稀疏轻薄，呈方孔的平纹组织。郴州楚墓出土的纱有 1 种（9×12 根/cm^2），由于质地稀疏不易保存，出土纱以印痕的形式保留。

平纹类素织物无纹饰，差异化的外观表现为丝的粗细、捻度大小和织物疏密变化。一方面，织造者改变经纬纱线数量可实现丰富的肌理效果。一是纬重平组织的缣。如《说文》载：“缣，并丝缯也。”段玉裁注：“骈丝为之。”又如《急就篇》：“缣之言兼也，并丝而织，甚致密也。”表明“缣”在排布固定经线的情况下以双纬丝线织成。二是经重平组织的绨。《说文》称绨为厚缯，《急就篇》颜师古注：“绨，厚繒之滑泽者也。”虽然古籍中常有绨织物的记述：“绨衣、绨

1 赵藻藩、周性尧、张悟铭等：《仪器分析》，高等教育出版社，1990，第 81—97 页。

2 于伟东：《纺织材料学》，中国纺织出版社，2006，第 305—350 页。

3 夏添、王鸿博、崔荣荣：《楚墓出土麻、绢织物工艺特征》，《服装学报》2020 年第 4 期。

袍、赤绨、素绨、弋绨、皂绨”；《管子·轻重戊》甚至已指出其产地“鲁梁之民俗为绨”，但绨的名称却并未记录在楚墓出土的遣策（随葬物品清单）中。江陵马山一号楚墓出土的绨见于麻鞋面，纬密仅及经密的1/8，因而形成纬向凸条。

另一方面，织工以粗细不同、色彩相异的经纬线来凸显纬向畦纹。郴州楚墓兼具上述两种规格的平纹素织物。先看丝径之粗细，据《宋本玉篇》解释：“絁，经纬粗细经纬不同者。”即用不同粗细的经纬线织成的平纹织物（图2）。虽然絁的名称不见于楚墓遣策记载，但是此类织物并非孤例。高汉玉认为望山1号楚墓出土的花卉纹绢绣残片[1]（36×27根/cm^2，经宽0.3mm、纬宽0.4mm）属于平纹粗绢，从绢的表面看似有粗经、粗纬构成的矩形纹饰，粗经纬宽0.5mm以上，所以矩形格纹明显而突出，这在其他楚墓中也是少见的（图3）。[2] 经笔者测量，絁的粗经宽0.25mm、细经宽0.12mm，粗纬宽0.3mm、细纬宽0.13mm，2根粗经间隔20—25根、2根粗纬间隔15—20根，因而郴州楚墓出土絁的矩形纹较望山1号楚墓的花卉绢绣（WM1：B151）细腻，它也被用作锁绣的地。这种粗细相间经纬排列技术曾见于湖北随州曾侯乙墓，该墓所出26块纱残片的经线采用丝、麻相间排列，纬线全用丝线。[3]

较为瞩目的是一块朱红色平纹织物，织造者隔几根纬线用较粗的朱红色纬线织入，使绢面呈现出较明显的红色纬向畦纹（图4）。这种显色方法十分独特，在目前已发掘的先秦丝织物中未见。江陵马山一号楚墓出土的深黄绢裙（N17-3）面呈现纬向畦纹，却未显出朱红色。[4]

图2　经纬粗细不同的絁

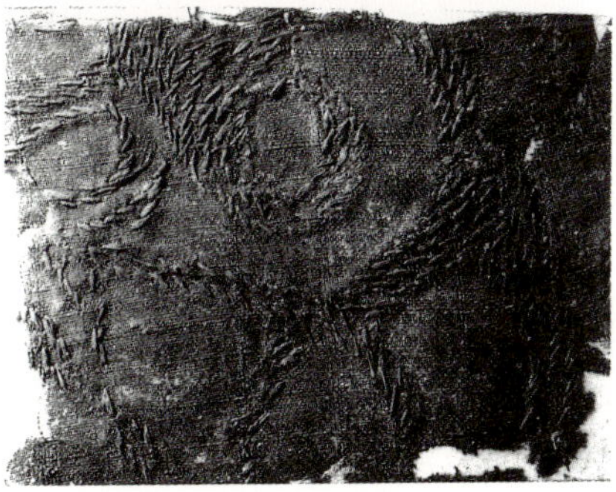

图3　矩形纹绢

1　湖北省文物考古研究所：《江陵望山沙冢楚墓》，文物出版社，1996，图版四○（XL）。

2　《江陵望山沙冢楚墓》，第340页。

3　湖北省博物馆：《曾侯乙墓》，文物出版社，1989，第437页。

4　湖北省荆州地区博物馆：《江陵马山一号楚墓》，文物出版社，1985，第32页。

此外，楚人根据织物不同的使用功能来决定绢的经纬密度，以满足不同生活实际需求。郴州楚墓所出的绢都是熟丝。虽然无法确切地判断绢织物是织前练丝还是织后练帛，但是在显微镜下对绢残片仔细观察之后发现，有些绢的经纬线位置产生移动，形成不均匀的孔隙，有些绢的经纬线扁平、松散，在织物表面产生断裂的绒毛可能是经过捶砑（砑光）处理所致（图5）。[1]

研光工艺指将刚织造好具有屈伸高度的平纹丝织物经过石头捶压、碾压整理，织物的后整理既能增加蚕丝的柔光，又能缩小织物组织结构间的孔隙，使稀疏的丝织物变得较为紧密。此类织物常用作衣衾的里料、缘边，充分利用了砑光面料的光泽度和耐磨性。此外，楚人对高经密丝织物的需求也反映在郴州楚墓出土绢织物残片组织中，高经密的绢（95—116 根/cm）用作镜衣、衣衾面，大部分楚墓出土的高经密织物被用于制作衾、袍、裙、裤、枕面料。经线密度越大、织物越轻薄、服用舒适性越高，奠定了楚人多重轻暖服饰的物质基础。

图4　带有朱红色纬向畦纹平纹织物

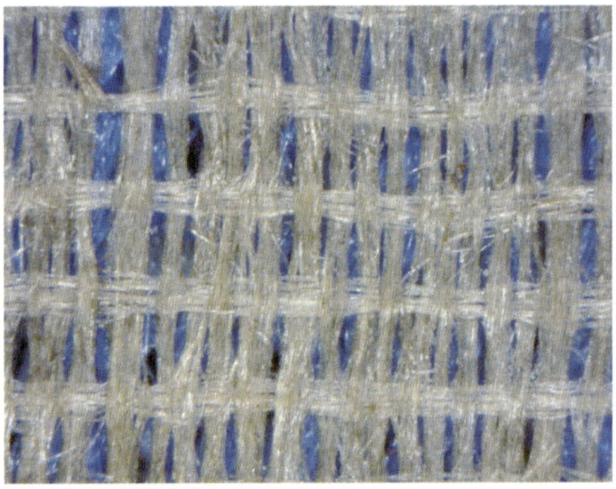

图5　经纬线扁平松散的平纹织物

表1　墓中出土25种平纹织物规格

编号	组织	经密（根/cm）	纬密（根/cm）	备注
1号绢	平纹	95	50	铜镜衣，黑色
2号绢	平纹	110	90	密度最大，黄色
3号绢	平纹	64	40	褐色，经线褐色，纬线黄色
4号绢	平纹	75	65	纬线带有红色，有明显的红色线条
5号绢	平纹	56	48	黄色，经纬线稀疏

1　赵丰：《中国丝绸通史》，苏州大学出版社，2005，第58—61页。

续表

编号	组织	经密（根/cm）	纬密（根/cm）	备注
6号绢	平纹	38	36	褐色，经纬线较粗
7号绢	平纹	48	40	黄色，经纬线较粗
8号绢	平纹	80	55	黄色发黑，较密（绨）
9号绢	平纹	60	45	米黄色，稀疏，经纬线较细有明显变形
10号绢	平纹	70	46	红棕色
11号绢	平纹	116	66	黄色绢，轻薄，稀疏
12号绢	平纹	58	30	黑色绢，稀疏
13号绢	平纹	110	60	黄色较密，纤维上茸毛较多
14号绢	平纹	80	55	褐色
15号绢	平纹	82	30	黄色稀疏，结构变形，纤维上茸毛较多
16号绢	平纹	50	46	褐色，较粗
17号绢	平纹	76	60	纬线有红色痕迹，轻薄
18号绢	平纹	62	40	黄色
19号绢	平纹	62	30	深褐色，紧密
20号绢	平纹	66	54	黄色
21号绢	平纹	62	50	较粗，厚重（绨）
22号绢	平纹	55	25	稀疏
23号绢	平纹	56	32	米黄色，稀疏
24号纱	平纹	14	10	稀疏多孔，已成印痕
25号绝	平纹	70	40	经纬线各隔几根较粗（绝）

（二）绞经与经锦织物

战国时期绞经类织物主要是罗织物，即指织物中仅有纬线相互平行排列，而经线分为绞经和地经，绞经和地经相互绞缠，绞经有规律地向左右方与地经相互连续绞转而形成网纹，通过提花综的配合，使地部和花部显现大小不同的网状纹。罗是一种较为轻薄透孔的丝织物，经丝相互纠结，孔眼疏朗，与平纹纱相比孔眼稳定、牢固、不会产生滑移。[1]

罗织物分素罗和花罗，罗地不起花的称为素罗，提花起纹的称为花罗。整幅单色罗（朱红、烟色）见于西汉初期的江陵凤凰山167号汉墓、长沙马王堆一号汉墓。

1 上海市纺织科学研究院、上海市丝绸工业公司文物研究组：《长沙马王堆一号汉墓出土纺织品的研究》，文物出版社，1980，第32—36页。

郴州楚墓出土的罗均为四经绞提花罗，分别为朱红色和土黄色单色。两种颜色罗的密度均为 60×40 根/cm^2，在四经绞地上以二经绞显花，显花图案与当时流行的耳杯相似，被称作杯纹罗（菱纹罗）。

罗的产量低于绢、纱，故属于较为珍贵的衣料。花罗的菱形纹暗花只能在光线良好时在近处观察，服用后显得低调。从考古发掘出土的绞经织物来看，商周以来的罗织物在丧仪中的使用与文献记载相符。如《周礼·天官冢宰》："丧纪，共其丝纩、组文之物。凡饰邦器者，受文织、丝组焉。"仰韶文化遗址瓮棺中装殓亡童的四经绞罗经熟练脱胶后再染色。商代遗址的觚、甗、方彝表面也附着了四经绞罗。战国晚期的浙江安吉五福楚墓出土镜纽在菱形纹间隙填以镜像对鹿、对树，四经绞地上以二经绞显花，三经绞罗作边维，比马王堆汉墓所出"杯纹"更为复杂、多变，且能织造变化丰富的复合菱纹，表明楚汉之际绞纱技术已经成熟。

由于罗织物的孔眼结构均匀、稳定，更适合用作绣地。江陵马山一号楚墓的龙凤虎纹绣罗单衣（N9）即以四经绞素罗为绣地，平纹组织作边维。罗地刺绣"柿蒂纹花瓣"见于长沙黄土岭魏家大堆战国楚墓[1]。笔者观察显微结构之后发现罗地残片纬密为 18 根/cm，也是在四经绞地上以二经绞显花，结合郴州楚墓出土大量刺绣残片来看，以单线同心盘绕锁绣的柿蒂纹花瓣、椭圆构型繁密的云纹锁绣使绣罗织物更加牢固、耐磨，未糟朽的罗织物残片都装饰着重叠锁绣（图 6）。

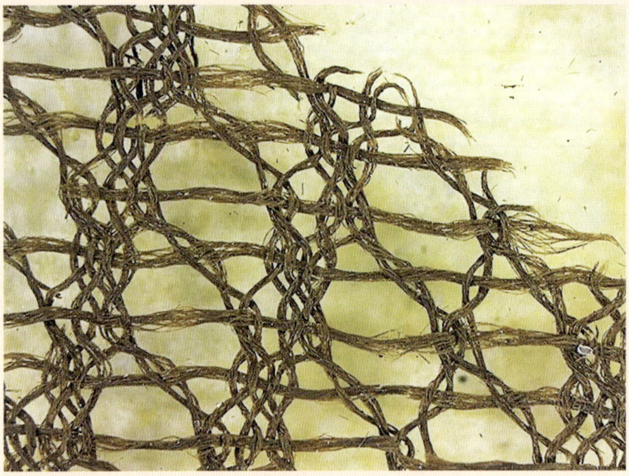

（a）四经绞罗显微结构

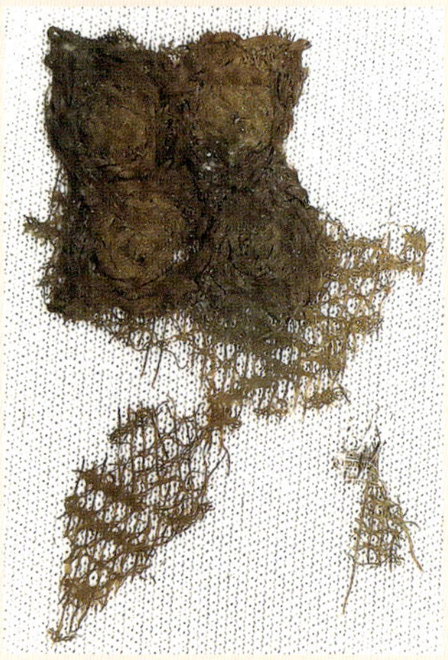

（b）罗地刺绣柿蒂纹

图 6　罗地刺绣柿蒂纹花瓣结构

1　湖南省博物馆：《湖南长沙黄土岭魏家大堆战国墓》，《文物资料丛刊》1980 年第 3 期。

楚墓出土的锦均为经锦。锦是一种熟织的多彩提花织物，也是丝织品中最为精美、绚丽的珍品。如《礼记·王制》："锦文珠玉成器，不粥于市。"郑玄注："成犹善也。"又《说苑·反质》："锦绣纂组，害女红者也。"可知织锦是女红劳动密集型生产所"害"之首，即当时典型善美之器。

该墓葬共出土八种二色经锦，一种分区换色三色锦。郴州楚墓的锦类织物都是平纹地经线提花，属于经二重组织。根据织造时所配用的不同颜色，又可以分为二色经锦和三色经锦。二色经锦是以两种颜色经线配成一组，其中一根上浮作表经时，另一根下沉作里经，织造时为了显色需要，同一根经线常表里互换，在织物表面呈现双色图案。为了表现三色，织工采用分区配色的方法，将图案分作若干区域，每一区域中只使用其中某两种颜色的经线。三色经锦是从三种不同颜色的经线中各取一根成为一组，一根沉底，另外两根则上浮显花。二色锦和三色锦均属于经二重组织。[1] 相较于绢、纱、罗、绮的单层质地，锦的织物组织更加致密、厚实，也更易保存，因而，锦在该墓葬中出土的数量较多，仅次于平纹类织物。同时因锦的耐磨性较好又具有纹饰，常被用作衣衾缘边。

表 2　墓中出土经锦织物规格

序号	组织	经密（根/cm）	纬密（根/cm）	备注
1 号锦	经二重	80	42	纬线黄色，经线黑、红色
2 号锦	经二重	80	44	纬线黑灰色，经线黑灰、红色
3 号锦	经二重	84	44	纬线灰色，经线灰、红色
4 号锦	经二重	96	55	纬线灰色，经线灰、红色
5 号锦	经二重	100	48	纬线黄色，经线黑、红色
6 号锦	经二重	140	60	纬线黄色，经线黑、红色
7 号锦	经二重	120	60	纬线黄色，经线黑、红色
8 号锦	经二重	62	33	纬线黄色，经线红、黑、黄色

1　湖南省博物馆、中科院考古研究所：《长沙马王堆一号汉墓发掘报告》，文物出版社，1973，第 46—65 页。

(a) 挂经锦正面

(b) 挂经锦背面

图7 挂经锦细节

除三色经锦外，郴州楚墓还出土了通过“挂经”技术来增加图案表现力的二重经锦，密度为 140×60 根/cm^2。“挂经”分布在菱形的四个顶点，用于显菱形纹，显微镜下经浮点穿过 4 根纬线，然后转入织物反面，形成长达 6mm 的平行状横线条（图 7）。织入的经线为深棕色和浅棕色，挂经为浅棕色，其配置为 42 根普通经：1 根挂经：2 根普通经：1 根挂经。[1] 织成后，锦的正面显菱形纹，背面为平行断续直线。此挂经方式恰与马山一号楚墓出土衣袍和囊的小菱形纹锦相反，马山楚墓是在菱形中心部位挂朱红经。

（三）编织物

编织，也称为编结，它是原始纺织品构成方式之一。我国的手工编织技术在新石器时代就已经形成。商周时期编织技术得到了很大发展，各种编织物的名称已记载在文献中，编织技术发展到战国时期已经相当成熟，各种编织物如絛、组、纂等均已出现。

郴州楚墓出土编织物分 2 种（图 8）。一是斜向绞编，用作发饰。此发饰残片从女性墓主头部剥离，并与一枚竹擿（又称揥、细扁且一端多齿发饰）伴出，密度为 40×40 根/cm^2。编法为左右经线相互垂直，各采用 2 根为一组，2 组纱线相交处绞转一次。此法最早见于江西靖安东周大墓与长沙左家塘战国楚墓的组带。至汉代，斜向绞编被广泛用于编织纱冠、冠缨、组带、帻，马王堆汉墓所出漆纚纱冠也是如此。[2]

二是绞编，用于编织鞋履。东周至西汉时期 17 座墓葬所出丝、麻鞋履帮、面

1 熊传薪：《长沙新发现的战国丝织品》，《文物》1992 年第 4 期。

2 湖南省博物馆等：《长沙楚墓》，文物出版社，2000，第 134 页。

（a）出土斜纹织物及编织结构 1

（b）出土绞编织物及编织结构 2

图 8　编织发饰与鞋履残片

都采用了绞编法。绞经结构是“逐纬、隔经，同向绞转”手工编织而成。绞编织物作内衬不仅能增加帮、面的厚度，而且与平纹相比具有较好的弹性，更贴合足部曲线（先秦鞋履不分左右，但人体左右足部却有细微差异）。[3]

三　纺织品的纹饰特征及其文化内涵

（一）刺绣与织物纹样

楚人织绣纹样常以凤为母题，间以缱

1　王丹、杨军：《从海昏侯墓出土漆纱残片小议西汉之大冠》，《南方文物》2019 年第 3 期。

2　夏添、王鸿博、崔荣荣：《楚汉鞋履构型及工艺特征补遗》，《丝绸》2020 年第 10 期。

3　《楚汉鞋履构型及工艺特征补遗》。

绻翻腾云气纹。郴州楚墓出土的锁绣、打籽绣残片采用了绢与罗作绣地。绢地刺绣有凤鸟、柿蒂、四合花卉，绣线单股，线径为 0.3mm 左右，刺绣针脚精粗不一，在 1.4—2.4mm 之间。绣线残片大多色彩残褪，仅见土黄、朱红、深红三色。

绢地刺绣有凤鸟纹、花卉纹。首先，郴州楚墓的凤鸟造型为回首期盼，双翅张举，凤尾曲扬，双足分立（图 9）。刺绣者采用浅黄色丝线绣凤鸟身体，同心圆攒聚的朱红日纹嵌入鸟目、翅膀、尾翼，朱砂染就的日纹与凤鸟同构，与江陵马山一号楚墓、包山二号楚墓、郭家岗楚墓、江陵九店东周墓出土凤鸟、日纹共生构型一致。

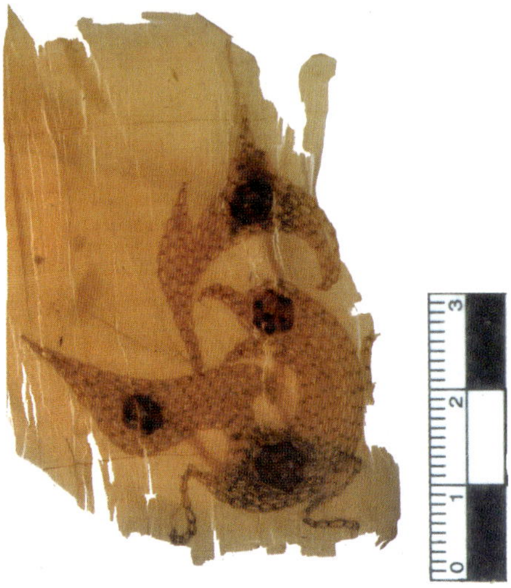

图 9　凤鸟纹

其次，柿蒂花卉纹绢绣分舒展、立体二式（图 10）。舒展式的四合花卉是先以单行锁绣的接针勾勒四合枝叶，再以深红色绣线重复锁绣出花蕊；立体式的柿蒂纹则采用了打籽绣作单结，3 结为一组，四周旋转，四角钉小结，花蕊多次打结。花卉线条轮廓流畅圆润，舒卷自如，针迹均匀齐整，可知制作者的刺绣技巧十分娴熟。

最后，罗地刺绣的经典主题则为各式变体云纹（图 11）。针脚细密精致，针脚距离为 1.8—2.6mm。罗地刺绣云纹与前述绢地凤鸟、花卉不同，菱纹罗上刺绣云纹的做法属于定制，在暗花上再添花，云气纹线条动态流畅，花纹图案单元较大，生机灵动，云纹隙地填变化朱色如意云头，似凤鸟穿梭翱翔在云中，可能是战国龙凤纹的一种抽象变化。[1] 衣衾残片刺绣纹样表现手段为点成线、点成面，锁绣、打籽绣的凤鸟、花卉、变换云纹构成单元形，再通过旋转、平移、对称等方法构成一幅楚人信仰的奇诡瑰丽的图腾。

不论罗、锦，织造纹样都是菱形纹。四经绞罗的纹样为战国楚地广泛流行的耳杯纹。以粗细线条构成的耳杯菱形图案呈四方连续排列，菱纹相扣套叠，花纹精细工整，花地分明（图 12）。菱纹罗在楚汉墓中较常见，结构未见更异。

1 《江陵马山一号楚墓》，第 48 页。

图 10 不同种类的花卉纹

图 11 不同种类的云纹

锦的大菱形纹样则是在织造时采用朱色的经线提花显色（图 13）。大菱形锦纹以相互嵌套菱纹、几何纹样构成，也是战国楚墓典型纹样。《释名・释采帛》记载了杯纹、棋纹名称，先秦两汉的“棋”指“六博”，又《楚辞・招魂》载：“菎蔽象棋，有六簙些。分曹并进，遒相迫些。”六博棋局以矩形错落嵌套，恰与战国楚墓的大菱形纹构型相近——线条变化多端，或曲折，或断续，或相套，或与其他几何纹相配奇诡如迷宫。色彩丰富而搭配巧妙，富于极强的动感，折线之美尽显。各式小几何纹或在大菱形纹外穿插，或在大菱形纹内填充，单元图案四方连续，复杂多变，装饰性极强。[1]

1 《中国丝绸通史》，第 72—74 页。

图 12　杯纹罗

图 13　大几何纹样

综上，刺绣纹样灵动活泼，提花纹样严谨整齐。织与绣的风格差异是因为此时提花技术还未发展到可以自由表现花纹的地步。为了摆脱提花技术的限制，战国时期楚人大量使用刺绣来弥补织造技术的不足，刺绣纹样自由活泼，与拘谨的提花纹样形成一动一静的鲜明对比。

（二）凤鸟崇拜与天人合一的文化内涵

国之大事，在祀与戎。先秦时期天人合一的思想盛行，祭祀、丧仪备受重视，楚墓出土纺织品纹饰集中反映了当时人们的审美追求、崇尚思想和图腾等。

一方面，刺绣日纹与凤鸟、金乌融合。祝融、炎帝从“楚先”升格为“日神”因此，日纹也成为楚人崇拜、祠祷对象，“凤鸟”与“太阳”常作互文，“金乌负日”神话在楚国衣衾纹样中重复出现，《山海经》：“汤谷上有扶木，一日方至，一日方出，皆载于乌。”笔者分析楚墓出土大量织绣凤鸟纹样之后发现，日纹嵌入凤首、肩颈、胸腹、翅膀、尾翎，构成“太阳神凤”符号。

另一方面，先秦织物多以云雷纹、黼黻纹等几何纹为主，直到战国时期才真正出现了较为复杂的织造纹样，但是几何纹样仍然占据着主导地位。织造者将小几何形进行组合、连接、裁剪、填充、对称、旋转，以实现丰富的视觉变化。高度抽象的动物纹样和人物纹样开始增多。

该墓葬出土锦类织物通过几何单元变化，构成了丰富多彩的不同纹样。郴州楚墓实物表明，约采用 13 种不同单元纹样进行组合变化，组合后可分为 7 种不同图案（图 14）。织锦纹样越来越丰富、越来

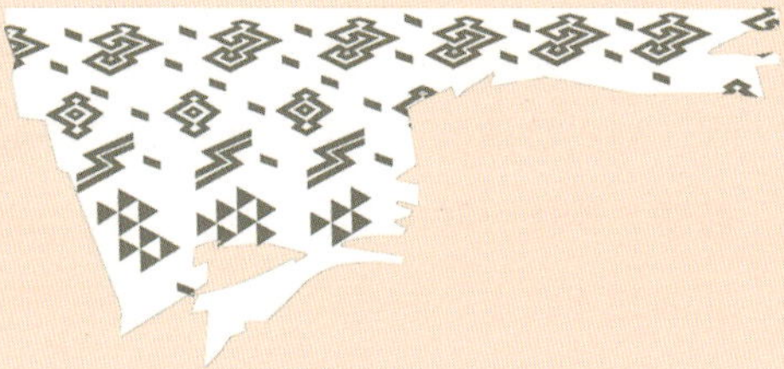

（a）几何纹与杯纹的组合

（b）几何纹和舞人纹的组合

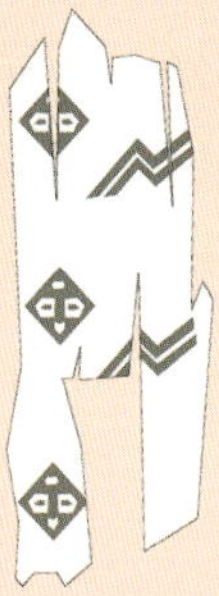

（c）几何纹和人面纹的组合

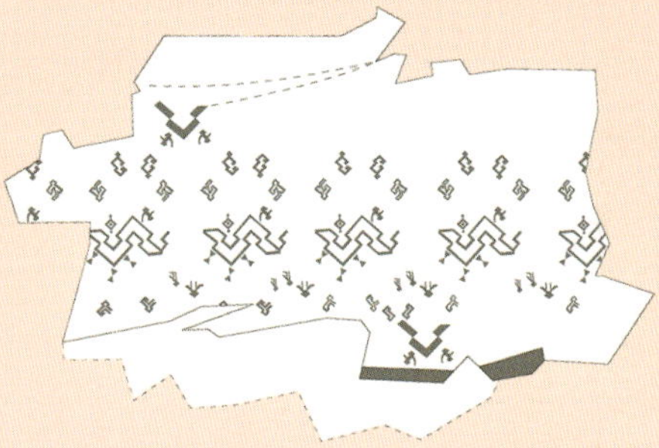

（d）舞人纹和山形纹的组合

（e）大几何纹

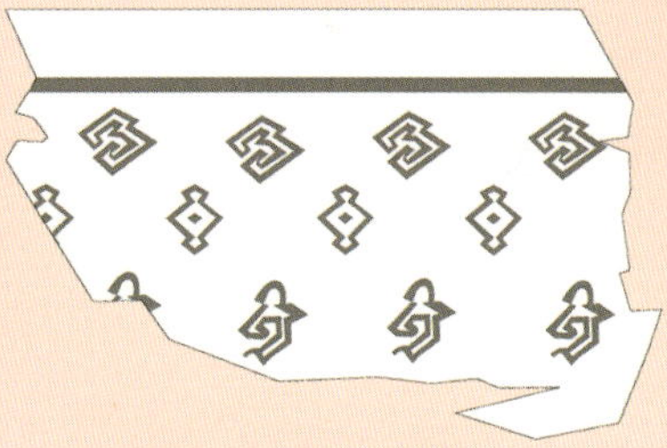

（f）几何纹和杯纹组合

（g）杯纹和三角纹组合

图14 几何变化图案组合

越复杂，既表明当时楚人已能够织造形象轮廓较为复杂的纹样，也反映了楚人某种宗教意识，更多寓意呈祥兆吉的象征。

结　语

战国时期的丝织品文物在国内出土数量极少，但战国时期的丝织品在我国丝绸文化和丝绸历史中占有重要的地位。郴州桂门岭战国墓出土的丝织品文物残片数量大，丝织品涵盖绢、纱、罗、锦、绮等不同种类。丝绸练漂工艺不断完善，并出现了研光的织物后整理技术。手编技术已出现了斜向绞编的发冠等，也出现了绞编的鞋履。刺绣纹样丰富，以凤纹锁绣为典型战国楚地特点，结合几何纹的组合，可追溯到楚人的宗教意识及先秦时期天人合一的思想。这批资料为战国时期楚地丝织品文物的研究提供了新的实物考证，同时也为研究纺织技术、纺织科技史、美术史、染织史以及文化史等提供了实物资料，具有重要的学术价值，为先秦纺织艺术考古研究提供参考。

加“襕”之袍与“襕衫”*

——关于加“襕”之服形象的辨析

■ 黄梓桐（北京服装学院美术学院）

南北朝（420—589 年）虽是中国历史上的分裂时期，却客观上因民族之间交流的加强，推动了当时社会生活方式的重大变革，特别是这一时期的服装，因各民族文化与风格的融合和碰撞，呈现出与汉魏迥然不同的风貌。其中加“襕”之袍与“襕衫”，即下摆附一条横襕的袍衫样式，便是在这一服装演变浪潮之中产生的。以近年来与襕袍相关的研究来看[1]，或因研究方式及认识角度的差异，学者在论及加“襕”之袍或襕衫时，大多将袍与衫概而论之。然加“襕”之袍与“襕衫”并不完全等同，特别是自唐后“襕衫”基于加“襕”之袍之上，生发出自己独特的含义，并在礼仪制度及社会生活中展现了各自的风采，值得进行更深入的研究。本文拟通过梳理相关文献记载与形象史料，从考察加“襕”之袍与“襕衫”的起源、特征及使用出发，试对二者在制度、功能及意义等层面的异同进行分析探讨，以期彰显其各自的属性。

一　文献中的加“襕”之袍与“襕衫”

（一）起源

加“襕”之袍与“襕衫”就其服装形象而言，最显著的特征是袍、衫下部设有一条横置的襕饰。袍加下襕，乃北周权臣宇文护始创。《隋书·礼仪志》载：“保定四年（564 年），百官始执笏，常服

* 本文系国家社科基金艺术学重大项目“中华民族服饰文化研究”（项目编号：18ZD20）阶段性整理成果。

1　学者或多对着力于襕袍起源的研究。如：宋魏秦《对襕袍起源的探讨》，《中国国家博物馆馆刊》2018 年第 6 期；张妍《唐代襕袍的起源研究》，《丝绸》2017 年第 3 期；曹喆《以敦煌壁画为主要材料的唐代服饰史研究》，博士学位论文，东华大学，2008。

上焉。宇文护始命袍加下栏。”[1]保定即北周武帝宇文邕的年号，时北周军政皆决于权臣宇文护之手。《通典》亦载：“保定四年，百官始执笏，常服焉。宇文护始袍加下襴，遂为后制。”[2] 五代时所修《旧唐书·舆服志》踵其说：“晋公宇文护始命袍加下襕。”[3] 迨北宋官修《新唐书·车服志》时，则对加“襕”之袍与“襕衫”有所区别：

> 太宗时，又命七品服龟甲双巨十花绫，色用绿。九品服丝布杂绫，色用青。是时士人以棠苎襕衫为上服，贵女功之始也。一命以黄，再命以黑，三命以纁，四命以绿，五命以紫。士服短褐，庶人以白。中书令马周上议：“《礼》无服衫之文，三代之制有深衣。请加襕、袖、褾、襈，为士人上服。开骻者名曰缺骻衫，庶人服之。”又请：“裹头者，左右各三襵，以象三才，重系前脚，以象二仪。”诏皆从之。太尉长孙无忌又议：“服袍者下加襕，绯、紫、绿皆视其品，庶人以白。”[4]

据上引文可知，此处“襕”不再只是宇文护所提的袍下所加之襕；还增加了马周所议的襕衫和长孙无忌所议的视品阶而着的袍下加襕。

有些学者将马周和长孙无忌所议之襕归为一说，以为上述史料反映的是襕袍起源之二说，认为唐五代多信奉宇文护之说，而宋以后则推崇马周。有研究者对“马周说”为何会代替“宇文护说”做出如下解释：

> 大概与当时的政治环境以及宋型文化相关联，即现实政治的御侮需求激发了宋人的民族本位意识。在这种矛盾的情形中将改衣冠以合华夏的功劳，从胡人宇文护转移到同样在服饰上做出改革呼吁的汉人马周。[5]

宇文护、马周、长孙无忌三者所言之“襕”虽同是指在服装下设一条横着的襕饰，但细读可知其所言的加“襕”之袍或“襕衫”所指向对象的不同，宇文护与长孙无忌所言之“袍加下襕”乃指加“襕”之袍；马周所言之“请加襕、袖、褾、襈，为士人上服”则为“襕衫”，它们之间或许存在共生关系，但两者的差异伴随历史的发展日渐分明。

---

1 （唐）魏徵、令孤德棻：《隋书》卷一一《礼仪志六》，中华书局，1973，第 250 页。

2 （唐）杜佑：《通典》卷六三，中华书局，1988，第 1768 页。

3 （五代）刘昫：《旧唐书》卷四五《舆服志》，中华书局，1975，第 1951 页。

4 （宋）欧阳修：《新唐书》卷二四《车服志》，中华书局，1975，第 527 页。

5 宋魏秦：《对襕袍起源的探讨》。

（二）襴衫、“襴”袍之分野

学者不对袍衫做区分，把马周所议之襴衫和长孙无忌所提之加“襴”之袍归为一说，或为习惯使然。从服装形制方面来看，东汉成书的《释名·释衣服》记载：“袍，丈夫著，下至跗者也。袍，苞也，苞，内衣也。妇人以绛作衣裳，上下连，四起施缘。亦曰‘袍’，义亦然也。齐人谓如衫而小袖曰‘侯头’，‘侯头’犹言‘解渎’，臂直通之言也。”[1] 衫：“衫，芟也，衫末无袖端也。”[2] 《释名》记载所反映袍的服装特征是衣长及足，上下分裁再缝合，衣裳施有缘边。而衫与袍相比，区别主要在袖的特征，衫袖大而无缘边。由此来看东汉时期袍、衫的特征差异并不大。至隋唐时，文献中“袍”与“衫”也经常连用，如《梁书·侯景传》载：“景得布，悉用为袍衫，因尚青色。”[3]《旧唐书·舆服志》云：“（太宗）其常服，赤黄袍衫，折上头巾，九环带，六合靴，皆起自魏、周，便于戎事。”[4] “武德初，因隋旧制，天子宴服，亦名常服，唯以黄袍及衫，后渐用赤黄，遂禁士庶不得以赤黄为衣服杂饰。”[5]《新唐书·车服志》记曰：“既而天子袍衫稍用赤、黄，遂禁臣民服。”[6]《唐会要》载：“咸亨五年五月十日敕：‘如闻在外官人、百姓，有不依令式，遂于袍衫之内，着朱紫青绿等色短衫袄子，或于闾野公然露服，贵贱莫辨，有斁彝伦。自今以后，衣服下上，各依品秩，上得通下，下不得僭上。仍令有司严加禁断。’”[7]“又袍袄衫等，曳地不得长二寸已上，衣袖不得广一尺三寸已上。”[8]“其驱使官有正官及在城及诸色仓场官等，请许服细葛布折造，及庶人纹绫充衫袍，依前服绿，蓝铁充腰带，乘小马，鞍辔衔鐙用鍮石。”[9] 等等。可见袍与衫在汉唐间穿着使用时较为通用，研究者从服装的形制和使用方面将这个阶段的袍、衫视作一物也无可厚非。

但自唐代的襴衫产生后，襴衫成为一类服装的定名，与袍、衫之间的差距逐渐增加。新旧《唐书·舆服志》中记载社

---

1 任继昉：《释名汇校》，齐鲁书社，2006，第 272 页。

2 《释名汇校》，第 268 页。

3 （唐）姚思廉：《梁书》卷五六《侯景传》，中华书局，1973，第 841 页。

4 《旧唐书》卷四五《舆服志》，第 1938 页。

5 《旧唐书》卷四五《舆服志》，第 1952 页。

6 《新唐书》卷二四《车服志》，第 527 页。

7 （宋）王溥撰：《唐会要》卷三一《唐会要·舆服·章服品第》，上海古籍出版社，2006，第 664 页。

8 《唐会要》卷三一《唐会要·舆服·章服品第》，第 669 页。

9 《唐会要》卷三一《唐会要·舆服·章服品第》，第 672 页。

会服装风貌时，用“臧获贱伍者皆服襕衫”[1] “奴婢服襕衫，而士女衣胡服”[2]等语句来表现胡风盛行对着装的影响，身份低贱的奴婢穿“襕衫”更被认为是服妖之兆。“襕衫”逐渐成为特定人群的服装，与日常穿用的袍衫相比更增添身份特征及象征含义。这时的襕衫不同于加“襕”之袍衫之类的服装；两者含义已产生了差别，五代及宋代成书的类书《中华古今注》中记载了“布衫”与“袍衫”；《事物纪原》卷三记载了“公服”与“襕衫”，从两书的记述内容来看：布衫即襕衫；袍衫、宋代公服即加“襕”之袍。类书中对二者的分条注解，正是襕衫、加“襕”之袍分野的证明。

二 加“襕”之袍与品色之制

今人常用“襕袍”一词称袍下加襕之袍，然北朝与唐并无襕袍的称谓，襕与袍的组合最早为“袍襕”，出自唐代诗人王建《和少府崔卿微雪早朝》一诗，其中有“还穿瑞草入袍襕”[3] 之谓。“襕袍”一词初现于宋代成书的《册府元龟》中对唐玄宗时外臣来朝的记录：“二十二年正月壬子，新罗王兴光大臣金端竭丹来贺正，帝于内殿宴之，授卫尉少卿员外，赐绯襕袍、平漫银带及绢六十匹，放还蕃。”[4] 不过，元代成书的《辽史》中仍使用“袍襕”：“厥后唐以冕冠、青衣为祭服，通天、绛袍为朝服，平巾帻、袍襕为常服。”[5] 可见，“襕袍”作为服装名称首次出现或许在宋，但宋代“襕袍”一词的使用还未明确，所以至《辽史》中记载仍是“袍襕”，而“襕袍”明确成为服装名称，在文献中普遍使用应当已是明代。[6] 细疏“襕”与袍的文献材料，发现加“襕”之袍与隋唐时期常服和宋代公服的品色之制有密切的关系，以下结合出土的形象史料阐述襕袍形象自北朝到宋代的变化发展。

（一）唐之前加下襕之袍

《旧唐书·舆服志》载：“宴服，盖古之亵服也，今亦谓之常服。江南则以巾褐裙襦，北朝则杂以戎夷之制。爰至北

1 《旧唐书》卷四五《舆服志》，第 1958 页。

2 《新唐书》卷二四《车服志》，第 531 页。

3 （清）彭定求等编：《全唐诗（增订本）》卷三〇〇，中华书局，1999，第 3408 页。

4 （宋）王钦若等编纂，周勋初等校订：《册府元龟》卷九七五《外臣部（二十）·褒异第二》，凤凰出版社，2006，第 11287 页。

5 （元）脱脱等：《辽史》卷五六《仪卫志二》，中华书局，1974，第 907 页

6 查阅明代成书的文献，郭正域《皇明典礼志》卷一八、李东阳等撰《大明会典》卷六一《礼部十九》、宋濂等撰《元史》卷七一《志第二十二》、王圻纂辑《续文献通考》卷一二九《王礼考》等书中皆有“襕袍”一词的记载。

齐，有长帽短靴，合袴袄子，朱紫玄黄，各任所好。虽谒见君上，出入省寺，若非元正大会，一切通用。高氏诸帝，常服绯袍。隋代帝王贵臣，多服黄文绫袍，乌纱帽，九环带，乌皮六合靴。百官常服，同于匹庶，皆着黄袍，出入殿省。天子朝服亦如之，惟带加十三环以为差异，盖取于便事。其乌纱帽渐废，贵贱通服折上巾，其制周武帝建德年所造也。晋公宇文护始命袍加下襕。”[1] 其中对袍加下襕的来源记载得较为清晰，袍装作为帝王官员的常服可上溯至北齐高氏诸帝，北齐诸帝常穿绯色的袍，隋代的皇帝贵臣常穿黄色绫纹袍，而其他百官出入宫殿与庶人同服黄色的袍，天子与大臣庶人常服差别在腰带之环数上。此时的袍无加襕的迹象，直到北周武帝保定四年宇文护命袍加下襕后，袍下有襕的记载才首次出现在文献中。现出土的材料中，尚无明确纪年为北周的襕袍实物出土[2]，但从北朝其他的形象史料来看，或许有唐以前加下襕之袍的踪迹。考古发掘有明确纪年的北朝墓葬中，北齐的天保四年（553 年）贺拔昌墓；河清三年（564 年）狄湛墓；天保六年（555 年）侯莫陈墓；武平元年（570 年）娄叡墓；武平二年（571 年）徐显秀墓的壁画或陶俑中都能发现头戴风帽、身穿袍装的男性形象出现，这些形象中袍具有长至膝盖及以下、圆领小袖的特征，与后代的襕袍有些许相似。有些俑的衣襟与下摆处还有双线刻画，似有缘，易与下襕的形象相混淆，但从各墓葬中所展现的袍类形象来看，这些刻双线俑的形象与隋唐时期的加“襕”之袍形象的刻画方法并不相同，后者对下施横襕描绘得显明清晰。从娄睿墓、徐显秀墓的壁画人物形象来看，他们所着之服侧面有缺骻的特征，应当属缺骻袍或缺骻衫，并不是北周宇文护所命的加下襕之袍（参见图 1）。

北齐的袍装虽不是襕袍，但从服装的外形特征来看似乎是北周加下襕之袍的前身。《周书·李迁哲传》：“军还，太祖嘉之，以所服紫袍玉带及所乘马以赐之。”[3] 北周太祖赐予李迁哲的这一套着装与北齐壁画中男子骑马着袍形象无别，所着之袍应该是缺骻袍。《隋书·礼仪志六》：“保定四年，百官始执笏，常服上焉。宇文护始命袍加下栏。”[4] 文献中加“襕”之袍的记载最早在保定四年（564 年），而北周考古材料中袍加下襕的形象最早在建德七年（578 年）宇文俭墓中，宇文俭墓的风帽俑和帷帽男立俑虽所服之袍衫为左衽，但下摆处横线的刻画似为袍下之襕的表现。到隋代后袍下加襕的形象逐渐增

1 《旧唐书》卷四五《舆服志》，第 1951 页。

2 中国丝绸博物馆藏有一件联珠对饮纹锦袍，断代为北朝，且袍下摆的形制有横襕的分割线，但因出土信息不全，本文暂不将其纳入取证材料。

3 （唐）令孤德棻：《周书》卷四四《李迁哲传》，中华书局，1971，第 791 页。

4 《隋书》卷一一《礼仪志六》，第 250 页。

陶俑：

天保四年(553年)贺拔昌墓三棱风帽俑

河清三年(564年)狄湛墓垂袖子男侍俑

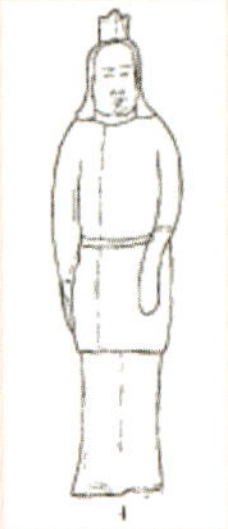

天保六年(555年)侯莫陈墓 三棱风帽俑

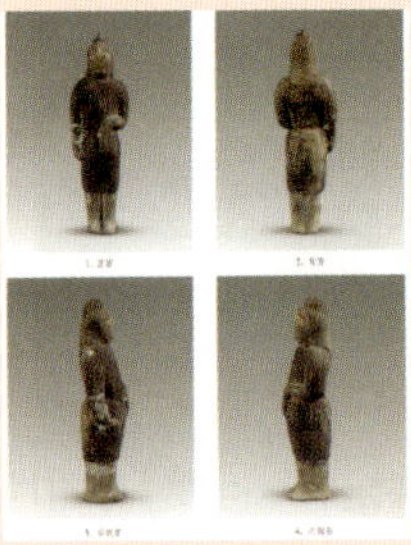

武平元年(570年)娄叡墓(51)

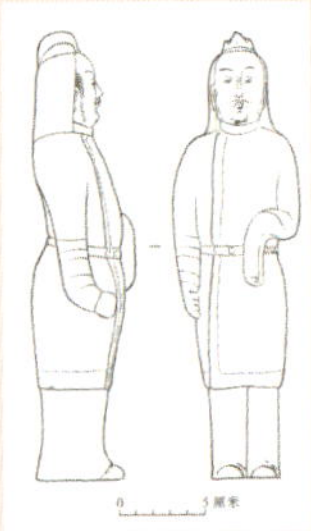

戴鲜卑帽武士俑

北齐武平二年(571年)徐显秀墓A式三棱风帽俑(标本93)

B式三棱风帽俑(标本76)

壁画：

武平元年(570年)娄叡墓甬道西壁壁画持班剑仪卫图(左)
墓道东壁第二层回归图(右)

武平二年(571年)徐显秀墓墓道东壁壁画

图1 北齐墓葬中着袍形象

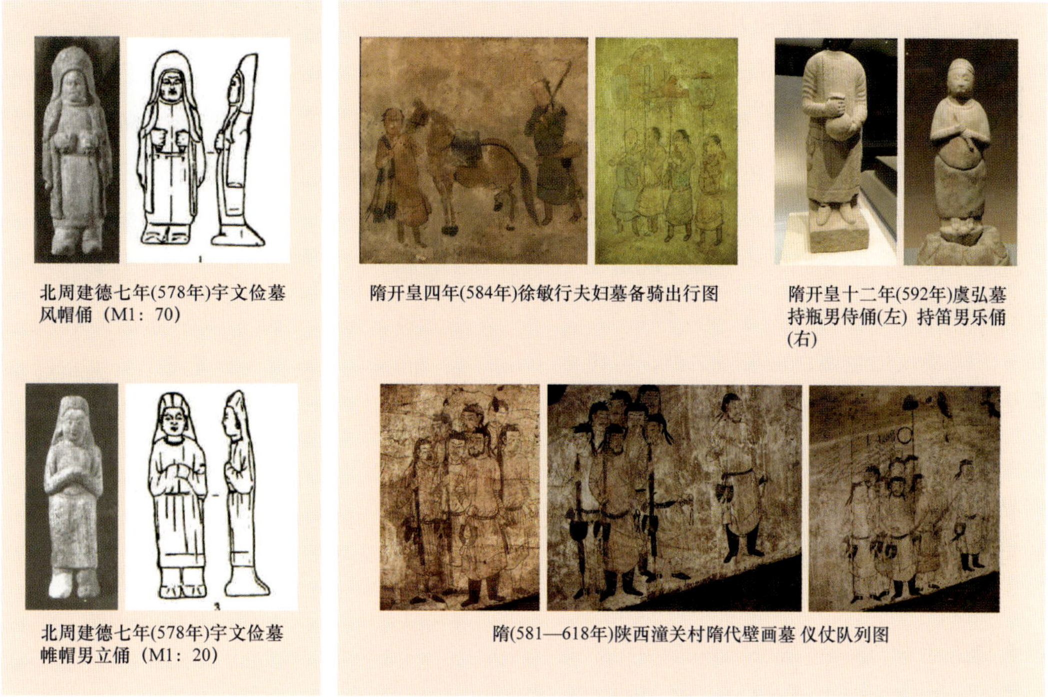

北周建德七年(578年)宇文俭墓风帽俑（M1：70）

隋开皇四年(584年)徐敏行夫妇墓备骑出行图

隋开皇十二年(592年)虞弘墓持瓶男侍俑(左) 持笛男乐俑(右)

北周建德七年(578年)宇文俭墓帷帽男立俑（M1：20）

隋(581—618年)陕西潼关村隋代壁画墓 仪仗队列图

图2　北周、隋代墓葬中男性着袍衫形象

加；嘉祥县英山隋开皇四年（584 年）徐敏行墓、太原市晋源区王郭村隋开皇十二年（592 年）虞弘墓、潼关税村隋墓中的壁画或男俑所着之袍衫皆为右衽，有交领和圆领之别，但衣下加横襕的描绘十分清晰，此时袍加下襕的形象逐渐固定，趋向日常（参见图 2）。北周、隋代袍加下襕的形象是襕袍起源早于唐代的直接证据，也是襕袍起源自宇文护之说的有力旁证。

（二）唐之常服的形制特征

经过北朝、隋代的发展，至唐时“襕袍”的形象逐渐多现，唐代时期的墓室壁画、陶俑、传世绘画中大量出现着加下襕之袍的人物形象，日常生活中“襕袍”的使用日益增加，甚而成为唐代礼服系统中的一部分。《中华古今注》载：“袍衫——袍者，自有虞氏即有之。故《国语》曰：‘袍以朝见也。’，秦始皇三品已上绿袍深衣，庶人白袍，皆以绢为之。至贞观年中，左右寻常供奉赐袍。丞相长孙无忌上仪，请于袍上加襕，取象于缘，诏从之。”[1] 此处与《新唐书·车服志》记述的内容相同，《新唐书·车服

1　（唐）苏鹗、（五代）马缟、（唐）李匡文、（唐）李涪：《苏氏演义（外三种）》，中华书局，2012，第 109 页。

志》曰："太尉长孙无忌又议：'服袍者下加襕，绯、紫、绿皆视其品，庶人以白。'"[1] 可知二者皆是对长孙无忌提议令唐代品官常服之袍下加有横襕事件的说明。这与前文所论及北周保定四年宇文护命袍加下襕的记载似乎有些出入，然二者之说并无冲突，宇文护袍加下襕之说是在百官始执笏、常服上朝的基础上提出的。长孙无忌提议虽也属百官常服之类，但唐代的常服已比北周时发展得更加成熟，此时加下襕之袍隶属唐代视官员品阶而易色的品色制度，它有北周宇文护所提袍加下襕时不曾具备的色彩特征与礼制规范。

既为品色服，此种服装中最为突出的元素便是色彩，品色的服装记载最早见于《周书·宣帝纪》，其中载："诏天台侍卫之官，皆着五色及红紫绿衣，以杂色为缘，名曰品色衣。有大事，与公服间服之。"[2] 北周宣帝时近侍穿着有色有缘之衣，品色制度开始初现端倪。后《旧唐书·舆服志》又记隋代："及大业元年，炀帝始制诏吏部尚书牛弘、工部尚书宇文恺、兼内史侍郎虞世基、给事郎许善心、仪曹郎袁朗等宪章古则，创造衣冠，自天子逮于胥吏，章服皆有等差。始令五品以上，通服朱紫……六年，复诏从驾涉远者，文武官等皆戎衣，贵贱异等，杂用五色。五品已上，通着紫袍，六品已下，兼用绯绿。胥吏以青，庶人以白，屠商以皂，士卒以黄。"[3] 品色制度在隋代已具雏形。至唐代，文献所载品色制度分别在武德四年（621 年）、贞观四年（630 年）、贞观五年、龙朔二年（662 年）、文明元年（684 年）至少经历五次修订，《旧唐书》载："武德初，因隋旧制，天子宴服，亦名常服，唯以黄袍及衫，后渐用赤黄，遂禁士庶不得以赤黄为衣服杂饰。四年八月敕：'三品已上，大科绫䌷及罗，其色紫，饰用玉。五品已上，小科䌷绫及罗，其色朱，饰用金。六品已上，服丝布，杂小绫，交梭，双紃，其色黄。六品、七品饰银。八品、九品鍮石。流外及庶人服䌷、絁、布，其色通用黄，饰用铜铁。'……贞观四年又制，三品已上服紫，五品已下服绯，六品、七品服绿，八品、九品服以青，带以鍮石。妇人从夫色。虽有令，仍许通著黄。五年八月敕，七品已上，服龟甲双巨十花绫，其色绿。九品已上，服丝布及杂小绫，其色青。十一月，赐诸卫将军紫袍，锦为褾袖。……龙朔二年，司礼少常伯孙茂道奏称：'旧令六品、七品着绿，八品、九品着青，深青乱紫，非卑品所服。望请改八品、九品着碧，朝参之处，听兼服黄。'从之。总章元年，始一切不许着黄。上元元年八月又制：'一品已下带手巾、算袋，仍佩刀子、砺石，武官欲带者听之。文武三品已

1 《新唐书》卷二四《车服志》，第 527 页。

2 《周书》卷七《宣帝纪》，第 123 页。

3 《旧唐书》卷四五《舆服志》，第 1951 页。

上服紫，金玉带。四品服深绯，五品服浅绯，并金带。六品服深绿，七品服浅绿，并银带。八品服深青，九品服浅青，并鍮石带。庶人并铜铁带。’文明元年七月甲寅诏：‘旗帜皆从金色，饰之以紫，画以杂文。八品已下旧服者，并改以碧。’”[1]品色制度在唐代历经多次调整早已发展完善。可以看出，自北周时天台侍卫之官穿着区分色彩的品色衣后，品色衣在隋唐时期被逐步规范。隋代官员主要以五品为界，按品阶高低分为紫袍与绯绿。唐时常服使用品色制度，天子常服袍、衫以黄；官员的常服定制大致以紫、绯、绿、青来区分品阶，从此服色便成了区分官员高低品级的标志。日常所服因皇帝的明文规定被归入礼制中，是皇权统治渗入官员百姓日常生活的体现，也意味着常服不再只是寻常之服，更是礼制规范内具有象征意义的一种服装。不过在服装制度中，“绯、紫、绿皆视其品，庶人以白”服装的色彩是品色制度的表征符号，是显而易见、因人而异的；长孙无忌提议的“服袍者下加襕”，是品色制度另一重要的特征，这一特征是普遍的，不区分品阶的。简而言之在唐代常服品色制度中，服装特征的变项是色彩，而袍（衫）加襕的是唐代官员常服形制的基础特征，是这类服装特征中的不变项。

加襕成为唐代常服袍（衫）形制的基本特征后，这类形象在考古出土的材料中涌现明显增多，如陕西出土的贞观五年（631 年）李寿墓、贞观十七年（643 年）长乐公主墓、永徽二年（651 年）段壁墓、乾封二年（667 年）韦贵妃墓、光宅元年（684 年）安元寿墓、景云元年（710 年）节愍太子墓、景云二年（711 年）章怀太子墓、开元十二年（724 年）惠庄太子墓，以及山西省太原市焦化厂出土的武周年间（690—704 年）唐墓中皆有着加襕袍（衫）的形象出现（参见图 3），这些袍衫下摆的膝盖上下处绘一条横襕，且左右两侧并不开衩；而这些加襕袍衫的色彩除韦贵妃墓仪卫图中右侧着加“襕”之袍的人物中一人着蓝袍；章怀太子墓中仪卫领班着深青色以外，其余多为白、绯、橘黄等色，从品色制度来看或许是这些穿着者品阶身份不高，如《旧唐书》所言“臧获贱伍者皆服襕衫”[2]。不过，出土材料中服装形象的色彩不能仅凭直观感受作着装身份判断依据，在具体研究时需谨慎考虑因年久失真对图像色彩保存带来的影响，直观的色彩感受不能作为着装者身份判断的唯一凭证，在具体研究时需仔细甄别。另外，从这些着加襕的袍衫的形象来看，加襕的袍衫穿着者包括女

1 《旧唐书》卷四五《舆服志》，第 1952—1953 页。

2 唐代袍与衫未作明确的区分，《新唐书・舆服志》此处的襕衫指代的对象可能是唐代加襕后的袍或衫，但更有可能所指向的是加襕的袍或衫中的“襕衫”，即本文第三部分讨论的后代士人穿着的，具有特殊意义的襕衫。不过，无论所指为加“襕”之袍还是“襕衫”，壁画中人物形象所着的袍、衫下加襕是这两者服装形制共同的基本特征。

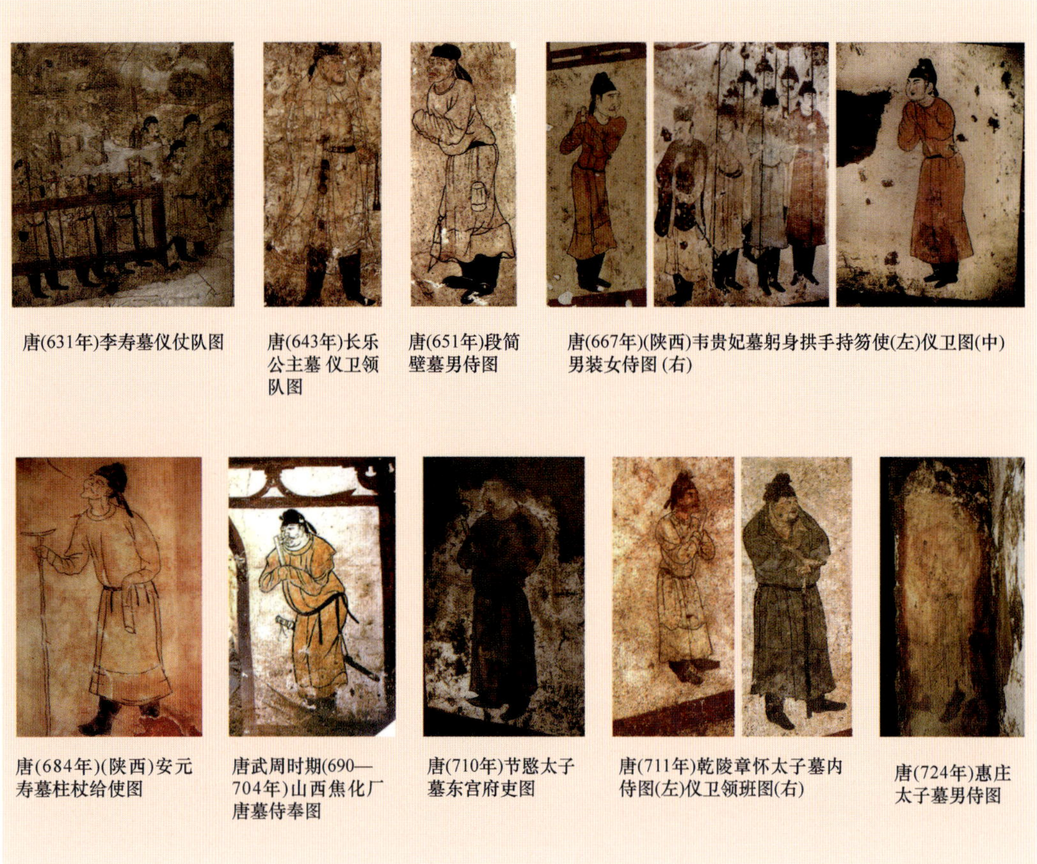

唐(631年)李寿墓仪仗队图　唐(643年)长乐公主墓 仪卫领队图　唐(651年)段简壁墓男侍图　唐(667年)(陕西)韦贵妃墓躬身拱手持笏使(左)仪卫图(中)男装女侍图(右)

唐(684年)(陕西)安元寿墓柱杖给使图　唐武周时期(690—704年)山西焦化厂唐墓侍奉图　唐(710年)节愍太子墓东宫府吏图　唐(711年)乾陵章怀太子墓内侍图(左)仪卫领班图(右)　唐(724年)惠庄太子墓男侍图

图3　唐代墓葬壁画中袍下加襕形象

性，韦贵妃墓中的女侍头戴幞头，足蹬黑靴，身着圆领窄袖有襕橘黄袍，似与男性着襕的袍形象无二，与文献所记载的“奴婢服襕衫”[1] 相符，可见加襕之袍衫在唐代礼制服装及社会生活中应用相当普遍。

（三）宋之公服的组成部分

宋高承《事物纪原》载：“公服——《笔谈》曰，中国衣冠自北齐已来乃全用胡服，窄袖绯绿。唐武德、贞观时犹尔，开元之后，稍褒博矣。《通典》曰：宇文始袍加下襕，遂为后制，即今公服之制也。此盖原矣。”[2] 《宋史·舆服志》中载：“公服。凡朝服谓之具服，公服从省，今谓之常服。宋因唐制，三品以上服紫，五品以上服朱，七品以上服绿，九品以上服青。其制，曲领大袖，下施横襕，

1　《新唐书》卷二四《车服志》，第531页。

2　（宋）高承、（明）李果撰，金圆、许沛藻点校：《事物纪原》，中华书局，1989，第147页。

束以革带，幞头，乌皮靴。自王公至一命之士，通服之。”[1] 以上两条文献交代了宋代公服的名称、由来、形制及功用。其服制由幞头、下施横襕的曲领大袖衣、革带、乌皮靴构成，通身装扮组成与唐之常服极为类似，唯领、袖不同。《事物纪原》将宋代公服上溯于北周宇文护之袍加下襕，随后因循唐代常服的品色制度，按官阶品位改易服色，且宋代的品色制度发展成熟，各品阶官员的等级服色、形制与搭配更趋向稳定。宋代公服中的襕与唐代常服一样，是宋代公服的组成部分，是公服中身服的一个形制特征，它和曲领、大袖一样是衣身形制组合的基本单位，是分辨宋代公服形象的重要表征。

在宋代的传世绘画中，宋代公服因其特征明晰，在研究时易于识别分辨。传宋人摹五代周文矩《文苑图》、赵佶《听琴图》、梁楷《八高僧图》等画卷皆呈现了宋代公服的服装形象：头戴幞头、腰束革带、足部多为乌皮靴。身服曲领大袖下施横襕，其服色紫、朱、绿、青各视其品阶。台北“故宫博物院”馆藏的宋朝皇帝坐像，亦身着直角幞头、腰戴革带、足穿乌皮靴、身服为加襕的曲领大袖衣，这些绘画人物服装信息清晰、特征分明，是宋代公服通身形象的直白呈现，也是加襕的形制特征在宋代公服中的重要表现（参见图4）。

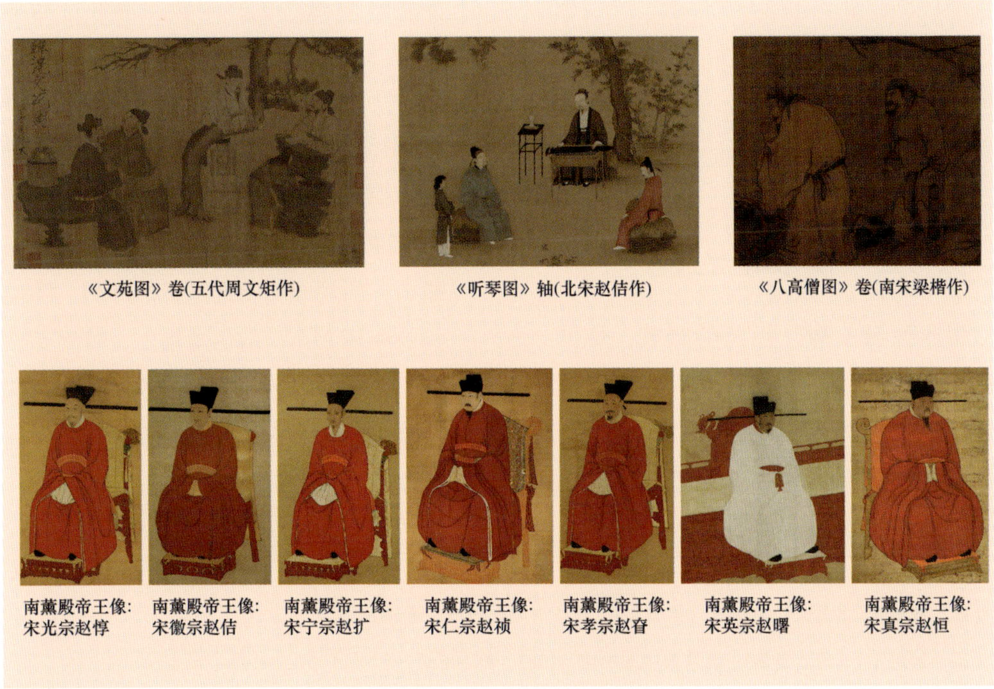

图4　五代、宋代袍下加襕绘画形象

1　（元）脱脱等撰：《宋史》卷一五三《舆服五》，中华书局，1985，第3561页。

从北朝宇文护始命袍加下襕；到唐代长孙无忌视品位服绯、紫、绿下加襕之袍；“襕”作为官服制度中袍的形制特征，一次次被强调直到成为品色制度中的重要组成部分，唐宋时，衣下加襕的形制都是常服和公服的重要特征，直到辽金时期，袍襕仍在官服系统之中起着重要作用，《金史·舆服志》对公服的记载：“十五年制曰：‘袍不加襕，非古也。’遂命文资官公服皆加襕。”[1] 可见，其对中国古代服装的影响不可谓不深远。但值得注意的是，不论是“袍加下襕”“袍下加襕”还是下施横襕，此处的“襕”并不是作为某种服装的名称存在，而是作为服装形制特征的意义存在的；这或许是宋代之前“袍襕”“襕袍”未曾作为服装名称多次出现的原因。

三　襕衫与士人

另一种与“襕”相关的服装，是以“襕衫”直接命名。从文献材料看唐五代已经产生，形象史料则突显于宋明时期，它的服装形制、使用功能与加“襕”之袍有些差异，下文从唐及宋明两个时期，对“襕衫”的形制、功用、意义展开论述。

（一）唐代襕衫与缺胯衫

南朝成书的《玉篇》释：襕，衫也。[2] 此处将襕解为衫，未说明是衫有横襕；抑或襕是衫的别称。文献中“襕衫”以词语的形式较早出现在五代成书的《旧唐书》和《中华古今注》中；《旧唐书·舆服志》“臧获贱伍者皆服襕衫”[3]，《中华古今注》释布衫：“侍中马周取深衣之造加襕衫，为庶人之礼见之表，至仕官皆服之。”[4] 宋代成书的《新唐书·车服志》中唐代士人上服为襕衫，且其出现与《礼记》深衣有密切的关系，《新唐书·车服志》：“中书令马周上议：‘《礼》无服衫之文，三代之制有深衣。请加襕、袖、褾、襈，为士人上服。’”[5] 襕衫的形制取像于深衣，在衫的下摆、袖端处加以缘边，所用面料不选富贵的丝绸，而是采深衣所用之布，取仿本崇古、尊尚女工之意。“襕衫”为马周所造应是毋庸置疑，《事物纪原》释衫：“《舆服志》曰：马周上仪：‘礼无服衫之文，三代有深衣，请

1　（元）脱脱等：《金史》卷四三《舆服志》，中华书局，1975，第 982 页。

2　（梁）顾野王：《宋本玉篇》，北京市中国书店，1983，第 506 页。

3　《旧唐书》卷四五《舆服志》，第 1958 页。

4　《中华古今注》［《苏氏演义（外三种）》，第 109 页］载：“布衫，三皇及周末，庶人服短褐襦，服深衣。秦始皇以布开胯，名曰衫。用布者，尊女工之尚，不忘本也。侍中马周取深衣之造，加襕衫，为庶人之礼，见之表，至仕官皆服之。”

5　《新唐书》卷二四《车服志》，第 527 页。

唐(667年)(陕西)韦贵妃墓仪卫图

唐(706年)唐安国相王儒人唐氏墓牵马图

唐(706年)懿德太子墓 内侍图

唐(710年)节愍太子墓持戟仪卫图

唐(710年)万泉县主薛氏墓男侍图

唐(711年)乾陵章怀太子墓内侍图

唐(711年)乾陵章怀太子墓仪卫图

唐(746年)(陕西)苏思勖墓抬箱男侍图

唐(784年)(陕西)唐安公主墓侍从图

五代(924年)曲阳王处直墓男侍从图

图5　唐代、五代墓葬壁画中着缺胯袍衫的人物形象

襕、袖、褾、襈为士人上服。开骻者名曰缺骻衫，庶人服之。’即今四袴衫也，盖自马周始云。《云续事始》曰：后周以枲纻为衫，贵女功始也。”[1] 盖北周时已有布制的衫，至唐时马周认为衫不符礼义，于是借蕴含深厚礼义的深衣之制对衫在形制上进行改制，使“加襕、袖、褾、襈”的襕衫附含礼意，同古礼之深衣。

虽唐代襕衫的由来、形制在文献中所述甚是清晰，但在形象史料中因其与加“襕”之袍的描绘方法较为相似[2]，若不从物理层面对二者面料材质进行区分，难以将二者分辨。而与襕衫使用相同面料；马周上议襕衫时所提及的缺骻衫，因其形制上与襕衫和加“襕”之袍差异较大，在出土的形象史料中较为常见且易于辨别。如前举韦贵妃墓仪卫图中有右侧二人着加“襕”之袍，左侧第二人通身装扮与右侧二人十分相似，但从其服装右侧的开衩的形制特征来看，可分辨此人所着为缺骻衫。这种着缺骻衫的人物形象在懿德太子墓、河南省洛阳出土安国相王儒人唐氏墓（706年）、节愍太子墓、陕西省西咸新区出土万泉县主薛氏墓（710年）、章怀太子墓，以及陕西省西安东郊出土天宝五年（746年）苏思勖墓、兴元元年（784年）唐安公主墓中皆有出现，至924年五代河北曲阳王处直墓中的男侍从仍着缺骻衫，只是此时缺骻衫的开衩处已明显提高（参见图5）。

从以上缺骻衫的形象来看，缺胯之衫下摆处皆未加横“襕”，在服装形制上与襕衫及加“襕”之袍有显明的差别，且缺骻衫两侧开衩，在行动时极为便利，是平民百姓在日常生活穿用的首选，因此其使用功能及穿着对象与官服加“襕”之袍及士人之襕衫也不相同。

（二）宋明士人之襕衫

唐代襕衫与加“襕”之袍在形制上差异似乎不大，但发展到宋明，襕衫的使用日益平常，其服装特征也日趋明显。《事物纪原》中记襕衫：“《唐志》曰：马周以三代布深衣，因于其下着襕及裾，名襕衫，以为士之上服，今举子所衣者，襕衫是也。”[3] 襕衫在宋时是举子所衣，也是士大夫日常所服之衣，据《宋史·舆服五》载：“中兴，士大夫之服，大抵因东都之旧，而其后稍变焉。一曰深衣，二曰紫衫，三曰凉衫，四曰帽衫，五曰襕衫。”[4] 襕衫之制书中有记：“襕衫。以白细布为之，圆领大袖，下施横襕为裳，腰

1　《事物纪原》（第148页）载：“衫，《续事始》曰：后周以枲纻为衫，贵女功始也。”后周用“枲纻”，旧唐书用“棠苎”，两者材质应该相同，贵女工者为布。

2　从文献来看，两者在形制上的区分仅有袖端是否有缘之别，在出土的形象史料中暂未见对袖口处描绘缘的襕衫形象，或许是缘用色同衣身，以至从图像的色彩描绘上难以辨别。

3　《事物纪原》，第148页。

4　《宋史》卷一五三《舆服志》，第3577页。

间有辟积。进士及国子生、州县生服之。”[1] 襕衫所有面料与宋时的深衣相同，为白细布，形制不同宋时官员公服加“襕”之袍的曲领，而具有圆领大袖，腰有褶皱，下施横襕的服装特征，是士人日常之服。

至明代，襕衫穿用对象大致不变，但形制上稍有改易。《明史·舆服志》：“儒士、生员、监生巾服。洪武三年，令士人戴四方平定巾。二十三年，定儒士、生员衣，自领至裳，去地一寸，袖长过手，复回不及肘三寸。二十四年，以士子巾服，无异吏胥，宜甄别之，命工部制式以进。太祖亲视，凡三易乃定。生员襕衫，用玉色布绢为之，宽袖皂缘，皂绦软巾垂带。贡举入监者，不变所服。洪武末，许戴遮阳帽，后遂私戴之。洪熙中，帝问衣蓝者何人，左右以监生对。帝曰：‘着青衣较好。’乃易青圆领。”[2] 从文献来看，明代襕衫形制为圆领大袖，面料选用布绢，其颜色经历改制；有玉、蓝、青三色，宋代形制特征的横襕在明代不再单独出现，而是同领口、袖口、门襟的缘边一样，在下摆处饰以青缘来表现。这种襕衫的形制在万历三十五年（1607年）刊《三才图会》衣服第三卷中以图文并茂的形式呈现[3]，与江苏西郊明墓出土的襕衫样式十分相似[4]（参见图6）。

明代再次确立襕衫之制为士人之服后，士人在日常生活皆穿着襕衫。据《阅世编》载：“其举人、贡、监、生员则俱服黑镶蓝袍，其后举、贡服黑花缎袍，监生服黑邓绢袍，皆不镶，惟生员照旧式。”[5] 生员所服的黑镶蓝袍即蓝色襕衫，因衣色为蓝，“襕衫”也有“蓝衫”之称。黄景昉《国史唯疑》曰：“贡生监旧蓝衫入朝，仁皇曰：“教着青衣好看，乃易青袍。”[6] 张自烈《正字通》解“衫”字曰：“明制生员有蓝衫，绢为之，上下及补端緣以青。”[7] 解“襕”曰：“裳之用横幅着谓之襕，又襕衫，宋李昉言禁举子白襕下服紫，唐初士人以枲苎襕衫为上服，贵女工之始也。明制生员襕衫用蓝绢，裾袖缘以青，谓有襕缘也，俗做褴衫，因色蓝改为蓝衫。”[8] 皆表示了明代

1 《宋史》卷一五三《舆服志》，第3579页。

2 （清）张廷玉：《明史》卷六七《舆服三》，中华书局，1974，第1649页。

3 （明）王圻、王思义编：《三才图会》，上海古籍出版社，1988，第1535页。

4 根据墓志记载，出土襕衫样式的江苏西郊明墓墓主姓火，名金。生前为秀才，出土的此套服装符合士人中生员的装束。

5 （清）叶梦珠著，来新夏点校：《阅世编》卷八《冠服》，上海古籍出版社，1981，第173页。

6 （明）黄景昉、陈士楷撰，熊德基点校：《国史唯疑》卷二，上海古籍出版社，2002，第51页。

7 （明）张自烈撰，（清）廖文英续：《正字通十二卷·卷六至旧本首卷》，《续修四库全书术数类丛书》二三五·经部·小学类，上海古籍出版社，2006，第450页。

8 《正字通十二卷·卷六至旧本首卷》，第466页。

蓝衫与襕衫相通之意。又因生员之襕衫的领缘镶青，所以生员被明人称为“青衿”，《初刻拍案惊奇》中灿若道：“此梦甚是诧异！那道人分明说，待我荆妻亡故，功名方始称心。我情愿青衿没世也罢，割恩爱而博功名，非吾愿也。”[1] 灿若所言之“青衿”所指便是生员。襕衫成为明代生员的代名词，着装者因穿着襕衫而加以别称，是襕衫在明代运用广泛、意义深远的体现，在传世宋明时期的绘画作品中，对文人学子身份形象的描绘也经常使用襕衫（参见图7）。海瑞在《规士文》中道出了襕衫之形制中蕴含的特殊意义：“襕衫之制，中用玉色，比德于玉也；外有青边，玄素自闲也，四面攒阑，欲其规言矩行，范围于道义之中而不敢过也；束以青丝，欲其节制谨度，收敛于礼法之内而不敢纵也；绦穗下垂，绦者条也，心中事事有条理也。”[2] 可见明代士人穿着襕衫是学子生员身份的表现，同时也意味士人着装后需恪守礼法，遵循穿着襕衫所象征的规言矩行、节制谨度、事有条理的行为规范。襕衫是明代读书人的标志，更成为一种有意义的服装符号。

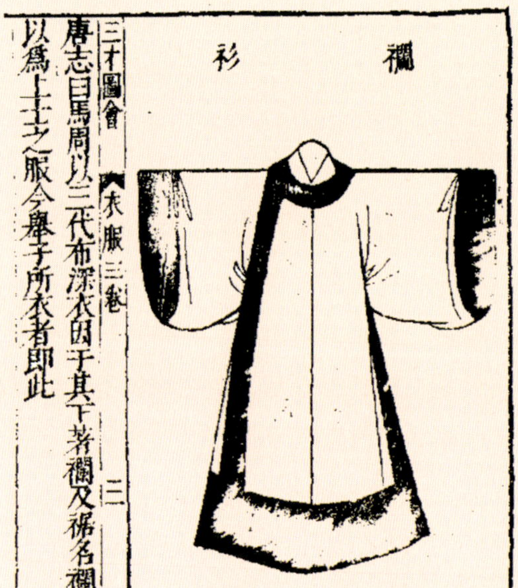

明《三才图会·衣服三卷》所记之襕衫

江苏西郊明墓出土襕衫（扬州博物馆藏）

图6 明《三才图会》襕衫与江苏西郊明墓出土实物襕衫

1 （明）凌濛初：《初刻拍案惊奇》卷一六，华夏出版社，2013，第180页。

2 （明）海瑞著，李锦全、陈宪猷点校：《海瑞集》卷二《申文》，海南出版社，2003，第227页。

山西高平开化寺壁画（西壁南侧中部）

《五百罗汉图》轴（南宋周季常、林庭珪作）

《徐显卿宦迹图册·郡尊折节》（明代余士、吴钺作）

山西繁峙岩山寺壁画（西壁佛本生故事）

《徐显卿宦迹图册·国师正席》（明代余士、吴钺作）

图7 宋、明绘画中着襕衫男子形象

结 语

综上论析可知，加“襕”之袍的出现可以上溯至北周宇文护，后又经过唐代长孙无忌提议，遂成为唐代官服的一种形制特征，并影响到宋代至辽金时期的官服制度。襕衫的产生应该与唐代马周直接相关，自唐至明始终是士人之服，且形制特征日渐独特。加“襕”之袍与“襕衫”各有其自身发展脉络，当今学者对二者起源之说无法定夺，应是与其服装特征中加横襕的形制相似有关，不过只需将穿着对象、功用及意义加以辨别，便可将加“襕”之袍与襕衫辨别分明。

不过，从另一个角度讲二者的确有不可忽视的相似之处，加“襕”之袍与“襕衫”背后礼法渊源是相通的，其形成之文化内涵均应指向《礼记》的“深衣”。深衣是中国古代一种上衣、下裳相连属的服装，郑玄云：“名曰‘深衣’者，谓连衣裳而纯之以采也。”孔颖达疏：“所以此称深衣者，以余服则上衣下裳不相连，此深衣衣裳相连，被体深邃，故谓之‘深衣’。”[1] 司马光所言：“古之男子衣裳上下各异，惟深衣相连。”[2] 深衣与其他服装最为不同的形制特征为衣裳分裁后再相缝合，分裁后缝合相连的“襕”[3] 便成了这种服装特征的代表标志。无论是加“襕”之袍还是“襕衫”，其形制相同之处的横襕，皆是因附会深衣而呈现的，换而言之，其服装形制特征的相似本是因为其背后礼法背景的相同。

加“襕”之袍形象在中国古代服装史上显露更早，唐以前已有呈现；但作为通用的服装名称，较早展现在大众视野的是“襕衫”，唐代时“襕衫”已是士人之上服。而加“襕”之袍被称为“襕袍”在宋代虽曾经出现，但直至明代才被广泛使用。初时“襕衫”与加“襕”之袍在形制上的差别尚不凸显，随着历史的发展，二者在服装形制特征、功用方面的差异日益明晰，加“襕”之袍在礼制的品色制度中发挥效用；襕衫更是成为后代儒生士人的代表符号，二者在中国古代服装史上各自展现了不止于服装的象征意义，对后代的服饰发展有重大的作用，值得当今学者的关注，对二者区隔进行更深入的研究。

---

1 （汉）郑玄注，（唐）孔颖达疏：《礼记正义》，载李学勤主编《十三经注疏》，北京大学出版社，1999，第1560、1561页。

2 北京大学《儒藏》编纂与研究中心编：《儒藏：精华编》卷七三《司马氏书仪》，北京大学出版社，2012，第1052页。

3 北宋官修的《集韵》释“襕”为：“衣与裳连曰襕或省。”见（宋）丁度《集韵（全三册）》卷二《寒第二十五》，北京市中国书店，1983年根据扬州使院重刻本影印，第303页。

明宁靖王夫人吴氏墓出土织金璎珞纹云肩妆花缎夹袄实验考古学研究

■ **赵　娜**（中国社会科学院考古研究所）　**赵芮禾**（北京考古遗址博物馆）

前　言

明宁靖王夫人吴氏墓位于江西省南昌市新建县华东交通大学校内，根据《吴氏墓发掘简报》与江西省文物考古研究所提供的修复文物清单相互对照，可以发现墓中共出土各类服装服装、配饰、匹料、被褥等纺织品共计50余件（套），品类丰富，数量可观。因墓室埋藏环境较好，棺椁密封条件优越，使得棺椁及尸身上的衣衾、服饰等文物基本保存了较为完整的状态。墓主吴氏仰身平躺在棺内随葬衾被之上，头枕白棉布丝绵枕，面部覆盖一块褐色丝巾，头戴凤冠，身穿5套共12件明代命妇礼服、吉服等，与明代典籍记载的服饰制度基本吻合。从目前已公开的出土资料来看，是迄今为止发现最早、保存状态最好、服饰品类最完整的明代命妇墓葬之一。

此次选择考古编号为NJM：58的织金璎珞纹云肩妆花缎夹袄作为研究对象，依明代冠服制度的解读，此件夹袄应属于吉服。传统吉服是从以祭祀功能为主的祭服发展而来的服装，后随朝代更迭，吉服服制也在变化。明代把用于时令、节庆活动、婚礼、寿诞、筵宴等各种吉庆场合和部分礼仪活动的服饰统称为吉服。本文将从夹袄出土实物的修复、图案、工艺、复原复织等方面对明吉服进行全方面研究考证。

一　文物简述及保护修复

考古编号为NJM：58的织金璎珞纹云肩妆花缎夹袄，在考古发掘简报中并未明确注明出土位置，因并非墓主身穿的12件服饰，推测应为报告中提及的棺内第3层、杂乱填塞的四季衣物。这些衣物均填塞在墓主头部及两侧，少量在脚部，

图1　NJM：58 织金瓔珞纹云肩妆花缎夹袄修复前状态

考古队员推测是为了使棺内平整、紧凑而放置[1]。上衣主要由织金缎作面料、绢质里衬与罗织物系带几部分组成，其中仅外部面料通过观察就可发现两种截然不同的丝织面料，上衣前幅、后幅是由一整块织造成的织金瓔珞纹缎制作，两袖口为八宝团狮暗花缎制作。文物曾进行过简单的出土清理保护，但仍有众多丝织文物病害附着其上，文物保护工作并没有完成。上衣的里衬部分有多处糟朽撕裂伤，并且许多暗红色颗粒粘贴在织物表面，推测其为棺椁内使用的明代松香遗存，领口曾进行过不当处理，领口部分向右侧歪斜，织金大面积脱落，仅有小范围可见到残存的金箔，整件上衣呈现出皱褶褪色的病害。文物保护工作主要集中在清洗表面污染物与整形方面。

（一）重点修复

文物曾经历过简单的处理，因此织物外层表面附着的污染物并没有过多影响衣物状态，并且外层面料织金线金箔已经大面积脱落，不能进行简单的清洗。用水清洗之前，首先要把残留未脱落的金箔进行封护，再小心进行清理。上衣修复中最大

1　江西省文物考古研究所：《南昌明代宁靖王夫人吴氏墓发掘简报》，《文物》2003 年第 2 期。

的难点在于歪斜的领子需要重新缝合，里衬的病害与污染物需要单独处理。因此制定修复方案为拆除领口与里衬，分别进行清洗与整形，外层面料不做过多干预，仅进行整形步骤。

里衬的拆除从衣物内部进行，需要小心地将整体衣物从袖口翻出，将里衬与外层相互对调（见图 2）。拆除里衬的过程中记录针脚缝合线的针迹尺度，以便后续缝合依原针码缝合。里衬拆除后进行30—40 摄氏度水温的浸泡与涤荡清洗，清洗之后要阴干整形。通过对去离子水清洗前后对比的溶液颜色可以看出，部分附着在织物结构间的污染物是否已经被清洗下来（见图 3）。

将里衬、系带、领口等多个组成部分分别入水清洗之后，再进行分别的整形过程，整形的过程中将开线、小范围撕裂等病害逐一用针线与丝网加固相互配合进行保护修复。再将里衬与衣领逐一按照原始针脚缝合，缝合的过程中注意衣领的定位，避免歪斜。

图 2　单独拆下的衣物里衬

图 3　清水清洗后的溶液对比

图 4　NJM：58 织金璎珞纹云肩妆花缎夹袄修复完成（正面）

图5 NJM：58 织金璎珞纹云肩妆花缎夹袄修复完成（背面）

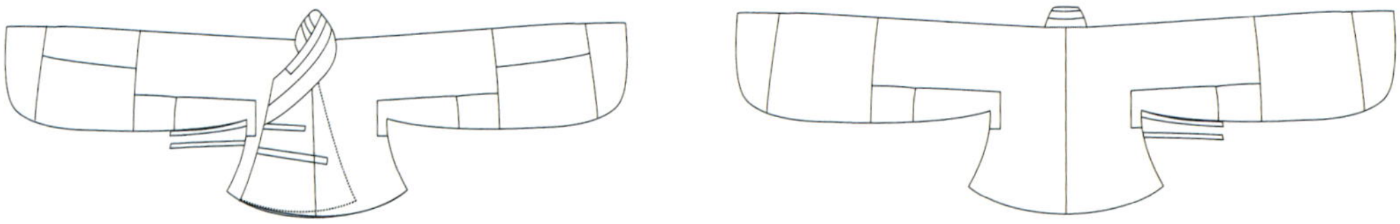

图6 织金璎珞纹上衣拼缝图

（二）修复数据采集与绘制

上衣修复后需要对衣物进行基础数据采集工作，包括衣物开料图与纹饰图等。这件衣物是由多块布料拼缝而成，因此呈现出了较为复杂的缝合线路，并不局限于明代女性上衣的一条接袖与前后襟的接缝，而是产生了多条接缝，这取决于服装面料的剪裁与实用。织金璎珞纹上衣外部面料使用的面料面积普遍偏小，仅左右臂的中部接袖就使用了六块大小相似的团狮八宝暗花纹缎料制作。因服装腋下缝制了多层布料拼缝，加固衣物磨损较为严重的部位，双臂腋下一共使用了八块折枝花暗花纹缎料拼缝。

通过对修复完成的上衣显微拍摄与织物密度检测，可以清晰地看到织金璎珞部分残存的金箔，这件织金妆花缎使用的是圆金线织造。圆金线纬纱外观呈现良好的覆盖性，只有金线构成图纹时，有相当好的金线显花效果。因年代久远，金线显花处已呈严重的磨损及脱落，但在显微镜下观察，仍可见金箔的残留，且明显看出金线底衬为织物纤维状材质，应为纸类材质。

面料地经密度 131 根/厘米，单根经线投影宽 0.008 厘米，Z 捻；地纬密度 48 根/厘米，单根纬线投影宽 0.020 厘米，无捻。

织金纹经密度 12 根/厘米，单根经线投影宽 0.008 厘米，Z 捻；纹纬密度 20 根/厘米，单根夹纬线投影宽 0.025 厘米，无捻；单根圆金线投影宽 0.025 厘米，Z 捻。

整件织金瓔珞纹上衣的纹饰复原主要通过电脑 AI 软件进行绘制，分别用相机对所有单一纹饰进行局部正投影拍摄，后转入电脑绘制。绝大多数单一纹饰都是通过图片放大，用横线代表显花单根纬线，逐一按照纬线长短绘制而成。因此图像呈现出织造纹饰的风格，并非勾线风格。

衣物两接袖使用的布料为团狮暗花纹缎，通过绘制发现此布料之中团狮的形象为狮子滚绣球的样式，有两种形象，狮子朝向一左一右相互对称，绣球的形象略有不同。狮子滚绣球是中国古代汉族传统的吉祥纹样，从明清时候开始被广泛地运用在服装、器具等方面。这种形象主要是从民间节庆舞狮的活动演变而来，象征着厄运消散，迎接好运的吉祥寓意。

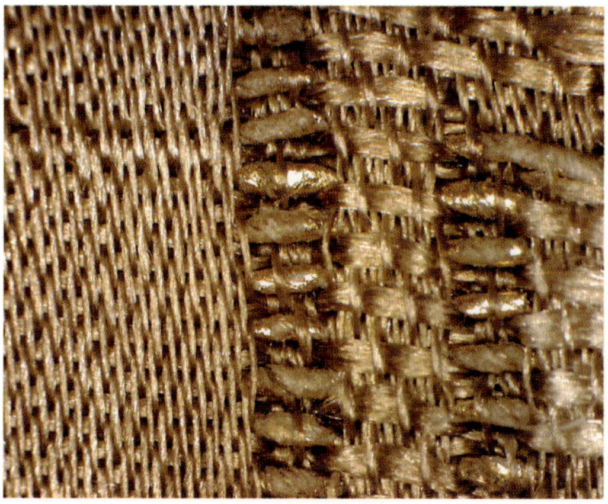

图 7　织金瓔珞部分

图 8　罗质系带

图 9　绢质里衬

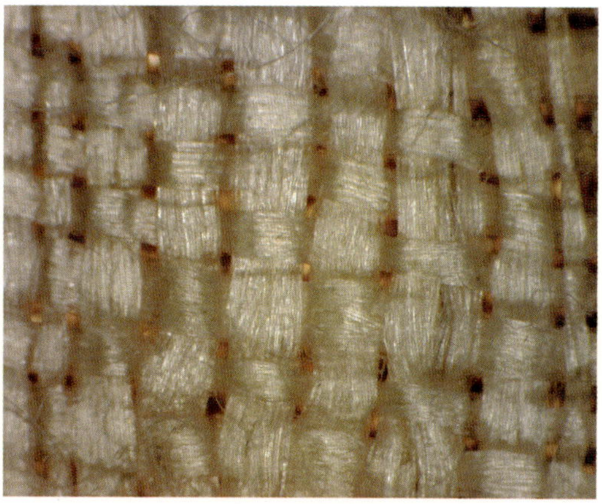

图 10　麻质里衬

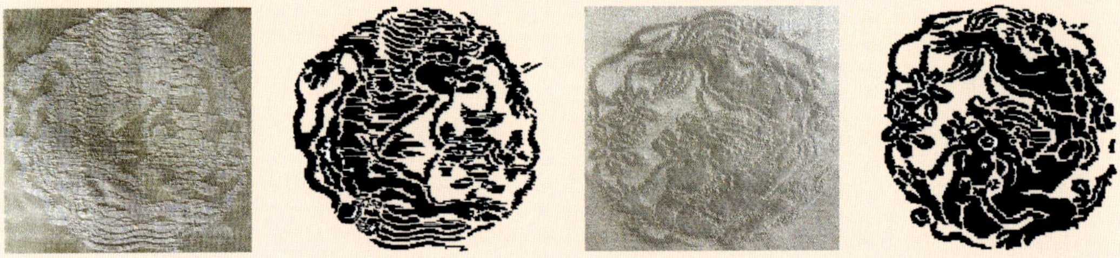

图 11　团狮纹饰复原

图 12　璎珞纹饰复原

图 13 上衣全部里衬情况

整件衣物纹饰之中最为亮眼的便是自两肩自然垂下的织金璎珞杂宝纹样。前期修复时为了纠正衣领的歪斜将衣领拆下，意外发现整件衣服的璎珞纹样是整体织造而成，而后从衣领处裁剪成领缘，再进行制作。因此在纹饰复原的过程中可以清晰看到领缘中心被剪裁折叠进去的纹饰原貌，并予以复原。

整体复原完成的璎珞纹样从中心点向四方分别排列各式珠串、杂宝、金翅鸟等各类宗教纹样。从纹饰分布的角度分析，中心点至四方最远点各经过九处节点，各自装饰有吉祥纹样，从四方节点再向斜角分布节点，每一处重要节点之间皆使用珠串用于关联，将所有纹样平铺于近似于菱形的整体纹饰范围内，构成了整件衣物披散与两肩与前胸后背的整体璎珞纹饰。

二 文物信息的解读

（一）衣物信息分析

1. 里衬结构

翻出里衬之后发现，衣物的袖口、腋下等部位的里衬全部使用的是麻质面料，取代了整体的丝制面料。麻质面料从日常使用的角度分析比丝质面料更耐磨，在袖口与腋下使用可以更好地减少对于昂贵衣料的磨损情况，因此估计吴氏墓出土的此件织金璎珞纹妆花缎上衣应是吴氏生前使用过的。并且通过观察可知，此上衣的左侧里衬麻质面料使用的范围明显大过右侧，证明吴氏生前穿着此衣物时，对于左侧袖口腋下的磨损情况大于右侧，由此可以推测，吴氏生前可能为左利手，左侧手臂的活动量明显大于右侧。

2. 墨书文字

明宁靖王夫人吴氏墓出土的纺织品文物当中，有数件带有墨书的文物，其中绝大多数都在匹料之上，吴氏墓一共出土了 8 匹织物，折叠成型，中部有纸质腰封，墨书大多书写在腰封之上，例如 NJM：62 匹料腰封上墨书“红改心臣士”。此类墨书在明十三陵的定陵发掘之中也有发现，例如 D65 匹料腰封上便有墨书：“大红闪真紫细花……巡抚山西都察院右副都御使所学，巡抚山西监察御史……官。”

除了匹料腰封之上的墨书，还有匹料机头部位的墨书，例如NJM：64匹料机头便有墨书“木卜工”。此类情况在定陵的发掘中也有发现，例如J57匹料一端就有墨书“钦差督理三省织造御马太监鲁保，右佥都御史周孔教监制苏松兵（备）副史杨询”[1]。

在修复此件织金璎珞纹妆花缎上衣之时，也发现了墨书的痕迹。此文物的墨书位于衣领之内，修复保护之时曾将衣领整体拆下清洗整形，外部织金缎面被裁剪折叠进衣领内部，据此在缎面机头位置发现了领内的墨书字迹。通过辨认，笔者认为此字应为“義”字。

按照《明会典》卷一百一中的记录“（正统）十二年奏准，岁造缎匹，俱令腰封编号，开写提调及经织染官吏，匠作姓名，不堪用者照号问罪，责其赔偿”，明代官方织造局会将产品的产地、名称、织造工匠等诸多信息留存在匹料之上[2]，有的书写在腰封之上，有的书写在机头之上。制作衣服之时，那些书写在机头上的墨书便会剪裁留存在服饰之中。由此推测可知明宁靖王夫人吴氏墓出土的织金璎珞纹妆花缎上衣使用的织金璎珞缎面，应是由明代朝廷官方织造局制作而成。另据《明会典》载：“两京织染，内外置局，内局以供上供，外局以备公用。”吴氏墓此件服装使用的匹料有可能便是明代官方织染外局所造。

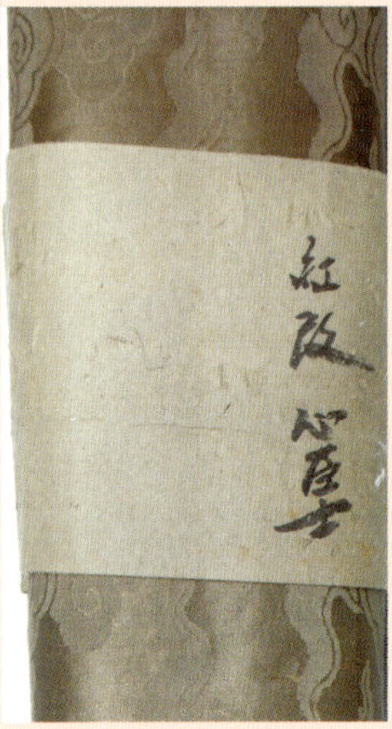

图14　NJM：62腰封
“红改心臣士”

图15　NJM：64机头
“木卜工”

图16　织金璎珞纹
上衣墨书“義”

1　中国社会科学院考古研究所、定陵博物馆、北京市文物工作队：《定陵》（上），文物出版社，1990，第44页。

2　王秀玲：《定陵出土丝织物题记》，《收藏家》2011年第11期。

图17 陈国公主墓出土琥珀璎珞：公主（左）、驸马（右）

（二）璎珞杂宝纹的解读

明宁靖王夫人吴氏墓出土的此件织金璎珞纹云肩妆花缎夹袄，在纹饰上最为重要的便是璎珞杂宝纹的使用。这种纹饰广泛出现在服装、瓷器等用具之上，便是从明朝开始的。在此之前，璎珞纹与杂宝纹分别流行于唐宋等朝代。两种纹饰的有机结合年代推测可以是明朝。

璎珞梵语称之为“枳由罗”，即“编玉而悬于身者”，因此“璎珞”从玉，而不从丝之“缨络”[1]。璎珞在中国的发展经历了一个从佛教中菩萨严身之物到世俗佩饰的演变过程。璎珞最早出现在古印度，根据唐代玄奘在《大唐西域记》卷二“衣饰”条中，记载了其赴古印度求佛法，亲身所临，无论男女，都可“首冠华鬘，身佩璎珞”，特别是贵族，“国王、大臣，服玩良异：花鬘宝冠，以为首饰；环钏璎珞，而作身佩”。因此可以得知，璎珞一物并非最早应用于佛教，而是古印度世俗社会中贵族的等级礼服。

璎珞随着佛教传到中国之后，隋唐时期的女子将佛造像广泛使用的璎珞加以改变，成为世俗当中使用的装饰物，并且逐渐转化为中国式的本土化风物，其中在辽代陈国公主墓就曾出土有两件璎珞饰品戴

1 殷安妮：《清宫藏五色璎珞法衣举要》，《服饰研究》2013 年第 1 期。

于公主与驸马颈部，璎珞分为内外两圈，由琥珀饰件与众多琥珀颗粒串联而成。琥珀饰件呈红褐色，略呈椭圆形，饰以蟠龙、行龙、莲花[1]等浮雕纹饰，可见璎珞是辽代贵族无论男女皆可佩戴的饰品。从图17可以看出，驸马（右）与公主（左）所佩璎珞饰件在数量上虽有所区别，但都极致奢华，展现出公主与驸马的尊贵身份。璎珞中出现的龙形浮雕也恰恰说明了佛教文化与中原文化对契丹的深远影响。

杂宝纹出杂宝，杂宝一词古而有之，《大藏经》中就曾提到“渚上丰饶，多有衣被饮食、床卧坐具，及妙婇女神。种种杂宝，无物不有……”《北史》中也曾提到，“衣朝霞布，冠金花冠，垂杂宝璎珞”。“诸色珍宝”是《说文解字》中对“杂宝”一词的定义。“杂”在于多，而“宝”多指各种器物，多种珍宝的组合即为杂宝。

杂宝纹可以简单分为三个种类，分别是佛教八宝、道教八宝与民间杂宝。

佛教中的八宝由佛教中常用的法器组成，八种物件为法轮、海螺、宝伞、华盖、莲花、宝瓶、双鱼、盘长。

道教中的八宝亦称暗八仙，代表着道家八仙手中所持八件法宝：芭蕉扇、宝剑、花篮、笛子、宝葫芦、鱼鼓、阴阳板、莲花。

民间的八宝指盒、玉鱼、鼓板、磬、龙门、灵芝、松、鹤。中国传统吉祥纹样来自民间传统文化与儒家思想的交融，因此民间杂宝之中也包含了许多儒家的文化含义。这些民间寓意吉祥美好的物品形成了杂八宝：金锭、宝珠、珊瑚、古钱、方胜、双角、象牙等。杂八宝通常是民间象征吉祥寓意的物品，因较为贵重，通常以纹样的形式融入民间，逐渐发展为多种组合，从而形成杂宝纹样。

明朝开始，璎珞杂宝纹样开始广泛出现在丝织品和服饰当中。其中孔府旧藏服饰中就有墨绿地妆花纱蟒衣所用衣料暗纹为四合如意连云纹与杂宝纹的排列组合，金锭、犀角、珊瑚等杂宝散落在云纹之中，织造精巧。另一件蓝色缠枝四季花织金妆花缎裙，中部织有三段回字纹，下摆处为莲花璎珞纹。

明朝璎珞杂宝纹的形成主要成型于吉祥纹样体系的建立。在中国传统吉祥元素的基础上融合了宗教美学元素，使之更具有人文与宗教双重美学意境。从纹样寓意上来看，纹样即象征着幸福、长寿等吉祥、祈福之意，又体现着深厚的宗教文化价值。通过服饰表达着人们对生活的美好祝愿，承载着对自然的崇拜和对生命的敬畏，也体现出宗教文化对其发展的影响，意蕴深长。

1　张倩：《辽代陈国公主、驸马合葬墓出土的首饰及其文化内涵》，《呼伦贝尔学院学报》2014年第6期。

三 实验考古学研究复原复织

（一）NJM：58 织金璎珞纹云肩妆花缎夹袄工艺考究

NJM：58 织金璎珞纹云肩妆花缎夹袄，实物测量数据如下：面料幅宽 62 厘米，前衣长 55 厘米，后衣长 54.5 厘米；交领，右衽，交领长 91.2 厘米，领宽 10.5 厘米，前领口宽 20 厘米；通袖长 214.5 厘米，袖根宽 27 厘米，袖摆宽 33.6 厘米，袖口宽 17.8 厘米，衣身腋下宽 45.8 厘米，后底摆宽 59 厘米，两侧开衩高 17.5 厘米。前襟有 2 条长 25 厘米、宽 2 厘米的系带，与右腋下 2 条系带系合。里襟领端有系带 1 条，与左腋下内侧的系带系合，系带均为素绢料。面料为折枝花卉纹五枚三飞暗花缎，肩部织金妆花璎珞云肩纹饰，两袖用折枝花卉纹暗花缎、团窠狮子绣球纹暗花缎拼衲缝合；里衬由素绢料、麻布料拼缝。

织金璎珞纹云肩妆花缎夹袄织造工艺由织金妆花组成，局部纹饰有织金、织成纹样为璎珞纹云肩。妆花为重纬提花织造技艺，采用不同色彩的纬线在局部挖花盘织的织造方法，实现了纬线配色数量不受限制的目的，配色少则七八种，多达几十种。明代的织金妆花生产过程复杂繁杂耗时，生产过程主要包括纹样设计、挑花、结本、备料、染色、络丝、上机、织造等数十道工序，织造过程中所用材料也多种多样，除五彩丝线外，还有金线、孔雀羽线等。将金线做纬线，用妆花工艺中“挖花盘织”的方式织入面料中，又称为“织金”或“妆金”。妆花缎特指用妆花工艺在经面缎地上，用各种颜色的纡管做短梭，挖织出五彩缤纷的图纹，多在大花楼织机上织造，织成的匹料裁剪使用，以织成形式设计和织造的妆花缎，多供宫廷皇室使用。

例如《朱瞻基行乐图》表现了明宪宗与宫眷、内臣、皇子女们过元宵节的场景，画中大部分人物都穿着有织金或绣金

图 18　孔府旧藏织金妆花蓝缎裙及下摆璎珞纹局部

山东博物馆、孔子博物馆：《衣冠大成：明代服装文化展》，山东美术出版社，2020，第 138 页

图19 《朱瞻基行乐图》

故宫博物馆藏，明代，绢本

图20 《明宪宗元宵行乐图》仿制品（局部）

拍摄于中国国家博物馆

纹饰的华丽服饰。例如妃嫔、宫人的上衣多饰有云肩、通袖襕的袄裙，以红、绿、蓝、青等明亮色彩为主的服饰纹样，图中描绘的正是明中期宫廷节庆典礼活动场景的真实写照。通过图像资料研究，绘画中对明代人物着装的描绘也提供了非常有价值和直观的参考。大量的图像资料记载为明代织物色彩研究留下了史实依据，明代色彩研究相对图像及古籍资料记载固然重要，但实物资料更为重要。孔府旧藏明代服饰传承有序，根据资料及实物分析推测明代命妇吉服颜色具有较宽泛的选择，红、绿、蓝、青等颜色较为常见。绿色除当时宫廷中多为常见以外，在当时民间日常生活中也较为常见，《金瓶梅词话》第六十一回写到“西门庆睁眼观看，见他高髻云鬟，插着几枝稀稀花翠，淡淡钗梳，绿袄红裙……[1]”也描绘了绿袄的普遍性。此件夹袄使用的瓔珞杂宝纹包含了浓重的宗教元素，因此按照佛教、道教等宗教中对于颜色的解读可以发现，青绿色在诸多宗教当中都包含有生命的象征，佛教中更是将青绿色作为涅槃之色来使用。根据《明宪宗元宵行乐图》及孔府旧藏服饰等多种文物文化的复合分析，在复织此件织金瓔珞纹云肩妆花缎夹袄时，实验考古学选择了绿色进行复织。

图21 孔府旧藏暗绿地织金纱云肩通袖翔纹女短衫

《衣冠大成：明代服饰文化展》，第120—121页

1 （明）兰陵笑笑生：《新刻金瓶梅词话》第六十一回，明万历四十五年刊本，台北“故宫博物院”藏。

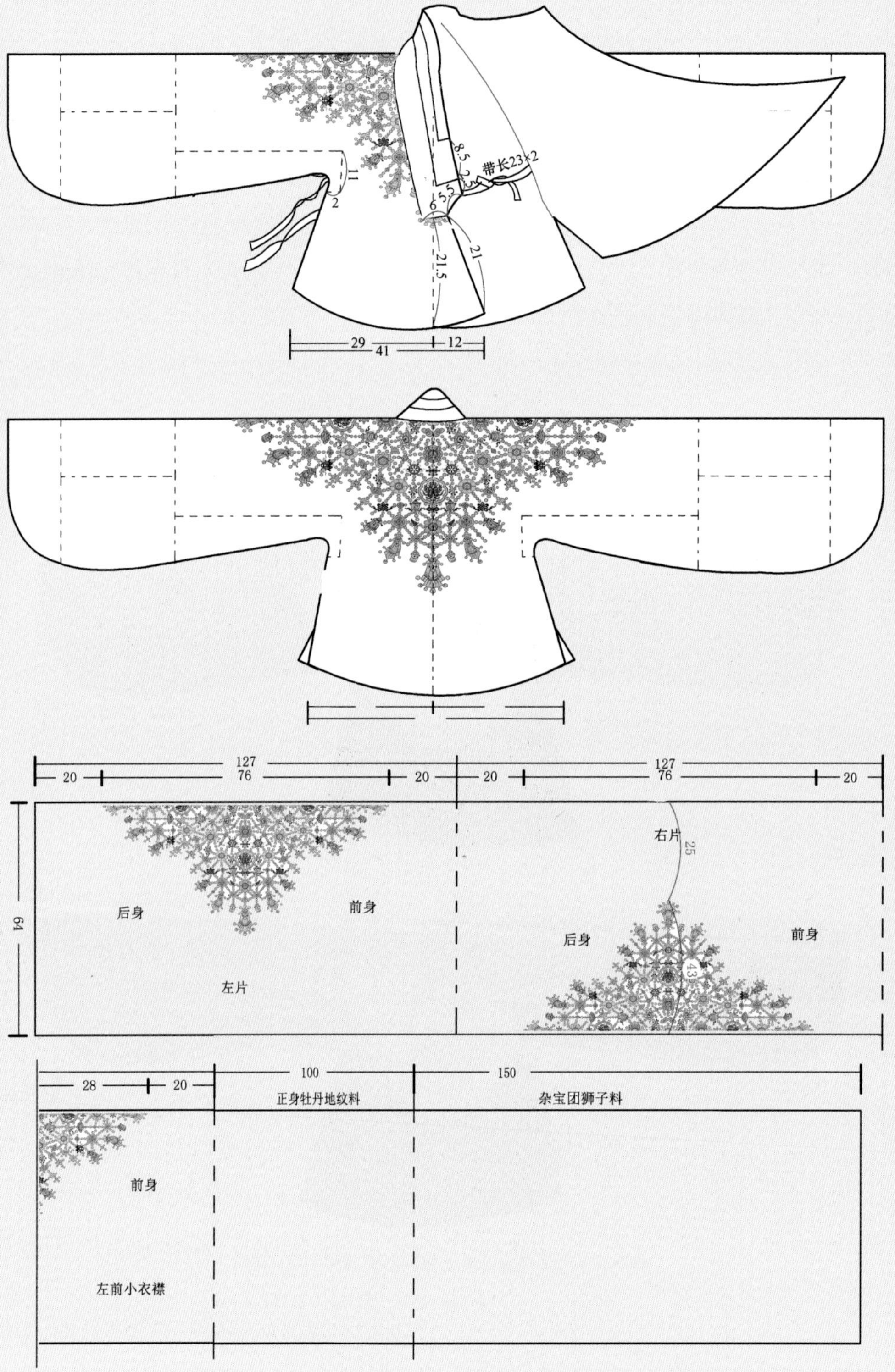

图22　面料展平尺寸绘制及纹样布局（cm）

（二）织造工艺

此次实验考古学研究复原复织是使用大花楼提花机将织金璎珞纹云肩妆花缎以织成面料织造。

1. 夹袄纹样工艺准备

（1）根据对织金璎珞纹云肩妆花缎夹袄面料及形制的分析，再结合织造工艺，对夹袄纹样进行复原绘制，合理安排剪裁方式与纹样排列。

2. 纹样设计绘制意匠图

纹样设计，意匠图使用纹织 CAD View60 软件绘制，软件主要用于纹织色样及各类纺织品组织的经线与纬线的密度把控，将针织结构单元的组合规律，用规定的符号在小方格纸上表示出来，可以表现出单面组织和提花组织。

（1）地纹暗花意匠图

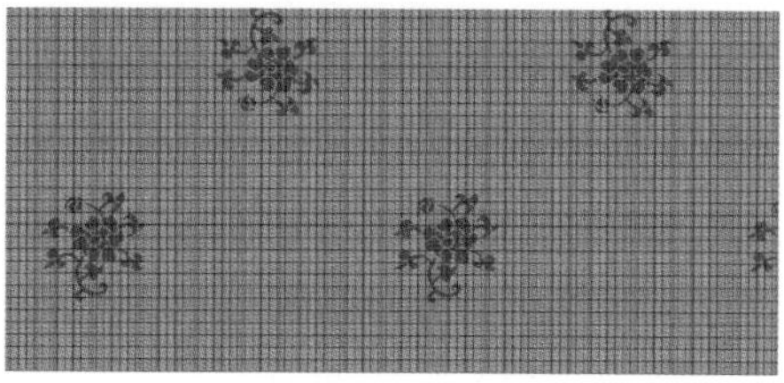

图 23　意匠图牡丹纹

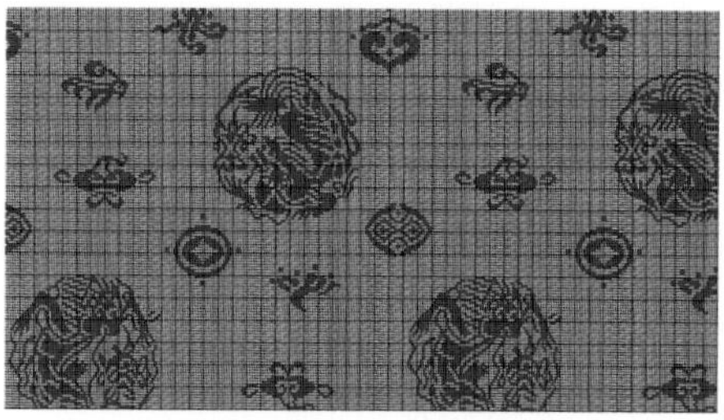

图 24　意匠图杂宝团狮纹

（2）织金妆花云肩纹样意匠图

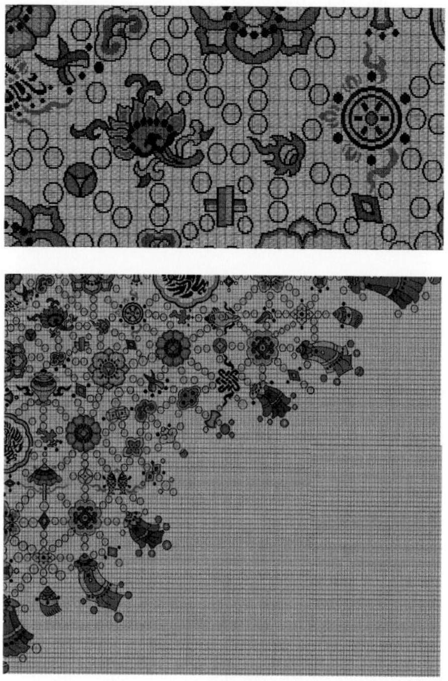

图 25　意匠图璎珞纹

3. 挑花工艺

“挑花结本”是将绘制的意匠图纹样等比打印后由图纸上的方格意匠图转化到织物上，也是传统丝织提花工艺中关键的一个环节。明代宋应星在《天工开物·乃服》中记载：“凡工匠结花本者，心计最精巧。画师先画何等花色于纸上，结本者以丝线随画量度，算计分寸秒忽而结成之。张悬花楼之上，即结者不知成何花色，穿综带经，随其尺寸，度数提起衢脚，梭过之后居然花现，盖绫绢以浮经而现花，纱罗以纠纬而现花。绫绢一梭一提，纱罗来梭提，往梭不提。天孙机杼，人巧备矣。”[1]

根据夹袄的纹饰特点挑花工艺需要挑制三个花本部分，地纹暗花牡丹纹、地纹暗花杂宝团狮纹、织金妆花云肩纹样三个花本分别挑花完成后，再用拼花工艺进行拼接。整件花本工艺耗时较长，是技术难度相对较高的工艺。“挑花结本”四个字包含着两个概念，其一“挑花”，其二“结本”，先桃花后结本，就完成了纹制工艺。

图 26 复织挑花

4. 夹袄织造工艺

夹袄复原复织做准备工作，首先丝线需要进行练丝、染色，织金工艺的金线准备。织金工艺根据工艺的不同可分为圆金线和片金线对其进行制作。根据织造要求，木织机造机时除地部组织按素机装造外，还需使经丝与花本连接作提花装造。整个装造工艺包括打范子、捞范子、范子吊装、柱脚制备、数丝、引纤、拾绞、捞筘等工序。大花楼木织机需要由两名织手拽花工与织花工相互配合共同操作完成；其上一人坐在花楼架木上，负责拽花，根据纹样花本纹样线提起；织机前端有一名织手负责织造，根据拽花工提起的花纹经线，手足并用，根据提起的经线进行挖花盘织，妆金敷彩，抛梭织纬。拽花工与织花工需要经过多年培养，才能熟练操作。妆花属于大花纹织物，其织物的开口运动分为地部和纹部两部分。

此件复织面料选用大花楼织机进行织造，它的特点主要是能够表现大图案、多色彩、组织变化丰富的各类提花织物。纬向纹样宽度可达全幅，甚至可以是拼幅和巨型阔幅。经向纹样长度，亦可不受本花长度的限制而无限扩大。因为它的“不受限制”促进了多彩繁复织物发展，通过“分场挖花”，使织物的用色五彩缤纷，同时它的自由更换花本的功能，又使织造工程浩大的帝王龙袍成为可能。明清时期最精美的妆花织物多是由这种大花楼提花机织造的。大花楼提花机产生的直接动力是为了适应大纹样的要求。小花楼的装造结构限定了其只能织花形较小、有多个并列单元的纹样。而要适应大纹样，就要使其成为能单一控制提花纤线运动的装造结构，同时花本与纤线兜连，也能实现单一的运动控制，这是大花楼提花机装造的结构特点。大花楼木机机型结构早在南朝梁代已基本定型，大类可分为机身、花楼、开口机构、打纬机构、送经卷取机构五大部分。

常用的织物组织结构有平纹、斜纹、

1 （明）宋应星：《天工开物·乃服》，广陵书社，2013，第 10 页。

缎纹又分为纬面缎纹和经面缎纹，三大织物结构可延展成多种：平纹变化组织，斜纹变化组织，缎纹变化组织。根据夹袄数据分析，此件夹袄为五枚三飞提花缎肩部饰织金妆花璎珞纬向单幅不重复的大花形图案，属于经面缎纹——一个缎纹循环中，经纱提综五次，纬纱提综一次交织形成织物，经浮较长，所以选用大花楼织机来织造。

5. 织金璎珞纹云肩妆花缎夹袄缝合

根据夹袄的形制对夹袄进行缝制，面料展开结构如图30进行剪裁缝制。

根据前期文物的数据测量及研究过程中的数据记录，首先在纸板上绘制夹袄裁剪图，按照文物尺寸进行打板，完成纸样的制定。然后根据打出的纸样在织造的面料上进行剪裁与缝制，夹袄的里料与系带都由同色系的真丝面料制成。

图27　大花楼织机

图28　夹袄面料织造中

图29　夹袄面料完成后

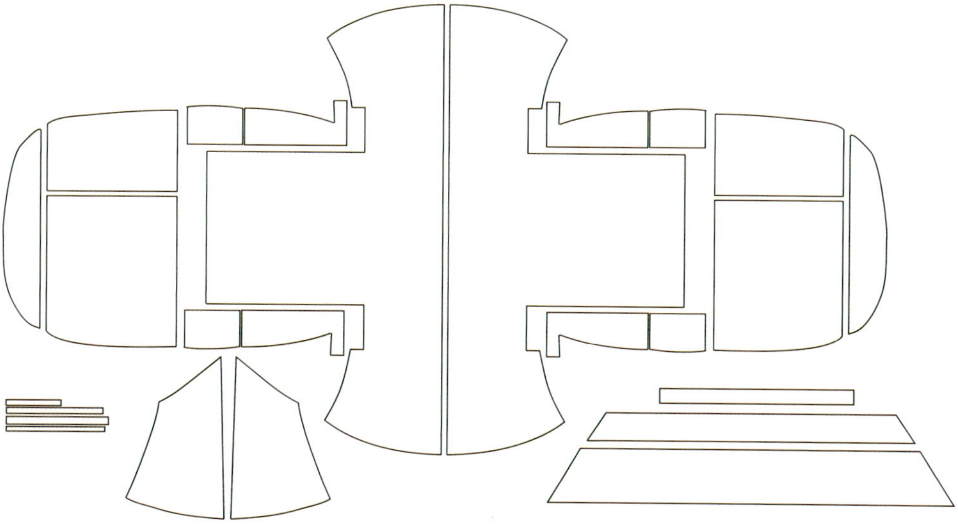

图30　夹袄面料裁片

图 31 织金瓔珞纹云肩妆花缎夹袄缝制完成后正面（复织件）

图 32 织金瓔珞纹云肩妆花缎夹袄缝制完成后背面（复织件）

小 结

明宁靖王夫人吴氏墓出土的纺织品种类与服饰种类都非常丰富，从服制等级的角度研究，此件织锦瓔珞纹云肩妆花缎夹袄并不是最具有研究价值的一件文物。但是通过文献与实物的对比研究，可以从文物本身上读取许多历史文化信息，包括墓主人的信息、织物的织造信息、服装纹饰所带来的文化信息等。对于宁靖王夫人吴氏墓出土纺织品文物的研究工作仍需学者们继续工作。

鸣谢

明宁靖王夫人吴氏墓出土织金瓔珞纹云肩妆花缎夹袄从文物的修复保护到形制研究至复原复织工艺研究的背后，有大量的工作人员参与其中，总指导老师为王亚蓉先生，修复研究由赵芮禾完成，复原复织由中国社会科学院考古研究所纺织考古基地的王继胜老师完成，缝制工作由社科院考研所纺织考古部的马建芳老师完成，数据采集与数字化整理由赵娜完成，明宁靖王夫人吴氏墓出土织金瓔珞纹云肩妆花缎夹袄的修复研究到形制研究乃至复原复织工艺的整个流程缺一不可，感谢每一位参与者的付出才有了此件文物的研究内容与资料。

二

建筑考古

汉代狮子雕刻
——兼论“洛阳刘汉风格”及其外来师助

■ 胡文峻（浙江理工大学艺术与设计学院）

山东省博物馆藏有一对发现于淄博（旧说为青州，临淄旧属青州）的东汉石狮，其一颈后刻有“雒阳中东门外刘汉所作师子一对”的吏文题记，李零先生称之为“洛阳风格”。这一颇有价值的术语凸显了地域特色，至于其概念所指，李先生并未详加论述，所谓“洛阳风格”，仍有待系统的论证和界定。为免歧义，本文称其为“洛阳刘汉风格”，并补充了相类案例，它们的根本特色是对真实狮子的准确匹配——写生的再现，与当时主流“S”形石狮风格泾渭分明，师承有别；较于同时代的其他大型石雕，亦呈现出超前的写实趣味特征。通过与武氏祠石狮子“超细读”的形式和创作情境对比分析，笔者认为造就这一风格的因素应不少于三个：名工良匠、真实有效的图像粉本以及西域师助。

一　汉代石狮艺术概述

（一）“S”形龙虎化的形象——师心自运

狮子进入中国，最早明确的记载见于班固的《汉书》，据称武帝初通西域，“巨象、师子、猛犬、大雀之群食于外囿，殊方异物，四面而至”[1]，但据传世文献，狮子见于西汉仅此一次，极为稀罕，后百年便不见踪迹，也未成为墓葬艺术表现的对象。迨东汉明帝重开西域，其后狮子进献数量增多，关于狮子的传闻也开始散布在坊间巷间。随着墓葬大型石刻艺术兴起，狮子也被雕刻成像安排在墓地神道当中。英国学者塔恩（W. W. Tarn）

---

1 （东汉）班固：《汉书·西域传》，中华书局，2007，第980页。

指出，汉代的动物造型风格发生了一个明显变化，着重表现在大型镇墓兽如石狮、天禄辟邪有翼兽等代替了过去的动物形象，[1] 这类神异题材的核心就是围绕着狮子的形象而展开的。[2]

狮子属于西方贡物，只见于皇家囿苑之中，一般芸芸众生对狮子所知十分有限。据《东观汉记》载顺帝阳嘉二年(133)疏勒王臣磐遣使献狮子、封牛，"狮子形似虎，正黄，有髯须，尾端绒毛大如斗"[3]。史家特意对狮子着墨描述一番，(对封牛则一字不着)，说明狮子在当时堪为奇观，而且以虎作类比。汉代工匠便也依虎的艺术形象来创作狮子艺术，核心的特征是：具有"S"形内在结构的夸张动态和瘦长的体型特点，游离于狮、虎之间，甚至还杂糅龙的元素，实非观察所得，与现实中的狮子形态相去甚远。它是中国狮子艺术的中流砥柱，长盛不衰。可以说，狮子艺术引入中国之初，就被赋予了神秘、本土化的面貌。

所谓"S"形，通常表现为整个身躯具有明显的前凸后翘——昂首向前，胸部饱满圆扩，极力前挺，似强蕴一股能量，头颈部向后曲仰，背腰部呈凹弧型下塌，臀部随势高翘，前后腿伸展跨度大，若匍匐前进状，超出机体组织可及的限度，但视觉上显得线条流畅，身姿健美，充满运动的张力，很有中国特色。还有一类肩生飞翼，头顶独角或对角，身体背部多刻有装饰性的羽纹，被名为"天禄/鹿""辟邪"的翼兽，极富浪漫雄奇和自由想象之趣。河南、陕西、江苏、河北、四川、安徽、山东、山西等汉画像石主要产区，皆有所见，其中河南最多，著名的有：洛阳孟津县油磨坊村俗称为"刘秀坟"前石翼兽（图 1-1）、伊川彭婆镇翼兽、南阳宗资墓前石翼兽（图 1-2）、焦作邓禹墓前翼兽（图 1-3），偃师、周口、禹州、淮阳、沁阳、平顶山叶县等各有发现；[4]

---

1 W. W. Tran. *The Greeks in Bactria and India*, Chicago, Ares Publishers, Inc, 1985.

2 关于汉代墓前带翼的天禄（鹿）、辟邪石兽的原形是狮子还是龙，学术界存在争议，主流的看法认为是狮子，故将其纳入本文的讨论范畴，但本文并不否认其中一类石狮借用了龙的造型灵感。龙，参见朱希祖《天路辟邪考》，《六朝陵墓调查报告》，中央古物委员会，1935，第 183—199 页；孙机《神龙出世六千年》，氏著《仰观集——古文物的欣赏与鉴别》，文物出版社，2012，第 10—51 页；狮，参见 Osvald Siren，"Winged Chimeras in Early Chinese Art"，*Eastern Art*，Vol. 1，1928. 朱偰《建康兰陵六朝陵墓图考》，中华书局，2006；滕固《六朝陵墓石迹述略》，《滕固论艺》，上海书画出版社，2012，第 137 页（原刊《六朝陵墓调查报告》，中央古物委员会，1935）；梁思成《中国雕塑史》，百花文艺出版社，1998，第 33 页；林梅村《丝绸之路考古十五讲》，北京大学出版社，2006，第 124—126 页；李零《"国际动物"：中国艺术中的狮虎形象》，氏著《万变》，生活·读书·新知三联书店，2016，第 360 页。

3 （东汉）刘珍等撰，吴树平校注：《东观汉记校注》（上），中华书局，2008，第 112 页。

4 更多案例参见《中国古代陵墓雕塑》（3），陕西出版集团、陕西人民出版社，2009。

陕西有张骞墓前石兽（图2-1）[1]、咸阳沈家桥石狮（图2-2）；其他如徐州博物馆藏翼兽（图3-1）、河北内丘十方村出土（现藏美国费城宾州大学博物馆）翼兽（图3-2）、四川芦山杨君墓前石狮（图3-3）、雅安高颐墓前翼兽、安徽临泉县石翼兽、[2] 山西太原石灯上的石翼兽等，[3] 各地蔚然成风，画像石雕刻中也有发现（图4）。

图1-1 河南孟津县油磨坊村“刘秀坟”东汉翼兽

洛阳市博物馆藏

图1-2 南阳宗资墓前石翼兽

《中国古代陵墓雕塑》3，图三五，第33页

图1-3 焦作沁阳邓禹墓前石翼兽

《中国古代陵墓雕塑》，图三四，第32页

图2-1 陕西汉中城固县张骞墓前石兽

杨明摄

图2-2 陕西咸阳沈家桥东汉石狮

西安碑林博物馆藏，笔者摄

1 关于张骞墓前石兽所作年代有东汉说和西汉元鼎三年（前114）说。东汉说，参见何正璜《石刻双狮和犀牛》，《文物》1961年第12期；李仲元《中国狮子造型源流》，《社会科学辑刊》1980年第1期。林梅村也持东汉补刻说，不过他认为该翼兽不是狮子，而是翼马。林通雁认为是西汉物。然而，若为西汉作品，则无法解释为何西汉其他列侯墓前不见类似成对的大型石兽作品，而独此例外。另，根据墓前神道列置石翼兽或石狮的制度为东汉光武和明帝以来所创立，目前所见大量的墓前神道石兽皆为东汉作品，又其表现的强烈“S”形风格特征，笔者认同张骞墓前石翼狮应为东汉后添之作。林梅村：《古道西风——考古新发现所见中西文化交流》，生活·读书·新知三联书店，2000，第162页；林通雁：《西汉张骞墓大型石翼兽探考》，《汉中师院学报》1986年第2期。

2 秦臻：《汉代陵墓石兽研究》，文物出版社，2016，第36页。

3 图见《文物参考资料》1954年第9期，图版26。

图 3-1 徐州博物馆藏翼兽

邳州出土，笔者摄

图 3-2 河北内丘十方村出土翼兽

美国费城宾州大学博物馆藏，林树中：《海外藏中国历代雕塑》，江西美术出版社，2006，第 19 页

图 3-3 四川芦山县杨君墓前石狮

延光元年（122）后，《中国古代陵墓雕塑》3，图一七，第 19 页

图 4 河南南阳刑营画像石墓狮子画像石（拓片）

南阳汉画像馆藏

以“S”形动势的艺术表现，归结于对一种抽象的形式总结，它不以直接模仿自然——匹配现实为终极目标，而是遵循了一些“师心自运”的抽象艺术——如几何纹样艺术表现的自由性原则，进而构建一种超验的，但又合理或“美”的秩序。[1] 此风格体系古已有之，脱胎于先秦的龙、虎纹装饰纹样和与之相关的青铜兽座造型（图 5），界于几何式的抽象与自然的具象之间。这一遗风至汉代得到了保留并有更具象化的发展。因龙、虎在汉代五行观念中同为祥瑞、方位的象征，通常配套出现，而狮子又是通过虎来类比，“S”造型也就自然被用于狮子，这是中土人士既熟悉又喜闻乐见的惯性选择。在长安甚至有“狮子”代替白虎的神瓦当（图 6）[2]，瓦当上的狮子轮廓线非常清晰，一方面身体呈强烈“S”形曲线，头大于虎，大眼圆睁，张嘴吐舌，毛发直竖，但另一方面它又有虎斑的躯体，肩部还长有一对条状翅膀。这件优秀的作品非常生动地反映出长安工匠对狮子的认知程度。按《东观汉记》“狮子形如虎，正黄，有髯须”的披露，他（工匠）对狮子或其图像粉本略有耳闻，但细节处却不甚清楚，还给狮子添加了双翼，这便是对战国翼兽“师心自运”潜移默化的结果了。

1 关于抽象的纹样与再现的状物艺术的区别与相关问题，可参见缪哲的精彩论述，缪语：《从灵光殿到武梁祠：两汉之交帝国艺术的遗影》，生活·读书·新知三联书店，2021，第 5—10 页。

2 《“国际动物”：中国艺术中的狮虎形象》，《万变》，第 335 页。

图 5-1 东周龙凤形玉牌饰

传洛阳金村出土，加拿大皇家安大略博物馆

图 5-2 青铜翼兽器座

战国中晚期，美国大都会博物馆藏

图 6 汉代长安四神瓦当中的白虎和狮子

《“国际动物”：中国艺术中的狮虎形象》，《万变》，第 335 页

（二）写实的“洛阳刘汉风格”狮子形象——师法自然

在西方历来作为凶悍的强者——王的象征，和具有守卫宫门、陵墓建筑功能的狮子雕塑，几乎被汉代人原样照搬的方式成对地配置于墓地神道，并迅速制度化，这种使用形式上的“拿来主义”，固非偶然，最早应该与本国或域外使者在西方的视觉见闻有关。而且，除了对西方石狮艺术功能、形式上的模仿，有一类特殊的石狮子，放弃了固有的审美成见，亦步亦趋地反映了西方艺术中的某些心理和视觉理念，刻画出更加自然逼真的狮子形态。“洛阳风格”系石狮即是如此，与主流狮子雕塑风格泾渭分明，师承有别，且突然出现又很快消失，既无前兆又无后续发展，不排除有更直接的西方人为因素介入所造成。

“洛阳风格”一词出自李零先生，据他对山东博物馆藏的一对发现于淄博临淄区（旧说为青州，临淄旧属青州）的东汉石狮子的简要描述：“这对石狮虽然破损严重，但雄狮颈背有铭文作‘雒阳中东门外刘汉（所）作师子一双’。其工匠是洛阳人，说明风格是洛阳风格。”[1] 目前，左（雌）狮已残毁严重，只剩头和颈部；右（雄）狮除四肢、尾、底座残失，其余保存较好（图7），头躯较完整，肌理光滑，身躯没有采用常见的瘦长“S”形扭曲的态势，而是非常自然、舒展的体貌，和头部的比例相对适中。根据前肢断裂处的肘关节位置判断，应作左前肢向后，右前肢向前的交叉动作，后腿似无前肢动作幅度大，四肢动作跨度较小，属正常肢体伸展范围。头部、五官细节的刻画清晰，对骨骼和肌肉的质感的刻画入木三分：眉骨、鼻梁骨、前肢肘关节、脊梁骨、胯骨、膝盖骨的坚硬和吻部、肩胛、腹部大腿部肌肉的饱满和柔软皆刻画分明，乃至口角因肉囊组织过于肥厚松软，自然垂耷呈钩形都有细致的交代；整个腮部外缘披一圈短簇的鬣毛，下颌悬一竖胡须，和常规的东汉石狮子无甚区别，但在表面保留了粗糙质感的细凿纹，以区别于身体部分的肉质皮肤肌理，这在其他汉代石刻中不多见。

图7 山东青州出土洛阳人刘汉造石狮

山东博物馆藏，笔者摄

总之，该件石狮较之常见的“S”形、长翅膀的狮子，基本不含人为抽象设计或想象的成分，具有高度再现真实狮子的外貌特征和鲜明的写实特色，颇为前卫

1 《“国际动物”：中国艺术中的狮虎形象》，《万变》，第354页。

和创新。其并非孤例，与之同类者，还有早年流落海外，今藏于法国巴黎集美亚洲艺术博物馆（图8）和意大利的几件东汉石狮子（图9、图10），其中集美石狮腹部有铭文，字迹不清，作“□□□子王□”[1]。这些作品原本各自成对，皆因近代历史原因散落在世界各地，原址信息不明，所幸石狮大体得到保留，唯局部的四肢、耳朵、尾部和底座损失，但不大影响对这些石狮的基本判断。

图8　巴黎集美博物馆藏东汉石狮

《中国古代陵墓雕塑》3，图二一，第22页

图9　都灵博物馆藏（原为戈利诺藏）东汉石狮

喜仁龙摄，原图见［瑞典］喜仁龙《中国早期艺术史》（上），陆香等译，南方出版传媒、广东人民出版社，2019，第326页

1　李零：《波斯笔记》（下），生活·读书·新知三联书店，2019，第515页。

图10 东汉石狮

喜仁龙摄，国外博物馆藏

这几件石狮子最早在20世纪20年代为瑞典汉学家喜仁龙所注意，据说当时的欧洲中国文物市场上突然出现了两三尊同类型的石狮子，他对都灵的理查德·戈利诺收藏的一件（今藏意大利都灵博物馆，图9）还作过简介和风格描述，认为相较于武氏祠前石狮子，“雕刻技术更加成熟”[1]。不难看出，这几件石狮子匹配的对象也是自然中的狮子形态，而非理想化的虚构之物，与真狮子的自然特征方面有相当的吻合：首先，既不长角，也无双翼，身体没有覆刻各类装饰性的羽纹；其次，自然舒展的躯干、肢体动态和合理的比例结构，较虎更短粗雄壮的脖子和身体，头面部张开的鬣须，吻部的大块饱满圆厚的口轮匝肌，后背凸起的脊梁骨；最后，还有与刘汉石狮如出一辙的嘴部耷拉着的勾形嘴角。这些特征与传统擅长用“S”形夸张、想象并装饰羽翼纹的石狮风格截然不同，意味着工匠对狮子细致入

1 ［瑞］喜仁龙：《中国早期艺术史》（上），陆香等译，《西洋镜》，南方出版传媒、广东人民出版社，2019，第270页。

微的观察和相关解剖结构知识的了解，极可能也是出自洛阳或周边区域，与刘汉风格同出一脉——甚或同一工匠之作，可视为“洛阳风格”的同类。

由于李零先生是以刘汉洛阳里籍为依据，强调“洛阳风格”地域特色，而不是通过风格学或类型学的排比进行风格阐释，又因当时的洛阳狮子样式繁杂不一，为免歧义，本文以“洛阳刘汉风格”统称之。[1]

以上两种不同的石狮子反映了汉代不同地域、经验的雕刻家审美趋向和表达兴趣的差异，更现实的因素与工匠的知识系统、师资传统的差异有关，也直接与接受外来文明影响的程度相关。

二 汉代大型石雕发展的滞后性与刘汉石狮的“超前性”

汉代狮子和狮子艺术引自西方，但雕刻狮子的人多是本地人，一出现就难免本土化，为了更准确地把握汉代狮子艺术中本土与外来因素的不同倾向及其缘由，需要具体案例具体分析，尤其是对个体创作情境的逻辑推演。在讨论“洛阳刘汉风格”石狮艺术所受外来影响的具体方面、程度之前，有必要对汉代大型石雕作一扼要观察，以便更好地理解它的超前性和创新性受益于一些珍稀的非本土资源。

我们注意到一个基本事实：汉代大型石雕艺术存在明显的滞后性，这个滞后性实贯穿于汉代历史之始终（实际上，大型石刻艺术的滞后性几为人类艺术史的定律），在写实再现方面，大型石雕从始至终都无以和同时期青铜、泥塑并驾齐驱（遑论发达的绘画艺术），也没有发展出类似西方基于正确的形体比例、解剖结构、肌肉骨骼等科学知识或严格意义上的写实倾向。这并非否认汉代雕刻在状物写实方面所作的努力和取得的成就，事实上，西汉初的霍去病墓前石雕案例中的某些动物雕刻——如“跃马”、“立马”（图11）、“卧象”、“卧牛”等已显示出非常高的写实价值，并在很长的时期内一枝独秀，只是其成就仍然无法与同期的其他媒材——如玉雕、陶塑、青铜雕塑同日而语，有着明显的“滞后性”或“落差”。

图11 霍去病墓“马踏匈奴”石刻

茂陵博物馆

1 “洛阳刘汉风格”一词，是在2021年夏应朱浒先生之邀参加“视觉营造”与“知识生成”第二届汉代图像研究青年论坛做报告后，由华东师范大学何志国教授点评时提出，特此感谢。

一个鲜明的案例是：同为茂陵陪葬墓（阳信长公主墓）出土的一件明显更加写实的青铜鎏金马雕塑，尽管额头长有独角，但仍可以一眼看出是中亚阿哈尔捷金马（俗称“汗血马”）的形象特征（图12-1、图12-2），突出的特点是瘦高，头小颈长，头骨锋棱，耳朵尖，腿细且长，骨精肉细，身体壮而不肥，与中原矮小短粗的蒙古马截然不同。据司马迁说：汉武帝特喜中亚的大宛马，特命使壮士车令等持千金及金马以请宛王贰师城善马，但因大宛王不肯以马交易，汉使怒，椎金马而去。[1] 汉使者携带的“金马”应该就是为大宛马量身定制的雕塑样本。《三辅黄图》卷三“未央宫”条载：“金马门，宦者署。武帝得大宛马，以铜铸像，立于署门，因以为名。”[2] 长公主墓出土的金马雕塑或为未央宫的金马复制品，即当时大名鼎鼎的大宛马“天马”的写真之作。与金马雕塑相比，同出于国家顶级工匠之手的霍墓石马，[3] 虽也高大腿长，精壮、块然有力，但其粗犷、比例失真的“写意”（头过大，脖子短粗、结构模糊、蹄子过大等）特征也是显而易见的，写实的精准度和技巧上的落差一目了然。它甚至同战国的铜、陶马雕塑相比也有着明显的差距（图13-1、图13-2），我们难以确定其雕刻的对象究竟是西域马还是本土的蒙古马。

图12-1 陕西茂陵东侧阳信长公主墓出土大宛金铜马

茂陵博物馆藏，《中国古代雕塑》，中国外文出版社、美国耶鲁大学出版社，2006，第269页

图12-2 今土库曼斯坦阿哈尔捷金马

图片转引自微博用户“星球收容所”，原作者 Pascal Mouawad

1 （汉）司马迁：《史记·大宛列传》，中华书局，2006，第718页。

2 佚名撰，何清谷校注：《三辅黄图校注》卷3，三秦出版社，1995，第163页。

3 在霍去病墓中先后发现四块文字石刻，其中三块刻有“左司空”的篆隶体题记，一大两小，说明工匠来自官府的职业工匠。中国陵墓雕塑全集编辑委员会编：《中国陵墓雕塑全集》2，陕西人民美术出版社，2009，第62页。近年有学者对该墓石刻所属及“石岭子”“霍去病墓”的真实性提出质疑，参见贺西林《“霍去病墓”的再思考》，《美术研究》2009年第3期。

图 13-1 战国晚期铜车马

江苏淮安三里墩出土，南京博物院藏，笔者摄

图 13-2 秦始皇陵陶马俑

秦始皇陵博物馆藏

到东汉，大型石刻艺术的滞后性并未有多少改观，东汉石雕马（图 14-1、图 14-2）、人物（图 15-1 至图 15-3）等诸多案例更加清晰地表明：石匠更加致力于表现“所知”的真实，而非自然“所见”的真实：他们都不太注意机体各部位——如头与身体、四肢与躯干之长短、粗细、胖瘦、高矮之比例适宜的关系、肌肉骨骼之准确位置等自然的真形，大事夸张、压缩、减少、扩大、对称等修饰的手法，尽管单独看某个局部似乎都有其“正确”“写实”的依据，但组合在一起就有种种“非写实”的谬误了，这一点与西汉时并无悬殊。而这种严重比例失调、走形、夸大的“非写实”的情况少见于同期的陶塑、玉雕和青铜雕塑（图 16、图 17-1、图 17-2）。

图 14-1 东汉彩绘石雕骑马俑河北望都出土

中国国家博物馆藏，笔者摄

图 14-2 四川绵阳出土东汉石马

巴蜀汉陶博物馆藏，《中国陵墓雕塑》3，图版 93，第 83 页

图 15-1　登封中岳庙东汉石人翁仲像

118 年，李零：《西岳庙和西岳石人——〈读西岳庙〉》，《万变》，第 199 页

图 15-2　登封中岳庙东汉石人翁仲像

118 年，李零：《西岳庙和西岳石人——〈读西岳庙〉》，《万变》，第 199 页

图 15-3　济南乐安太守墓前拥彗石人

《中国陵墓雕塑全集》3，图录，第 5 页

图 16　河南辉县百泉东汉墓出土陶畜俑

故宫博物院藏，《中国陵墓雕塑》3，图二六九，第 237 页

图 17-1　西汉元帝渭陵出土仙人骑天马玉雕

咸阳博物馆藏，《中国陵墓雕塑全集》2，2009，第 28 页

图 17-2　西汉河北中山靖王刘胜窦绾墓长信宫灯青铜人物像

河北博物院藏，笔者摄

如何解释这写实方面的“滞后性”？按艺术的起源之一——“模仿论”来说，同世界各地的早期艺术一样，汉代石刻虽也模仿自然，但并不严格强调对自然真形的准确再现，而集中对局部特征的描摹或“意气”之捕捉（后世美学家惯以“神似”“意足”之辞作解）。罗利（George Rowley）《中国绘画原则》一书中，曾使用“理念风格”一词形容唐以前的中国绘画艺术，他说：“在唐代以前的绘画中，由于艺术家关心的是事物的本质，其结果是表意的图像而非描述性的形似。这种视觉表现的心理学基础乃是人们试图把理念形象化时都会体会到的……形状自身足以使人们确定客体的概念。”[1] 尽管唐以前的艺术远比罗利理解得更加复杂，但他的解释仍然符合汉代石匠雕绘时的普遍心理学特征。换言之，“知识”先于“眼睛”，从概念和心理上承认作品的性质属性——是，或应该是什么，比认真追究它本来的样子更加重要。这种创作心理不但经常运用于熟悉的人物、马等石雕上，于本不了解的狮子更甚而有之。[2]

1　G. Rowley, *Principle of Chinese Panting*, rev. ed. Priceton, N. J.: Princeton University Press, 1974: p. 27. 转引自巫鸿《武梁祠：中国古代画像艺术的思想性》，柳杨、岑河译，生活·读书·新知三联书店，2015，第 102 页。

2　固然，汉代大型石雕未能与其他传统媒介艺术并肩齐步，还有非常现实的历史因素：起步晚（铁制工具的使用），系统性、理论性层面的经验总结不足，都大大限制了大型石雕在写实状物方面的推进。

图 18

18-1 塞浦路斯石狮，前 5 世纪下半叶，大都会博物馆藏；

18-2 希腊古典时期的石狮子，前 400—前 390 年，大都会博物馆藏；

18-3 叙利亚国家考古博物馆院子里的石狮子，据闻幼发拉底河出土，年代不详，毛发风格酷似亚述和波斯风格，许一青摄

探诸古代艺术史，要掌握一种自然主义的高超写实技巧——尤其是对一种陌生的题材，用三维立体石雕表现，殊非易事，往往需要经过数代人甚至数百年的努力探索才可能达到。在古希腊，有可自由参照的人体模特为表现的写实雕塑（从几何式到古风式）尚需数百年的时间才能克服“知识”这个劲敌，[1] 于不易观察且不受人摆布的狮子而言，要观察、熟悉，进而以雕刻的形式再现活生生的狮子，显然更具困难和挑战性。实际上，即便在狮子原产地的西亚、北非和地中海区域，狮子石雕也不尽然客观准确，比如具有古拙气息的塞浦路斯风格石狮、大都会博物馆藏的一件希腊古典时期的石狮、叙利亚地区发现的石狮子（图 18）等，雕刻者显然也还停留在对狮子一知半解的程度上，明显滞后于该区域同期的人体雕刻艺术。“洛阳刘汉风格”石狮虽不能称为希腊式的写实，但与本土盛行已久的主流狮子雕刻和其他母题的大型石雕相比，作者有力图准确表现真实狮子的强烈目的，并且确实成功再现了前所未见的最接近真实狮子的形象，甚至在许多方面比地中海区域的还要成功，然而却并没有经历像希腊人、波斯人和印度人数百年摸索的过程。

因此，需强调的是，“洛阳刘汉风格”石狮的写实意义不同于汉代其他大型石雕的普遍“写意”之状物意义，它打破了大型石雕艺术的“滞后性”的历史规律，具有相当的超前性和地域性特色，这种超前于时代（时间）和本土地

1 西方有一种理论认为，由于根深蒂固的概念和知识限制了人们用眼睛观察客观的世界，历代的艺术家坚持不懈地与妨碍他们精确描绘世界的知识做斗争，如此就造成两种艺术：即“所知”和“所见”：古埃及和中世纪的概念性艺术属于前者，而文艺复兴时的艺术家和现代印象派画家属于后者。范景中：《〈艺术的故事〉笺注》，广西美术出版社，2011，第 10 页。

域（空间）的双重意义，意味着艺术家必然有过非同寻常的学术经历和知识视野，这给我们继续深入探讨其成功的因素和创作的历史情境提供了重要依据。

三 西方艺术中的狮子及东传

这种追求逼真、自然、写实的狮子造型在汉地自然是新鲜的东西，但在与汉朝交流密切的西亚、中亚、欧亚草原和印度等地却是司空见惯的艺术景观，常用于宫廷、寺庙、广场、陵墓、金属器物装饰中。狮子雕刻可以追溯到西亚之苏美尔、埃及、巴比伦、亚述和波斯（如图 19），也就是当时两次向东汉进献狮子的安息（帕提亚）所统治的核心区域以及罗马帝国的亚洲行省区域，今美索不达米亚两河地区，如今依然保留不少狮子石刻的遗迹。[1] 这一艺术形式很早随着波斯阿契美尼德王朝（前 550—前 330 年）势力在欧亚的扩张，向西传至地中海的希腊世界

图 19

19-1　苏美尔乌尔王陵前石狮，乌尔第三王朝（前 2600—前 2500 年）；

19-2　古埃及萨加拉塞拉皮姆对狮其一，置于盛殿的塔台，阿蒙诺菲斯三世统治时期（前 1400—前 1350 年），巴黎卢浮宫藏；

19-3　亚述伊斯塔神庙大门对狮其一，阿淑尔那西尔帕二世时期（前 865—前 860 年）2001 年出土，大英博物馆；

19-4　新巴比伦伊斯塔城门彩釉狮尼布甲尼撒统治时期（前 605—前 562 年），土耳其伊斯坦布尔考古博物馆，于殿利《人性的启蒙时代：古代美索不达米亚的艺术与思想》，故宫出版社，2016，第 78 页；

19-5　波斯阿契美尼德狮子铜器座，波斯波利斯北大厅 38 号房间遗址出土，大英博物馆，John Curtis，Nigel Tallis，*FORGOTTEN EMPIRE The World of Ancient Persia*，The British Museum Press，2005，p. 103

1　参见《“国际动物”：中国艺术中的狮虎形象》一文对早期近东地区狮子雕刻艺术的部分统计，《万变》第 345—353 页。

图 20 小亚细亚土耳其尼多斯石狮

前 394—前 175 年，大英博物馆，何婴子摄

图 21 波斯式的阿育王石狮柱头

前 3 世纪，印度鹿野苑（萨尔纳特）博物馆

（图 20），并在亚历山大东征后的希腊化建筑中得到广泛应用。向东则传到印度和中亚，在古印度地区，狮子以象征皇权以及佛陀的形象出现在阿育王（约前 268—前 232 年在位）的建筑石柱及桑奇大塔的建筑雕刻中（图 21），成为原始佛教艺术中佛陀的化身，表现形式、风格和波斯石狮一脉相承。在贵霜帝国的犍陀罗大乘佛教艺术中，佛像得以直接呈现，而狮子则被安排在佛座或佛塔基座立面上，成为佛陀讲法时的左右护法形象，也正是在这个时期，狮子艺术和佛教艺术传入中国。

狮子形象传入中原之前，在先秦就被草原民族传到了今天的中国新疆，一支是活跃在东伊朗高原与中亚草原盆地间的游牧部族，由亚述帝国辗转传入，另一支是由塞人（斯基泰）从黑海周沿的希腊城邦跨过南俄草原，带到了阿尔泰地区。在阿尔泰山南麓哈巴河县“东塔勒德墓地”发现了随身佩戴的微型金箔狮子（图 22），林梅村认为模仿了亚述艺术风格，与亚述首府尼尼微北宫（North Palace of Nineveh）出土的巴巴帕尔（Ashurbannipal，前 645—前 640 年）统治时期的狮子浮雕如出一辙。[1] 然而，这件微型的金箔狮子主要表现草原民族对小型金属器型的动物造型的审美，除了在母题来源上可与亚述产生遥远的联系，造型风格似乎更倾向于希腊影

1 林梅村：《西域考古与艺术》，北京大学出版社，2017，第 52 页。据新疆文物考古研究所发表的报告，则以之为金箔虎，与周边地区类似金箔器物比较一致，特别是与图瓦地区、蒙古西部、哈萨克斯坦东部以及巴泽雷克墓地有着比较紧密的联系，但根据该造型的特征和比例关系，该金箔明显是狮而非虎。新疆文物考古研究所：《新疆哈巴河东塔勒德墓地发掘简报》，《文物》2013 年第 3 期。

响。这些从黑海希腊邦一路东迁的斯基泰人携带了大量的希腊人制作的日用金属器具和装饰品，其中不乏自然、写实且形态生动各异的狮子造型饰物（图 23），与地中海希腊风格的狮子艺术高度契合，没有类似亚述或波斯艺术形态固化的特征。新疆托克逊县与乌鲁木齐和静县交接的天山山谷阿拉沟 28 号墓地出土一件高方座双狮承铜盘（图 24），上有一对并列向前漫步行走的狮子，狮子造型小巧生动，举止温顺从容，采用写实的手法铸造，头部有明显雄狮特征的浓厚鬃毛，体型、结构、形象都非常符合自然的狮子形态，狮子背部有似翼的提手环。据学者研究可能是塞人使用的宗教仪器，具有琐罗亚斯德教拜火的含义。[1] 此外，新疆维吾尔自治区博物馆还藏有一件巩乃斯河南岸出土的先秦时代的环形铜器（图 25），为草原民族祭祀使用，器型上面有一对生动的狮形翼兽，头带角，这类源自西方带角的翼狮要早于中原所见的汉代翼狮。

图 22　金箔狮子

新疆阿尔泰山南麓哈巴河县东塔勒德墓地，二区 3 号墓，前 7 世纪，中国考古网

图 23　斯基泰人使用的希腊式狮子纹金牌饰

约前 8—前 5 世纪，SCYTHIAN ART THE LEGACY OF THE SCYTHIAN WORLD_ MID ~7th TO 3rd CENTURY，（LENINGRAD_ AURORA ART PUBLISHERS，1986），图录 140、141

1　巫新华：《新疆与中亚承兽青铜祭盘的琐罗亚斯德教文化意涵——从帕米尔高原吉尔赞喀勒墓群考古发现圣火坛中卵石数目谈起》，《新疆艺术》2017 年第 3 期。

图 24 高方座双狮承铜盘

春秋战国—西汉，新疆维吾尔自治区博物馆藏

图 25 巩乃斯河南岸出土翼狮铜环器

约前 500 年，新疆维吾尔自治区博物馆藏，徐呈瑞摄

四 “洛阳刘汉风格”的成因与情境分析

（一）首都宫廷匠师的可能性

了解了汉代大型石雕艺术在写实上的“滞后性”或“理念风格”倾向，以及西方艺术中的主流狮子艺术风格，再回看刘汉风格石狮的超前性写实，有助于进一步探讨作者成功雕刻出这类作品的创作情境，以及如何得知他特殊的学术经历和身份等问题。

刘汉石狮子颈后刻有“雒阳中东门

外刘汉所作师子一双”的汉八分隶书铭文（图26），这个信息非常重要，但在以往的研究中并未得到足够的重视，笔者认为，它是我们理解刘汉超越其他地方工匠，胜任更多他们力不能及的工作的重要前提，也是与其他石刻艺术大异其趣的关键缘由。基于刘汉首都籍的身份和地缘优势，他与现实中狮子的实际距离比任何无名工匠都更近，伏案思之，有三种情境，为他如实地创作准备了可靠的素材和能力基础：第一，他或为宫廷匠师，曾有幸亲眼目睹狮子于皇家林苑中，并得以长期观察、描摹之；第二，依托外来的绘有狮子的图像粉本——罽、锦、毾㲪（西域产的毛毯）、钱币上的图案——临摹之；第三，刘汉长期受教于某位西方来华的石雕师，深受其影响而习得之。前两者是刘汉获取狮子“正确知识”的前提，但都有局限性，并不足以使他超越本土石雕艺术写意的传统趣味和“滞后性”的种种限制，获得“复现”狮子的能力，而末者最终提供了这种可能和关键师资动力。

刘汉是否有机会穿越宫禁森严的重重围墙，进入到只有皇亲贵族、近臣才能涉足的皇家林苑中，并且有足够多的机会认真考察、描摹狮子呢？唯刘汉作为宫廷少府之“将作大匠”，或类似“黄门画者”“鸿都门学”“待诏尚方”之入仕画者的职业身份，这种情况方能发生。内藤湖南曾根据唐张彦远《历代名画记》记录的汉代士大夫画家（如张衡、蔡邕、赵岐、刘褒等[1]）指出：“到了东汉，文献中便出现了一些（工匠）真实的姓名，其中大部分是学者。”[2] 若此，那么刘汉在当时不仅是一介石匠，而且是有一定文化的士人，与当时儒士为伍，其作品上工稳典雅的八分书题刻似一旁证。

图26 刘汉石狮颈后铭文“雒阳中东门外刘汉所作师子一双”

笔者摄

除了可知制作者刘汉本人来自首都洛阳以外，“雒阳中东门外刘汉所作师子一

1 （唐）张彦远：《历代名画记》，朱和平注译，中州古籍出版社，2016，第140—141页。

2 ［日］内藤湖南：《中国绘画史》，中华书局，2008，第8页；关于汉代从事书、画艺者名分、身份问题，可详参韦宾《汉魏六朝画论十讲》，中国社会科学出版社，2009，第55—60页。

双”的汉八分隶书体，或许能反映这一特殊的情况。该题曾被清人金石学家叶昌炽所注意，还被收录在他的金石学著作中：“山东临沂有刘汉石狮子，文曰：雒阳中东门外，刘汉造作师子一双。字似熹平石经。”[1] 引起叶昌炽注意的不是刘汉本人的令名和石狮子杰作，而是其典正的“汉八分”书体（或言书艺），以至于令他联想到大名鼎鼎的熹平石经。他虽未直言赞美该书铭的艺术高度，但以熹平石经比之，不可谓不含赞誉。众所周知，熹平石经为东汉灵帝时期（168—189 年）有书、画、赞“三美”之誉的蔡邕等人受命题刻，置于洛阳太学门外供诸儒生观瞻摹习，堪为八分书的“极致教材”，技法工稳、庄重典雅，也是隶书最成熟和规范的形态。[2] 书写者或与当时专门从事碑刻书法的书佐身份或有文化的士人有关，且极可能出自刘汉本人之手。[3] 退一步说，我们虽无法确知书写者是否为刘汉本人，但书刻一体，至少应关系甚密。由于其身份已无从稽考，只能不置可否，但不排除其宫廷职业匠师身份的可能性。

（二）名工良匠孙宗：基于图像粉本制作的困难与不足

作为职业雕刻家，刘汉对狮子这种外来方物的信息应该早有注意，通过某些渠道获得一些绘有狮子的图像粉本，这在当时大兴胡风、胡物、胡艺，且对外贸易繁华，胡人“使者相望于道”的京都不难实现（两汉首都长安、洛阳有专门安置胡人的居住区“蛮夷邸”[4]），大量西域传来的织锦、文绣、罽毯等华丽的毛织物、钱币充当了非常重要的媒介。如余英时所说，西域的香罽、毡等毛织物奢侈品在洛阳不仅被作为贡物进献到皇宫，成为皇室日常使用的物品，也经常被皇帝拿来赏赐功勋名臣，同时官僚们也经常利用职便，花重金购买西域产的毛织物。[5] 我们有足够的理由相信刘汉的赞助人或消费者绝不会是一般的平民百姓，他们应该就是这些对西域文化和艺术（奢侈）品有着巨大消费欲望和动力的达官显贵。在他们

1 （清）叶昌炽撰，柯昌泗评，陈公柔、张明善点校：《语石·语石异同评》卷五，中华书局，2005，第 377 页。

2 启功：《古代书体论稿》，文物出版社，1999，第 29 页。

3 王靖宪：《秦汉的书法艺术》，启功主编《中国美术全集·书法篆刻篇 1·商周至秦汉书法》，人民美术出版社，1987，第 36 页。据目前发现的汉碑统计，东汉中后期的八分书碑刻，几乎出自当时的山东嘉祥附近区域。刘宗超：《汉代造型艺术及其精神》，人民出版社，2006，第 59 页。

4 关于两汉“蛮夷邸”的研究，参见叶德荣《侍子制度、蛮夷邸与佛寺——汉魏西晋时期都城佛教传播空间研究》，余太山、李锦绣主编《丝瓷之路——古代中外关系史研究》，商务印书馆，2012，第 67—92 页。

5 据班固给他远在西域任职的弟弟班超的信，信中提到一位窦先生，寄送了 80 万钱到西域购买了 10 张地毯；还通知班超，窦某正运输 700 匹杂彩（彩色的丝织物）和 300 匹白素（白色的丝绸）到西域，欲购买如月氏马、苏合香以及羊毛纺织品等。可见西方毛织物在洛阳的受欢迎程度。参见《全后汉文》卷二十五；余英时著，邬文玲等译：《汉代贸易与扩张》，上海古籍出版社，2005，第 160 页。

所御赐、购买、使用的各类毛织物、钱币上面通常有各种西方艺术题材的图案，包括武斗的罗马士兵、马、人头马像、骆驼、鹿、羊、翼兽、植物等（图 27），狮子亦不乏其例，学界讨论最多的是阿富汗蒂拉丘地 4 号墓出土的狮子、转法轮者金币（图 28），和汉代于阗民丰县尼雅遗址出土的一片蜡染蓝底文锦，上面就残留有一头狮子的脚掌和如“斗”的尾巴（图 29）。

图 27

27-1 新疆红地对黄色人（罗马）士兵兽树纹罽袍，1995 年尉犁盘营古墓出土，笔者摄；

27-2 新疆人头马缂毛壁挂，1983 年洛浦县山普拉一号墓地二号墓出土，笔者摄；

27-3 汉晋骆驼、树纹缂织绦残裙，山普拉墓地出土，祁小山、王博：《丝绸之路 · 新疆古代文化》，新疆人民出版社，2008，第 68 页

图 28

28-1 新疆且末扎滚鲁克墓地一号墓（汉晋时期）红地狩猎纹锦上的狮子图案，《丝绸之路·新疆古代文化》，第 47 页；

28-2 阿富汗蒂拉丘地 4 号墓出土的狮子纹金币（背面为一希腊人转法轮），25—50 年，阿富汗喀布尔博物馆藏，成都博物馆编著：《阿富汗古代文明的十字路口》，文化艺术出版社，2018，第 111 页

图 29 新疆和田尼雅民丰县遗址一号墓蜡染纹锦布

新疆维吾尔自治区博物馆藏，中国文物交流中心编著：《汉风中国文物展》，科学出版社，2014，第 123 页

然而，平面图像或绘画只提供单一角度的轮廓，是“剪影式”的截取，并不全面，不足以提供三维立体雕刻所需“面面观”的知识和多向性空间造型能力，仅凭图像粉本或对其深刻的记忆，转换为立体的三维雕刻存在巨大困难。这亦是现代学院教育特别强调对雕刻家——从临摹、写生、全因素——从绘画到雕塑（平面到立体）循序渐进、长期训练的逻辑所在，在更遥远的古代，雕刻技艺的学习所需条件和精力只会更甚。何况，我们已知汉代工匠惯于凭“所知”来表现一种“意气”之形——或“理念风格”，现在新的题材和技术难题更加剧了他们忠于“事实”“所见”——刻画真实狮子形象的困难，倘我们相信刘汉并非一类极罕见的无师自通又能自异前趣的天才、“怪才”型雕刻家，那么这一从平面图像到立体雕刻造型转换的技术跨异和难题，自然也不可避免，即便是名工良匠也不例外。

济宁嘉祥武氏祠前有一对石狮（图30），它们是目前所见纪年最早的一对汉代石狮，雕造于建和元年（147年），造价不菲，制作者是当地的名工良匠孙宗，据一旁石阙上铭文：“建和元年……使石工孟孚、李弟卯造此阙，直（值）钱十五万，孙宗作师子，直四万。”[1] 从整体的造型风格来看，不同于“S”形狮子，形似刘汉石狮，且保存更加完好，在地理位置上也相距不远，同属鲁中南地区。考古学界和美术史学界一致认同它和刘汉石狮、集美藏石狮高度相似，[2] 所制年代可能相近，故笔者引其为“洛阳刘汉风格”之同类或亚型。

武氏祠石狮子从被发现以来就备受关注，民国时，滕固曾亲自到访，他一眼就看出这对狮子不同于之前所见过的其他汉代石狮（如“洛阳东门外分金沟狮”和“陕西兴平县衙前左面的狮”，此二者未存图，或为常见的“S”形石狮）。他说相对于西汉霍墓石雕的“粗率浑朴”而言，其作“神似雅健”[3]。滕固对艺术品形式和风格始终有着极其敏锐的判断，他当年无缘亲睹刘汉石狮乃至流落海外的另外几件“洛阳风格”的狮子，否则以他的眼光，概不会熟视无睹其间的风格差异。今者有幸目见，再度详细审视，可以无讳地指出：孙宗狮子乍看神猛、精壮如狮（如滕固说的“雅健”），细看便知徒有狮的大体身材形廓（如滕固言的“神似”），至于相貌的刻画则与真狮子存在明显的差距，犬化特征明显，或取于狗，以至于无法明确辨别：头部异常肥大，和

1 王朝闻：《中国美术史・秦汉卷》，北京师范大学出版社，2011，第193页。

2 林通雁：《中国陵墓雕塑全集》3，图版说明，第10页。

3 滕固说：“此石狮两眼睁圆，朵颐丰厚，鼻隆，张口，每当凹凸处有匀整和自然的刻纹节制着，和霍墓石物比较起来，一是粗率简朴，一是神似雅健。两者年代相离二世纪有余，自然经过了若干递嬗而至此的。”氏著《霍去病墓上石迹及汉代雕刻之试察》，《滕固论艺》，上海书画出版社，2012，第126页。

躯体的比例严重失调，胸部前挺，与身躯略显“S”形倾向，口鼻过宽，几乎盖过头脸，下颌大如斗，腿部也显得过于短粗和方硬，肩部原来还刻有一对想象的双翼（详后），若非有“师子”题记自证，不免招致争议，给人以狮犬难分、不伦不类的视感。然而，这些明显失真、走形的细节，并没有体现在刘汉石狮上。可见两者在局部细节的推敲上仍有着明显的“落差”，对孙刘二位名匠所作石狮的“风格差”，人皆望而知之（前文已述喜仁龙也有此观感），但作何解释，学界罕见深入探讨。

图 30　武氏祠前石狮其一

笔者摄

值得肯定的是，孙宗不盲随大流将狮子雕刻成大众熟悉的 S 形，可以视为他放弃了“守旧”——相对容易的选择，而选择了“开新”——一种迎难而上的策略。他或初步获得了关于狮子的某些知识，其来源或与间接媒介的图案有关。但由于图案的局限和片面，即便他有高明的雕刻手腕，对真实狮子的认识仍有诸多不及，任何一处局部知识盲点，都无法避免他需要像寻常工匠那般——以想象代替观察、以主观代替客观，而一旦掉入天马行空的想象，与客观之物的偏离也就在所难免，其难堪和不足便也暴露无遗了。

要知在汉代，基于现实与想象而创作的难易之分，导致艺术家尤擅于发挥想象进行自由创作，而疏于对现实事物写生描摹和认真推敲，就易避难，偏好画神仙鬼魅而不喜现实题材，这样的情境屡见不鲜。《淮南子·氾论训》：“今夫图工好画鬼魅而憎图狗马者，何也？鬼魅不出世，而狗马可日见也。”张衡也说：“譬犹画工，恶图犬马而好作鬼魅，诚以实事难形，而虚伪不穷也。”[1] 并非偶然的是，这种情况偏偏又是孙宗活动之齐地的艺术传统。[2] 画工对本土且夕见于日常的犬马（犬马在此只是泛指近旁可见的日常事务，鬼魅亦是对超自然或神秘、虚幻无形之物的泛指）避之如此，对本来就很神秘的狮子（狮子大抵属于鬼魅类题材）

1　（南朝宋）范晔：《后汉书·张衡列传》，中华书局，2007，第 562 页。

2　“客有为齐王画者，齐王问曰：‘画孰最难者？’曰：‘犬马最难。’‘孰易者？’曰：‘鬼魅最易’。夫犬马，人所知也，旦暮罄于前，不可类之，故难；鬼神，无形者，不罄于前，故易之也。”盛广智译评：《韩非子》卷一一《外储说左·上》，吉林文史出版社，2004，第 168 页。

就更不问可知了。

相对来说，狮子对于孙宗绝非真正熟悉之物（起码远不及日常的“犬马”），还有一个被人忽略且至今未解的细节暴露了这个事实：其狮子侧腹部凸起了一层长条状的体积，厚度近1厘米，从肩部延伸到肋、胯，横跨整个侧腹（图31），形似羽翼的外边缘线，非常显眼、突兀，不合常理。这一细节在一百年前（1922）被喜仁龙的锐眼捕捉到，由于当时石狮子长期暴露野外，有一尊几乎全身陷于泥沼当中，他说这是“肩膀上还留有已经被腐蚀掉了的翅膀的痕迹”，并得出结论：“显然，这不是大自然中的动物形象，而是一种自由的艺术创作。”[1] 可惜喜氏这一断言若泥牛入海，杳无回音，至今新编的各类著作、图集、论文提到这对狮子时，都以为没有翅膀。

喜氏的断言并非空穴来风，正常来说，狮子的双翼正是突起于身体一层的，其走势也是由肩肋部向腹部延伸；又因雕刻只能“减”（不能“加”），熟悉石雕制作工序者清楚：双翼凸于最表层，雕刻之前就须将其厚度预留好，待狮子完整（身体）大形雕刻完成之后，收尾时最后再刻。因此，笔者认同喜氏的判断，即这一层体积应该原本是为设计双翼时留下的遗痕。实际上，汉代其他翼兽石刻案例中也有类似的痕迹，比如河南伊川县彭婆镇翼兽（图32），其肩、背、腹部皆覆刻长羽，羽翼的下边缘从肋部凸起一层体积延伸至胯部，与孙宗狮子留下的痕迹如出一辙；还有偃师商城博物馆、徐州博物馆藏（邳州出土）的翼兽（图33），侧腹部翼的下缘也表现了相似的特征。

图31　武氏祠狮子腹部突起的一层轮廓线

笔者摄

1 《中国早期艺术史》（上），《西洋镜》，第270页。

图 32　河南伊川县彭婆镇翼兽（左）和局部（右）

《中国陵墓雕塑》3，第 27 页

图 33　翼兽

上：偃师商城博物馆藏翼兽，《中国陵墓雕塑》3，第 30 页；下：徐州博物馆藏（邳州出土）的翼兽，笔者摄

喜氏以为，因泥水腐蚀严重致使孙宗当初雕刻的翅膀只剩当年的遗痕，这个说法倒未可尽信。若为自然腐蚀，残留的痕迹必然破整不均，肌理会产生不规则的斑驳变化，而我们看到的是狮子肩腹部的肌理光滑平整，与背部的肌理光洁如一，为明显打磨后的统一效果（颍川彭婆镇、偃师商城博物馆的翼狮也是如此，且羽纹得以完整保留）。那么孙宗确实原本有给狮子设计双翼的计划，但最后似乎临时改变主意，将预留的厚度打磨去掉，使翅膀上缘消失，融入身体，只留下下缘的一层浅轮廓线。

退一步说，无论孙宗有意无意给狮子雕刻翅膀，这个细节都堪为“画蛇添足”之生动注脚：他并不确信狮子到底——或者应该有无双翼，因此需要借助想象，留下喜氏称的“自由的艺术创作”的痕迹，这一点又与长安瓦当上的“狮子”之“师心自运”别无二致。反观刘汉石狮则不存在这种情况，即使题记阙如，凡对真狮子有较深印象，便不难直观判断为狮，绝不致误会为虎、犬，或任何浮想的它物。换言之，刘比孙更熟悉狮子，且在匹配真实狮子的技艺和呈现结果上更准确、逼真。甚至有理由认为，当有孙刘一先一后之示范—模仿，且先刘后孙的情境问题。

笔者并非意指孙作所费功力或匠心乃至历史价值不及刘，而是强调两者所具备的某些特殊的客观条件——在“正确”信息、知识的获取渠道上，并不平衡，虽同为名工良匠，山东孙宗在某些更重要的现实条件上明显逊于洛阳刘汉，此“毫厘之差”便足使对狮子的认识和雕刻结果“失以千里”。如杨爱国先生所说，狮子养在皇家宫苑，一般的石刻工匠是见不到的，他们想要刻出比较逼真的狮子，必须向洛阳的石刻工匠学习。孙宗即使不是从洛阳请来的，也至少应该是洛阳刻狮工匠的徒弟。[1] 诚然，狮子和狮子艺术出自首都，刘汉作为洛阳人就最有可能先行于孙宗，并将他的学识和技艺带到山东地区，继而引导了山东石狮艺术的风格表现和后续的市场、审美转向，其后才有孙宗于武氏祠前的模仿之作。似乎也可以说，“洛阳刘汉风格”虽发迹于洛阳，但真正落地生根被发扬光大却在山东。

这并不难理解，因它不是孤立的现象，它总与西方胡人的活动关联密切，与本出自洛阳但却在山东遍布的胡人艺术母题也是同气连枝的。

由是，要超越孙宗，臻至刘汉“复现自然”“点石成真”的境界，所需非但凭图像粉本和深刻的形象记忆，还需更加有效的关键因素支持，那就是下文将考虑的第三种情境：胡人因素——特殊的外来师助。

（三）刘汉的外来师助分析（西方艺术家在中国的活动）

如果说刘汉在决定雕刻一对超前逼真的狮子时，需要考虑可能随之而来被非议的风险（即便在洛阳，也不是所有工匠、赞助人都有他那般幸运的眼识），那么他的自信必不在徒有标新立异的蛮勇，而在于他得天独厚的现实信源条件和某些外来知识群体的助力：西方来华的工匠团体——贵霜（月氏）人、西亚的帕提亚（安息）人或南亚的犍陀罗（罽宾）、印度诸国人，皆有可能。这些来华的雕刻家可能是作为职业艺人，同西来使者、僧侣、商人等携狮子一道抵达洛阳，或本身就是僧侣中的成员。刘汉作为一名职业雕刻家或曾有缘长期和他们接触并受之影响。

狮子和狮子艺术进入中国，最主要的

1 杨爱国先生曾经根据汉画像题记的统计，发现通常本地的工匠无须写上自己的里籍，只有离开家乡外出务工的石雕工匠才会在作品上面署名、籍贯等信息。从孙宗的署名行文来看，是当地人的可能性更大。见氏著《固守家园与远走他乡》，《幽冥两界——纪念汉代画像石研究》，陕西人民美术出版社，2006，第 133 页；《嘉祥那对汉代石狮的故事》，《大众日报》2020 年 11 月 3 日。

途径是西方官方使团、商人进贡和随佛教徒传入。据文献记载，东汉时月氏最早在章帝朝两次来献狮子，一是建初四年（79年），《后汉书·班超传》："初，月氏尝助汉击车师有功，是岁贡奉珍宝、符拔、师子，因求汉公主"[1]；二是章和元年（87年），《后汉书·章帝纪》："是岁，西域长史班超击莎车，大破之。月氏国遣使献扶拔、师子"[2]，同书《西域传》亦有记载。

安息亦两次来华献狮，一是和帝章和二年（88年），《后汉书·和帝纪》："冬十月乙亥，以侍中窦宪为车骑将军，伐北匈奴。安息国遣使献狮子、扶拔。"[3] 二是和帝永元十三年（101年），同书同卷："冬十一月，安息国遣使献师子及条枝大爵。"[4]

疏勒于顺帝阳嘉二年（133年）来中原朝贡狮子，《后汉书·顺帝纪》："六月辛未，……疏勒国献师子、封牛。"同书《西域传》亦载"阳嘉二年，臣磐复献师子、封牛"[5]。另外，东汉人还知道乌弋、条支、大秦也出产狮子。[6]

月氏、安息、疏勒（今新疆喀什）三国无不是当时深受佛教艺术影响的大国，尤其1世纪的月氏建立贵霜帝国后，其领地的高附（原属安息，今阿富汗喀布尔）、罽宾、天竺维持了数百年的佛教艺术的中心地位；其献狮的年代都略早于孙宗刻狮（147年），符合相应的历史逻辑。与狮子、佛教一同引入的，自然还有熟悉、照料狮子生理、饮食、健康、脾性、表演等各方面的驯养师和杂艺师。当时安息国不但献有狮子，还有"眩人"，眩人或不仅特指今人所理解的"魔术师"，而泛指身怀绝技的各类"艺人"，其中或就包含雕刻师。在犍陀罗和阿富汗巴克特里亚—贵霜艺术中，常见到狮子和驯狮人一同出现在石雕和黄金雕饰中（图34－1、34－2），通常表现为驯狮人（有时驯狮人或为王者的象征，寓意最强者的征服者）自在地骑坐在狮子肩背上，似可轻松舞蹈，是为狮子舞。舞狮文化也

1 《后汉书·班梁列传》，第463页。

2 《后汉收·肃宗章帝纪》，第43页。

3 《后汉书·孝和孝殇帝纪》，第45页。

4 《后汉书，孝和孝殇帝纪》，第51页。

5 《后汉书·西域传》，第869页。前引《东观汉记》亦有记录，《东观汉记校注》上，第112页。

6 《汉书·西域传》言"乌弋地暑热莽平，其草木、畜产、五谷、果蔬、食饮、宫室、市列、钱货、兵器、金珠之属皆与罽宾同，而有桃拔、师子、犀牛"。汉献帝时荀悦《前汉纪》卷十二亦言"乌弋国去长安万五千三百里，出师子、犀牛"。《后汉书·西域传》则提到条支和大秦也有狮子："条支国，城在山上，周回四十余里。临西海，海水曲环其南及东、北，三面路绝，唯西北隅通陆道。土地暑湿，出师子、犀牛……大秦国，一名犁鞬，以在海西，又名海西国。……《汉书》云'从条支西行二百余日，近日所出'，则与今书异矣。前世汉使皆自乌弋以还，莫有至条支者也。又云'从安息陆道绕海北行，出西海至大秦，人庶连属，十里一亭，三十里一置，终无盗贼寇警。而道多猛虎、师子，遮害行旅，不百余人，赍兵器，辄为所食'。"《汉书·西域传》，第966页；《后汉书·西域传》，第865—866页。

图 34-1 犍陀罗驯狮石雕

巴基斯坦白沙瓦博物馆，《犍陀罗文明史》，第 169 页

是随着狮子和驯狮人在汉代一道传入中国。据《汉书·礼乐志二》言：“常从象人四人”，三国孟康《汉书音义》注曰：“象人，若今戏虾鱼师子者也。”需要指出的是，这类杂技师通常善习多种技艺，而且有的身份特殊，他们当中除了职业艺术家以外，还有不少外国僧人。比如《高僧传》言汉末来华的月氏高僧支谦“博览经籍，莫不精究，世间技艺，多所综习”；[1] 安息僧人安世高则是表演魔术的高手，传他“刻意好学，外国典籍及七曜五行、医方异术，乃至鸟兽之声，无不综达”[2]。他曾在广州闹市之中表演断头再植的大型魔术，使“观者莫不骇其奇异”[3]，可见他在汉人眼里本身就是“眩人”的角色。

图 34-2 阿富汗蒂拉丘地 4 号墓贵霜翕侯金腰带上的骑狮人

25—50 年，阿富汗国家博物馆，笔者摄

在两汉有专门用以表演外国节目的场所——平乐观，[4] 早在文帝（前 180—前 157 年在位）时，皇帝就以胡人“大角

1 （南朝梁）慧皎：《高僧传·康僧会传》，汤用彤校注，汤一玄整理，中华书局，1992，第 15 页。

2 《高僧传·安清传》，第 4 页。

3 吴焯：《佛教东传与中国佛教艺术》，浙江人民出版社，1991，第 112 页。

4 《汉书·武帝纪》载：“六年……，夏，京师民观角觝于上林平乐观”；张衡《西京赋》薛综注云：“平乐馆，大作乐处也。”《汉书·武帝纪》第 48 页；（南朝梁）萧统编，（唐）李善等注：《六臣注文选》卷二，宋刊明州本，日本足利学校藏，人民文学出版社影印本，2008，第 49 页。

抵”的表演招待胡客，[1] 而表演者除了胡人以外也有汉人参与其中。不少汉画像石图像显示，胡人与汉人经常共同表演“百戏”，如山东临沂吴白庄汉墓画像石中有数例绘刻胡人与汉人共舞倒立的场景（图35），[2] 类似案例在其他汉画像中也多有所见，可见胡人应当还有教授汉人学习外来艺术的任务。自张骞凿通西域，届宣帝设西域都护，汉地便开始涌动着“西域热”的风潮，嗜胡的趣味和需求在东汉灵帝（168—189年在位）时达到一个高潮，可谓胡艺荟萃，史载：“灵帝好胡服、胡帐、胡床、胡座、胡饭、胡箜篌、胡笛、胡舞，京都贵戚皆竞为之。”[3] 可以说，在首都生活的贵族豪右阶层中，涉及衣、食、住、乐、艺等日常生活各方面都有胡化的倾向，在表现外来生活趣味和艺术创作的活动中，胡人师傅、艺术家的言传身教必不可少，他们在实现中西文化、技术交流和传播的活动中直接发挥了重要且有效的作用。狮子和狮子艺术皆由胡人献来，他们的形象同时出现在汉代艺术中就不足为奇了，而那些描绘了胡、汉艺术家共舞或交流互动的图像，某种程度上也是刘汉等人从事狮子造型艺术学习、创作过程的缩影。

1924年，在洛阳汉魏故城出土了一件刻有佉卢文的井栏石刻（图36），林梅村认为，这块石刻题记的内容与灵帝年间自犍陀罗地区内徙洛阳的贵霜僧团有着密切的关联，为当时佛教寺庙建筑中的一部分，是贵霜僧人直接在华活动的有力证据。[4] 笔者认为，这些洛阳的胡僧或也与西域各国（疏勒、龟兹等佛国）入遣汉地的侍子有关，而且是熟悉狮子的。比如疏勒王臣磐不但献狮子入汉，三年前——永建五年（130年）就遣子入侍，而他本人被立为疏勒王之前，多年生活在佛国月氏（贵霜），深受贵霜王青睐。正因为有贵霜帝国的支持，他才得以回到疏勒登上王位，将佛教文化和艺术（也包括狮子）带到疏勒。[5] 因贵霜僧侣多修习大乘教法和菩萨道，以石头筑佛塔、刻石狮子是他们宗教活动中的重要传统，狮子雕刻不但是佛陀的象征，更是驱除恐惧，强大的护法力量，离开了为他们从事雕绘工作的艺术家是难以设想的；又鉴于胡僧们兼擅诸艺，杂技综习，很可能他们自身就是制作石刻艺术的主要群体。

1 （汉）贾谊：《新书》卷四，《汉魏丛书》，吉林大学出版社影印本，1992，第478页。

2 同类胡人乐舞、倒立的案例见吴白庄汉墓画像石，录于山东省博物馆、山东省文物考古研究所编《山东汉画像石选集》，齐鲁书社，1982，图366。

3 《后汉书·五行志一》965页。

4 经缀合残块后，其文释意为：“唯年月十五日，此地寺院……祈愿人们向四方僧团敬奉一切。”有关该石刻的详细考释，参见林梅村《洛阳所出佉卢文井栏题记》，《西域文明——考古、民族、语言和宗教新论》，东方出版社，1995，第38—44页。

5 《后汉书·西域传》，第869页。

图 35 吴白庄墓乐舞、胡人倒立画像石

山东省博物馆、山东省文物考古研究所编：《山东汉画像石选集》，齐鲁书社，1982，图 365

关于早期佛教徒（多为胡僧）与汉代狮子雕刻的紧密联系，有一则尚未得到充分关注的地理文献，来自郦道元《水经注》，据该书卷二十三《汳水注》“汳水出阴沟于浚仪县北”条载：“《续述征记》曰：西去夏侯坞二十里，东一里，即襄乡浮图也。汳水迳其南，汉熹平中某君所立。死因葬之，其弟刻石树碑，以旌厥德。隧前有狮子、天鹿，累砖作百达柱八所，荒芜颓毁，彫落略尽矣。”[1] 石狮子与砖佛塔同时出现在河南商丘地区的墓地神道前，并不是偶然的，它是早期佛教徒和佛教艺术对汉代墓葬艺术积极参与和互动的重要表征。结合以上线索，洛阳佉卢文石井栏残块似乎意味着：与贵霜或西域侍子、僧人一道来华的，还有一些专门为他们服务的石匠艺人，而襄乡浮图前的石狮子则暗示了胡僧工匠的影响外溢到了汉人圈，或也直接参与了汉代早期佛塔建筑与石狮子艺术的创作，给汉末民间佛教艺术的传布带来了宝贵的第一手资料和技术支持。

综上，值得考虑的问题是：刘汉的成功是否得益于这些西域僧侣、工匠在华活动和影响，他以洛阳人的“近水楼台”之便，或曾深度接触并参与到这些西域胡人的艺术活动中，不但获得了可靠的狮子信息，还对汉代狮子艺术的改革、帮助汉代人建立对狮子形象的真切认知做出了重要贡献。

图 36 东汉洛阳佉卢文石井栏残块

中国国家博物馆藏

1 （北魏）郦道元撰，陈桥驿校证：《水经注校证》卷二三《汳水注》，中华书局，2007，第 557 页。

结 语

总之，汉代主要有两种不同的狮子雕刻艺术：前者是基于“所知”——师心自运的“S”形造型，脱胎于先秦的龙虎艺术，通常还肩生双翼，或头部长角，具有普遍程式化特征，很有中国特色，是汉代主流狮子艺术的形象代言；后者为基于“所见”——师法自然的“洛阳刘汉风格”，与主流风格强烈错位，也打破了本土“大型石雕艺术的滞后性”历史规律，或受益于西方工匠、知识助力——与佛教僧侣和佛教艺术的传入密切相关，是当时中西艺术深度交流的显性案例。

不无遗憾的是，“洛阳刘汉风格”既非主流，也无后续发展，汉帝国甫一崩溃便随之销声匿迹了。尽管后世依然不乏西域狮子的进贡，但两晋南北朝石狮（翼狮）丝毫未见其遗绪，“S”形传统更被发扬至极，在不断重复前人和自我的想象中，塑造并强化了狮子这一西方神兽的中国化进程。饶有趣味的是，当北魏的博闻之士宋云在游历西域佛国乾陀罗，见到真正的狮子“意气雄猛”后，发出“中国所画，莫参其仪”的意外之叹时，[1] 也给我们留下无限回味，是否宋云之前，同样的意外之叹早就曾发生在当年的刘汉身上呢？

附记

本文是在我的导师上海大学上海美术学院张海平教授的指导下完成的，并获得“浙江理工大学人才引培基金项目”资助，也惠蒙山东省博物馆副馆长杨爱国先生、复旦大学文史研究院李星明教授、东南大学汪小洋教授、华东师范大学何志国、王进锋教授的热心指导，谬误与不足之处，皆为作者学力浅薄所限，全由本人承担。另，苏州工艺美术职业技术学院董波教授、北京大学汉画研究所徐呈瑞先生、中国人民大学蒋瑞霞博士、杨明先生、许一青先生、何婴子女史给予了相关资料，谨致诚挚谢意！

1 该书“城北闻义里”条：“时跋提国送师子儿两头与乾陀罗王，云等见之，观其意气雄猛，中国所画，莫参其仪。”（北魏）杨衒之：《洛阳伽蓝记校笺》，杨勇校笺，中华书局，2018，第 228 页。

设计、制作、安置：艺术史视角下的北朝道教造像碑

■ 张　媛（香港中文大学文化及宗教研究系）

北朝时期（386—581 年）在今关中、关东[1]地区出现了一批道教属性明确的造像碑[2]，是迄今所知中国最早的道教造像，系研究北朝美术史、道教史、文化史等的重要实物资料。最早刊载北朝道教造像碑的是日本学者大村西崖（Omura, Seigai），[3] 至 20 世纪 60 年代，国内外学术界开始关注这批资料。已有成果多集中在资料整理、图像分析、文字考释等方面，较多探讨佛道信仰、造像风格、民族融合等问题；而关于造像碑生成过程中工匠、供养人[4]角色，供养人的社会意图等问题仍有进一步探讨和阐释的余地。然而，作为民间宗教行为，造像立碑在史籍中几乎难觅踪迹。检视笔者收集的 67 通北朝道教造像碑，供养人多为地方官吏、地方世家、道民与庶民等社会中下层，绝大多数名不见经传，加之工匠署名者亦寥寥无几，[5] 这些都为探究上述问题带来一定困难。

有鉴于此，在尽最大可能收集材料的

---

1 关中指今陕西中部泾、渭流域一带，主要有耀州、临潼、富平、华州、泾阳、长安等区县，造像碑共计 60 通；关东指今山西、河南，主要有山西运城（芮城、平陆）及河南洛阳（偃师），共计 7 通。

2 需说明：（1）本文指广义上的道教造像碑，包括“单纯道像碑”和“佛道混合造像碑”。（2）除特别注明外，“北朝道教造像碑”“单纯道像碑”“佛道混合造像碑”或简称作“造像碑”。（3）文中涉及的北朝道教造像碑之祈愿文、题名以笔者现场抄录为主，并辅以下列诸本互校，包括：陈垣《道家金石略》，文物出版社，1988；陕西耀县药王山博物馆等编《北朝佛道造像碑精选》，天津古籍出版社，1996；《鲁迅辑校石刻手稿・造像》，载李新宇、周海婴主编《鲁迅大全集》，长江文艺出版社，2011，卷二十五；张勋燎、白彬编《中国道教考古》，线装书局，2006，第二、三册；李淞《中国道教美术史・第一卷》，湖南美术出版社，2012；魏宏利《北朝关中地区造像记整理与研究》，中国社会科学出版社，2017。

3 ［日］大村西崖：《支那美术史・雕塑篇》，佛书刊行会，1915。

4 “供养人”系指出现在造像碑碑面上的供养人群体，以宗教身份为标准，可分作专职宗教人士（道士、邑师、门师等）、在家奉教俗人（道民、佛弟子等）；以社会身份为标准，可分作地方官吏、地方世家、普通庶民。

5 就笔者目前掌握的造像碑资料显示，工匠署名者仅有 2 通，分别是北魏正始二年（505 年）冯神育造像碑：“泥阳县傅永洛造”；北魏正光四年（523 年）师氏七十一人造像碑：“南面师匠儁。”

基础上，本文采取细读已有北朝道碑资料、对读汉碑及北朝其他碑石资料、结合相关间接史料的方法，从今天可见的、造像碑之最终呈现，合理推测并复原其设计、制作、安置等不可视的生成过程。论证路径为：第一，考察造像碑的设计与制作情况：观察碑面的格套与“出格”现象，并着力分析后者——改刻、补刻、挤刻、凸显、弃用、显亲扬名、夸大效果；第二，考察造像碑的安置情况及“使用”情境；第三，层层剥离造像碑生成过程中的种种环节，并结合前述两方面，认识工匠、供养人在造像立碑中的角色；第四，对比汉碑，北朝的墓碑、佛碑、记功碑等碑石材料，并综合前述三方面，对造像碑生成过程中供养人强烈的社会意图做进一步探究。

本文尝试探索对视觉、物质材料进行文化解析的可能性和具体方法，以期为史料稀缺的北朝地方文化研究提供一个超越文字记载的视角。

一　格套与“出格”：造像碑的设计与制作

对造像碑图像、祈愿文及题名的细致观察，我们发现，一方面是格套化的造像痕迹，如相似的碑面布局、造型元素、文体结构，甚至是相同的愿文内容；格套的运用反映了当时的工匠或有一个“图像库”，在造像前从中选取适宜“粉本”[1]。另一方面，更多的则是不拘一格的造像现象（手法），笔者将其总结为以下7种。

（一）改刻。代表有2通：北魏太和廿三年（499年）刘文朗造像碑（以下简称刘碑）、北魏时期李氏邑子七十人造像碑。刘碑正面开一龛，龛内为三尊道像，龛下为香炉、祈愿文。观察原石，在龛下中间有一块凹痕，凹痕之上有两处凿痕（图1）；细审泐痕，颇疑此两处凿痕为主尊双足——主尊老君起初并未设计双足，后不惜破坏龛下平面，经“改刻”而呈现为交脚老君像。对比北魏太和廿年（496年）同出于耀县的姚伯多造像碑（图2，以下简称姚碑），碑阴开上下二龛，龛内主尊皆为交脚道像，其冠式、坐姿、手势、双腿角度等都与前述刘碑如出一辙，尤其是下层龛，不仅主尊极为相似，且一主尊二站立侍者的构图方式也几近一致；再者，二碑皆有崇道者参与造像，姚碑中有“道民姚文迁”，刘碑中有“道士姚文殊”，二人或出于同一家族。笔者推测极有可能是供养人构成之一的道教徒出于相同的信仰背景而对刘碑进行了改刻。推论如下：首先，刘碑中的交脚道像为何？通常认为像碑中“右手压左手、

1　“图像库”（stock figure）一说来自 Leory Davison 对北魏佛教造像制作过程的推测，亦适用于同期的道教造像，参见 Leory Davison，*The Lotus Sutra in Chinese Art：A Study in Buddhist Art to the Year* 1000，New Haven：Yale University Press，1954，p. 24；关于“粉本”，参见罗宏才《佛、道造像碑师匠题名、位序的探讨与“北地样式”的初步研究》，《考古与文物》2007年第6期。

两两交叠于胸前”的样式为交脚弥勒；[1] 加之关中一带深厚、广泛的弥勒信仰传统[2]以及这批道碑材料中颇多与弥勒信仰有关的祈愿文[3]，皆可判断交脚道像系模仿交脚弥勒。那么，道教徒为何要刻交脚样式？其实早在西晋时就有道士王嘉造弥勒像的记载，“（嘉）泰元十六年造弥勒像，今在玄集寺中”[4]；延及南北朝，道教祈愿“神”降下的终末论思想与弥勒下生救济人间的信仰有颇多相似、重合之处，弥勒信仰之所以能在道教徒中广获接纳是与天师道、太平道宣传未来会有太平金阙帝君降临、开启太平盛世有关。[5] 综上，“改刻”符合当时的造像风尚和信仰传统，是供养人群体中的道教徒出于信仰需求，推动了刘碑的改刻。

图 1　北魏太和廿三年（499 年）刘文朗造像碑（正面）

引自《中国道教美术史・第一卷》，第 213 页

图 2　北魏太和廿年（496 年）姚伯多造像碑（碑阴）

引自《北朝佛道造像碑精选》，第 10 页

1　缪哲：《〈魏文朗造像碑〉考释》，《台湾大学美术史研究集刊》2006 年第 21 期。

2　徐津：《药王山碑林北魏造像碑研究——以供养人群体和造像风格为中心》，《在北大读艺术学》，陕西师范大学出版社，2009，第 17—18 页。

3　如北魏正光四年（523 年）师氏七十一人造像碑：“龙华三会，愿在初首，所愿如是”；北魏时期雷氏造像碑：“龙花（华）三会，□在初首，所愿如是”；北魏景明元年（500 年）杨阿绍造像碑、杨缦黑造像碑愿文均记：“龙花（华）三会，道整物丰，衣食自然，所愿如意”；等等。

4　（梁）释宝唱、（明）明河：《名僧传抄 补续高僧传》，台北新文丰出版公司，1975，第 7 页下栏。

5　张泽珣：《北魏关中道教造像记研究——附造像碑文录》，澳门大学出版社，2009，第Ⅻ、59 页。

另一例为北魏时期李氏邑子七十人造像碑。在此碑侧面主尊下方，工匠最初设计了用于雕刻供养人形象、题名的界框，共三行；前两行，每行有六个小框，框内为三位供养人形象及各自对应的榜题，至第三行，框内雕刻的不再是供养人，而是改刻成祈愿文（图 3）。造像记所载“合右邑子七十人等，……建造石像一区”，而实际供养人数却不足 60 人。推测在造像立碑的过程中，有供养人撤资、退出等情况，故最初工匠设计的用于雕刻供养人形象、题名的界框则多了出来，而改刻成祈愿文。

（二）补刻。代表有 2 通：北魏熙平二年（517 年）邑子六十人造像碑、北魏时期雷氏造像碑。邑子六十人造像碑在碑阴主龛右侧，刻一头戴高冠的道士形象，题名“邑师李元安”（图 4），而在碑侧面又再次雕刻李元安像，题名“辅国将军武都太守李元安”（图 5）。此处的“邑师”“为官者”皆为义邑[1]中身份、地位较高者，通常雕刻在主龛附近。由此看来，碑中“邑师李元安”的位置符合常制，但任职“辅国将军武都太守”的李元安却位列碑侧，甚至是普通邑子之下，不合常理。另一例雷氏造像碑，在碑左侧刻有“前将军、左银青光禄□州□垒县令、汝南郡丞、□淮州刺史都督雷标”，右侧刻有“邑子北地郡功曹雷伏敬”“邑子鲁阳郡守雷□周”，位置同样不合常制。

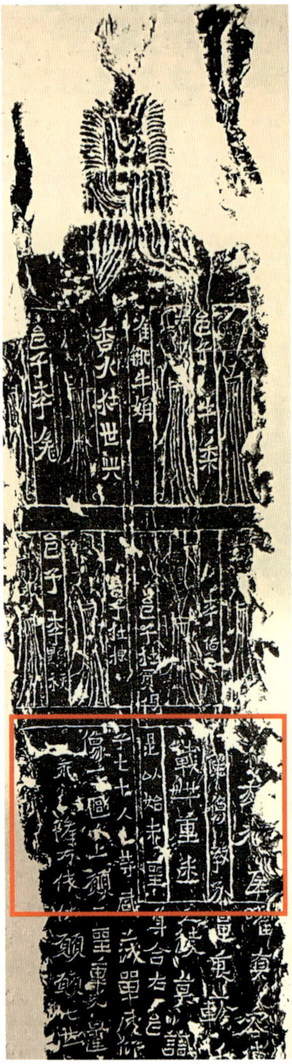

图 3　北魏时期李氏邑子七十人造像碑（碑侧）

《陕西药王山碑刻艺术总集·第一卷》，第 178 页

1　义邑出现于魏晋南北朝时期，是为共同造像等活动而自发形成的地方宗教组织，当时人又称，“邑义”“邑”“邑仪”等。

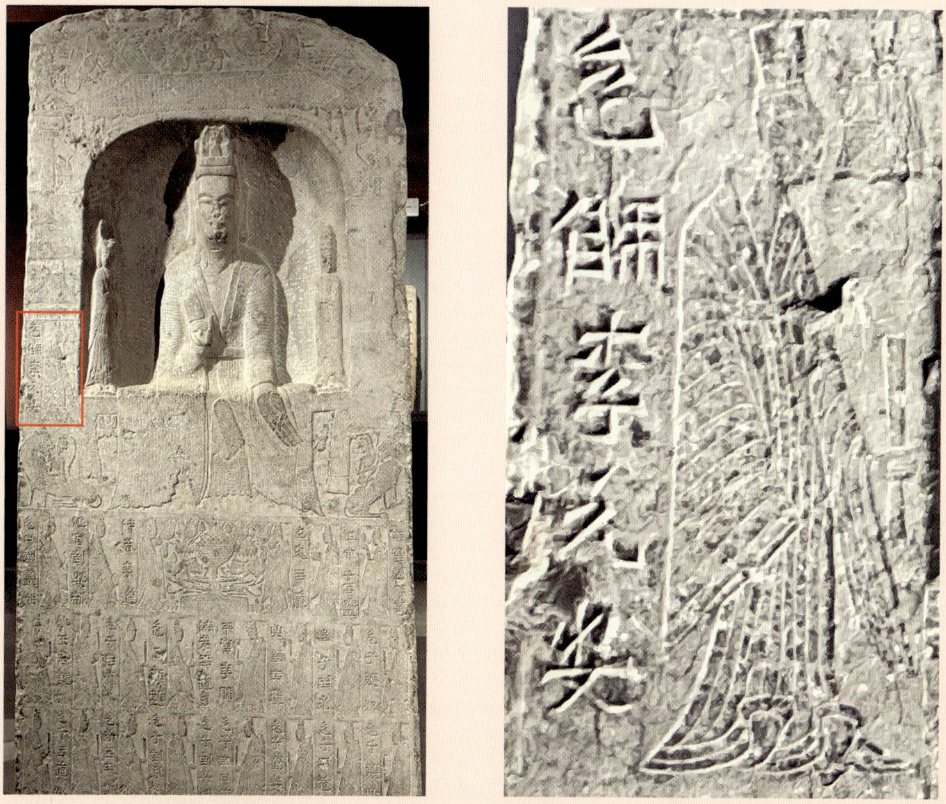

图4 北魏熙平二年（517年）邑子六十人造像碑（碑阴）“邑师李元安”

张媛摄，原碑现存西安碑林博物馆，左为位置关系图，右为细部图

关于此二碑的“出格”现象，唯一合理的解释是：“为官者”为后来补刻。一般说来，义邑（家族）中倘若出现进入官僚体系的人，带来荣耀的同时亦能潜在影响、干预村落事务，[1] 或许供养人正是出于这样的意图，在造像碑碑阳、碑阴已无多余位置之时，宁可将为官者安排在碑侧不起眼位置也要标识出其任官情况。

（三）挤刻。在大部分造像活动中，祈愿文提及的造像人数与碑面实际刊刻人数相合，如北魏神龟二年（519年）邑老田青碑，祈愿文称“合邑……，开光七十人”，与实际供养人数一致；北魏神龟三年（520年）锜石珍造像碑，碑面刊刻供养人20位，与造像记所载“合邑廿人等，……造石像一躯”一致，类似例子并不鲜见。但二者不相符的情况同样存在，如前述李氏邑子七十人造像碑，实际参与造像人数（60人）即少于祈愿文中记录的最初人数（70人）；反之，亦有实际参与造像人数多于预估人数的情况，针

1 邵正坤：《北朝的村落与权力——以造像记为中心》，《社会科学战线》2014年第5期。

对后者，解决办法即是“挤刻”。以北魏正光四年（523年）师氏七十一人造像碑为例（图6），碑阴下方最初设计为“供养人像加榜题”的形式，但从第三排开始，供养人只有榜题而无形象，反映在人数上，原本雕9位供养人的空间挤刻了43位，整个碑的实际供养人亦由最初预计的“合宗邑子七十一人”增加至后来的近200人。原因在于供养是一个长期行为，在像碑树立前民众都有加入造像组织、出资供养的机会。如此一来，供养人通过挤刻题名参与供养，除了累积功德以求神佑外，在造像阶段亦能减轻供养人的经济负担，毕竟建造一尊像碑对当时的中下层民众来说所费不赀（第三部分详述），而参加的人越多，个人分摊的钱财就越少；且在碑石树立后亦能集合更多的人前来观瞻、礼拜，即所谓“讨邑恭养，随时不阙”[1]。

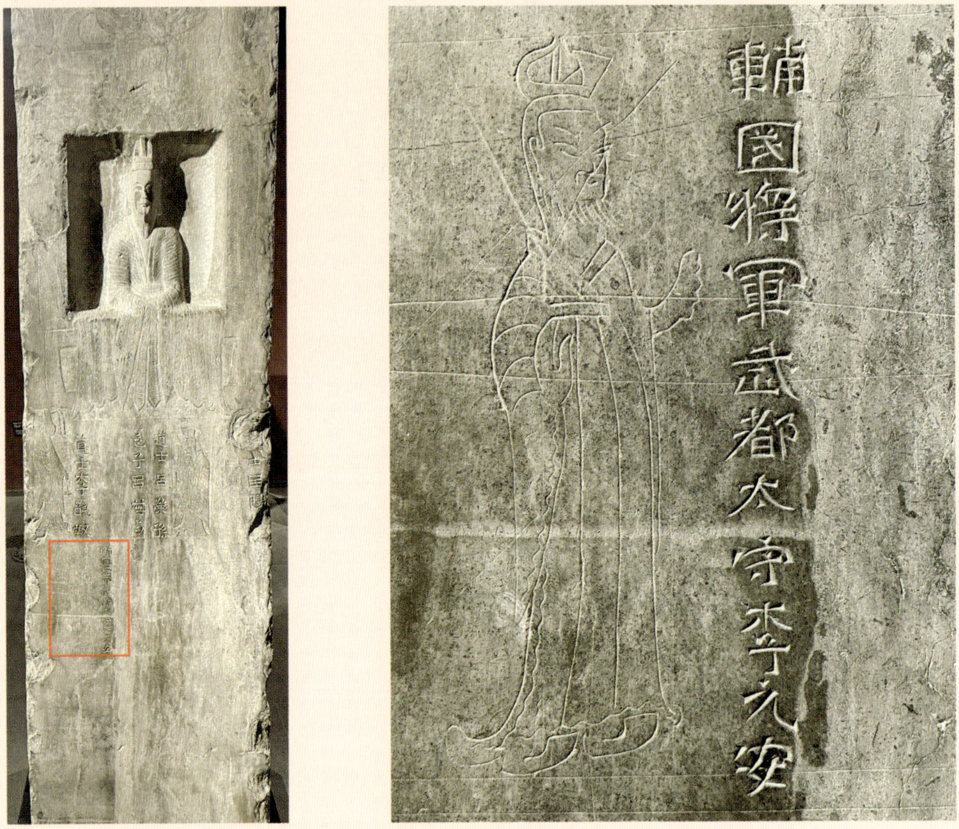

图5 北魏熙平二年（517年）邑子六十人造像碑（碑侧）“辅国将军武都太守李元安”

张媛摄，原碑现存西安碑林博物馆，左为位置关系图，右为细部图

---

1 出自北魏神龟三年（520年）锜石珍造像碑。

图6 北魏正光四年（523年）师氏七十一人造像碑（碑阴）

引自《北朝佛道造像碑精选》，第86页

（四）凸显。从已有造像碑题名来看，供养人大多出自同一义邑、家族或家庭，但也有例外，代表有3通：北魏神龟三年（520年）锜石珍造像碑、北魏正光二年（521年）锜麻仁造像碑及北魏时期吴洪标造像碑。前二碑碑阳主龛左侧都刻有“富平令王承祖”，第三碑碑阳主龛左侧刻有“北地太守”及其骑马像、“泥阳令杜恭”及其骑马像。考证此三位地方官吏，发现其并非合力造像的义邑、家族、家庭成员。然而他们却被特别安排在全碑除主尊以外最重要、[1] 醒目的位置，供养人刻意凸显的、其与当地官吏交往之意图可以略见。

另一种凸显手法指有意放大某些供养人形象，以北魏熙平二年（517年）邑子六十人造像碑为例，在碑侧主尊下方刻有道士、邑子等供养人形象，其中“道士李丑奴”的形象（图7）突破了工匠最初设计的界框，明显较其他道士高大许多；加之冠式、手中所持之物也与其他道士不同（其手持帝钟，一般道士则手持笏板），似是供养人为凸显其特殊宗教地位而有意为之。

（五）弃用。制作一通造像碑，工匠通常先在碑面打稿（用阴线浅刻大致位置、轮廓），而后在此基础上进一步雕琢、加工，但也有弃用之前草稿的现象。如北魏熙平二年（517年）邑子六十人造像碑，

1 一般说来，越是靠近碑阳主尊，其位置越重要，加之其时“左为上”的社会风尚，碑阳主尊左边的位置当为全碑除主尊外最重要之处。

观察原碑可以发现在碑阳香炉下方有工匠最初的设计草稿，为一线刻供养人形象（图8），但在随后的造像程序中此像并未被使用，原因是其处在石材缺陷处而未有供养人选择。关于供养人形象、榜题的刊刻，当时的制作程序或为：（1）工匠设计形象（根据最初供养人名单）；（2）供养人初步选择形象；（3）工匠进一步雕琢形象；（4）供养人确定形象（根据最终供养情况）；（5）工匠刻出榜题。

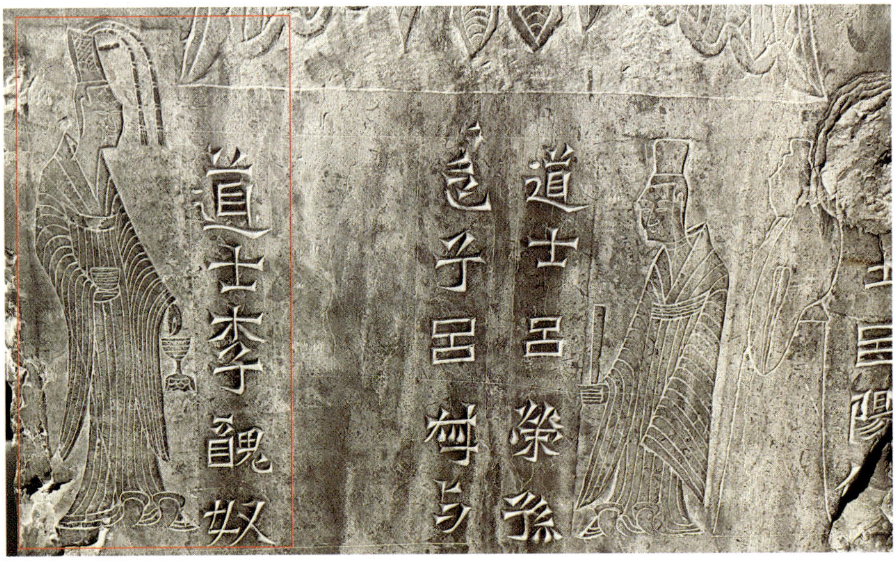

图7　北魏熙平二年（517年）邑子六十人造像碑（碑侧）“道士李丑奴”

张媛摄，原碑现存西安碑林博物馆

图8　北魏熙平二年（517年）邑子六十人造像碑（碑阳）

张媛摄，原碑现存西安碑林博物馆

此碑中的另外两处造像现象亦可佐证笔者关于制作程序的推测：一是碑阳最下方6个无榜题的供养人形象，或是最后阶段因死亡等原因，出现供养人撤资、退出的情况，故止于步骤4。二是碑阴最下方单独刻有“道士李景尚”的形象及题名，而综观已有造像碑材料，道士、门师、邑师一类的宗教专职人员通常会被刻在碑面的重要位置，[1] 此碑中“道士李景尚”却被单独置于最后一排，原因即在于其较晚参与供养。换言之，虽然道士在北朝地方社会中地位较高、受人尊敬，但囿于供养较晚而只能刻在角落的空余位置。故从整个程序来看，决定碑面最终呈现的是供养人的选择，而影响供养人选择的则是其供养（出资）情况。

（六）显亲扬名。日本学者神冢淑子（Kamitsuka，Yoshiko）曾将造像记的内容概括为：造像年月日、像主名、为谁造、造像名、祈愿内容（造像意义、契机、经过）5个方面，[2] 此后还有张泽珣[3]等学者的划分，大致不出此范围。然而，据笔者对造像记之爬梳，认为还有一类像记内容不应忽视，即对显赫家世的追述。如姚碑对其显赫世系、官阶及良好家风的叙述：

> （碑阳）有北地姚伯多兄弟等，承帝舜之苗胄，朱紫弈世，仰论士爵，杳不可托，九族雍粽，负素清洁。兄弟至孝，通于神明。望标青族，雅量渊廓。
>
> （碑阴）姚伯多者，轩辕之苗胄，虞舜之后胤……修人顺德，名显竹素。始祖元年□为皇越大将军、□州刺史。司徒公姚和晋时镇南大将军……晋时大中大夫、江夏太守。姚□石□使（吏）部尚书、冠军将军、上谷太守。姚□荫、姚时□县□统、吉阳保主、□州令。祖姚□□魏邑中大夫……

与姚碑之表述十分相似的还有西魏大统十四年（548年）蔡洪造太上老君碑，[4] 祈愿文描述了蔡氏的起源，从其远祖、次祖、七世祖直至北魏的庞大系谱，以及家族成员位高权重、德才兼备等情况。

---

1 如北魏太和廿三年（499年）刘文朗造像碑、北魏正始二年（505年）冯神育造像碑、北魏时期吴洪标造像碑等。

2 ［日］神塚淑子：《南北朝时代の道教造像——宗教思想史的考察を中心に》，载礪波護《中国中世の文物》，京都大学人文科学研究所，1993，第250—251页。

3 《北魏关中道教造像记研究——附造像碑文录》，第32—33页。

4 西魏大统十四年（548年）蔡洪造太上老君碑载：“胤自周姬□分□□地命爵，武王封弟蔡叔汝南君，号曰蔡国，即筑上蔡城，因国字姓也。远祖讳元，傅文□美，声□州邦，魏武帝宁朔将军，渤海太守。次祖讳谟，识亮渊窘，出于自然，晋太初元年征东将军、六州诸军事、陈留太守、兖州刺史、司徒公。次祖讳定，蕴业衡街，器显当时，刘聪麟嘉元年征东将军、平阳太守、河北县□。七世祖讳洪，才佑世须，文□□英，刘曜光初五年冠军将军、关内侯、平阳太守、豫州刺史、太尉公。□祖□，名□简素，望冠海华。”

除祈愿文外，“显亲扬名”还体现在供养人的题名上。北魏孝昌三年（527 年）庞氏造像碑甚至用了大量篇幅将家族中任板官的先祖（可辨认者 20 余人）也一一标出，[1] 即使板官在当时仅是朝廷授予年长者的一类虚职，[2] 族人也深以为荣。类似这样对显赫家世的追述还见于北魏正光二年（521 年）锜麻仁造像碑、[3] 北魏太昌元年（532 年）都督樊奴子造像碑、[4] 北周保定二年（562 年）李昙信造像碑[5]等。

（七）夸大效果。在造像记中可见供养人对像碑的高度赞扬，甚至是夸大。例如，“营构庄饰，极工匠之奇雕，隐起形图，珙若真容现于今世。绮错尽穷巧之制，修表清颜，有若真对”[6]，然而查验原石并对比同期碑石，此碑实属简陋、粗疏；再如北魏时期吴洪标造像碑“兴建石像一区，严饰庄丽，万形奇变，沾洎□□，神精光曜，可谓历万代而罕”；还有北周保定五年（565 年）的泾阳县佛道造像碑，称之“四面绮□，在世稀有”。考虑到造像碑传之弗朽的特点、功用及供养人借由造像碑公开建构形象、表达身份的社会意图（第四部分详述），或许就不难理解为何碑面会出现如此夸耀之词。

综上，如果说格套是工匠对粉本的选择、运用，“出格”则是供养人造像意图的集中显现和特别表达，工匠、供养人共同形塑了造像碑的最终呈现。

二 “安处路冲”：造像碑的安置

造像碑雕讫后安置在哪里？它们是在怎样的情境下被“使用”？作为可移动的物质载体，其位置多有变迁，譬如今藏于西安碑林博物馆的部分道教造像碑，即为

1 北魏孝昌三年（527 年）庞氏造像碑载：“祖板假北地太守庞□、（祖?）板假□禄太守庞□、祖录事参军庞□德、祖板假□□□庞□……板假阴槃令庞□、祖板假□□庞双、祖板假好正令庞斑子、板假京兆太守庞伯□、板假京兆太守庞□、板假□□太守庞□……平望社豪庞兴、板假□□□□庞度、板假柏□令庞小元、□□庞辅祖、□□□安太守庞道口、板假□安太守庞延宗、板假京兆太守庞安宗……”

2 侯旭东：《北朝村民的生活世界：朝廷、州县与村》，商务印书出版社，2005，第 132 页。

3 北魏正光二年（521 年）锜麻仁造像碑载：“曾祖锜寅府，世东征军主。祖锜先索，世东征统军。父锜元伯，皇帝西巡华山太守。锜□□，西征军主。锜荆周，□□军主、县功曹、□□□郡金曹掾，西征征虏大□□曹参军。锜众举，皇帝西巡贡士板。锜□兴，县主簿。锜平洛，军主。锜道回，县主簿。锜道□，军主、□功曹。锜……都录事参军。锜道憘，统府录事。”

4 北魏太昌元年（532 年）都督樊奴子造像碑载：“积射将军，泥阳、富平、三原三县令，州主簿，镇西□□后除龙骧将军，都督史使持节，渭南、北□二郡太守，广□县开国子，复从陇西王，征西都督使持节，□□县开国子，身故赠泾州刺史樊荣生……宣威将军骑都尉、凉泉县伯、彰县令、骧威将军、秦朝请都督樊奴子，亡兄□前统军、身故赠北地太守。”

5 北周保定二年（562 年）李昙信造像碑载：“祖宁远将军鄜县令宝护、祖亲孙姬、王金香，伯父赠抚军将军、秦州刺史文昌，伯父假石堂郡守、富平令文标，父县平望国大。”

6 出自北魏太和廿年（496 年）姚伯多造像碑。

民国二十五年山洪暴发从漆、沮二河冲出所得，[1] 这为考察造像碑的原初位置、功用等带来了一定困难。但我们仍能通过部分道碑造像记，并借助同期佛碑之情况，对北朝道教造像碑的安置情况加以勾勒。

关于合邑造像碑的原初位置，造像记略有记述，举例如下。

北魏神龟二年（519 年）邑子七十人造像碑载：

> 刊石出真容，辍于路首边……南侠大衢道，北托白涂川，西据蝼蛇山，东有达通千……行夫辍足顾，儒生执而虔。

北魏神龟三年（520 年）锜石珍造像碑载：

> 雕刻成就，与真容并应。安处路冲，高平显唱（敞），讨邑恭养，随时不阙。

西魏大统元年（535 年）毛遐造像碑载：

> 敬造石像一区……立在通冲。

北周保定五年（565 年）泾阳县佛道造像碑载：

> 东侠龙祁之□，西接大□，北据慈域，六□之□，南望咸阳秦川，中居汲壤，实是福田。

以上可见合邑造像碑通常安置在道路边等交通要道处，即“辍于路首边”“安处路冲”“立在通冲”；或置于地理条件优越的形胜之处，如“东侠……，西接……，北据……，南望……，中居……”。

再看独资建造的家庭像碑，虽以家庭为单位供养，但并未树立在家宅之内，[2] 而是如合邑造像碑一样公开露天安置，如姚碑所载：

> 左平右太，北顾频山。众泉合流，注于兹川。恍恍济济，仁林侠边。粽粽英儒，得生于间。神像功就，于兹有缘。安所仁理，不垂不偏。

又，早期道教造像深受佛教造像影响并以其为参照系统，[3] 且笔者考察的 67 通造像碑中，明确为佛道混合属性者多达

1 石璋如：《陕西耀县的碑林与石窟》，《“中研院”历史语言研究所辑刊》第二十四本，1953，第 145 页。

2 张勋燎：《北朝道教造像再研究》，《南方民族考古》2010 年第 6 辑。

3 持此观点之学者稍举于下，丁明夷：《从强独乐建周文王佛道造像碑看北朝道教造像》，《文物》1986 年第 4 期；谢建国：《从药王山造像碑看道教石刻造像的早期形态》，《中国道教》1993 年第 3 期；李凇：《一位县令解决文化冲突的一个探索性方案——陕西福地水库西魏佛道混合石窟的图像与观念》，《新美术》2002 年第 1 期；Stephen Little，et al.，*Taoism and the Arts of China*，Berkeley：University of California Press，2000，pp. 163－171；［日］石松日奈子：《北魏佛教造像史の研究》，株式會社ブュッケ，2005，第 192—194 页。

31通，故同一时期、同一地区佛碑的安置情况亦可作为参考，举其要者如下。

北魏正光元年（520年）雍光里邑子造像碑载：

> 将释福田之上，墣人天之所□，□居秦川之中，中〔居〕仁义之理，□椐（居）慈娥灵山，□其皆膏腴，泾原恒其前，观瞩周游，顾望云山。[1]

北魏永熙二年（533年）蒙显达造像碑载：

> 大路显厂（敞）之处，敬造石像一区。[2]

北周建德元年（572年）邑子甍仲茂八十人等造像记载：

> 在村处中置立，南临白水，北背马兰，东侠洛水，西望尧山，地居爽垲，众所归仰。[3]

佛碑的安置亦多选择“大路显厂（敞）之处”；又或依山傍水、地势优渥之福处，如“南临白水，北背马兰，东侠洛水，西望尧山”“将释福田之上”“地居爽垲”“皆膏腴”。

要言之，造像碑雕讫后：第一，基本公开露天放置。碑首亦可佐证之，现藏耀县药王山博物馆传为北魏始光元年（424年）的魏文朗造像碑、北周武成元年（559年）绛阿鲁造像碑，现藏咸阳博物馆的北周天和四年（569年）坛越主王迎男造石像，现藏碑林博物馆的北周建德元年（572年）锜麻仁造老君像碑等，碑顶皆有完整榫头；甚至现藏山西芮城永乐宫的西魏大统十四年（548年）蔡洪造太上老君碑仍可见碑首。造像碑原应有用于遮蔽风雨的碑首，而由于碑首一般与碑身分离，容易丢失，且碑首一般无文字无图像也常被收藏者所忽视。[4] 可见造像碑原本极有可能露天放置。第二，通常竖立在道路边、交叉口等交通要冲之处，或地理条件优越的形胜之处。造像碑置于其中，其功用为：（1）吸引民众加入义邑、供养礼拜、累积功德。北魏神龟三年（520年）锜石珍造像碑载：“讨邑恭养，随时不阙。”（2）供四面八方的人前来诵经、求道、观瞻。北魏太和廿年（496年）姚伯多造像碑载：“坐瞑真经，四面竞求”“奉敬之徒，钦太极以兴观，信悟之宾，望玄门而圣偶”。（3）作为乡村民众的宗

---

1 《北朝关中地区造像记整理与研究》，第91页。〔居〕（居）为笔者所加。

2 《陕西耀县的碑林与石窟》，第154页。

3 （清）毛凤枝：《关中石刻文字新编》卷一，载新文丰出版公司编辑部编《石刻史料新编》，1977，第1辑第22册，第16893页。

4 李凇：《美国三家博物馆所见中国道教雕刻》，《长安艺术与宗教文明》，中华书局，2002，第487—488页。

教活动中心，用来劝化乡众定期举办斋会活动。北魏正光三年（522年）茹氏一百人造像碑载："劝化乡人，月设一会。"[1]由此，造像碑树立后，其使用者或观者可能有：义邑成员；"奉敬之徒""信悟之宾"；"乡人"（非道教徒的广大乡众）；"行夫"（来往行人）、"儒生"[2]；甚至是数百年之后源源不断慕名前来的观瞻、拓字之人。[3] 因此，作为宗教信仰遗存，造像碑用于展示功德、传播福祉、举办斋会等宗教用途；作为公共文化载体，造像碑亦是供养人公开建构形象、表达身份的重要媒介（第四部分详述）。

三 碑石之中：工匠、供养人角色

对造像碑工匠、供养人角色的认识，应将其放置于造像立碑的整个过程之中进行考察。通过对碑面祈愿文、造像题名、图像及实物的观察，并结合相关文献材料，笔者将造像过程概括为以下5个主要环节。

（一）组织造像。"家庭造像"通常为某个（些）家庭成员为其他成员造像，以生者为亡者造像居多，[4] 少量是生者为生者造像；[5] 供养人人数最少者为1人，[6]最多者为北魏正光二年（521年）锜麻仁造像碑"合家大小一百廿九口"造像。"合邑造像"情况相较复杂，通常需要组织、协调义邑成员（有的还包括非义邑成员）；一般以地缘、亲缘为纽带，大多为同一村落内兴建义邑、联合造像，有的还限定在同一宗族内。[7] 此外，还有多个义邑联合共组义邑之情况，如北魏正始二年（505年）冯神育造像碑，碑阳刻"邑子祁令智"，碑阴刻"邑正祁令智"，供养人"祁令智"极有可能分属不同义邑，且祈愿文"更愿……诸邑七世以来生缘眷属"，也印证了此为多个义邑共襄结邑之举。从笔者掌握的北朝道碑资料来看，为造像活动而成立的义邑组织，少者不足

1 参见《北朝道教造像再研究》，第191页；裴建平先生将此句释读为"劝化乡人，月设一盦（斋）"，即道教斋醮活动中每月设一斋坛，参见裴建平《再论北魏茹氏合邑一百人造像碑的宗教性质——兼与施安昌先生商榷》，《碑林集刊》第十辑，陕西人民美术出版社，2004，第73页。

2 北魏神龟二年（519年）邑子七十人造像碑载："行夫辍足顾，儒生执而虔。"

3 芮城县志编纂委员会编：《芮城县志》，三秦出版社，1994，第768—769页。

4 如为亡兄造像的北魏太昌元年（532年）都督樊奴子造像碑、为亡夫造像的北齐武平岁次丁酉（577年）清信弟子孟阿妃造老君像、为亡母造像的北周建德元年（572年）李元海造原始天尊像等。

5 如为父母造像的北魏景明元年（500年）杨缦黑造像碑、北魏延昌元年（512年）朱奇兄弟造像碑等。

6 如北齐天统元年（565年）男官姜纂造老君像，为姜纂为去世的儿子姜元略所造，供养人仅姜纂1人。

7 同一宗族范围内结邑造像的有：北魏正光四年（523年）师氏七十一人造像碑、北魏孝昌三年（527年）庞氏造像碑、西魏大统十四年（548年）蔡洪造太上老君像碑。

10人，[1] 多者可达500余人，[2] 多数在50—100人之间。[3] 此阶段由像主、邑主等主要造像者负责实施，反映在碑面，即那些位列主龛附近的供养人。

（二）筹集经费。关于造像经费，清代王昶在《金石萃编》“北朝造像诸碑总论”中有云：

> 凡出资造像者，曰像主、副像主、东西南北四面像主、发心主、都开光明主、光明主、天宫主、南面北面上堪中堪像主、坛越主……劝化者曰化主、教化主、东西南北面化主、左右葙化主、都化主、大都化主、大化主、都录主、坐主、高坐主。邑中助缘者曰邑主、大都邑主、都邑主、东西面邑主、邑子、邑师、邑正、左右葙邑正、邑老、邑胥、邑谓、邑渭、邑政、邑义、邑日、都邑忠正、邑中正、邑长、乡正、邑平正、乡党治律。[4]

王昶概括了合邑造像的经费情况，反映在造像记中，即义邑成员通过“减割五家财”[5]“各竭家资”[6]的方式共同承担；通常情况下，经费由“出资造像者”和“助缘者”解决，但有时还需“劝化者”向义邑以外的人募化。对于王昶未提到的家庭造像，经费多为家庭内部筹得，即“自竭家珍”[7]“竭家所珍”[8]“减割家珍”。[9] 此阶段一般由像主、施主、义邑（家庭）成员、化主负责实施。

（三）选取石材。从造像记“采石宝山，□聘巧匠”[10]“采石名山，券助延匠”[11]“采石名山，京邑秀巧，刊见真容”[12]的描述可知，在延请工匠造像之前

1 如北齐武平九年（578年）马天祥造石像，为邑主1人、邑子3人及道民5人组成的小型义邑组织。

2 如北周天和四年（569年）坛越主王迎男造石像载：“今有邑师、比丘、道先合邑子五百廿人等……敬造石像一区。”

3 如北魏神龟二年（519年）邑老田青碑、北魏神龟二年（519年）张干度七十人等道佛造像碑、北魏正光三年（522年）茹氏一百人造像碑等。据笔者统计，50—100人的义邑最为常见，占比约44%，其次是20—30人的义邑，占比约25%。

4 （清）王昶：《金石萃编》卷三四，载新文丰出版公司编辑部编《石刻史料新编》，新文丰出版公司，1977，第1辑第1册，第671页下栏。

5 出自北魏神龟二年（519年）邑老田青等道佛造像碑。

6 出自西魏大统十四年（548年）蔡洪造太上老君碑。

7 出自北魏太昌元年（532年）都督樊奴子造像碑。

8 出自北魏正光二年（521年）锜麻仁造像碑。

9 出自北周保定二年（562年）李昙信造像碑。

10 出自北魏时期雷氏造像碑。

11 出自北魏时期夏侯僧□造像碑。

12 出自西魏恭帝元年（554年）焦文贤造道教四面像。

有供养人的选料环节。所谓“宝山”“名山”，一为今陕西关中药王山、锦屏山、宝鉴山、将军山，[1] 多为石灰岩山体，石质优良、细腻，适宜雕石刻碑。二为“首阳山”。北周建德元年（572 年）李元海造原始天尊像碑载：“敢竭周身之物，采石首阳之阿。”据李凇先生考证，该碑中的“采石首阳”可能为套用当时其他造像之语，[2] 侧面说明“首阳”或为北朝造像惯常开采地之一。《元和郡县图志》载首阳山有二：一处在偃师县西北二十五里，[3] 今河南洛阳偃师；另一处在河东县南十五里，属河东郡，又名雷首山、中条山，[4] 今山西运城永济。综观已有实物材料，造像碑最初出现在关中渭北地区，后扩展至今关东的山西运城及河南洛阳一带，史籍所载与造像碑所出位置相合。此阶段一般由供养人就近选材。

（四）刊刻制作。制作一通造像碑通常由工匠按照雇主（供养人）要求，以阴线刻的方式在碑面进行预先设计，包括碑面布局、图像轮廓、愿文界框等；有关情况，主要从部分造像碑碑面保留的雕刻痕迹中反映出来：北魏时期李氏邑子七十人造像碑可见工匠对碑面主尊、供养人、祈愿文各自布局的划分；北魏熙平二年（517 年）邑子六十人造像碑可见供养人像的粗浅轮廓；北魏太和廿年（496 年）姚伯多造像碑、北魏正始二年（505 年）冯神育造像碑等可见祈愿文的书写界框。设计之后，工匠即开始雕琢，此阶段有供养人参与，其不断对造像做出“调整”，体现在以下两方面：其一，前述改刻、补刻、凸显、弃用、显亲扬名及夸大效果的造像现象。其二，供养人调整实际参与造像人数，由此而带来的供养人图像、题名的变化。一般来说，从宗教信仰的祈求观点言，所有祈愿者的姓名或形象均需一一注明，[5] 但实际造像中或因供养人的退出、增加等而影响碑面“最终呈现”。从已有道碑可见供养人像通常程序化、无个性，大多为工匠依据当时的粉本雕刻而成。相比这下，题名则更为重要，如一些实际参与造像人数大于预期供养人数时，一般采取舍弃图像保留题名[6] 的做法，以使碑面容纳更多人名。对题名的重视是汉碑以铭文为主、图像为辅传统的延续；而

1 张燕、陕西省考古研究院、陕西省铜川市药王山管理局：《陕西药王山碑刻艺术总集・卷一》，上海辞书出版社，2013，第 3 页。

2 《中国道教美术史》，第 327 页。

3 （唐）李吉甫撰：《元和郡县图志》卷五《河南道一》，贺次君点校，中华书局，1983，第 132 页。

4 《元和郡县图志》卷一二《河东道一》，第 349 页。

5 李丰楙：《供养与祈福：北魏道教造像碑的图像与铭文初探》，载历史博物馆研究组编《道教与文化学术研讨会论文集》，台北历史博物馆，2001，第 116 页。

6 如前引北魏正光四年（523 年）师氏七十一人造像碑，碑阴下方从第三排开始只有供养人题名而无像；再如西魏大统十四年（548 年）蔡洪造太上老君碑，正面龛左右似因空间不够而仅刻供养人题名。兹不备举。

其在北朝有着更为严格的规定，北魏正始二年（505年）冯神育造像碑即载："合邑二百廿人造石像一区，弟立名字，若有人刊试者，身入地狱"[1]，可见碑面所呈现的最终名单由供养人集体把关，而不得私自刊试。

在此阶段，供养人会参与到工匠的设计、制作中，并对造像做出实际"调整"；而工匠除了贯彻供养人之意图并负责具体刊刻外，其还拥有灵活处理石材缺陷的权限，如北魏神龟二年（519年）邑老田青碑、北魏时期田良宽造像碑等，可见工匠对石材不良部位的规避。

（五）树立石碑。第二部分对造像碑安置的考察可见供养人对立碑位置的选择，而对于立碑时间，供养人亦有特别考量，比如相当部分的造像碑，其落成时间或与道教灵宝派"岁六斋""月十斋""三会日"等有关；[2] 又如有崇佛者参与供养的造像碑会特意选择在释迦牟尼诞辰日落成，北魏孝昌三年（527年）庞氏造像碑即为"典录"[3]"唯那""典坐"[4]等供养人于"孝昌三年四月八日"造讫。再者，从碑面图像、造像记及题名可知，在碑石树立起来以后，围绕造像碑会有不少仪式活动，譬如立坛、[5] 旋行（围绕造像碑）、[6] 诵经、[7] 侍香烧香、[8] 发愿[9]等重要仪式环节（图9）。由此可见，在该

1 为李凇先生据民国张扶万《在山草堂日记》（手稿，未刊，陕西省政协文史办资料室藏，民国三年）补释，参见李凇《泾渭流域北魏至隋代道教雕刻详述》，《长安艺术与宗教文明》，第372页。

2 《北魏关中道教造像记研究——附造像碑文录》，第54—62页。

3 "典录"可能为佛教义邑中负责记录成员参加活动情况等事宜的执事。参见郝春文《中古时期社邑研究》，上海古籍出版社，2019，第120页。

4 唯那，亦写作维那、惟那，典坐亦写作典座，佛典有"调和众僧故有维那，供养众僧故有典坐"，出自（宋）宗赜辑《重雕补注禅苑清规》卷八《龟镜文》，宋嘉泰二年武夷虞知府宅书局刻本，第1页。唯那、典坐最初皆为寺院执事，前者是佛寺中一般僧人的管理者，后者为举办斋会（供养活动）时有关琐事的管理者。对此二职的研究，还可参郝春文《东晋南北朝佛社首领考略》，《北京师范学院学报》（社会科学版）1991年第3期；刘淑芬《五至六世纪华北乡村的佛教信仰》，《"中研院"历史语言研究所集刊》第六十三本，1993，第524页。

5 北魏正始二年（505年）冯神育造四面道像碑载："施地□坛息冯道度"，此外造像碑上亦有大量"坛主""坛像主""坛卫""坛卫主""坛日主"等题名。

6 围绕造像碑的"旋行"，可能是当时的仪式环节之一，敦煌残本《太上太极太虚上真人演太上灵宝威仪洞玄真一自然经诀》载："捻香稽首礼，旋行绕宫城"（P. 2452）、"上诣玉京，烧香旋行，诵经礼天文也"（P. 2256），收入李德范主编《敦煌道藏》第五册，中华全国图书馆文献缩微复制中心，1999，第2445、2509页。"旋行"一说受罗宏才先生启发，参见罗宏才《中国佛道造像碑研究：以关中地区为考察中心》，上海大学出版社，2008，第220—226页。

7 北魏太和廿年（496年）道民姚伯多造像碑载："坐冥真经。"

8 造像碑上有大量"侍香""香火"题名，不仅如此，诸如北魏正始二年（505年）冯神育造像碑、北魏神龟二年（519年）邑老田青碑等造像碑上的图像资料，亦为我们提供了这一仪式活动的视觉信息，供养人通过烧香礼拜斋仪，传心达信，上感真灵，以求神佑。

9 北魏时期吴洪檦造像碑载："匠工既就，乃有斯愿。"

阶段，从像碑树立的位置、时间到围绕像碑举行的相关仪式活动，皆由供养人决定。

综上，造像碑最终的视觉、物质呈现主要取决于供养人，其造像意识贯穿于造像碑生成的各个环节；而工匠只是负责制作阶段的具体实施，他们一边依据当时的造像粉本，一边贯彻供养人的造像意图。

在此基础上，笔者另对造像花费、耗时情况及北朝工匠地位进行考察，为探讨工匠、供养人角色提供旁证。关于造像花费情况，5 世纪初的《太上洞渊神呪经》载："又见道士不惜财物，广造经像"[1]，道碑中亦常用"减割家珍""竭家所珍""舍己名珍"等概括描述，至于究竟花费几何，可从同期的佛教造像窥其大略。北魏神龟二年（519 年）崔懃造像载："像主崔懃用钱九千口。法仪兄弟廿五人各钱一百，裁佛金色"[2]，是说像主出资九千，义邑中其他 25 人各出钱一百为佛像饰彩（涂金）；北齐武平元年（570 年）董洪达等合邑造像碑称五百文可以买石像主身份。[3] 对比北朝物价，成书于北魏初期的《张丘建算经》载："今有鸡翁一，直钱五，鸡母一，直钱三，鸡雏三，直钱一"；[4] 北周《甄鸾数术记遗注》载："鸡

图 9　仪式空间"重构"示意图

（张媛制）

1　《太上洞渊神呪经》卷二〇，《道藏》，文物出版社、上海书店、天津古籍出版社，1988 年涵芬楼影印本，第六册，第 76 页上栏。

2　（清）陆增祥：《八琼室金石补正》卷一五，载新文丰出版公司编辑部编《石刻史料新编》，新文丰出版公司，1977，第一辑第六册，第 4226 页上栏。

3　"用钱五百文买都石像主一区，董伏恩"，出自《石刻史料新编》，第一辑第六册，第 4341 页下栏。

4　王仲荦著，郑宜秀整理：《金泥玉屑丛考》卷四，中华书局，1998，第 84 页。

翁一只直五文，鸡母一只直四文，鸡儿一只直四文”[1]。揆以实际，造像活动在当时耗费甚巨。又，如前所述，一通造像碑在树立之前大体经历：组织、集资（布化）、选料、聘匠、设计、镌刻（粗坯—细雕）、饰彩、[2] 开光[3]等多个程序，造像立碑往往“累年踪就”[4]，即如叶昌炽在《语石》“造象十二则”所云：“当时造象用功，颇费时日。”[5] 再看其时的工匠地位，从统治者颁布的相关律令中可略窥一二。拓跋焘在太平真君五年（444年）下诏：“百工伎巧、驺卒子息，当习其父兄所业，不听私立学校。违者师身死，主人门诛”[6]；其后拓跋浚统治时又下诏：“今制皇族、师傅、王公侯伯及士民之家，不得与百工伎巧卑姓为婚，犯者加罪。”[7] 可见北朝工匠地位极其卑微，其身份被认为低于一般平民。试想，在工匠地位如此低下的北朝，供养一通价值不菲，甚至经年累月才能造讫的像碑，工匠的自主性能有多大？换言之，在费时耗财以求福佑的功德活动中，供养人能否任由工匠出现错误或径自创作？

关于造像角色，日本学者石松日奈子（Ishimatsu，Hinako）认为远离都市的临潼、耀县等地由地方匠人按其理解独自创作了佛像或道像，产生了由匠人自由想象的艺术风格；[8] 台湾学者李丰楙先生指出，经由迁移之后的民间石匠为适应新地区的宗教需求而做出“有意识”的自我调整；[9] 还有一些研究将偏离于标准样式的“异常”“变体”造像现象皆视为工匠缺乏知识或对标准都会样式的误解。[10] 结合前述7种造像现象、5个主要造像环节的考察，本文认为在造像立碑过程中，工匠通常依据当时流行的粉本、格套造像，仅

1 《金泥玉屑丛考》，第84页。

2 个别造像碑还有饰彩环节，如西魏大统十四年（548年）蔡洪造太上老君碑载：“镌饰并成，镂彩供就”，验以原石，亦仍见残留彩绘痕迹。

3 造像碑上可见“光明主”“开光明主”“开老君光明主”“开立侍光明主”，说明在造像落成之日，有开光仪式，参见《五至六世纪华北乡村的佛教信仰》，第544页；《北朝道教造像再研究》，第186页。

4 出自北魏熙平二年（517年）邑子六十人造像碑。

5 （清）叶昌炽撰：《语石》卷五《造象十二则》，载柯昌泗评，陈公柔、张明善点校《语石语石异同评》，中华书局，1994，第321页。

6 （北齐）魏收：《魏书》卷四下，中华书局，1974，第97页。

7 《魏书》卷四下，第122页。

8 ［日］石松日奈子：《中国初期道教图像和老年相老君像的诞生》，于春译，《艺术史研究》第19辑（2017），第79页。

9 《供养与祈福：北魏道教造像碑的图像与铭文初探》，第99页。

10 参见［美］阿部贤次（Stanley K. Abe）《陕西省的北魏雕刻：来源、赞助、愿望》，《汉唐之间的宗教艺术与考古》，文物出版社，2000，第472页。

仅是在避开石材缺陷等技术方面有限度的自我发挥，而占据主导地位且贯穿造像始末的是供养人的信仰意识。因此，以往研究中将一些造像现象归为工匠的不自觉、不理解或自我发挥、有意设计，或有意无意地夸大了其时工匠之地位。

四 信仰之外：供养人的社会意图

造像碑是中国本土石碑传统的延续，[1] 此处有必要从碑史角度对汉碑作一回顾，将北朝道碑与汉碑进行对比观察。第一，在追述祖先方式上，二者如出一辙。如将家族姓氏与先祖的立功、受封相关联。东汉中平二年（185 年）曹全碑，“其先盖周之胄。武王秉干之机，翦伐殷商，既定尔勋，福禄攸同，封弟叔振铎于曹国，因氏焉”；[2] 相似表述亦见于西魏大统十四年（548 年）蔡洪造太上老君碑，“胤自周姬□分□□地命爵，武王封弟蔡叔汝南君，号曰蔡国，即筑上蔡城，因国字姓也”，可知汉碑中的曹氏和北朝道碑中的蔡氏皆源于天子赐姓其祖。再如将家族成员与上古帝相相联系。如姚碑，“北地姚伯多兄弟等，承帝舜之苗胄”“姚伯多者，轩辕之苗胄，虞舜之后胤”。像姚碑这样对家族荣光的刻意标榜，在汉碑中亦不乏其例：东汉延熹八年（165 年）鲜于璜碑，“其先祖出于殷箕子之苗裔”[3]；东汉建宁元年（168 年）衡方碑，“肇先盖尧之苗”[4]；东汉熹平二年（173 年）鲁峻碑，“其先周文公之硕胄”[5]；东汉光和三年（180 年）赵宽碑，“其先盖出少皓，唐炎之隆，伯翳作虞”[6] 等等。第二，北朝道教造像碑还延续了汉碑中加入非直系同姓先辈的做法。如东汉中平三年（186 年）张迁碑中列举了张良、张释之、张骞三人，旨在标榜“张氏辅汉，世载其德”——在碑文中写入一些并非直系的同姓先辈，在汉代实为常例；[7] 在蔡洪造太上老君碑中亦可见列举同姓名人之做法，造像记载：“有汉献□四年，故使持节、镇北大将军、冀州刺史、陈留侯蔡伯皆孙等……”此处的蔡伯皆即东汉

---

1 Dorothy C. Wong, *Chinese Steles: Pre-Buddhist and Buddhist Use of a Symbolic Form*, University of Hawai Press, 2004, pp. 105-120.

2 《石刻史料新编》，第一辑第一册，第 317 页上栏。

3 北京图书馆金石组编：《北京图书馆藏中国历代石刻拓本汇编》，中州古籍出版社，1989，第一册，第 127 页。

4 《北京图书馆藏中国历代石刻拓本汇编》，第一册，第 130 页。

5 《北京图书馆藏中国历代石刻拓本汇编》，第一册，第 153 页。

6 《北京图书馆藏中国历代石刻拓本汇编》，第一册，第 170 页。

7 吴朝阳、晋文：《读〈张迁碑〉辨疑——与程章灿先生商榷》，《文史哲》2011 年第 1 期。

著名文人蔡邕，[1] 当为蔡氏为溯祖先之荣光而刻意加之。概言之，汉碑的造立往往蕴含着出资者巨大的政治、道德和社会意图；北朝道碑中对世系为官者的刻意强调（有的甚至包括非直系的同姓名人，支亲，或板官等仅具虚衔者），对先辈才华德行的特别叙述，可见其对东汉以来名门望族观念的延续以及对汉碑纪功颂德传统的继承。

现将视线从汉碑转向北朝的墓碑、佛碑、记功碑等同期碑石材料。北魏太昌元年（532 年）杨暐墓志载："闺门弟睦，邑里以为美谈；出忠入孝，朝野称其盛则"[2]，又东魏元象二年（539 年）元氏凝禅寺三级浮图颂碑载："宦叙衣冠，荣锦百里。"[3] 由此可见，在当时民众看来，家庭和睦、忠孝道著、出身名门等能带来荣耀、提升声望；而在当时，取得宗族乡里褒誉者才有出仕机会，[4] 可见声望的提升还能为其带来实际利益，即进入朝野。对社会声望的认识和追求还体现在立碑者对其显赫家世及成员官爵的特别彰显，如北周时期的周大将军司马裔碑，"曾祖楚之，晋太傅、录尚书、扬州牧、会稽文孝王之次子，……祖金龙，封琅邪镇西大将军、仪同三，司吏部尚书，赠司空，谥康王。父悦，镇南将军、豫州刺史、渔阳庄侯，……世子侃，孝家忠国，扬名显亲，是以勒此丰碑"[5]，碑文明确指出"勒此丰碑"是出于"扬名显亲"。而此碑的文体结构、叙述方式与前引道碑——姚碑、锜麻仁造像碑、蔡洪造太上老君碑、李昙信造像碑等近乎一致，可以想见供养人在造像立碑时"扬名显亲"之意图。类似碑石材料尚多，不备举。刘知几曾在《史通・内篇》中写道："至于碑颂所勒，茅土定名，虚引他邦，冒为己邑。"[6] 从其对南北朝碑志文的批评可以看到，像这样在碑志文中罗列先祖荣光、甚至虚引他邦的做法在当时屡见不鲜。综上，在如此社会背景下，北朝道教造像碑中对家庭成员的祈福，对皇帝、国家的示忠，对世系显达的重视，其中蕴含的供养人之社会意图自不待言。

此外，个别道碑中亦见供养人在政治、道德和社会声望等方面的直接表述，如姚碑："非唯立德，政化是妣"，是说姚伯多兄弟建造道像，不只是建立功德，

---

1 李凇：《神化的碑文及新样的造像——山西芮城县西魏〈蔡洪造太上老君像碑〉的识读》，《南京艺术学院学报》（美术与设计版）2009 年第 6 期。

2 张江涛编著：《华山碑石》，三秦出版社，1995，第 13 页。

3 《八琼室金石补正》卷一八，第一辑第六册，第 4270 页下栏。

4 张承宗、魏向东：《魏晋南北朝时期的宗族》，《苏州大学学报（哲学社会科学版）》2000 年第 3 期。

5 （清）严可均编：《全上古三代秦汉三国六朝文・全后周文》卷十三《庾信・周大将军司马裔碑》，中华书局，1958，第 7896 页。

6 （唐）刘知几：《史通・内篇》卷五，四部丛刊景明万历刊本，第 15 页。

对时政也有帮助；[1] 又北齐天统元年（565年）男官姜纂造老君像中，姜纂对其亡子姜元略道德品行的公开赞美，称其“志隆邦国，仁越州闾，□巷仰风，乡邑誉望”；西魏大统十四年（548年）的蔡洪造太上老君碑甚至直接言明“建碑庙庭”的目的为“以显顺终（忠），章（彰）德朗仪，永传无穷”。以上，无论是东汉以来名门望族观念的延续，还是北朝显祖荣宗的社会风气，抑或是零星道碑中社会意图的直接表达，都为我们立体理解北朝道教造像碑提供了视角和材料。

北朝道教造像碑作为一种特殊的宗教文化遗存，宗教性自是第一位，关于此方面的研究学界也已取得颇多成果。但本文想指出的是：在信仰之外，供养人的社会意图亦不应忽视。结合前述改刻、补刻、挤刻、凸显、弃用、显亲扬名、夸大效果的造像现象，“安处路冲”的特别考量，以及工匠、供养人的造像角色，本文认为，道碑供养人以视觉和物质的形式，通过地方宗教实践表达着其在社会声望、道德品行等方面之诉求。从此意义看，供养人口中“历万代而罕”“在世稀有”的造像碑具有为其社会地位提供保存、展示及延续之功能，而这一切因石材的坚固、永恒和不朽成为可能，即所谓“勒石刊碑，传之弗朽”。

五 结语：另一种形式的文化史

本文以67通北朝道教造像碑为中心，从艺术史的视角切入，探讨造像碑生成过程中的相关问题，初步结论如下：第一，在程式化造像的北朝，亦见改刻、补刻、挤刻、凸显、弃用、显亲扬名、夸大效果等特殊造像现象。第二，造像立碑分为组织造像、筹集经费、选取石材、刊刻制作（聘匠—构图—粗坯—细雕—饰彩—成形）、树立石碑5个主要环节。第三，造像碑最终的视觉、物质呈现主要取决于供养人，换言之，贯穿造像始末且占据主导地位的是供养人的信仰认识，而工匠只是负责制作阶段的具体实施，其仅仅在避开石材缺陷等技术方面有限度的自我发挥。第四，造像碑不仅用于展示功德、传播福祉等宗教用途，亦是供养人公开建构形象、表达身份的重要媒介。以上，为笔者据有限材料所作之合理推论，尚不敢遽下定论，进一步研究则俟诸更多材料的出现与公布。

在本研究中，有两个重要的研究方法不容忽视。第一，造像碑是人工制成的物品，其设计、制作、安置都有一定的文化

1 张勋燎：《北朝道教造像的考古研究》，收入张勋燎、白彬编《中国道教考古》，线装书局，2006，第694页。

意义。我们可借助视觉文化、物质文化的研究思路，[1] 在物与人之间建立联系，即从造像碑的最终面貌推论到生成过程，关注物品呈现与背后造像意图之间的关系，并探究造像意图生成的社会文化背景。第二，面对史料稀缺、不足征的研究问题，或可将视角从文献材料转向考古实物，即细读已有道碑实物，对读汉碑及同期佛碑、墓碑、记功碑等碑石材料，在碑学的文化脉络中观察研究对象；在此基础上，再结合零星、间接的文献史料，在多重视角中理解研究对象。以上，可作为笔者对视觉、物质材料进行文化解释的初步尝试和具体进路。

工匠、供养人虽处社会中下层，但其造像角色、信仰意识等却可通过这批道教造像碑为我们所研究。5、6 世纪关中、关东一带民众的造像立碑活动为我们展现了另一种形式的文化史，或言观察早期地方文化的另一种途径和视角。换言之，如何在史料相较匮乏的早期地方文化研究中，利用考古发现的实物资料与间接史料中寻得的蛛丝马迹，触摸北朝民众的宗教实践和社会意识，是本文的着力点所在。与其将造像碑视为一尊雕塑，倒不如看作一部借由视觉和物质语言书写而成的北朝文化史，其中不止记述着北朝民众的宗教信仰，还有信仰之外供养人呼之或出的社会意图。

1 借助物质文化研究古代碑石，可参见程章灿《尤物：作为物质文化的中国古代石刻》，《学术研究》2013 年第 10 期。

人字栱曲脚化的考古学观察

■ 华　扬（东京大学工学系）

绪　论

人字栱是中古建筑的一大显要元素，一直以来，其双脚由直变曲的形态转变是建筑史学界的主要关注点，也是考古学界进行一些文物年代学研究的重要依据。

由于汉魏六朝时期与建筑相关的文物遗存呈现出北方丰富而南方相对缺乏的不平衡分布现状，导致早期的前辈学者纷纷立足北朝，指出北朝后期亦即北齐、北周时，人字栱实现了这一转变。如宿白《中国古建筑考古》第四章《魏晋南北朝建筑》："北齐、北周时补间斗栱的叉手在样式上有了变化，两脚弯了下来。"[1]其往往以有力的论断形式出现，不附详细检证。加之均出自名家，于是为后世研究者奉为圭臬，直至近些年依然被引用如故。然而，有赖于材料日渐丰富，笔者发现北朝的曲脚人字栱盖始于北魏洛阳时代末，不始于北齐、北周也。

另一方面，南方材料也得到了一些零星关注。广州东郊十九路军坟场东汉墓曾出土过一件使用人字栱补间的陶屋（图1）[2]，孙机据此认为汉代已出现曲脚人字栱[3]，颇值得商榷。广州东汉陶屋明器大都崇尚菱格镂空的装饰，有屈曲线条的抽象审美取向，该件陶屋堂屋右次间的人字栱被镂刻成"入"形，尤可见造型时之随心所欲，故该陶屋难以作为人字栱曲脚化之凭证。另有民间爱好者认为故宫博物院、浙江博物馆及镇江博物馆所藏的一种在东吴至西晋时期流行的青瓷熏炉上的人字纹是对当时曲脚人字栱的抽象化表达，窃以为亦不可取（图2）。先不论并无足够的证据可判定这一关联性，退言之，即便确有摹拟行为，也与前例广州出土陶屋一样，存在因构图需要而随意装饰化的问题。这一问题是汉魏六朝时期陶瓷器制作

1　宿白：《中国古建筑考古》，文物出版社，2009，第40—41页。

2　广州市文物管理委员会：《广州出土汉代陶屋》，文物出版社，1958，第32页。

3　孙机：《汉代物质文化资料图说（增订本）》，上海古籍出版社，2011，第194—195页。

图1 广州东郊十九路军坟场东汉墓出土陶屋

图2 故宫博物院藏青瓷熏炉

上所广泛存在的，原则上不能以之断言建筑构件的细部形制。真正对形制演变具有说服力的是南京及周边地区南朝大中型墓葬中的石门，这类石门致力于忠实地再现木构，且在南朝宋齐梁陈四代的政权更替中保持了相当的稳定性和延续性，数量众多、序列完整、线索清晰（图3）。一般据此认为，南方人字栱曲脚化是在南朝发生的[1]，可从。其中，贺云翱基于在南京多年的实地发掘经验，非常敏锐地注意到这一转变“约从梁代中期开始”。笔者通过排比纪年墓或可推定墓主的墓葬详加检证，确定了这一判断基本无误，南朝人字栱曲脚化发生在萧梁普通年间。不过，笔者发现普通年间以后可能还存在并行、反复的现象，需要连带着南朝陈墓的认定一起重新进行深入审视。

在南北朝各自的情况得到确认的基础上，本文跳脱出以往的北朝视角，论证了曲脚人字栱由萧梁创制并向北传播的历史动因及契机，从而一定程度上修正了对南朝曲脚人字栱乃至南朝建筑的历史定位。同时，鉴于以往对人字栱形态的时代特点和演变序列认识比较模糊，也希望通过这次的详考，为将来相关文物的断代研究提供一把可用的标尺。

一 南朝石门雕刻的结构判定

古代建筑中，有两类最为常见的利用三角形结构稳定性原理发挥作用的人字架构造。一种施于沿房屋进深方向的横梁上，用于支承垂直方向而来的脊槫，是为梁架中的结构部材；另一种施于建筑物立面的额枋或阑额之上，用于顺身支承檐

1 如张明皓《高句丽宫殿建筑研究》，博士学位论文，东南大学，2011，第112页；贺云翱《南京独龙阜东出土南朝石塔构件的初步研究》，《华夏考古》2010年第4期。

槫，位同于斗栱。二者的位置、结构、功能明显有差。

前者由《营造法式》卷五侏儒柱（蜀柱）条可知名为“叉手”，后者则历来混用“叉手”与“人字栱”之名。关于后者的定名问题，考诸学术史，“人字栱”之名为20世纪30年代中国营造学社诸先生所创用，“叉手”之名则主要源自1973年与日本建筑史学者福山敏男的交流。宿白先生于《日本奈良法隆寺参观记》的尾注中云：“承福山敏男先生见告，日本匠师呼作‘杈首’”，并加以考证，认为“杈首”正是“叉手”，《营造法式》之所以记载叉手仅施于平梁之上，是“盖盛唐以后，补间用叉手之制已被淘汰，故其名北宋时似已失传”[1]。“叉手”之名由此得以绍介回国，更为众多老辈学者认可并使用。然而事实上，日本位同斗栱的人字架构造仅见于法隆寺金堂的勾栏一例，日本学界旧时呼作“（人字形）割束”[2]或“（人字形）蟇股”[3]，现逐渐出现直接以中国当代研究术语“人字栱”称之的趋势[4]，总之并不借用专指梁架构材的“杈首”之名。想必与福山敏男先生交流的过程中传达有误，使宿白先生产生了误解。既无充分理由以梁架人字架构造的“叉手”之名称斗栱地位的人字架构造，那么姑且以“人字栱”这一当代研究术语称之似乎更为妥当，以便严格区分并定义两种性质明显有别的建筑组件。

之所以将石门上所雕判定为外檐构架中的人字栱，理由有三：其一，石门人字架下面的横材都雕刻成重楣的样子，而非梁。其二，凡叉手上所承小斗，因所托为与叉手直交的梁槫之故，立面都会被打破，表现为有构件伸出的状态，而石门上的小斗立面完整，说明是顺身方向开槽口，所承是与人字架方向一致的槫或枋，同于扶壁栱中的人字栱。其三，石门中有南京尧化门对门山南朝墓石门这样的特例（图4），其半月形石额上除中央浮雕人字架外，两侧还浮雕向人字架伸出的一斗二升斗栱，该奇异的斗栱形象正是二重双

1　宿白：《日本奈良法隆寺参观记》，载《魏晋南北朝唐宋考古文稿辑丛》，文物出版社，2011，第429页。该文初稿英文版发表于纪念张光直的论文集 *Journal of East Asian Archaeology*，Vol. 3，2001，pp. 333-347。

2　如［日］竹岛卓一编《法隆寺國寶保存工事報告書 第十四冊：國寶法隆寺金堂修理工事報告》，法隆寺国宝保存委员会，1962，第457页；［日］竹岛卓一《建築技法から見た法隆寺金堂の諸問題》，中央公论美术出版，1975，第411页；［日］村田治郎《法隆寺建築様式論攷》，中央公论美术出版，1986，第129页；［日］太田博太郎、藤井惠介监修《日本建築様式史（増補新装カラー版）》，美术出版社，2010，第18页。对于法隆寺金堂例，福山敏男本人的著作中亦用“人字形割束”一词（见于《日本建築史研究》，墨水书房，1968，第260页），只是在称呼中国文物时常用“杈首”一词。

3　如［日］浅野清《昭和修理を通して見た法隆寺建築の研究》，中央公论美术出版，1983，第93页；［日］滨田耕作《東洋美術史研究》，座右宝刊行会，1943，第146页。

4　如［日］海野聪《古建築を復元する：過去と現在の架け橋》，吉川弘文馆，2017，第53页。

斗[1]的一部分。所谓二重双斗，在南方东汉画像石、洛阳晋墓墓室、敦煌晋墓照墙上可见，是外檐斗栱的一种。该石门上人字架与二重双斗骈列，性质不言自明。

石门之外，南京钟山独龙阜采集到一件南朝石塔部件（或为南朝开善寺遗物，图5），成都还有一件传为刘宋元嘉二年的造像，对南朝单体建筑的全貌有一定程度的展现。由其可知，南朝应该已经形成了每开间仅用一朵人字栱的补间斗栱制度。因人字补间使用舒朗，而墓葬甬道券顶逼仄，故石门无法对两侧柱头斗栱等构造有更多呈现，自可想见。所以，纵使当我们从侧面观看高句丽天王地神塚前室的叉手时，似乎也可以收获与南朝甬道石门相似的景象，究其本质也完全异趣（图6）。

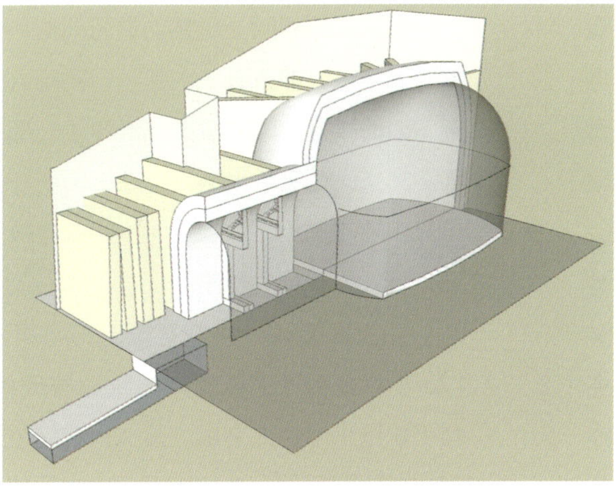

图3 江苏丹阳胡桥仙塘湾大墓三维模型

笔者自绘

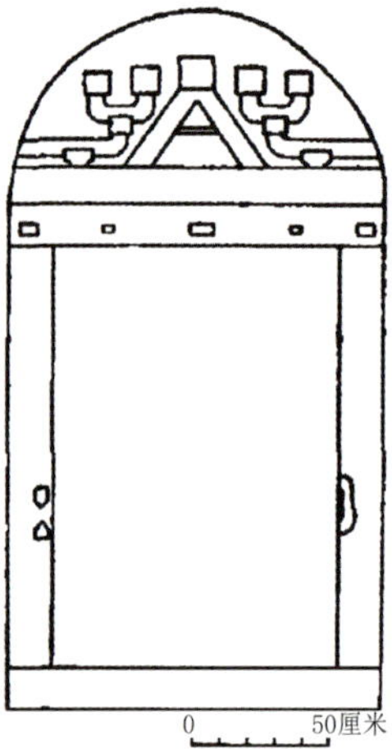

图4 对门山南朝墓石门

图5 南京钟山南麓明孝陵独龙阜采集南朝石塔部件

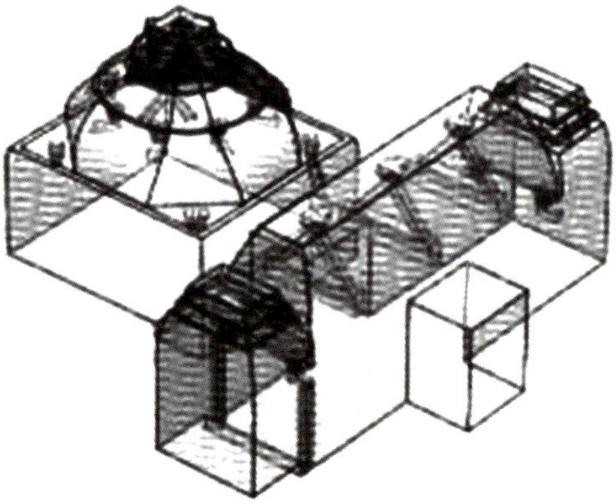

图6 高句丽天王地神塚

1 该种斗栱样式国内暂无专有名称，姑且采用日本学界定名。

	A 型（直脚人字栱）	B 型（曲脚人字栱）
第一期 刘宋—萧梁天监年间	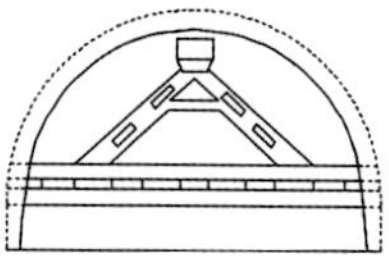 丹阳胡桥仙塘湾大墓 约南齐建武元年（494 年） 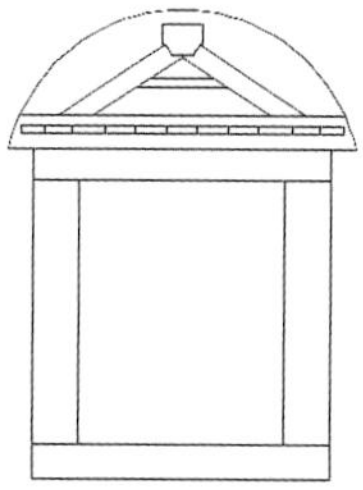 南京铁心桥尹西村 M1 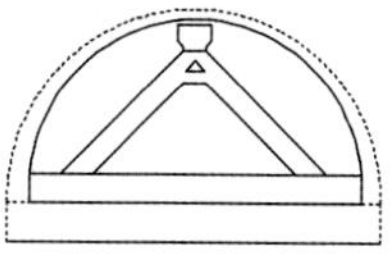 丹阳建山金家村大墓 约南齐永泰元年（498 年） 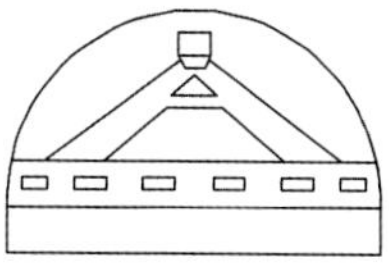 丹阳胡桥吴家村大墓 约南齐中兴二年（502 年）	
第二期 萧梁普通年间—梁末	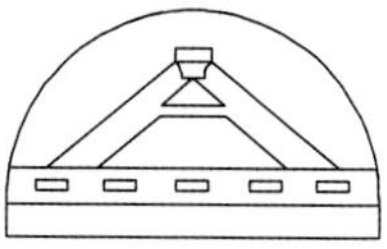 南京栖霞甘家巷 M6 约梁天监十七年（518 年） 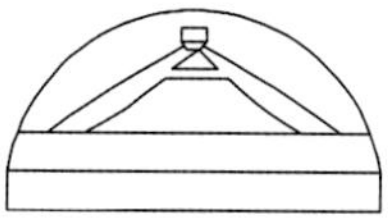 南京栖霞炼油厂南朝墓 约梁大同二年（536 年）	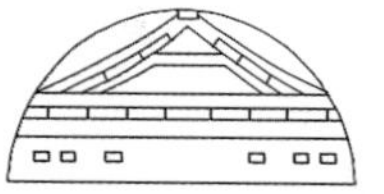 南京尧化门老米荡南朝墓 约梁普通四年（523 年） 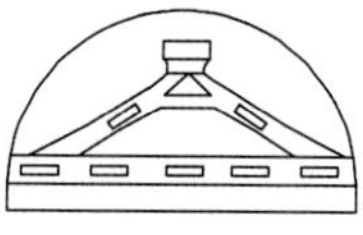 南京白龙山南朝墓 约梁普通七年（526 年） 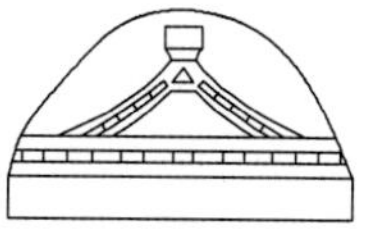 南京栖霞狮子冲 M2 约梁普通七年（526 年） 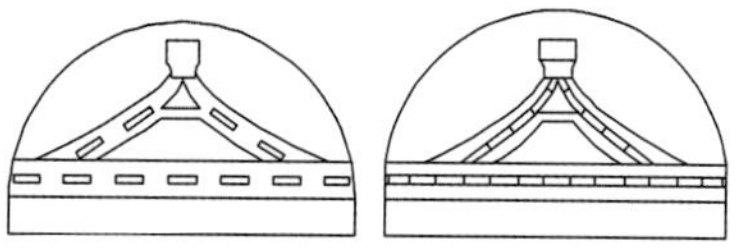 南京栖霞狮子冲 M1 梁中大通二年（530 年） 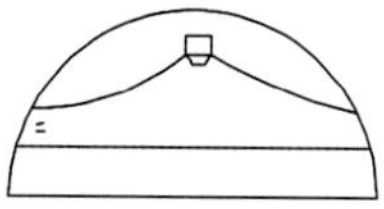 南京铁心桥小村 M1

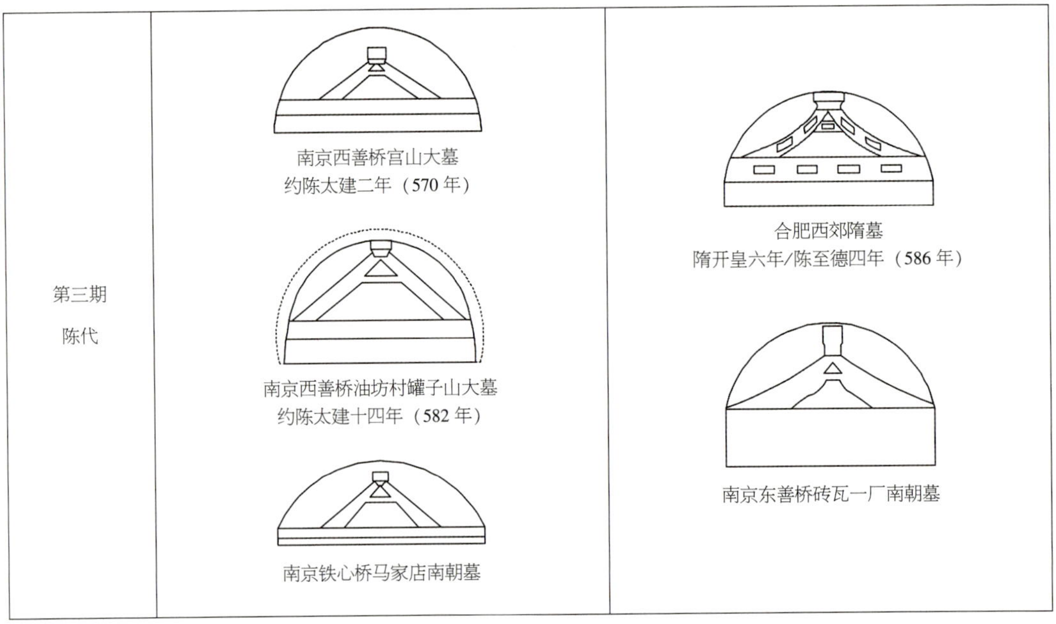

图 7　南朝墓葬石门人字栱的类型与分期

笔者自绘

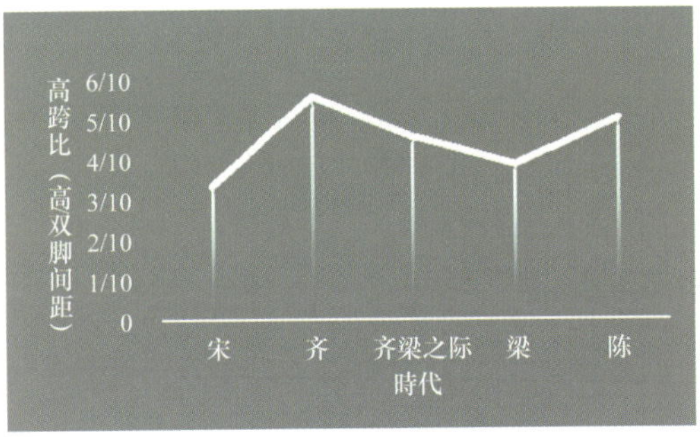

图 8　南朝人字栱高跨比变化折线图

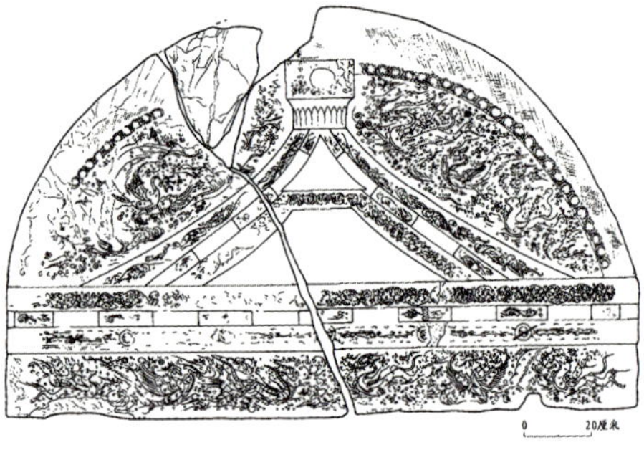

图 9　南京栖霞狮子冲 M1 石门人字栱

二　南朝人字栱的造型演变

一般认为，南朝的人字栱造型存有早晚的变化，且变化规律同于北朝，实现了从峻直逐渐到敦实，继而向弯曲的风格转变。[1] 兹梳理南朝带人字栱雕刻的纪年墓及墓主可推定的墓葬（参附表一），利用其所具备的特殊的标型意义，加以检证（图 7、图 8）。

第一期　刘宋至萧梁天监年间，只有

1　前揭《高句丽宫殿建筑研究》、《南京独龙阜东出土南朝石塔构件的初步研究》。

直脚人字栱，曲脚人字栱尚未出现。刘宋末期，南京铁心桥尹西村 M1 的人字栱双脚呈直线形，跨度较大，倾角较小，高跨比约为 3∶10。作为南朝最早的实例，早已显出敦实之风。南齐时，人字栱双脚呈直线形，高跨比增大至 5∶10 以上，齐中后期的丹阳建山金家村大墓（约 498 年）时一度高达 6∶10 左右，显得挺拔峻直。齐梁之际，丹阳胡桥吴家村大墓（约 502 年）人字栱的高跨比回落至 5∶10，略呈等腰直角三角形，并开始显现出两脚下端略宽于上端的时代新风。至梁建国 17 年后的天监末年南京栖霞甘家巷 M6（约 518 年）人字栱仍与齐末无异，双脚保持峻直，呈等腰直角三角形。

第二期 进入梁普通年间始有变革，曲脚新风出现并占据主流，直至梁末。自南京尧化门老米荡南朝墓（约 523 年）、至迟自普通七年（526）的南京栖霞狮子冲 M2 开始，人字栱高跨比进一步降低至 4∶10，愈加敦实，且将两脚弯曲为曲线形，令两脚下端明显宽于上端。尔后这一柔美的曲脚样式成为人字栱的主流，在梁代中后期盛极一时、遍地开花。有意思的是，南京白龙山南朝墓（约 526 年）的人字栱仅有栱脚上端与斗接近处显现出曲化的趋势，应当是曲脚风气出现初期尚存的一种介于直曲之间的过渡形态。不过，由南京栖霞炼油厂南朝墓（约 536 年）可知，终梁之世，直脚人字栱一直未曾消亡。

第三期 进入陈代，直、曲脚人字栱的盛衰易位，曲脚人字栱暂时复归沉寂。以油坊村罐子山大墓（约 582 年）为中心的南京西善桥陈朝帝王陵区内，人字栱的主流样式再度回归峻直之风，高跨比回升至 5∶10 以上，高峻一如南齐；另一方面，柔美的曲脚人字栱则作为非主流样式，在礼坏乐崩的陈末被中级官吏僭用（南京东善桥砖瓦一厂南朝墓[1]），或在已落入北朝或隋之手的江北之地的庐江（合肥）等据点流传（合肥西郊隋墓）。

综上所述，南朝人字栱的形态演变并非由直变曲如此简单。人字栱并非经历了某一个节点就遽为丕变、全部进化，而是自萧梁中期出现曲脚新风以来、终南朝之末，一直处于变化的过程中，处于新旧并存的过渡期。甚至在进入陈代后，人字栱的主流样式又向直脚回归，曲脚人字栱暂时趋于沉寂，经历了一次意外的反复。总体而言，柔美的曲脚人字栱实例虽多，但主要集中出现于梁代中后期，可视为梁中后期的代表性风格。

这里须略加考辨的是以罐子山大墓为中心的南京西善桥陈朝帝王陵区内的几座墓葬的断代问题。该陵区由王志高于 1998 年提出，主要依据是学术界普遍认

1 与单室墓、假棂窗上设桃形壁龛、人字栱用浮雕手法等南朝中晚期大中型墓葬的典型特征迥异，该墓甬道内所设耳室、壁龛作横长方形，人字栱图案为阴刻，模印人物像、大朵莲花和忍冬的组合纹饰也为以往所不见，随葬品质量粗劣、趋于衰弱，故原报告将该墓断为南朝末期。笔者以为，该墓之种种如此殊异于官方形制，即便是在陈末动荡的特殊时期，也是民间仿效、僭用的创造。

同是陈宣帝显宁陵的罐子山大墓以及陈义阳郡公黄法氍墓的出土。[1] 宫山大墓自不待言，自1960年发现以来争议不断。铁心桥马家店南朝墓则因距罐子山直线距离仅2千米，而被认为是这一陵区内作为陪葬的陈朝宗室王侯或功臣贵族墓。也就是说，该陵区内的墓葬断代是一个连锁问题，作为断代基准的罐子山大墓的判定至关重要。如若其断代出现偏差，无疑会改写上述人字栱在南朝的形态演变结果。尤其如若其年代早至宋齐，似乎更能印证人字栱由直变曲的既有认识。然而，考虑到南京栖霞炼油厂南朝墓因出土墓志而年代确凿，直脚人字栱在曲脚人字栱占据主流的梁代后期是切实存在的，那么到陈代因某种契机重占上风亦不无可能。

下面，就从政治、文化等社会侧面，试对曲脚人字栱于梁代中期出现的历史动因，以及于陈代复归沉寂的可能性稍作蠡测。

可以看到，南朝人字栱的曲脚化在普通年间发生，而这恰好对于整个梁朝而言都是一个特殊的时间节点。天监十八年（519年），梁武帝受菩萨戒皈依佛教[2]，随后将年号从“天监”改为“普通”。“天监”一词可以在《诗经》等儒家经典中看到，“普通”则是佛教词汇。以此年为标志，梁武帝将佛教引入国家制度建设层面，建设出一个以“菩萨戒弟子皇帝”为中心的佛教政体。此后，武帝本人数度舍身同泰寺为奴、数度被朝臣赎回，以皇帝为首的建康上层社会佞佛也达到了一个空前绝后的高度。佛教乃“像教”，讲究偶像崇拜和见形入道，佞佛势必会使得诸般创作与制造狂热地追求物质与表象，造成时代氛围和社会基调的绮靡化。从结果上看，人字栱于此时实现曲脚化这一轻盈与优雅的审美趣味，显然是顺理成章的。不过，就构造而言，人字栱双脚杆件须呈直线才能发挥撑持受压的结构作用。从装饰化这一意图本身出发正向推敲，附加雕刻、彩绘等直接手法都可在不伤害结构机能的情况下达成更为华丽的外观，何以想到曲线化这种既间接，又不惜弱化机能、牺牲结构理性的方法？

举凡设计，背后或深或浅都有一定的观念指导，笔者以为此番曲脚设计，或许正与佛教具有悖论性质的空性理论有关。东汉桓帝末年，最早传入我国的大乘经类就是“般若”，亦即“缘起性空”的相关理论。因“性空”与崇尚“无”之玄学类同，故般若学在谈玄论道的汉末魏晋颇受重视，并与魏晋玄学相互影响、发生交涉。永嘉之乱后，中州士人避乱江南，东晋建康便成了讲习般若学的中心，当时对于空性的讨论发展出了“六家七宗”。六家七宗各出异议、纷纭不一，共通之处在于要以

1 王志高：《简议南京西善桥“竹林七贤”砖印壁画墓时代及墓主身份》，载《六朝建康城发掘与研究》，江苏人民出版社，2015，第330页。

2 见于（唐）李延寿撰《南史》卷六《梁本纪上》，中华书局，1975，第197页；（唐）道宣撰，郭绍林点校《续高僧传》卷五《释法云传》、卷五《释智藏传》、卷六《释慧约传》，中华书局，2014，第163、173、185页。

主观的大智，洞照客观的性空。但由于他们大多偏向于“无”，没有认识到事物假有的一面，所以尚未真正体会到般若学这种具有辩证意味的立论的真意。直到鸠摩罗什来华，传来了印度当时盛行的龙树系的大乘学说，其中以《中论》为首的三论用“中观”之学解释般若，般若理论才得到了全面的解明。所谓中观，既承认空，也承认有，认为空是真谛、有是俗谛，二谛互相比较、互相依待而成，是同一体上的两个方面，统一起来而成中道。亦即般若的整个精神就在于以假成空、由假显空。然而可惜的是，在罗什的弟子僧肇之后，以关河为首的北方地区三论的传承便中断了，般若的研究也逐渐零落。反而是到了萧梁，建康摄岭（栖霞山）的僧朗重倡“三论”，才开始产生巨大影响。梁武帝佞佛俱已见前，而其学问宗旨多在般若，不仅躬自讲论经典、为之注解，还选派人手专随僧朗学习三论，使其学说代代传承，乃至在陈隋之际由吉藏创立了三论宗。[1] 而崇佛之余，有梁一代，朝臣、僧人还深染名士风味，三玄清谈之风复盛，江南本地造基于东晋“六家七宗”的“空性”讨论传统亦得激发。所以可以看到，以昭明太子自立二谛之义为代表，整个社会上层都特重二谛学说，对“空即是色，色即是空”这对相反概念多有思辨，从而受之启发，掀起了一股利用现象之假有来传达空与幻的真理的创作热潮。例如梁中后期的宫廷诗人热衷于通过秾丽的文字、华美的文体、精致的声韵格律，描写美人、艳情等浮华、鲜艳、丰富的人事，或水中月影、回声、梦、镜像等脆弱、缥缈、捉摸不定的物象，以反向揭示感官世界、物质世界的虚幻不实，乃至于形成文学史上著名的宫体诗流派。[2] 文学或许只是于史可征的一端，这种观念在制造、创作层面的浸染自可想见。如此不妨附会万物本空的佛教哲理，对违背结构理性的曲脚人字栱作一寓言性解读，说其试图以反现实的姿态展现屋顶重量不过是水中月影，似乎亦无不可。当然，这个推演不像文学能够质诸史实、求得直接证据，但作为旁证，纹饰保存相对完整的狮子冲 M1 及 M2 的人字栱双脚托持的中心小斗上线刻莲花，受到佛教的影响不言自明（图 9）。更重要的是，笔者曾在拙文《南朝墓葬石门及人字栱雕刻的制度与来源》[3] 中论证过，石门上所使用的人字栱雕刻，乃是以宗室为中心、旁及诏赐的特权，反映的是南朝皇家建筑之样式，可见有关曲脚实例正处在萧梁风气积极新变的中心，与宫体诗的受众高度一致，或有同样受到二谛学说及观念指导的可能。

此外，抛开主观原因不谈，除广建佛寺的时代背景外，普通二年（521 年）“琬

1 关于“般若学”及“性空”之传播历史和思想发展，可参阅吕澂《中国佛学源流略讲》，中华书局，1979，第 28—136 页。

2 可参阅田晓菲《烽火与流星：萧梁王朝的文学与文化》，中华书局，2010，第 118—193 页。

3 《故宫博物院院刊》2022 年第 9 期，待刊。

琰殿火，延烧后宫屋三千间”[1]，宫殿亦有大规模重建之必要，重要建筑的全面建设也为建筑样式的更新提供了客观机遇。

另一方面，梁末陈初，的确存在足以让曲脚人字栱在陈代湮没不彰的剧烈社会变动。首先是“侯景之乱”导致建康的社会文化秩序被全面摧毁。侯景于梁太清二年（548 年）起兵攻入建康，对台城（宫城）围攻长达半年之久才得以攻陷，此间的攻防战与侯景军的掠夺使得建康的城市、宫室遭到了毁灭性的破坏；552 年，历时四年的侯景之乱被平定，在这场收复首都的战役中，连太极殿都被摧毁[2]；553 年，以建康残破，梁元帝萧绎带领文武百官迁都江陵，战争中幸存的士族亦几无例外随朝士往赴。已知曲脚审美的活跃是以一定程度的萧梁上流社会生活为基础的，盘踞在建康的萧梁上流阶层及其建筑文化既被一扫而空，其所代表的昔日风格自然随之而去。其次是陈代对建康社会文化秩序的重新组构。552 年，基本可以认为是土著吴人的、驻守岭南的梁交州刺史陈霸先北上勤王，参与收复建康之役；557 年正式代梁称帝，拉开陈代的帷幕。不仅“南人”皇帝，在新政权的建立过程中发挥推戴之功的也是来自南方各偏远地区的土著豪酋们，他们入主建康，取代萧梁上流阶层成为建康新的主人。可以想见，偏远地区与政权中心的文化发展水平并不同步，建筑上会比建康保留更多前一阶段的特征。随着陈霸先及其带领的偏远地区的各豪族的进入，地方上的，亦即过去的一些文化特征会被重新带回建康，宋齐时的直脚人字栱样式可能正是其中之一。到戎马之声减息之时，丧葬礼制或许在个别通晓故事的前朝遗臣的帮助下可以重建，但具体到人字栱雕刻样式这样的细节，可能就难以还原了，而只能使用自己所熟知的周边样式。如此一来，人字栱的主流样式在陈代再度变回直脚，亦是不无可能、甚至可谓极有可能的了。

由此再来比较人字栱由直变曲的既有认识与本节得出的形态演变结论。以往的认知看似符合事物发展的一般逻辑，而本章新论看似缺乏一贯性，但考虑到现实中地域性、时间性的错综复杂，或许一波三折才更接近于南朝人字栱形态演变的真相。尤其是肇始于公元 548 年的梁末陈初的那场天翻地覆的大混乱，正如陈寅恪、川胜义雄等历史学家所指出的，已经超越了梁陈王朝交替之界限，对整个三百年江东社会而言都是一件划时代的大事。[3] 钜变之下，物质文化因素随之转捩，当不足为奇。

若非如此，则期待本章的探讨可以为南朝陈墓的认定提供些许启益。

1　（唐）姚思廉撰:《梁书》卷三《武帝下》，中华书局，1973，第 65 页。

2　《梁书》卷四五《王僧辩传》，第 628 页。

3　参阅万绳楠整理《陈寅恪魏晋南北朝史讲演录》，贵州人民出版社，2007，第 164—182 页；［日］川胜义雄《六朝贵族制社会研究》，李济沧、徐谷芃译，上海古籍出版社，2018，第 253—310 页。

三 曲脚人字栱在北朝的时空分布

笔者广泛搜求北朝建筑形象史料后发现，目前所见北魏平城时代的人字栱皆为原始的直脚形态。

北魏洛阳时代，反映直脚人字栱的遗物占据压倒性的数量优势（图 11）。曲脚人字栱不仅数量少，而且目前除了山西万荣北魏薛怀吉墓砖雕人字栱这一个出土例外，基本都出自“被盗掘而流失海外”的石葬具，或开凿年代尚无定论的石窟[1]。

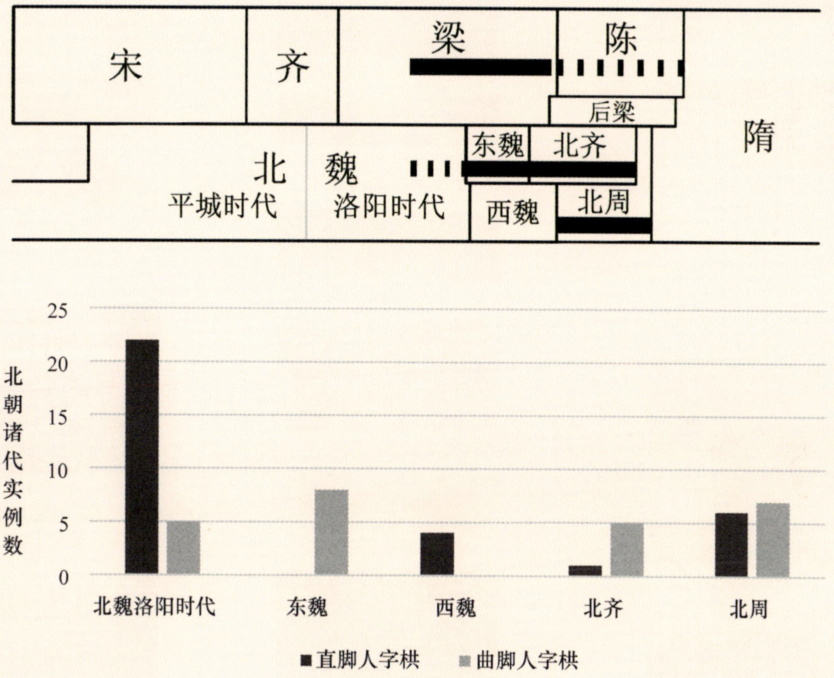

图 10 曲脚人字栱在南北朝的时空分布

笔者自绘

---

1 洛阳龙门石窟路洞中各屋形龛以及渑池鸿庆寺石窟第 1 窟东壁佛传浮雕中城楼也用了曲脚人字栱，但此二窟究竟开凿于北魏末年还是东魏，尚无定论。路洞开凿的年代目前主要有北魏末年和东魏两说。持北魏末年说者，见宿白《洛阳地区北朝石窟的初步考察》，载《中国石窟：龙门石窟（一）》，文物出版社，1991，第 228 至 229 页；王振国《龙门路洞几个问题的讨论》，《中原文物》2001 年 02 期，第 70 页。持东魏开凿说者，见宫大中《龙门石窟艺术》，上海人民出版社，1981，第 113 页；曽布川寛《龙门石窟における北朝造像の诸问题》，载砺波护主编《中国中世の文物》，京都大学人文科学研究所，1993，第 217—218 页。路洞前壁有完工后雕造的东魏元象二年（539）四月八日小龛（刘大安造像龛），当是该窟完工年代的下限（参见温玉成《龙门北朝小龛的类型、分期与洞窟排年》，载《中国石窟：龙门石窟（一）》，文物出版社，1991，第 222 页）。渑池鸿庆寺石窟第 1 窟无纪年铭记，在雕刻布局及内容方面与龙门路洞相似度极高，推测其时间接近路洞，绝对年代在北魏河阴之变（528）前后（参见宿白《中国石窟寺研究》，文物出版社，1996，第 166 页）。

直脚人字栱

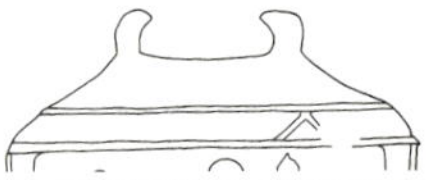
辽宁义县万佛堂西 4 窟前壁屋形龛
太和十九年（495 年）至景明三年
（502 年）前后

美国克利夫兰美术馆藏比丘僧欣造像
太和廿三年（499 年）

日本大阪市立美术馆藏造像
正始元年（504 年）

洛阳龙门石窟古阳洞安定王元燮为亡祖妣造龛
正始四年（507 年）

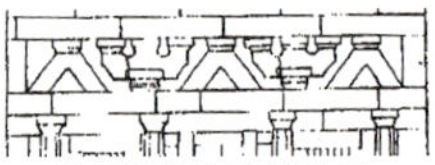
陕西华阴杨舒墓照墙
熙平二年（517 年）

西安碑林博物馆藏茹氏一百人造像碑
正光三年（522 年）

大同小站村出土屋形龛
延昌至正光间（513—526 年）

美国波士顿美术博物馆
藏宁懋石室仿木结构及线刻建筑
孝昌三年（527 年）

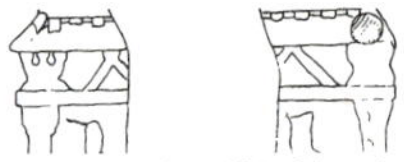
山西隰县七里脚千佛洞第 1 窟窟檐
孝明帝时期

大同沙岭新村墓地 M22 照墙
北魏迁洛后期

龙门古阳洞南壁中层第 1 与第 2 龛间屋形龛

龙门古阳洞西北隅上部屋形龛

龙门莲花洞正壁北侧屋形龛

龙门汴州洞以南至老龙洞
以北崖壁浮雕屋形龛

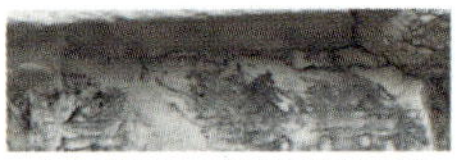
龙门莲花洞外壁浮雕佛塔

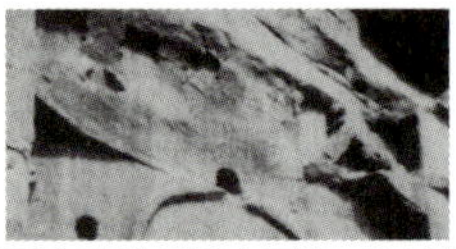
陕西安塞县云岩寺石窟二窟窟檐

云岩寺石窟五窟中心塔柱

王子云《中国古代石刻画选集》中
收录的一套早年出土于洛阳的石床围屏

美国纳尔逊·阿特金斯艺术博物馆藏石床围屏

吴强华私人收藏石床围屏

曲脚人字栱

日本大阪府和泉市久保惣纪念
美术馆藏石床围屏
附带正光五年（524 年）墓志

山西万荣北魏薛怀吉墓出土砖雕构件
孝昌二年（526 年）

美国波士顿美术博物馆藏
宁懋石室线刻建筑
孝昌三年（527 年）

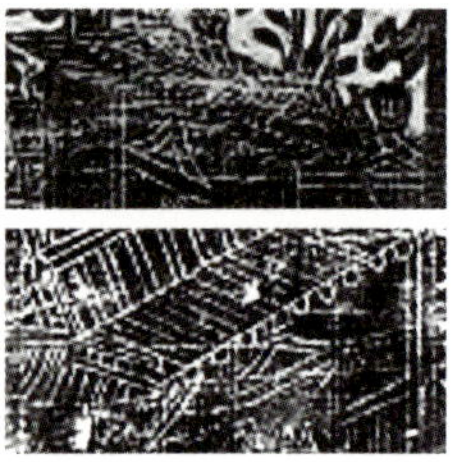
美国波士顿美术博物馆藏
卢芹斋旧藏石床围屏

美国纽约 2004 年“Ritual Objects and Early Buddhist Art”展览中
展出围屏石床对阙

图 11　北魏洛阳时代实例

孝武帝永熙三年（534 年），北魏分裂为东、西魏，拉开了北朝晚期的序幕。纵观实例，在位于北中国东部的东魏，曲脚人字栱的使用已经一般化；而位于关陇以西的西魏却几乎不见用曲脚人字栱者，诸多实例仍保持峻直之风（图 12）。待到东魏、西魏分别嬗替为北齐、北周，西方政权核心地区的关中才终于赶上东方的步调，人字栱曲脚斐然成俗（图 13）。更甚之，地处西北边陲的敦煌，其石窟壁画所见人字栱直到隋代才开始曲脚化，比起关中更为滞后，可见曲脚之风在北周境内的传播十分有限，并未一直影响到河西地区。

东魏

龙门路洞南北两壁上层部分屋形龛
大约完工于北魏分裂前后迄
东魏元象二年（539 年）间

河南安阳固岸墓地Ⅱ区 M57 出土石床围屏
武定六年（548 年）

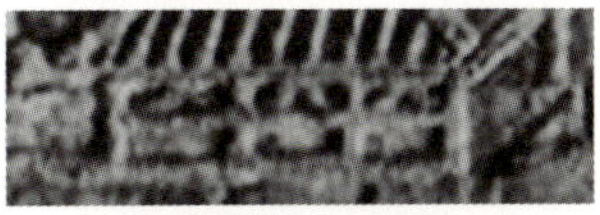

河南渑池鸿庆寺石窟第 1 窟
北壁佛传浮雕中城楼
时代与路洞接近

山西忻州九原岗壁画墓照墙
东魏至北齐早期

固岸墓地Ⅱ区 M24 照墙

深圳市金石艺术博物馆藏
翟门生墓围屏石床的线刻及对阙
武定元年（543 年）

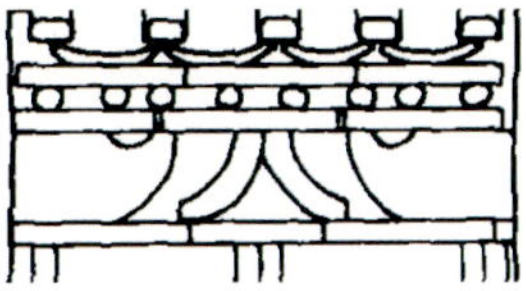

固岸墓地Ⅱ区 M51 照墙

西魏

美国旧金山亚洲艺术博物馆藏造像碑
大统十□年

西安韦曲高望堆墓出土陶仓
约为西魏初年

陕西药王山释迦多宝对坐说法造像碑

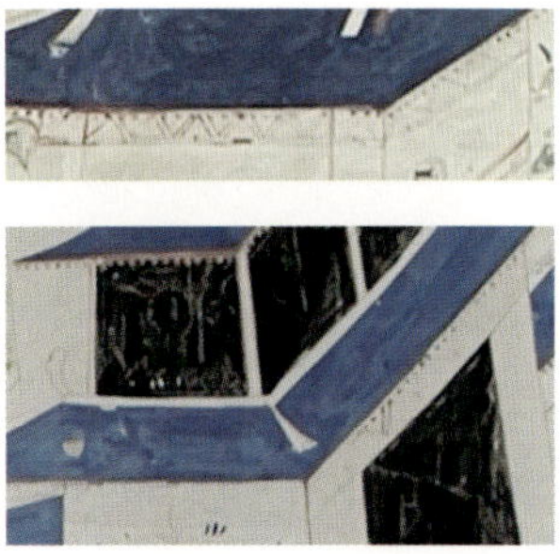

莫高窟 285 窟南壁

图 12　东魏、西魏实例

	北齐	北周
曲脚人字栱	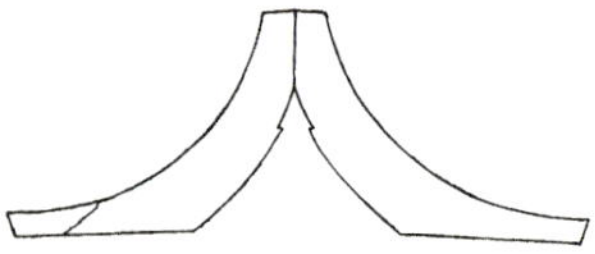 山西寿阳库狄迴洛墓木榑 太宁二年（562 年）  山西祁县韩裔墓照墙 天统三年（567 年）  沁县南涅水八面造像塔  沁县南涅水四面造像塔 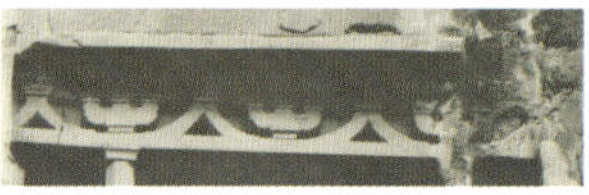 天龙山 16 窟窟檐	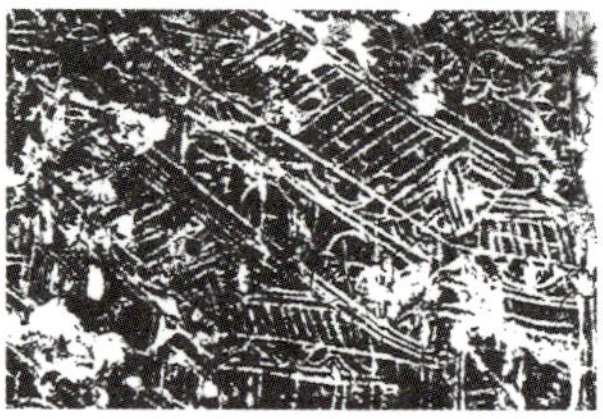 陕西药王山田元族造像碑 保定三年（563 年）  宁夏固原李贤夫妇墓过洞壁画 天和四年（569 年）  西安康业墓石床围屏 天和六年（571 年）  西安安伽墓石床围屏 大象元年（579 年） 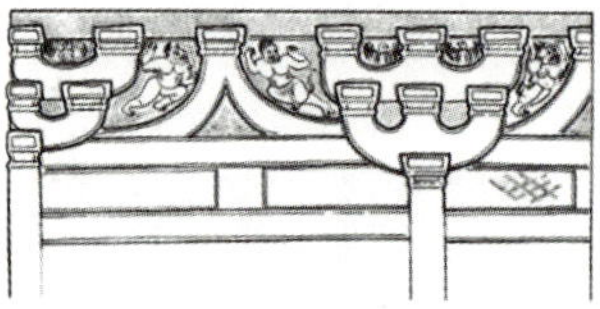 西安史君墓房形石椁 大象元年（579 年）  天水麦积山第 4 窟前廊 右侧顶部平棊壁画 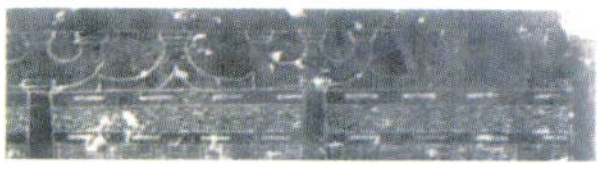 2012 年受日本收藏家幅内纪良捐赠 现藏于中国国家博物馆的房形石椁
直脚人字栱	 日本京都国立博物馆藏造像塔 天保七年（556 年）	 西安安伽墓石床围屏 保定三年（563 年）  伏富寺造像碑 大象元年（579 年）  邑子一百一十五人造像碑  莫高窟 296 窟南壁  莫高窟 296 窟北壁  莫高窟 428 窟壁画

图 13　北齐、北周实例

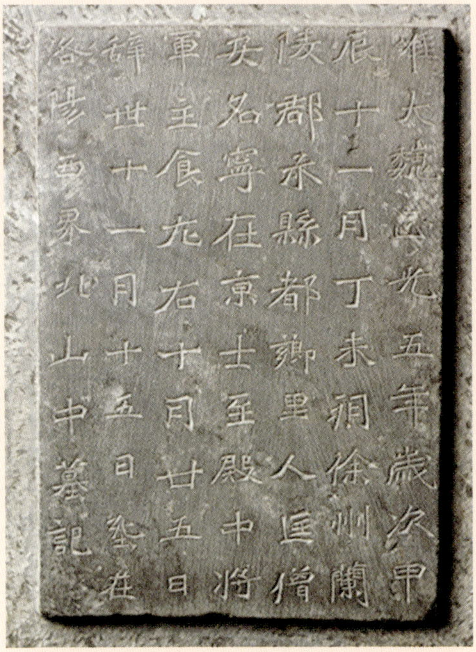

14-1 墓志

14-2 石床围屏

14-3 石床围屏

14-4 石床围屏

图 14 久保惣纪念美术馆藏石床围屏及墓志

从大处言之，在北朝，人字栱曲脚化较早发生于东部地区，且初现于北魏洛阳时代，得以确认。

不过，鉴于作为转捩点的北魏洛阳时代至关重要，而其曲脚人字栱又相对缺乏经考古发掘出土的可靠例证，所以必须对个中实例，尤其是占据重要比重的几件现藏于海外的石葬具作进一步慎重考辨。

首先，笔者拟以附带墓志，且墓志纪年最早的日本久保惣纪念美术馆所藏石床围屏为例，详加史料批判。该套石床据称是近二十六年中盗掘自河南地区，而后入藏久保惣纪念美术馆。[1]

墓志全文云："唯大巍正光五年，岁次甲辰十一月丁未朔，徐州兰陵郡承县都乡里人匡僧安名宁，在京士至殿中将军、主食左右，十月廿五日辞世，十一月十五日葬在洛阳西界北山中。墓记。"（图14-1）首先行文体例不同于一般北朝墓志，兹不赘言。其次措辞怪异处颇多。如"匡僧安名宁"句，一般写作匡宁字僧安，且僧安本就是北朝常见用名，两者皆名，叠床架屋；如"都乡里"三字不通，应作都乡某某里；如用"辞世"一词表述死亡在南北朝时期似未尝见；最后自名墓记也颇为稀罕。总体而言，该篇墓志难于通读，仿佛不懂中古行文之人所作。再者，"主食左右"一职与史无征，仅见"主食"；兰陵郡据《魏书·地形志》载"晋置，后罢，武定五年复"[2]，很可能在东魏复置之前非常设建制。总而言之，至少纪年为正光五年（524年）的墓志未足置信。

再观该石床的围屏线刻，侍者的手与当握之华盖脱离等刻画疏漏之处颇多，较之其他石床可谓粗劣（图14-2）；人物发式多有异常，尤其是男墓主的冠饰与其他石床墓主所戴北朝小冠迥异，更像是日本平安时代开始出现的乌帽子（图14-2）；墓主的手势好像佛教造像的手印（图14-3）；围屏中存在造型与面目具有典型胡人特征的人物，就围屏刻画内容的阶段性变化而言，这是进入北齐、北周之后才有的新兴因素，不见于早期石床（图14-4）。该石床围屏兼备墓主生活画像与孝子故事画，相同的题材与构图见于王子云书中早年间河南洛阳出土的北魏石床、河南安阳固岸墓地Ⅱ区M57出土的东魏武定六年（548年）谢氏冯僧晖墓石床，可见其在北魏洛阳时代形成格套，之后仍有蹈袭。依笔者管见，久保惣纪念美术馆所藏的这件石床不似真品，或是某件尚未现世的北齐、周石床的粗劣仿制，或是凭空捏造。

至于另外两件无纪年围屏石床，波士顿美术馆所藏者因卢芹斋1940年出版图录称出土地为洛阳，以及与美国明尼阿波

1　徐津：《波士顿美术馆藏北魏孝子石棺床的复原和孝子图像研究》，《古代墓葬美术研究》第三辑，2015，第119页。原文为二十年，自2015年至今另加六年。

2　（北齐）魏收撰：《魏书》卷一百六《地形志中》，中华书局，1974，第2539页。

利斯美术馆所藏传为正光五年（524 年）的元谧石棺的相似性而被美术史学者认为是北魏产物[1]，纽约展览上所见者则因是孝子题材而被邹清泉自然归属于北魏洛阳时期[2]。但笔者对比之后以为，波士顿美术馆藏品与元谧石棺实际上存在差别，相似之说仅可作为一参考；根据安阳固岸 M57 的出土石床，孝子图像在东魏依然盛行，绝非北魏洛阳时代独有，亦不能作为断代凭据。且据郑岩称，已有线索证明，纽约这套石床是近年从西安地区流出的，可能是北周遗物。[3]

就连广为援引的宁懋石室，亦尚存一丝疑窦。该石室的年代与主属依据《洛阳出土石刻时地记》[4] 而定，作者郭玉堂趁其流失海外之前赶至洛阳车站对盗掘情况作了采访，言称其 1931 年出土自洛阳故城外北半坡，与北魏孝昌三年（527 年）的“魏故横野将军甄官主簿宁君（懋）及妻郑氏墓志”同出。但邹清泉指出石室后壁石板所雕人物立像的貂尾冠饰与宁懋较低的职衔身份不符，认为石室并非宁懋遗物，而另有所属。[5] 由于邹文同时还通过图像程序的考察，指出后壁石板并非石室原物，而是挪用自其他石床的围屏，故笔者以为亦不乏仅后壁石板系盗掘之后、运销之前为文物贩子后补之可能。

要言之，北魏石葬具的认定，尤其是北魏围屏石床的认定是有待进一步辨而正之的问题，以之作为相关研究的基础材料使用时当有所保留。如此将实例中存疑的三座围屏石床去掉，那么在北魏洛阳时代本就相对弱势的曲脚人字栱就更加弱势了。

四 曲脚人字栱的创制与北传

就目前掌握的实例看来，南北人字栱曲脚化的时间节点比较接近。尤其因为既已发掘的南京燕子矶梁普通二年墓（521 年）、南京甘家巷蔡家塘 M1（约 522 年）图像资料未公开而未知曲直，南京尧化门老米荡南朝墓的石门又有一定概率为侯景乱后之物，导致南北方最早的可靠实例不期而遇于公元 526 年。但可以想见，将构造材曲化这样的悖理行为几无可能在大江南北同时出现。所以，南北之间一定存在孰先孰后，由一方创造出来，而后为另一方引为风尚。

从数量上看，曲脚人字栱在萧梁作为

1 《波士顿美术馆藏北魏孝子石棺床的复原和孝子图像研究》，第 122—125 页；林圣智：《北魏洛阳时期葬具的风格、作坊与图像：以一套新复原石棺床围屏为主的考察》，《台湾大学美术史研究集刊》2015 年第 39 期。

2 邹清泉：《北魏画像石榻考辨》，《考古与文物》2014 年第 5 期。

3 郑岩：《北朝葬具孝子图的形式与意义》，《美术学报》2012 年第 6 期。

4 大华书报供应社，1941，第 35 页。

5 邹清泉：《图像重组与主题再造——“宁懋”石室再研究》，《故宫博物院院刊》2014 年第 2 期。

主流样式如日中天、占据压倒性优势，而在北魏洛阳时代过于零星、过于弱势。多者为中心源地，少者为接受地，乃是事物传播、发展的一般规律。

从属性上看，北魏洛阳时代唯二可靠的曲脚人字栱实例都与南朝有着不解之缘。出土例主属薛怀吉，其父薛真度曾跟随从祖兄薛安都南奔刘宋，薛怀吉本人虽出生于北魏，但也曾于义阳一带南北交界处与梁武帝进犯之军打得有来有回。[1] 至于宁懋石室，宿白先生曾指出其上线刻人物体现了来自南朝“张得其肉”的新式画风，应是宁懋利用其“甄官主簿”这一职掌皇室工程、特别是陵墓工程的职务之便而获得的官家粉本。[2]

从动机上看，萧梁中期比北魏洛阳更有可能发明曲脚人字栱。如前所述，人字栱的双脚曲脚化对结构机能有害无益，有乖一般审美改造之常情，仅以佞佛造成风尚柔靡虚浮并不足以释疑，其背后当受到某种特殊观念的指导。而萧梁普通年间将人字栱的双脚曲化，其行动原理可能正是出于对佛教反现实精神的追求。诚然，北魏洛阳时代末期同样热衷于佛教，佞佛程度与萧梁普通以后不相伯仲。但与南方佛教重义理有所不同，北朝佛教历来更重禅修[3]，导致其创作和制造停留在追求外表的阶段，并未见将教义融入其中之事。并且，我们必须意识到，历史上，梁武帝作为一个极富想象力与创造力的、以爱创设新制而著称的君主无疑是特殊的，甚至可以说是独一无二的。他在制度和宗教建设层面的创新性早已广为历史学界所认同，兹不赘述。于建筑层面，梁武帝获得“皇帝菩萨”这一双重身份后，参考太极殿院的朝仪改造了法会仪式，寺院中主体建筑和围护结构之间原本仅作为剩余空间的中央庭院被赋予了仪式用途，动辄容纳千人以上讲经集会。从而以普通元年（520 年）为其父母分别所建之大爱敬寺及大智度寺、大通元年（527 年）所建之同泰寺为始，将宫殿的建筑布置亦引入寺院，历来中央庭院外包围的墙壁、周阁、僧房等封闭结构被改作开敞回廊，供高僧大德布道讲经。这一空间秩序后来广为北朝所仿效，以至最终成为整个唐代的标准寺院建制。[4] 从大处言之，普通年间真可谓发明的时代。

从条件上看，南朝人字栱普遍存在双脚间以木栓相连的地域特征，木栓的存在使得人字栱的杆件即使曲化为非构造部材，也不至于完全丧失结构机能，面对曲

---

1 详见出土墓志及《魏书》卷六一《薛安都传》附《薛怀吉传》，第 1357—1358 页。

2 宿白：《张彦远和〈历代名画记〉》，文物出版社，2008，第 48—49 页。

3 汤用彤：《汉魏两晋南北朝佛教史》，北京大学出版社，2011，第 430—431 页。

4 详见 Xu，Zhu. “Buddhist Architectural Transformation in Medieval China，300-700 CE：Emperor Wu’s Great Assemblies and the Rise of the Corridor-Enclosed，Multicloister Monastery Plan”，*Journal of the Society of Architectural Historians*，2020，79. 4：393-413。

脚化的审美改造可以做到有恃无恐。而北朝人字栱因普遍缺乏木栓，曲脚化百害而无一利，当忌讳如此发明。

从当时的传播趋势看，梁乃文化高地，北魏洛阳时代文化面貌的南朝化于既往的历史研究和考古发现上多有实证。众所周知，北魏在都平城末期亦即太和年间开始实行汉化政策，迁都洛阳后，更是摆脱了旧都保守势力，任用北来南人王肃主持制定分定姓族之法，全方位贯彻落实姓氏、服装、语言的改易，从而大力引进代表汉文明传统的南朝制度文化。在国家主导之下社会风气渐开，到了北魏都洛阳的后期，文学、书法、造型艺术等均自发群起模仿南朝，南朝化颇具普遍性。[1] 建筑上，虽然考古发掘显示，北魏洛阳在都城规划上基本延续了曹魏西晋以来的旧有格局，宫室亦是直接利用魏晋旧基进行重建[2]，但基础犹存，亦意味着经历了西晋末年以来的长期战乱，洛阳城中地表建筑已大量损毁，高等级建筑在造型样式、结构技术、装饰特征等诸多方面恐怕无法复古。从文献上看，在临近迁都之前（太和十五年，491 年），孝文帝曾派遣建筑家蒋少游至南齐摹写建康宫室楷式以作准备[3]，待蒋返归，考察结果便可投入洛阳新都的规划设计。从遗迹和遗物上看，北魏洛阳时代早、中期继承了平城的宝装（复瓣）莲花纹瓦当，而在晚期逐渐为建康所盛行的单瓣莲花纹瓦当所取代[4]；以北魏洛阳龙门石窟古阳洞中屋形龛为起点，北方地区开始出现形象的歇山顶建筑，早先起源并盛行于南方，实物最初见于成都牧马山出土东汉明器，三国时还因吴国画家曹不兴喜欢在绘画中表现而得名“曹殿”之别称[5]；北魏洛阳城的城市格局虽然参照了魏晋旧基，但北魏新修的外郭城采用“二十里”见方之规制，与东

---

1 文学方面参见牟发松《从社会与国家的关系看唐代的南朝化倾向》，《江海学刊》2005 年第 5 期。佛教造像、窟龛装饰等造型艺术方面参见宿白《洛阳地区北朝石窟的初步考察》，载《中国石窟寺研究》，第 173—175 页；Alexander Coburn Soper，“South Chinese Influence on the Buddhist Art of the Six Dynasties Period”，*Bulletin of the Museum of Far Eastern Antiquities* 32（1960），pp. 47-111 等。

2 参见钱国祥《北魏洛阳内城的空间格局复原研究——北魏洛阳城遗址复原研究之一》，《华夏考古》2019 年第 4 期；钱国祥《北魏洛阳外郭城的空间格局复原研究——北魏洛阳城遗址复原研究之二》，《华夏考古》2019 年第 6 期；中国社会科学院考古研究所洛阳汉魏故城队《河南洛阳市汉魏故城太极殿遗址的发掘》，《考古》2016 年第 7 期；中国社会科学院考古研究所洛阳汉魏故城队《河南洛阳汉魏故城北魏宫城阊阖门遗址》，《考古》2003 年第 7 期等。

3 “（孝文帝）议迁洛京，（永明）九年，遣使李道固、蒋少游报使。少游有机巧，密令观京师（建康）宫殿楷式。”见（梁）萧子显撰《南齐书》卷五七《魏虏传》永明九年条，中华书局，1972，第 990 页。

4 钱国祥：《汉魏洛阳城出土瓦当的分期与研究》，《考古》1996 年第 10 期；贺云翱：《南京出土六朝瓦当初探》，《东南文化》2003 年第 1 期。

5 王其亨：《歇山沿革试析——探骊折扎之一》，《古建园林技术》1991 年第 1 期。

晋以来的建康城一致[1]；佛寺建筑类型上，东晋时兴起、被梁武创为分藏舍利及爪发之用的双塔[2]，刘宋时兴起、因梁武重义理、尚玄讲而得到发扬的讲堂，在北魏洛阳时代，分别出现在了嵩岳明练寺和洛阳建中寺中；寺院的围合结构及仪式空间上，虽然永宁寺等洛阳大寺固守传统、以僧房围合，但建中寺和河间寺使用了梁武帝创造的环廊围合式构造，或有意见认为这两座寺院是由贵族宅邸改建而成、很难确定其回廊是否与南朝新制有关，但可以确定的是，至迟在东魏、北齐新建邺城大总持寺等时，已然风靡采用这一梁式寺院设计[3]；另据钟晓青指出，此期首次出现的凹曲屋面、纤细用材、斗栱繁化，可能亦是取法自南朝，只是限于南朝建筑形象资料匮乏，目前还无从索证[4]……北魏洛阳以来建筑方面对南朝的摹拟追随可见一斑，在如此背景下，人字栱双脚由直变曲，或许亦可视作北朝建筑“南朝化”之一端。

从类例上看，截至目前，笔者发现三例——北魏洛阳时代的美国纳尔逊·阿特金斯艺术博物馆藏石床围屏其中一幅的线刻建筑所用人字栱、东魏至北齐早期的山西忻州九原岗大墓照墙壁画中门殿左侧回廊的人字栱、北齐太宁二年（562年）库狄迴洛墓出土木椁的人字栱——与南朝木栓的技术手法密切相关，是北朝人字栱对南朝有所学习的直接证据（图15）。其中，纳尔逊博物馆藏石屏例与九原岗墓例是切实运用了该手法的不可多得的北朝实例。库狄迴洛墓例则比较特殊，其双脚内侧不见木栓，却有为了承嵌木栓而砍斫的二层台（参考图9）。据笔者对实物的观察，其双脚内侧并未开卯口，可知其要么当初仅仿制了搁置性质的木栓而舍其拉结之结构，导致了木栓的散失及腐朽，要么本就不用木栓。若是前种情况，自是反映出北人在学习南朝时不求甚解、照猫画虎的心态；若是后种情形，则说明北人有着自己的思考与取舍，特别是对自身的技术体系有所执着。无论是哪一种，比起另两例那样的完全形态，库狄迴洛墓这一半生不熟的仿制品都更能明确传播的方向性，是由南至北。三例中，北魏纳尔逊博物馆藏石屏例为直脚，东魏至北齐的九原岗墓例和库狄迴洛墓例为曲脚，既已知道一直以来北朝人字栱对南朝有所学习，那么曲脚作为南朝人字栱后期的一大基本特征，成为效仿对象势在必然。

---

1 钱国祥于《建康与洛阳：考古工作者的对话》论坛上的发言，参见“南师文博”公众号所发纪要，2021年11月30日。

2 宿白：《东汉魏晋南北朝佛寺布局初探》，载《魏晋南北朝唐宋考古文稿辑丛》，文物出版社，2011，第240页。

3 前揭“Buddhist Architectural Transformation in Medieval China，300-700 CE：Emperor Wu's Great Assemblies and the Rise of the Corridor-Enclosed”，Multicloister Monastery Plan. pp. 404-408。

4 钟晓青：《北朝后期建筑风格演变特点初探》，载金磊主编《中国建筑文化遗产1》，天津大学出版社，2011，第13—16页。

15-1 九原岗大墓照墙壁画

15-2 纳尔逊博物馆藏石床围屏线刻

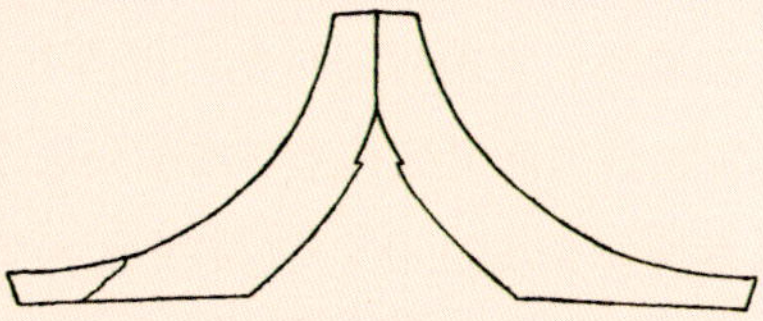

15-3 北齐太宁二年(562年)库狄迴洛墓出土木人字栱

图15 北朝与木栓手法相关的人字栱实例

从曲脚人字栱在魏分东西以后的时空分布格局上看，曲脚人字栱在北朝的东部率先普及、西部落后一步，与各政权的对梁关系密切吻合。东西魏相持之势形成时，正值萧梁鼎盛之际，东魏为牵制西魏，主动谋求与梁的外交关系，两国使节往还不断，民间交流亦十分密切，这可能正是东魏率先受到曲脚之风熏陶而西魏无动于衷的原因。侯景乱后，战后幸存的萧梁上流社会基本自建康撤离，随梁元帝萧绎迁都江陵避难，此地成为梁统延续之地。随着554年西魏攻占江陵，梁朝百官以及一般士民十余万人作为战俘被驱逼至关中，旋即西魏为北周取代，这些俘虏中有能有识者多在北周朝廷得以重用，参与到北周制度建设中，一如陈寅恪所考的明克让、裴政等高级文官，以及以入隋后成为三大技术家之一的何稠及其叔父何妥为代表的匠作工艺人才[1]。这次事件可能正是关中一入北周、曲脚人字栱便井喷式涌现的原因。另外，西魏、北周继续在江陵原地扶植傀儡政权后梁以作藩属，其辐射力虽弱，但不失为一文化转枢。曲脚人字栱在北朝晚期的时空分布情况与萧梁的历史发展可以环环相扣，足以说明其在北朝的施用与萧梁的持续影响有关。

基于上述种种考量，笔者以为，萧梁中期是整个建筑发展史上人字栱曲脚化的肇始、北朝的曲脚风气是受萧梁影响而出现并流行的可能性极高。故此，曲脚做法便只能是在萧梁普通年间被创制出之后，亦即北魏孝明帝正光以后，才被引入洛阳的。

北魏分裂后，洛阳苦于东西魏竞逐达8年之久，而后归属于东魏、北齐。东魏、北齐以邺城为政治中心，史载高欢下令拆毁洛阳宫室，运其材瓦至邺，用于兴

1 参见陈寅恪《隋唐制度渊源略论稿 唐代政治史述论稿》，商务印书馆，2011，第53—57页。

建邺南城宫殿[1]。照此情况，洛阳地区积累多年的僧俗工匠及其建筑经验很可能大部分北上了邺城，东魏、北齐的曲脚人字栱或可看作北魏洛阳时代的遗产。然而，东魏时曲脚人字栱蔚然成风，很难想象其全部来源于北魏洛阳时代末的零星遗产。鉴于东魏与萧梁极其密切的国交关系，恐怕东魏对萧梁文化的直接吸收、步步追随，才是其人字栱曲脚化浪潮背后最势不可挡的历史动因。亦即，纵使北魏洛阳时代末即已零星出现曲脚人字栱，也不能与东魏、北齐视作同一划期。

五 隋唐及宋《营造法式》人字栱的技术来源

虽说人字栱双脚曲化之缘起必有诱因，然一旦曲化，其结构意义就已经发生质变，即使此后没有当年的环境和动机，也再抵挡不住更多的装饰化了。进入隋唐，人字栱曲脚不仅成为常态，更向横长发展，逐渐形成“舒脚”的主流审美。

有意思的是，以关中及唐之北都并州（太原）等政权核心地区为首的北方，以高等级墓葬的影作木构为代表的为数甚多的人字栱两脚之间开始连有木栓（图 16-1、图 16-2）。隋唐时期文化南朝化已成为史学界共识[2]，因此这一现象可以理解为南朝建筑文化对隋唐社会的强力渗透。且与北朝后期以吸收与模仿为主、在自身的技术体系上借鉴南朝的曲脚样式的“南朝化”不同，隋唐间之南朝化明显是移植式地取法南朝技法。

16-1 关中例：咸阳礼泉唐龙朔三年（663 年）新城长公主墓

16-2 并州例：山西太原焦化厂武周墓

图 16 隋唐舒脚人字栱举例

1 （唐）李延寿撰：《北史》卷五四《高隆之传》，中华书局，1974，第 1945 页。

2 唐长孺在《魏晋南北朝隋唐史三论》（武汉大学出版社，1992）第三篇《论唐代的变化》中第一次从经济、政治、军事以及学术思想诸方面对唐代的“南朝化”问题进行了全面系统的论证，而后陆续有许多相关的实证成果问世。具体参见牟发松《略论唐代的南朝化倾向》（《中国史研究》1996 年第 2 期）、《从社会与国家的关系看唐代的南朝化倾向》等。

我们知道，隋文帝开皇九年（589年）平陈后，下令将建康城邑、宫室平荡耕垦，负责相关事宜的是彼时任扬州总管的晋王杨广，亦即日后的隋炀帝。处理善后的三个月间，建康城一定给他留下了深刻的印象，以至于后来杨广所主持建设的洛阳才会明显表现出吸收南朝都城规划和木构建筑技术的迹象[1]。不过，鉴于建康地区人字栱的主流形态在陈代很可能已向直脚回溯，所以在人字栱之一端上，我们或许更应该重视以扬州为首的江北两淮地区在传播过程中的跳板作用。江北两淮地区曾为拱卫建康之要地，寿春（今寿县）、广陵（今扬州）等在梁时都是重要军府所在地，长官例由王族出任，当具备一定的梁官式建筑基础。以开皇六年（586年）的安徽合肥西郊隋墓为证，建康人字栱样式，特别是萧梁中期出现的曲脚样式在此确有所流布。自梁末侯景之乱始，江北之地尽归北朝所有，而这些城市入北之后仍为军事、贸易重镇，对北方具备相当的影响力。尤其广陵，出于与隋炀帝杨广的深刻渊源，在南朝向隋唐的文化传递中扮演过举足轻重的角色。杨广自19岁起统辖长江下游各州长达10年，其间大多坐镇广陵，可谓是在此养成了对南朝文化的歆羡情结。也正由于广陵乃其立身之地，杨广即位后以广陵城为基础建造江都宫，并主导完善了沟通南北的运河系统，一方面数次巡游江都，另一方面大力将南方物质、文化引进洛阳及关中。可以说，虽然在经济上，南方是于安史之乱后成为两京物质供给的主要来源，扬州是在中晚唐时才成为唐王朝第一大商业都市，但其实早在隋完成统一、至迟在隋唐之际，以运河为纽带，南方对北方的文化渗透就已开始，建筑技艺的北传也势在必行。以扬州为首的江北两淮地区，有十分的历史机遇可以成为隋唐两京官式建筑仿效南朝带木栓的曲脚人字栱样式的跳板。

较为罕见的是，初唐晚期的大雁塔石门额上线刻的人字栱与北齐库狄迴洛墓木椁人字栱一样，仅有二层台而无木栓，当与北齐技术体系有关（图17）。

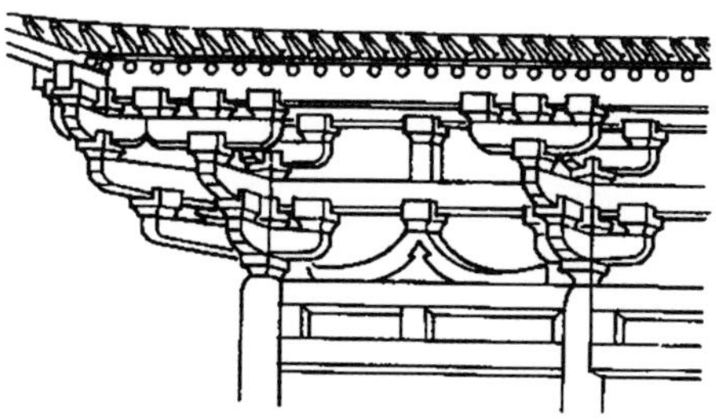

图17 大雁塔西门额线刻

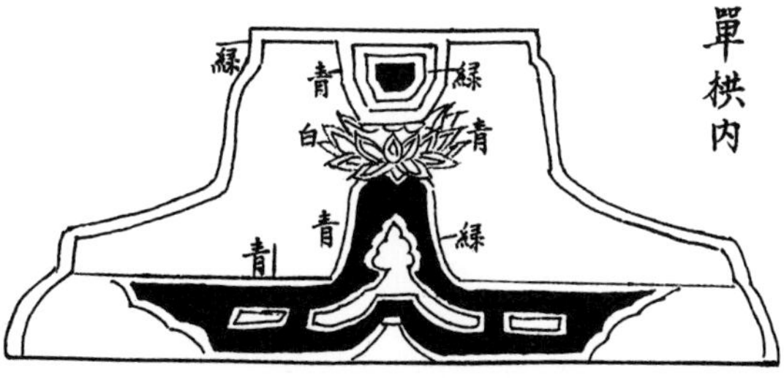

图18 大英图书馆藏永乐大典本《营造法式》图样

1 傅熹年：《试论唐至明代官式建筑发展的脉络及其与地方传统的关系》，《文物》1999年第10期。

另外，在中晚唐以后，人字栱作为木质构件趋于消亡，但被作为额上壁或栱眼壁的壁画装饰纹样固定下来，保留在宋《营造法式》卷十四彩画作制度中，谓之“影作”（图18）。卷十四彩画作制度云：“其上先画斗，以莲花承之。中作项子，其广随宜。下分两脚，取壁内五分之三。广身内随项，两头收斜尖向内五寸。”[1]可知斗下应有莲花。又据卷三十四彩画图样可知，影作的栱身内随形间断布置条纹，项子分脚处的正上方作如意头。对比南朝墓葬石门尤其是纹饰保存相对完整的狮子冲M2及之后的狮子冲M1的人字栱，斗欹有莲花立面装饰、栱身作七朱八白彩画、由于木栓相连造成分脚处有三角形透空，皆是共通之处甚或完全一致，传承关系不言自明（图9）。目前为止，已有多位学者指出过北宋编撰的《营造法式》中有南方因素[2]，而南方建筑究竟如何影响到《营造法式》尚有待进一步研究。就人字栱之一端而言，汴梁的新作或许是如花石纲一般直接来源于江南的彩画趣味，可以为《营造法式》受到南方影响再添新证；但更可能只是源自西京洛阳的隋唐遗风，毕竟早在作为隋唐之东都时，洛阳的人字栱应业已移植式地南朝化了。

结　语

人字栱曲脚之风产生及传播之过程，还原到当时的历史情境中，可综述如次：

萧梁普通年间（或早至天监后期），梁武帝治下的社会环境及诸般创作皆因佛教，尤其是二谛思想走向绮靡化，从而创制并流行起了曲脚化的人字栱。在以侯景之乱为肇始的梁末陈初的大混乱中，建康的萧梁建筑文化凋零，而陈代南方土著豪酋出身的皇族及股肱们将边远地区的古风带回，人字栱主流样式复归直脚。在直、曲脚人字栱随着建康社会主角的更替而盛衰易位时，处于弱势者一直不曾消亡。

曲脚人字栱在萧梁诞生之后，迅速通过南北交通的东线向北传播，最早在北魏洛阳时代的正光以后零星出现，而后在东魏时出于与萧梁密切的国交关系得到大规模普及。另一方面，西方则落后一步，直到西魏嬗替为北周之际，以攻取江陵为契机，将侯景乱后西撤之萧梁文化大举攫取入关中，才井喷式涌现曲脚人字栱。

隋唐之际，以炀帝对南朝的钦慕情结为历史机遇、以江北两淮地区为传播之跳板，两京等地高等级建筑的人字栱不仅盛仿南朝样式，还开始彻底地采用南朝技术，于双脚间多用木栓。

综而言之，人字栱曲脚之风的产生与传布高度契合于中古社会历史的演进轨迹，尤其堪称萧梁文化盛衰的伴奏曲，随着萧梁社会进退流转、一波三折，又通过萧梁与北朝各政权展开的互动对北方带去

---

1 梁思成：《梁思成全集（第七卷）》，中国建筑工业出版社，2001，第271页。

2 如张十庆《北构南相——初祖庵大殿现象探析》，《建筑史》第22辑，清华大学出版社，2006，第84—89页。

影响，并最终遗泽隋唐乃至《营造法式》。这一过程有助于我们管窥南朝建筑在历史进程中的位置及意义。

此外，作为余论欲指出的是，受限于南朝资料的不足，以往对南北朝时凹曲屋面等建筑上的种种曲线是如何发生的只知轮廓、不知其详。今借本文阐明了人字栱的曲线诞生于萧梁中期，而在萧梁中期的社会环境下，在建筑各部分联动的情况下，这应当不是偶然和孤立的现象，不妨想象一下建筑诸方面曲线的出现是在此时一同发生的。当然，证实还有待相关资料的进一步积累。

附表一　带人字栱雕刻的石门实例

时代	编号	墓葬名称	年代	墓主身份	石门数量	资料来源
宋	1	南京铁心桥尹西村 M1	刘宋		一重	《南京尹西村六朝墓发掘报告》，《南京文物考古新发现：南京历史文化新探二》，江苏人民出版社，2006 年
齐	2	丹阳胡桥仙塘湾大墓	卒年南齐建武元年（494）	齐景帝萧道生（修安陵）	二重	《江苏丹阳胡桥南朝大墓及砖刻壁画》，《文物》1974 年第 2 期
	3	丹阳建山金家村大墓	卒年南齐永泰元年（498）	齐明帝萧鸾（兴安陵）[1]	二重	《江苏丹阳县胡桥、建山两座南朝墓葬》，《文物》1980 年第 2 期
	4	丹阳胡桥吴家村大墓	卒年南齐中兴二年（502）	齐和帝萧宝融（恭安陵）	二重	
梁	5	南京栖霞甘家巷 M6	卒年梁天监十七年（518）	安成康王萧秀	一重（充当封门）	《南京栖霞山甘家巷六朝墓群》，《考古》1976 年第 5 期
	6	南京栖霞甘家巷 M4	卒年梁大通二年（528）	安成郡王萧机（萧秀子）	一重	
	7	南京栖霞甘家巷 M30	卒年梁太清三年（549）	萧推（萧秀次子）	一重	

1　该墓发掘之初曾被推测为萧齐东昏侯的墓葬，但随着研究的深入，从地望、排葬规律、墓葬内容等因素分析，这座墓葬作为南齐废帝东昏侯萧宝卷墓葬的可能性不大，应是齐明帝萧鸾的兴安陵。见张学锋《中国墓葬史》，广陵书社，2009，第 280 页。

续表

时代	编号	墓葬名称	年代	墓主身份	石门数量	资料来源
梁	8	南京燕子矶梁普通二年墓	梁 普通二年 （521）	广州刺史 并领平越中郎将	一重	《南京郊区两座南朝墓清理简报》，《文物》1980 年第 2 期
	9	南京甘家巷蔡家塘 M1	卒年梁 普通三年 （522）	梁始兴忠 武王萧憺	一重	《南京尧化门南朝梁墓发掘简报》，《文物》1981 年第 12 期
	10	南京尧化门老米荡南朝墓	卒年梁 普通四年 （523）	吴平忠侯 萧景[1]	一重	《江苏南京市白龙山南朝墓》，《考古》1998 年第 12 期
	11	南京白龙山南朝墓	卒年梁 普通七年 （526）	临川靖惠王 萧宏	一重	《南京栖霞狮子冲南朝大墓发掘简报》，《东南文化》2015 年第 4 期
	12	南京栖霞狮子冲 M2	梁 普通七年 （526）	丁贵嫔	二重	
	13	南京栖霞狮子冲 M1	梁 中大通二年 （530）	昭明太子 萧统	二重	《梁朝桂阳王萧象墓》，《文物》1990 年第 8 期
	14	南京栖霞炼油厂南朝墓	卒年梁 大同二年 （536）	桂阳敦王 萧象	一重	《南京甘家巷和童家山六朝墓》，《考古》1963 年第 6 期
	15	南京仙鹤门南朝墓		可能是梁临川靖惠王萧宏的家族成员	一重	《南京郊区两座南朝墓》，《考古》1983 年第 4 期
	16	南京灵山大浦塘村南朝墓	根据残存墓志推测为齐梁宗室			2012 年发掘出土，现藏于南京六朝博物馆
	17	南京铁心桥小村 M1	梁[2]		一重	《南京市雨花台区铁心桥小村南朝墓发掘简报》，《南朝真迹》，江苏凤凰美术出版社，2016 年

1 发掘者推定墓主为梁南平元襄王萧伟，该说流传广泛，但据王志高对出土墓志的详细考察，墓主身份明确指向萧景。据王志高推断，萧景墓原在十月村，侯景之乱时遭毁，乱平后由梁元帝萧绎主持迁葬至现尧化门老米荡。见王志高《南京尧化门外北家边南朝陵墓神道石刻墓主身份新证》，《南京晓庄学院学报》2016 年第 3 期。十月村的墓葬遭到何种程度的破坏、原墓葬设施多大程度上被挪用，现不得确知，因此该墓石门亦有可能为侯景乱后之物。

2 付龙腾指出该墓出土女侍俑为梁代中期以后常见。见《试析南朝陵寝制度的两大取向》，《东南文化》2020 年第 4 期。

续表

时代	编号	墓葬名称	年代	墓主身份	石门数量	资料来源
陈	18	南京西善桥宫山大墓	卒年陈太建二年（570）	陈废帝临海王陈伯宗[1]	一重	《南京西善桥南朝墓及其砖刻壁画》，《文物》1960 年第 8、9 期合集
	19	南京西善桥油坊村罐子山大墓	卒年陈太建十四年（582）	陈宣帝陈顼（显宁陵）[2]	二重	《南京西善桥油坊村南朝大墓的发掘》，《考古》1963 年第 6 期
	20	南京铁心桥马家店南朝墓	陈		一重	《南京铁心桥镇马家店村南朝墓清理简报》，《南京文物考古新发现：南京历史文化新探二》，江苏人民出版社，2006 年
	21	合肥西郊隋墓	隋开皇六年（586）[3]		一重	《合肥西郊隋墓》，《考古》1976 年第 2 期
	22	南京东善桥砖瓦一厂南朝墓	陈末		一重	《江宁东善桥砖瓦一厂南朝墓发掘简报》，《东南文化》1987 年第 3 期
南朝中晚期（具体时代不明）	23	南京对门山南朝墓			一重	《南京郊区两座南朝墓清理简报》，《文物》1980 年第 2 期
	24	南京板桥南朝墓			一重	《南京郊区两座南朝墓》，《考古》1983 年第 4 期
	25	南京中央门外新宁砖瓦厂 M1			一重	《南京六朝墓清理简报》，《考古》1959 年第 5 期
	26	南京迈皋桥宋家埂 M1			一重	
	27	征集品				南京市博物馆藏

1 关于该墓年代，学者们众说纷纭，有晋宋之际（罗宗真）、刘宋中后期（韦正）、宋齐之际（蒋赞初）、齐梁之际（曾布川宽）、陈伯宗墓（王志高）等观点，几乎跨越东晋、南朝全部，尚无定论。

2 除此主流观点外，另有日本学者町田章认为是刘宋之墓，未有充分论证，见《南齐帝陵考》，劳继译，《东南文化》1986 年第 1 期；王汉从壁画砖的拼装与规格着眼，亦持此观点，见《从壁画砖看南京西善桥宫山墓的年代》，《东南文化》2018 年第 2 期。

3 即陈至德四年，此时江北已入隋，故称隋墓。然墓葬形制仍与南朝一脉相承。

蒙古国萨哩达克寺措钦大殿佛殿配置分析

■ 苞璐尔（浙江大学艺术与考古学院）

萨哩达克寺遗址[1]位于蒙古国中央省额尔敦苏木的肯特山脉支脉之上。20 世纪初，苏联考古队到此地进行考察，1995 年，蒙古科学院历史研究所与中央省地方研究博物馆合作对此遗址进行挖掘并制作了遗址平面图。十五年后，即从 2010 年开始以散・楚隆（S. Chuluun）为代表的蒙古国考察队伍再次对此遗址进行了挖掘工作，并持续到现在。散・楚隆将此寺与名为《第一世博克多哲布尊丹巴喇嘛名号》（Boγda Jibzundamba blama-yin angqan törül-ün ner-e orusiba）手稿文献[2]中的理卜格济林寺（Ribogejai-Yandanšaddublin）联系在一起。首先，寺庙地理位置与文献描述一致，其次，考古学家们根据遗址出土木质材料的碳十四结果与文献中建寺时间对比后发现二者匹配。并且将遗址出土的一些雕塑残留与哲布尊丹巴其他存世作品比较，得出了相同的造像量度。散・楚隆根据以上内容判断理卜格济林寺便是萨哩达克寺[3]。

一　寺庙基本情况

一些传记文献中记载了萨哩达克寺建寺时间与建寺人的相关内容。如在哲布尊

1　自蒙古文 Saridag-un khiid 音译而来，1922 年蒙古国经文研究所向政府的考察请愿书中便已使用“萨哩达克寺”这个名称。之所以称为萨哩达克寺，或是因它所在的那座山为萨哩达克山，周边居民一直沿用此称呼。

2　乌云毕力格主编：《蒙古国藏第一世哲布尊丹巴呼图克图蒙古文传记汇集》，内蒙古科技出版社，2020，第 1—118 页。此份手稿蒙古文名称为 Boγda jibzundamba blam-a-yin angqan törül-ün ner-e orusiba，现藏于蒙古国国家图书馆。Ribogejai-γandanšaddublin，藏文转写为 Ri bo dge rgyas dga' ldan bshad sgrub gling，ri bo 意为山，dge rgyas 意为遍净天，而 gling 意为洲，也代表寺庙，汉语直译为遍净山洲。

3　Sampildondovin Chuluun，“In Search of the Khutugtu's Monastery: The Site and Its Heritage”，trans. by Uranchimeg Tsultemin，*Cross-Currents: East Asian History and Culture Review*，No. 31（2019），p. 245.

丹巴的弟子罗桑普凌莱[1]（又称洛桑赤列，1642—1715年）的《一世哲布尊丹巴传》中记载道：“称为扎勒巴的木马年（1654年）于肯特山开始建造名为理卜格济的一座寺庙”[2]，由此可见此寺为哲布尊丹巴扎纳巴扎尔第一次赴藏归来后于顺治十年（1654年）开始建立。罗桑普凌莱在其自传中记载道：“1680年六月到达新寺理卜格济林寺，待了大约半个月。”[3]关于此事，罗桑普凌莱在《一世哲布尊丹巴传》中扩充道：“名为达各布的铁猴年（康熙十九年，1680年）跟随哲布尊丹巴到理卜格济林寺，那时寺庙外部大致建完，并在他们建造佛像的时候留了下来，在那里待了十多天”[4]，又记载：“在称为萨德巴的火虎年（康熙二十五年，1686年）理卜格济林寺建成。”[5]根据以上材料得知此寺始建于1654年，完成于1686年，而建寺人显然就是一世哲布尊丹巴扎纳巴扎尔。

蒙古国一些学者如额·乌日图那顺（E. Urtnasan）和车·恩和图拉（Ch. Enhtuul）认为萨哩达克寺是扎纳巴扎尔铸造佛像等艺术作品的主要根据地，扎纳巴扎尔建造此寺时请大批工匠集聚于此协助他制作佛像。甚至还认为扎纳巴扎尔制作五方佛等精品金铜佛像时间与此寺建造内部佛像时间上的重合并非偶然[6]。从上段传记中的描述可得知当时此寺确有佛像制造活动，因此萨哩达克寺是当时重要的制作佛教艺

---

1 罗桑普凌莱为一世哲布尊丹巴两大弟子之一，另一弟子为格列坚赞。罗桑普凌莱于1642年出生在喀尔喀蒙古，十八岁时赴西藏，先后师从四世班禅罗桑却吉坚赞与五世达赖阿旺洛桑嘉措，停留时间长达十九年。

2 （清）罗桑普凌莱，Lokesh Chandra重版：《一世哲布尊丹巴传》（蒙藏双语版），《一世哲布尊丹巴的生活和作品》，1982，第438页。蒙古文原文转写为：jalba kemekü modun morin jil dur kentei kemekü-yin oron dur ribogejailing kemekü keyid bariqu-yin eki bayiγulju…，藏语原文转写为 rgyal ba zhes pa shing rtar gen the'i han zhes pa'i yul du ri bo dge rgyas gling zhes bya ba'i dgon pa 'debs pa'i dbu btsugs。

3 （清）罗桑普凌莱，R. Byambaa重版：《喀尔喀第一世咱雅班第达自传》（藏文），2002，f. 25. b. 藏文原文转写为：ri bo dge rgyas gling zhes sgon gsar la phebs pa'i phyag g. yog zhus nas dgon nas dgon par sleb/ zla phyad tsam bsdad tshe dbang sgrol dkar gyi rjes gnang zhus/。

4 （清）罗桑普凌莱：《一世哲布尊丹巴传》，第447—448页。蒙古文原文转写为：Daγbu kemekü temür bečin jil-ün jun…tende-eče ribogejailing jalaraqui dur baraγa bolbai， keyid-un γadaγada bey-e yekengki-yi baraγačiqaγad burqan sitügen-i bütügeküi-yin üy-e büküi-yin tula tende arba γarui qonuγ-un tedüi toγtaju degerküy-e ayiladγaγsan. 藏文原文转写为：drag po ces pa lcags spre'i dbyar ka rje 'di pa'i sku gzhogs su phyag dbang zhu bar phyin/dgon par phebs pa'i lam tu phebs rjes zin te phyag dbang zhus/ yun ring po'i bar du gsung gling zhib rgyas gnang/ de nas ri bo dge rgyas gling du phebs pa'i phyag phyir phyin/ dgon pa'i phyi rgya phal cher grub cing rten bzhengs kyi skabs su 'dug / der zhag po bcu lhag tsam bsdad de bka' dbang zhus/。

5 （清）罗桑普凌莱：《一世哲布尊丹巴传》，第463页。蒙古文原文转写为：Sadba kemekü ral bars jil-ün jun kentei-yin keyid bütügen daγusču neretei nigen kedün blama nar-iyer rabnai kilgen ayiladduγsan. 藏文原文为：zad pa zhes pa me stag gi dbyar ka ri bo dge rgyas gling gi rten bzhengs grub bstun bla ma'i gras 'ga' zhig gis rab gnas mdzad 'dug/。

6 Э. Уртнасан、Ч. Энхтуул，“Өндөр Гэгэн Занабазарын Бүтээлийн Ордон：УранБарилга，ГолСүм，Саридагийн Хийд”，in Түүх Археологийн Судалгаа eds.，*Өндөр Гэгэн Занабазарын Уран Бүтээлийн Хүрээ*，（Улаанбаатар，2019），pp. 151-152.

术品的基地之一。然而如此大的佛教中心在后来的卫拉特与喀尔喀部战乱中遭到严重破坏。

后来被遗弃的萨哩达克寺遗址森林密布，2010—2019 年，蒙古国科学院历史考古所的工作人员经过近十年的挖掘工作，根据地基、城围墙等遗留，认为萨哩达克寺遗址原有十二座建筑[1]（见图 1）。此寺在地理位置的选择上很有考究。距主寺西南侧 1000 米左右有三个小湖泊，且在东西南三侧皆有河流。寺庙后方及西侧建有防洪水道，遗留的石墙以及建筑台基前高后低，符合寺庙依山而建的布局。这种建于山上的寺庙建筑布局同样也出现在土默特寺庙建筑中。如包头市五当召坐北朝南，整个寺院建筑群自南向北呈阶梯状上升。由于后期一直在扩建，寺庙建筑群很庞大（见图 2）。五当召主要以苏古沁大殿（也是措钦大殿）、洞阔尔大殿以及喇嘛仁殿为中轴线，其他殿分布于两侧。两侧山谷中各有溪流一条，交汇于五当召前。萨哩达克寺与五当召在寺庙布局上相似，处于随着山势自南向北逐渐升高的地势中，措钦大殿位于中间，而其他殿横向分布。

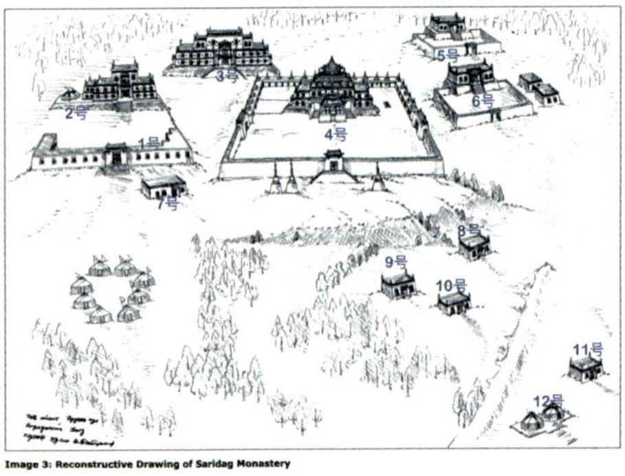

图 1　萨哩达克寺外景复原手绘图

图片来源于散・楚隆 2019 年论文

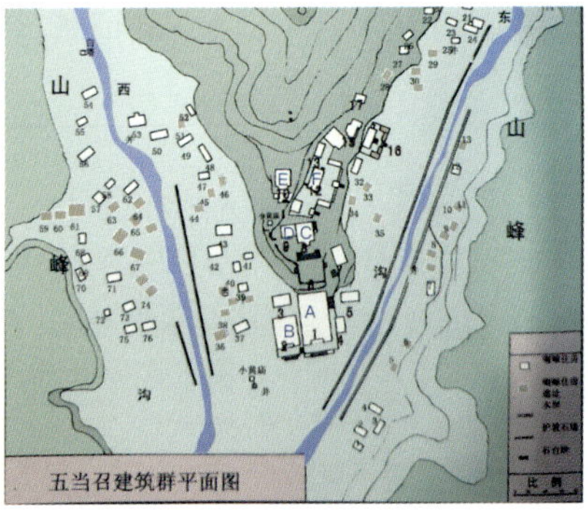

图 2　五当召建筑群平面图

图片来源于《藏传佛教寺院美岱召五当召调查与研究》（下）第 94 页，图 8-1

1　作者根据额・乌日图那顺和斯・恩和图拉 2019 年考古报告中的描述，在手绘图上标出了相对应的号码。其中 1—7 号集中在一起。1 号建筑共有八个房间，从西往东，房间大小分别为长 11 米宽 3 米、长 8 米宽 3 米、长 6 米宽 2 米、长 7 米宽 2 米、长 8 米宽 3 米、长 9 米宽 16 米、长 8 米宽 15 米和长 5 米宽 6 米。向下 1.6 米挖出了原来的地板，除此之外没有其他物品出土，应为僧房。2 号建筑建于台基之上，共有两大、两小四个方间，未能量出房间具体长度和宽度。3 号建筑也建于台基之上，中间一座大的空间，两侧各有三座偏殿。4 号建筑为主寺，四周由围墙环绕。主寺位于台基之上，内有四个空间，中间的经堂大小为 40×37 米，后方为 14×8 米佛殿，两侧各有一间偏殿，大小同为 14×8 米。5 号殿位于 4 号东北侧，也位于台基之上，有院子。6 号殿位于台基之上，有两间房，连着台基有一个小院子。东边院子外有两座小房间。7 号建筑位于 1 号建筑前方。8 号建筑距主要建筑群 120 米。9 号建筑在 8 号建筑东南侧 20 米处。10 号建筑在 8 号建筑东 50 米侧。11 号建筑距主寺 300 多米，大小为 7.5×11 米，有台基。12 号建筑只有台基，应是当时未建完。

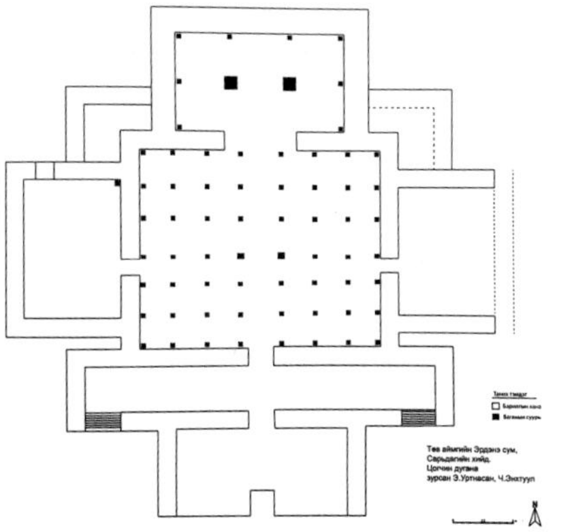

图3 萨哩达克寺主寺平面图

图片来源于额·乌日图那顺与斯·恩和图拉考古报告，第127页

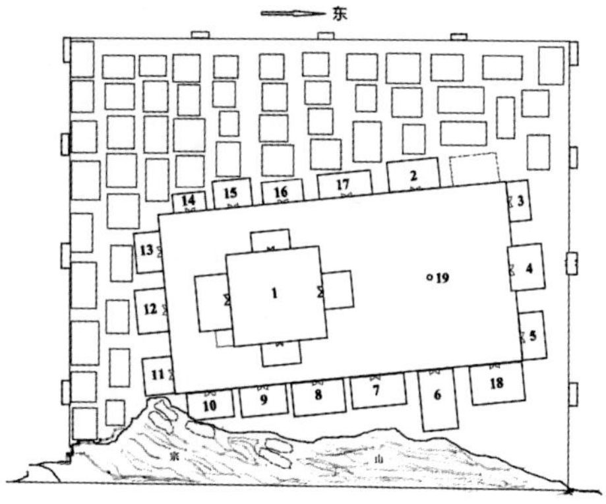

图4 甘丹彭措林寺山下佛殿平面图

图片来源于闫雪《西藏甘丹彭措林寺建筑格局及其渊源考释》图1

在萨哩达克寺十二座建筑中，出土佛像以及物品最多的是4号建筑，即主寺措钦大殿。围绕措钦大殿原有四面墙，东、南、西三面墙正中间各有一道门，正门外有三座塔基残留。其内部格局方正（见图3），坐北朝南，内有四个空间：中间经堂、后方佛殿，以及两侧各一间偏殿。目前偏殿中还未发现考古遗存，因此无法确定其主供佛或护法。大经堂中原有56根立柱，且地面由木板铺成。大经堂左前与右前方有通往二层的梯口。根据此殿出土的两种不同瓦片，推断此建筑原本至少有两层。萨哩达克寺主寺布局与觉囊派甘丹彭措林寺措钦大殿平面格局相似（见图4，图中1号建筑为措钦大殿）。多罗纳他在建造彭措林寺时仿照了印度祇园精舍的格局，这在他的《寺志》中有明确记录[1]，而作为多罗纳他的转世，扎纳巴扎尔在建寺时使用这种方正的建筑格局也无可厚非。

位于措钦大殿后方的佛殿中留有佛、菩萨造像残存，如莲座、宝冠，以及断足等（如图5、图6为莲台以及菩萨面部残存）。沿东西面墙以及门两侧有50厘米高台，上面留有十个单层仰莲式圆形莲花座，其上缘环绕一圈连珠纹。部分莲花座上有双足残存遗留，双足长40cm，摆放位置稍有不同，呈平行状，或呈一前一后外八字状，不排除由于雕塑的倒塌导致双脚的移位。每座莲台之间距30cm，结合周边菩萨的头饰、耳饰等，可推断莲座之上原为立姿菩萨。佛殿西北以及东北角挖

1 关于甘丹彭措林寺建筑格局详细分析，请参见闫雪《西藏甘丹彭措林寺建筑格局及其渊源考释》，《民族研究》2016年第5期。

图5 十座中等莲台之一

直径 1m，高 20cm。图片来源于额·乌日图那顺和车·恩和图拉考古报告，第 179 页

图6 中等大小立姿菩萨面部残存

长约 20cm，上涂有白色颜料。图片来源于额·乌日图那顺和车·恩和图拉考古报告，第 183 页

掘出大佛莲台与腿部残存，从而判断二者中间应还有一尊，从而组成三佛。在其中一尊大佛内出土了装藏，包含四脚火撑上铜锅中的瓷杯、银碗、银币、谷物以及黄财神与财源天母护法轮等，在 2014 年、2015 年的挖掘过程中，考古人员在地下 3 米处挖出 3000 多尊五方佛样式的千佛泥塑，有些泥塑外部还有涂金痕迹[1]。

二 萨哩达克寺措钦大殿佛殿图像配置分析

工作人员还原了措钦大殿内后方佛殿的原貌（见图 7）后，发现佛殿长 14 米、宽 8 米。此佛殿主要有三尊坐姿大佛[2]及立姿胁侍弟子，十位立姿塑像、千佛以及护法神像等。

首先，三尊大佛莲座（见图 8）大小相同，由于残损严重，无法判断三佛手势。在中间大佛台基下发现了狮子以及座基柱子残存。左右侧两大佛前方还各有一莲花座遗留，莲台直径 80cm，其上留有足部遗存，可判断之前有两尊立姿造像，其周边出土铁质小佛塔、铁杖（见图 9、图 10），此铁杖上部托口与佛塔底部基本吻合，拼合之后是锡杖，除此之外周围也出土了泥钵。从而推断这两尊塑像很有可

1 Э. Уртнасан、Ч. Энхтуул，“Өндөр Гэгэн Занабазарын Бүтээлийн Ордон：УранБарилга，ГолСүм，Саридагийн Хийд”，pp. 152-153.

2 从平面图来看，佛殿后方的台基上原坐三尊大佛。西北方向靠墙遗留跏趺坐大佛的腿部和足部以及身下单层仰莲式半月形莲花座。大佛脚拇指遗存长 21 厘米、佛足长 1.2 米，而在周边找到的大佛手指则有成年男子手臂那么粗。考察人员据此推测大佛原本高度应为 4 米左右。

能是手持锡杖并托钵的释迦二弟子舍利弗与目犍连。在早期的藏传佛教图像体系中，释迦牟尼两侧胁侍菩萨为莲花手观音、弥勒菩萨或者莲花手、金刚手等。到了 14、15 世纪，舍利弗和目犍连开始作为胁侍弟子出现在壁画、唐卡中，如夏鲁寺般若佛母殿、扎什伦布寺大雄宝殿壁画中出现的释迦与二弟子等。当舍利弗与目犍连二弟子作为胁侍出现时，中间的释迦牟尼佛通常都结触地印。通过这种图像特点，可以判断萨哩达克寺三尊大佛中的中间大佛为触地印释迦牟尼。触地印释迦牟尼与左右两侧过去燃灯佛与未来弥勒佛组成纵三世佛。

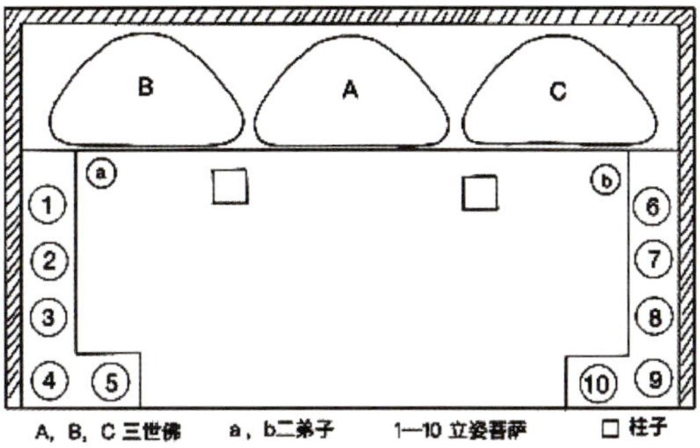

图 7　萨哩达克寺措钦大殿后方佛殿复原图

笔者根据额・乌日图那顺和斯・恩和图拉考古报告第 244 页复原图绘制

图 8　大佛莲座（局部）

高 50cm，长 2.5m，涂以黑白色颜料。图片来源于额・乌日图那顺和车・恩和图拉考古报告，第 166 页

图 9　小佛塔

高 12cm，基座内侧长约 5cm，图片来源于额・乌日图那顺和车・恩和图拉考古报告，第 196 页

图 10　铁杖

长 46cm，顶部接口内宽约 4.5cm，图片来源于额・乌日图那顺和车・恩和图拉考古报告，第 197 页

沿东西面墙以及门两侧高台上有十座莲台的痕迹，周边挖掘出宝瓶（见图 11），泥塑宝瓶由铁丝固定，外涂白色颜料。将此宝瓶与哲布尊丹巴弥勒立姿金铜佛像手持宝瓶进行对比之后发现二者一致（见图 12）。其尺寸大小与立姿菩萨的肢体大小相匹配，由此可推断在立姿菩萨中有一尊为弥勒菩萨，同时也意味着其中包含了八大菩萨组合。三世佛与八大菩萨组合在一起是一种固定搭配，从 11、12 世纪开始已在藏地流行。如西藏卓玛拉康寺、扎塘寺、桑耶寺等寺庙佛殿中出现早期纵三世佛与八大菩萨组合形式。后期哲蚌寺措钦大殿后方佛殿中配置三世佛与立姿八大菩萨以及金刚手、马头明王二护法，而白居寺的佛殿中配置三世佛与左右两侧共十六尊立姿菩萨。如萨哩达克寺佛殿中配置与西藏三世佛与八大菩萨的组合配置相同，那么在数量上会多出两尊造像，关于这两尊造像有以下两种可能。

图 11 立姿菩萨手持宝瓶

高 27.7cm，直径 12.1cm。图片来源于额·乌日图那顺和车·恩和图拉考古报告，第 190 页

图 12 一世哲布尊丹巴造金铜立姿弥勒菩萨造像（局部）

蒙古国乔金喇嘛寺博物馆藏。图片来源于 Mongolia：the Legacy of Chinggis Khan，p. 280

图 13 佛殿门口左侧莲台残存

直径 1m，高 20cm。图片来源于额·乌日图那顺和车·恩和图拉考古报告，第 175 页

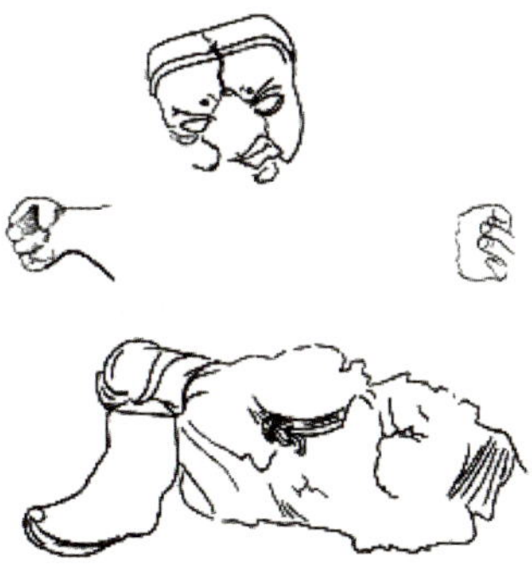

图 14 现场护法造像碎片拼图

笔者绘

第一，两尊立姿造像为护法。一般大殿门口左右两侧应立护法像，而不是菩萨。藏传佛教图像体系中，最常出现的二护法是马头明王与金刚手或不动明王。他们显现忿怒相、岔开双脚站立在小鬼身上。但这显然与萨哩达克寺圆形莲座上方的双足样式不符，门口左侧立姿菩萨莲台上的双脚留存如图 13 所示，光脚，双脚平行，脚尖指向同一方向。力士样式的护法双脚展开幅度相对不大，如大同下华严寺中的护法天王收住双脚站立，但力士样式的护法均穿鞋。另外，护法的背光、基座等多方面都与菩萨有明显的差别。除此之外，现场还挖掘出护法塑像的残片，即忿怒相面部、手部和下肢部分（见图 14）。从图 14 可以看出，这尊护法穿着宽松的裤子和靴子，两腿岔开、双拳紧握。根据这几个残片特征无法判定具体是哪一尊护法，但可确定这间佛殿中确有护法存在，且与门两侧莲台上的双足无法匹配，因此护法原在其他位置。从而亦可推断这十尊立姿造像并非八菩萨与二护法的组合。

第二，此十尊或为八菩萨与另外两种菩萨或度母的组合。额·乌日图那顺与车·恩和图拉将萨哩达克寺与额尔德尼召和乔金喇嘛寺联系在一起，认为此三座寺配置相同，皆在八大菩萨基础上加入日光与月光二菩萨[1]。关于额尔德尼召佛殿内配置，《额尔德尼召史》中记载道：“寺内建造的所依中有三世佛、金刚持、莲花

1 Э. Уртнасан、Ч. Энхтуул，“Өндөр Гэгэн Занабазарын Бүтээлийн Ордон：УранБарилга，ГолСүм，Саридагийн Хийд”，p. 193. 额尔德尼召位于蒙古国前杭爱省哈拉和林的一座寺院，由喀尔喀阿巴岱汗于第三世达赖喇嘛会晤后始建于 1586 年，1688 年受战争影响被严重毁坏，18 世纪又重新建造。乔金喇嘛寺建成于 1871 年。

生、萨迦班钦贡嘎坚赞、噶玛巴上师、八大菩萨与两尊德格都菩萨（Degedü Bodisadva）、手中持旃檀木杖威风凛凛的贡布咕噜护法神[1]与四臂拉姆，以及四大金刚……”[2] 额尔德尼召初建时除了八大菩萨外还有另外两尊菩萨，原文中对于这两尊菩萨的描述为 Degedü Bodisadva，Degedü 蒙古语意为“尊、上”，Bodisadva 为菩萨，除此之外没有更具体的描述。以现在额尔德尼召中殿佛殿的配置来看，被认为是日光、月光菩萨的两尊塑像位于中间释迦牟尼佛的前侧。日光、月光菩萨为药师佛胁侍菩萨，然而殿中没有药师佛，从配置中也未发现相对应的药师佛仪轨，因此如这两尊菩萨是日光、月光菩萨，为何将此二位菩萨置于释迦牟尼佛前方也是个问题。

在佛殿中配置八大菩萨与二菩萨的还有内蒙古呼和浩特无量大召寺以及西藏山南桑耶寺等。前者主佛殿中配置三世佛，左右两侧各有五尊造像，是八大菩萨与白度母、绿度母的组合，两尊度母坐在托于莲茎之上的莲花座，在造型上与其他八大菩萨不一致。桑耶寺措钦大殿一层与二层现在都配置十方菩萨，除八大菩萨外，另外两尊分别为妙喜吉祥与无垢有称。由此可见，西藏与内蒙古的这些寺院根据建寺者的选择将八大菩萨与另外两尊菩萨搭配在一处。

图 15　五方佛样式的千佛泥塑

图片来源于散·楚隆 2019 年论文图 8

1　蒙古语文本中此护法神为 gombogürü，额尔德尼召中现存的此护法神泥塑左手持钺、右手持嘎巴拉碗，同时双臂扶旃檀木。将此图像与蒙文版甘珠尔中佛像对比之后，藏文写着：gur mgon po，即 gur gi mgon po 宝帐护法，此护法为萨迦派主要护法神。

2　[俄] 晨迪纳整理：《额尔德尼召史》（蒙古文），内蒙古教育出版社，2017，第 50 页。蒙古原文转写为：süm-e-yin niruγu bosaγaju ulamjilaγsaγar bayiγulaju egün dür bütügegsen sitügen-nuγud…… nige-eče γurban čaγ-un burqan vačirdar-a badmasambuuva，sasqiy-a bangčin güngkajangčan，karma blam-a，nayiman bodisadu-a ba degedü bodisadu qoyar ketürküi sür jibqulang baduraγsan bayidal-tu šajin-i saqiγči čerig−ün čiγulγan-i tarqaγan daruγči jangdan modun yeke bariyan-i bariγsan egüddegsen saqiγusun γombogürü nige，dörben mutur-tu lhamoo nige dörben maqarangja boluγad……

假设萨哩达克寺主寺佛殿中这十尊造像是一个整体，也有可能是十方佛或十方菩萨。然而立姿弥勒菩萨不属于十方佛或十方菩萨，因此此假设不成立。萨哩达克寺主寺佛殿中还出土了五方佛样式的千佛泥塑（见图 15）。从萨哩达克寺遗址挖掘出土的五方佛样式的千佛共有三千余尊，主要从措钦大殿挖掘而出。虽然在殿内出土了木架子，但根据立姿菩萨的莲台距墙面仅有 20cm，如沿墙面放置木架摆放千佛会很拥挤。因此千佛不一定均摆放于佛殿中，而是位于措钦大殿经堂，或摆放于原来佛殿二层，随着整座措钦大殿的倒塌而被埋没。根据调查队的报告，他们将千佛泥塑与现藏于蒙古国扎纳巴扎尔艺术博物馆的忏悔佛（ltung bshags lha）进行对比，发现二者大小尺寸以及量度几乎完全一致，从而判断这些千佛与忏悔佛均出自一世哲布尊丹巴之手，使用了相同的模子[1]。从它们的造像风格看，非常接近 13 世纪前后东印度波罗与尼泊尔样式在卫藏地区的变体，元代宫廷及河西马蹄寺等地西夏、元时期造像大多为此风格。莲花座为仰覆莲样式，从东印度传入西藏。这些泥塑高 14 厘米，基座长度为 10.2 厘米，其五种手印表明他们是金刚界五方佛样式的千佛。这些五方佛千佛结智拳印、触地印、与愿印、禅定印以及无畏印，分别对应金刚界中央大日如来、东方阿閦佛、南方宝生佛、西方阿弥陀佛与北方不空成就佛。且此千佛为佛装应身佛样式，而同时期哲布尊丹巴指导铸造的大型金铜五方佛造像为菩萨装报身佛样式。

千佛为大乘佛教流行题材，早期流行于汉藏两地。到了 11、12 世纪佛教中兴但逐渐密教化，藏密由此时传入的金刚乘密教发展为藏传佛教的早期形态[2]，与之相应地，11、12 世纪以来西藏的千佛图像开始密教化，在绘画上的体现为千佛有四种身色，之后逐渐转换成对应五方佛五种身色甚至五种手印的千佛。其中夏鲁寺与白居寺两寺中不仅绘五方佛样式千佛，还绘有金刚界五方佛。夏鲁寺措钦大殿回廊壁画绘五方佛样式佛装千佛，与其甘珠尔殿菩萨装五方佛在身色及手势上基本一致[3]。然而千佛中白色身大日如来结说法

---

1 Э. Уртнасан、Ч. Энхтуул，“Өндөр Гэгэн Занабазарын Бүтээлийн Ордон：УранБарилга，ГолСүм，Саридагийн Хийд”，pp. 242-243.

2 谢继胜：《扎塘寺主殿造像配置及其意蕴——兼论 11—13 世纪西藏佛教与佛教艺术的构成》，《中国藏学》2018 年第 3 期。

3 夏鲁寺回廊五方佛样式千佛有两种，皆为贤劫千佛。一部分千佛有题记，其手势与身色没有完全对照金刚界五方佛，应是建寺初期绘制。而另一部分千佛仅有榜题框而没有题记，其排列方式、身色与手势等与金刚界五方佛几乎一致，应为后期重绘。关于此两种千佛的更多分析请参见翟若普《夏鲁寺早期回廊形态考证》，《中国藏学》2017 年第 4 期。

印，与甘珠尔殿中结智拳印大日如来不同[1]，回廊中还绘有佛本生与佛传故事。从元代开始，千佛题材与佛传故事和佛本生故事一起组成藏传佛教寺院大经堂及其回廊壁画的主要题材[2]。在白居寺措钦大殿回廊壁画中，位于左面北壁的是菩萨装五方佛千佛，排列在主尊菩萨装五方佛四周，是五方佛千身[3]。

如果说西藏千佛主要以绘画形式为主，在汉地千佛雕塑更为流行，但汉地五方佛样式千佛很少见。明清时期千佛主要与华严思想相关，通常与毗卢遮那佛的组合代表华严系统中的华藏世界。如在智化寺万佛阁，毗卢遮那佛通常与千佛雕塑组合在一起，从而展现华严系统中的华藏世界。明代初期北京智化寺如来殿二层万佛阁中供三尊佛，中间毗卢遮那佛做智拳印结跏趺坐于千瓣莲座之上，与左右两侧佛构成三世佛（或三身佛）。建筑内壁遍布佛龛，放置了九千多个木质漆金小佛像，其手势无法辨别。与此相似的还有明代河北隆兴寺毗卢殿，中间放置三层圆鼓形千瓣莲座，每一层皆有四尊毗卢遮那佛背靠背而坐，做毗卢印。莲瓣上均刻有一尊小佛。每一层的四方佛和千佛莲瓣的组合，展示了“十方千佛”的概念。明清时期千佛雕塑密教中央法身大日如来化现四方佛，与华严卢舍那佛化现“十方三世诸如来”的义理有一致性[4]。卢舍那是唯一的如来，真正的世尊，十方微尘数诸佛都集聚在他的周围，成了他的化身[5]。

金刚界五方佛元素与大乘佛教基本概念“千佛”的糅合，展现了佛教的密教化——即金刚界密教与大乘显教结合。萨哩达克寺出土千佛中的大部分应摆放于措钦大殿经堂，作为整体背景环绕主尊三世佛，表达了大乘佛教“十方三世三千佛”的概念，再加上五方佛元素，展现了大乘佛教与金刚乘结合的显密圆融图像体系。

三 一世哲布尊丹巴选择的图式来源

根据上文对十尊立姿菩萨的判断，此佛殿的配置应为八大菩萨与另外两尊菩萨的组合，而千佛或围绕措钦大殿经堂四壁摆放。三世佛与八大菩萨的组合是从11、12世纪开始在西藏流行的一种图像体系。

---

1 在夏鲁寺甘珠尔殿五方佛壁画中，菩萨装结智拳印大日如来与大殿回廊中佛装结说法印大日如来千佛手势不同。据上一条注释，五方佛样式千佛所绘时间或较晚于初建时期的回廊千佛，亦晚于甘珠尔殿与三门殿五方佛。这或许是五方佛千佛中释迦牟尼佛结说法印的原因，当时所根据的经典或许也不同。

2 熊文彬、廖旸：《哲蚌寺措钦大殿内转经道壁画的年代、题材与风格初探》，《中国藏学》2017年第3期。

3 白居寺回廊中有不同样式的千佛，如围绕主尊阿閦佛的阿閦千佛，围绕三铺触地印释迦牟尼佛的释迦牟尼千身，围绕文殊、金刚手与观音菩萨的三世佛千佛等，本文只讨论围绕主尊五方佛的五方佛样式千佛。

4 殷光明：《敦煌显密五方佛图像的转变与法身思想》，《敦煌研究》2014年第1期。

5 魏道儒：《中国华严宗通史》，凤凰出版社，2008，第25页。

八大菩萨作为释迦牟尼佛或者三世佛眷属，四位一组排列在其两侧。14、15 世纪的西藏寺庙以及 16 世纪漠南漠北蒙古地区的一些寺庙延续了此配置。如 15 世纪哲蚌寺措钦大殿佛殿中配置三世佛与八大菩萨，回廊北壁上绘有千佛（见图 16）。扎纳巴扎尔去过哲蚌寺，而且回蒙古后按照嘉央却吉在哲蚌寺的做法，在库伦中建立了七个扎仓[1]，可见哲蚌寺的寺庙建设对扎纳巴扎尔产生了一定影响。16 世纪末由阿拉坦汗主持建造的漠南土默特地区大召无量寺措钦大殿佛殿中配置三世佛与八大菩萨（见图 17），阿巴岱汗在漠北喀尔喀地区建造的额尔德尼召中殿也是相同配置（见图 18）。这些蒙古地区的寺庙必然受到了西藏寺庙的影响，因此扎纳巴扎尔极有可能接触甚至使用此图式。

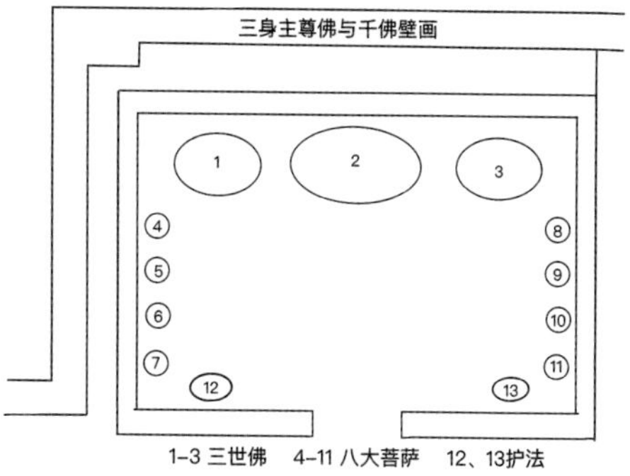

图 16 哲蚌寺措钦大殿西北方向佛殿配置图

据宿白《藏传佛教寺院考古》，第 31 页图 1-23，笔者重绘

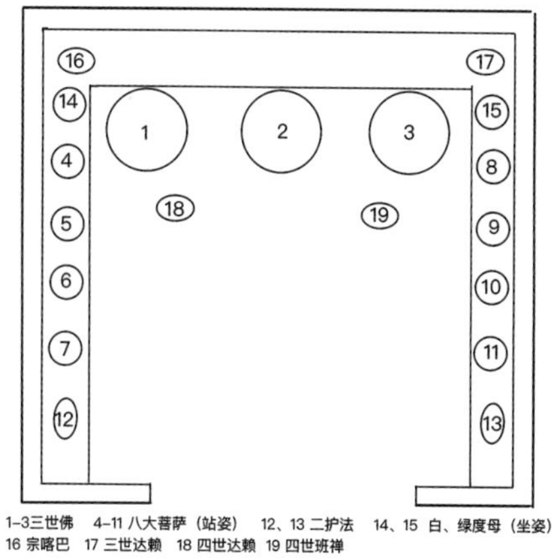

图 17 土默特大召无量寺措钦大殿佛殿配置图

笔者绘

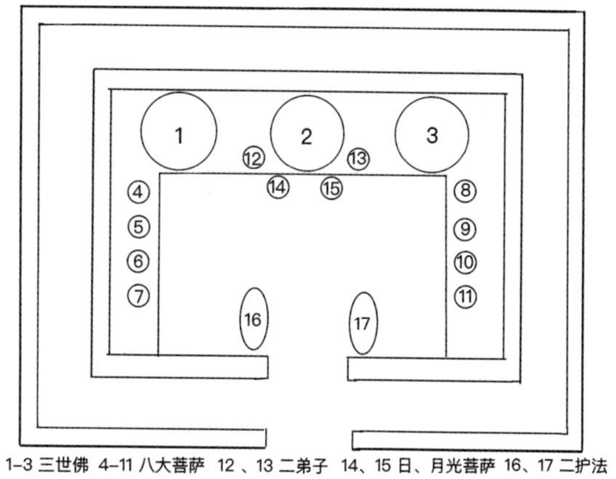

图 18 喀尔喀额尔德尼召中部佛殿配置图

笔者绘

1 （清）噶勒丹著，［蒙古］莫·巴雅尔赛汗整理：《宝鬘》（蒙古文），内蒙古教育出版社，2017，第 270 页：f. 134. a. 蒙古文原转写为：Nom-un yeke küriy-e ribogejailing-dur erte jamyang čorji ber brayibüng-dur doluγan dačang bayiγuluγsan metü amdonar jisa sangγai joγuγai keüken noyan-u darqan emči örlüd－ün aimaγ doluγan teriguten-i bayiγulju šasin-i delgeregülbei. 嘉央却吉（'jam dbyangs chos rje）为哲蚌寺创建人，是宗喀巴弟子。

值得注意的是，与同时期西藏寺庙相比，扎纳巴扎尔在一些图式的选择上有所不同。在同时期的西藏，三世佛与八大菩萨组合并非流行配置。如五世达赖喇嘛自传中提道："顺治八年（1651年）二月，由江孜噶瓦管理，活佛霍尔达尔等十六人在洛扎噶丹端珠林寺的后殿中塑造了释迦、二胜（舍利弗和目犍连）、八大菩萨、门护等佛像……"[1]，即17世纪格鲁派寺院中流行释迦牟尼佛与八大菩萨组合配置，并非三世佛，且16、17世纪的西藏寺庙中已没有纵三世佛图像体系传承。

千佛雕塑本身在西藏各时期都很少见，已知的千佛泥塑也以擦擦形式贴在墙上，如夏鲁寺一些殿内墙壁上贴满了千佛擦擦。然而在第司·桑结嘉措《格鲁派教法史·黄琉璃》中记载："在哲蚌寺格桑殿铸造了千佛响铜像。"[2] 五世达赖喇嘛自传中关于创造哲蚌寺佛像和壁画部分提到，从康熙元年（1662年）十月二十五日至康熙七年（1668年）六月二十日期间由第巴亲自负责，管家拉孜鲁巴、五位尼泊尔人主持完成千佛响铜像[3]。由此可知，在拉萨自1662年起哲蚌寺有铸造千佛响铜像的艺术活动。早年哲布尊丹巴自西藏返回喀尔喀时带回的画家竖叶巴，于同年九月十二日作为哲布尊丹巴的使者返回西藏[4]，至于此画家之后是否再次去喀尔喀，五世达赖喇嘛自传中未有记载。不论他是否返回喀尔喀，上述材料证明制造千佛塑像的活动在哲布尊丹巴铸造萨哩达克寺千佛泥塑前便已流行于哲蚌寺。

在蒙古地区，从已知的相关文献来看，额尔德尼召最早出现千佛。《额尔德尼召史》中记载："上接一层有三时佛、七佛、十六印度罗汉与贤劫千佛等……"[5] 额尔德尼召初建时，主佛殿二层体现了早期大乘佛教图像体系，以及对早期经典的溯源和对正统的追求。自16世纪晚期蒙古地区发展藏传佛教以来，汉地工匠受命帮助建造寺庙。土默特阿拉坦汗与阿巴岱汗分

---

1 （清）阿旺洛桑嘉措：《五世达赖喇嘛自传》（藏文），西藏人民出版社，1989，第311页。原文转写为：sprul sku hor dar can mi grangs bcu drug gi dam rgyal rtse dka’ bas byas pa’i lho brag dka’ ldan don gbyis gling gi gtsang khang du thub chen mchog zung nye sras brgyag sgo srungs/.

2 （清）第司·桑结嘉措：《格鲁派教法史·黄琉璃宝鉴》（藏文），中国藏学出版社，1989，第411页。原文转写为：bskal bzang lha khang du sangs rgyas stong gi sku li brdzus gra tshar/.

3 （清）阿旺洛桑嘉措：《五世达赖喇嘛文集》卷5（藏文），中国藏学出版社，2009，第482页。原文转写为：sde pas don khal po cher mdzad de khur bzhes do dam lha rtse lhug pa/ bal po siddhi can lngas nyer lnga la ’go btsugs sa sprel zla ba drug pa’i tshes nyi shu la grub pa’i sangs rgyas stong sku’i rgyur zangs mkhar rgya’i khal sum brgya nyi shu/.

4 （清）阿旺洛桑嘉措：《五世达赖喇嘛文集》卷5（藏文），第480页。原文转写为：khal kha ’jam dbyangs sprul sku’i mi sna spyan g. yas lha bris pa can slebs/.

5 ［俄］晨迪纳整理：《额尔德尼召史》（蒙古文），第50—51页。蒙古文原转写为：basa deger-e jalaγsan γurban čaγ-un burqan doluγan burqan arban jirγuγan enedkeg－ün bayidal-tu aγui sitügen sayin kalab-un tngri-yin yosun-u mingγan burqan terigüten-i amilaγulun…….

别建造了大召寺、小召寺、美岱召与额尔德尼召等。阿拉坦汗建造这些寺庙时雇佣汉族工匠，阿巴岱汗在释迦像、寺庙、城市规划等方面向前者学习，甚至也从呼和浩特雇汉族工匠[1]，额尔德尼召中殿脊檩上的题记便印证此事。题记中主要提到顺义王，即阿拉坦汗与以常进忠为主的工匠[2]。因此，以阿巴岱汗对汉式建筑的选择以及喀尔喀地区有雇佣汉地工匠的前例事实为据，额尔德尼召受到山西、陕西流行的千佛雕塑影响铸造贤劫千佛像也无可厚非。而扎纳巴扎尔在萨哩达克寺中建造五方佛样式的千佛泥塑，是对额尔德尼召贤劫千佛的继承，更是融入了金刚界五方佛思想，形成了一种新的图式。

结　语

萨哩达克寺是一世哲布尊丹巴建造的唯一一座大规模的木石结构建筑，他花费了长达 32 年的时间建造此寺以及内部佛像本尊，足以证明这座寺庙的重要性。然而在花费大量人力与物力的情况下，建寺仅两年后便在战火中毁于一旦，哲布尊丹巴晚年回到喀尔喀蒙古再建造大库伦时，使用了帐寺形式，即可移动的寺院。根据措钦大殿挖掘出土的佛、菩萨以及护法神等雕塑残留可知，措钦大殿后方佛殿配置为三世佛与八菩萨以及二菩萨的组合，而以金刚界五方佛样式塑造千佛泥塑，体现金刚乘密教思想与大乘佛教思想的结合。以上分析的图式来源代表了扎纳巴扎尔对西藏早期图式和配置的复兴，意在表现早期大乘佛教中“十方三世”概念，强调这座佛殿的时间以及空间。在艺术表现上，扎纳巴扎尔以独特的艺术见解，创造了个人风格鲜明的佛教空间。本文讨论的佛殿是目前为止相关遗存出土最多的殿，暂且还不知其他殿的配置，因此还无法分析整体的建寺结构和思想。笔者未来将继续跟进后续挖掘工作以及考古报告，以便进一步阐释一世哲布尊丹巴扎纳巴扎尔的整体建寺思想。

一直以来，大部分学者认为一世哲布尊丹巴改宗格鲁派，包括由他弟子罗桑普凌莱撰写的传记中，也一直强调他作为格鲁派在喀尔喀蒙古地区的传承者身份。然而这并不影响扎纳巴扎尔吸收各教派的佛学思想。乌仁其木格认为他对宗教派别无明显偏好，除了格鲁教以外，同时学习、

1　Charleux Isabelle, “Circumambulating the Jowo in Mongolia: Why Erdeni Juu Must Be Understood as ‘JowoRinpoche’”, in Eva Allinger and Frantz Grenet eds., Interaction in the Himalaya and Central Asia: Processes of Transfer, Translation and Transformation in Art, Archeology, Relagion and Polity, Vienna, Mass: Austrian Academy of Sciences Press, 2017, p. 373.

2　对额尔德尼召中殿脊檩题记的详细解读见包慕萍《蒙古帝国之后的哈剌和林木构佛寺建筑》一文。包慕萍认为常进忠很有可能是陕西一带工匠。

吸收了其他教派的思想[1]。扎纳巴扎尔文集著作反映了他对各教派以及不同佛教思想的吸收以及在宗教思想上的多元化。因此，在分析他的建寺思想时，不应该局限于格鲁派的宗教思想。

1 Uranchimeg Tsultemin, "Buddhist Archeology in Mongolia: Zanabazar and the Géluk Diaspora beyond Tibet", *Cross-Currents: East Asian History and Culture Review*, NO. 31, 2019, p. 29.

三

图像研究

内蒙古与俄罗斯远东地区人面像岩画年代及相关问题研究*

■ 肖　波（广西民族大学民族研究中心）
王俊铮（阿穆尔国立大学宗教学与历史教研室、考古学与人类学实验室）

人面像岩画是岩画中以人面为表现形式的一种类型，主要分布在环太平洋地区，在中国的内蒙古和俄罗斯远东地区均有分布。前者主要分布在阴山和西辽河等地，而后者则主要集中于黑龙江下游和乌苏里江地区，包括敲凿和研磨两种制作方式。在中国学者出版的著作中，通常有“（类）人面”“神格人面”“人头像”“人（兽）面像”“面具”“神像”等称谓；而在国外，一般被称为“面具”“人面”“类人面”等。近年来，为了方便叙述，中国学术界逐渐统一将其称为“人面像”。但是必须看到，很多所谓的人面像表现的并非是现实中的人面，而更类似于面具或者虚幻的神灵图像。但是，为了不至于在概念上引起混乱，本文在叙述中仍然采用“人面像”这个目前中国学术界通行的称谓来表征这一形象。

一　人面像岩画年代研究历史回顾

岩画研究中最重要的是年代问题，只有弄清了岩画的年代，我们才能进一步讨论岩画作者的族属、作画目的以及文化内涵等问题。中俄两国学者从本国考古材料出发，分别对本地区人面像岩画的年代进行过讨论。

关于中国人面像岩画，学者们普遍认为其始于新石器时代，少部分可能晚至金属时代。国际岩画组织联合会前主席、意大利岩画专家艾曼努埃尔·阿纳蒂就认为：“（中国人面像岩画的年代——笔者注）约为公元前5500—前3500年，个别的时期可能更晚。”[2] 在谈到内蒙古阴山

* 本文系国家社科基金西部项目“西辽河流域与俄罗斯远东地区人面像岩画比较研究”（19XKG003）阶段性成果、广西中华民族共同体意识研究院资助项目“西南岩画符号与中华民族共同体意识建构研究”（2021GXMGY0306）阶段成果。

2　阿纳蒂著，许高鸿译：《阿纳蒂谈中国岩画》，《美术》1989年第6期。

岩画时，盖山林说道："根据我国新石器时代大量出现人面形艺术的事实，似可认定，阴山的人（兽）面像岩画的时代大都应属于这一时期的作品，其时代下限不晚于青铜时代，主要应是新石器时代的作品。"[1] 陈兆复指出："我国在新石器时代，人面形图案就广泛地出现于陶器、骨器和玉雕上。……人面像的图案也发现于山西、山东、河南、甘肃、青海、浙江等省的新石器时代的遗址中。所以似乎有理由认为我国大多数人面像岩刻属于新石器时代。"[2] 宋耀良认为："人面岩画的出现、发展到终止，大致与人面形器物的创作、流行过程相仿。从其早期采用石器工具磨制，到晚期运用金属利器敲凿，表明它起始于新石器早中期，而终止于青铜时代。大致制作在距今 7000 年至 3000 年之际。"[3] 此外，不少学者对西辽河流域人面像岩画年代也进行过讨论，得出的结论也大致相同。[4]

与之类似，俄罗斯远东地区的人面像岩画同样被认为绝大多数属于新石器时代。在 1971 年出版的《阿穆尔河下游岩画》一书中，А. П. 奥克拉德尼科夫（Окладников А. П.）首次提出该地区人面像岩画的年代在距今 6000—5000 年之前的观点。[5] 随后，他进一步修正了自己的观点，将其年代提前到中石器时代或者新石器时代早期，绝对年代在公元前 5000—前 4000 年左右。[6] И. А. 波诺马列娃（Пономарева И. А.）则将该地区人面像岩画划分为"颅骨形"和"心形"两种类型。其中，颅骨形的年代为马雷舍沃文化（Малышевская культура）和沃兹涅谢诺夫卡文化（Вознесеновская культура）格林期，即公元前 4000—前 3000 年上半期。[7] 随后，她进一步将该地区属于沃兹涅谢诺夫卡文化的人面像岩画划分为格林期和伍德尔期，其年代分别为距今 5300—4300 年（马雷舍沃文化）、距今 4300—4000 年（沃兹涅谢诺夫卡文化格林期）、距今 4100—3700 年（沃兹涅谢

---

1 盖山林：《阴山岩画》，文物出版社，1986，第 343—344 页。

2 陈兆复：《中国岩画发现史》，上海人民出版社，1991，第 238—239 页。

3 宋耀良：《中国史前神格人面岩画》，生活 · 读书 · 新知三联书店上海分店，1992，第 207 页。

4 张松柏：《赤峰市新发现的古代岩画》，《内蒙古文物考古》1988 年第 2 期；田广林：《内蒙古赤峰市阴河中下游古代岩画的调查》，《考古》2004 年第 12 期；吴甲才：《赤峰地区古代岩画发展的三个阶段》，《松州学刊》2009 年第 Z1 期；朱利峰：《环太平洋视域下的中国北方人面岩画》，中国社会科学出版社，2017，第 137—155 页；孙晓勇：《西辽河流域人面岩画研究》，民族出版社，2019，第 87—98 页。

5 Окладников А. П. *Петроглифы Нижнего Амура*. Ленинград：Наука. 1971. c. 131.

6 Окладников А. П. *Взаимодействие Древних Культур Тихого Океана.*（*На Материалах Петроглифов*）. В Членова Н. Л.（отв. ред.）. *Проблемы Археологии Евразии и Северной Америки*. Москва：Наука. 1977. c. 49.

7 Пономарева И. А. *Личины Нижнего Амура*（*Вопросы Хронологии*）. В Толпенко И. В.（отв. ред.）. Ⅷ *Исторические Чтения Памяти Михаила Петровича Грязнова*. c. 159-160.

诺夫卡文化伍德尔期）。[1]

可见，中俄两国学者认识比较一致，均认为本国的人面像岩画主体部分应属于新石器时代。但是必须注意到，由于对彼此的材料不熟悉，这些研究均是局部性的；同时，对一些新出土的考古资料关注度也不够，因此，对一些相似文化现象的起源和流变还不是很清楚。而从年代、分布特征和类型上来看，内蒙古和俄罗斯远东地区的人面像岩画之间存在着密切的联系，因此有必要放在一起进行系统研究。

二　内蒙古与俄罗斯远东地区人面像岩画的年代

从制作方式来看，内蒙古和俄罗斯远东地区的人面像岩画均为石制工具敲凿或者研磨而成。一般可以分为有轮廓和无轮廓两种类型，而有轮廓类型根据轮廓形状及其内部特征可以进一步划分成不同亚型。现通过凹穴类、带牙齿纹以及带黥面纹等若干类型来探讨内蒙古和俄罗斯远东地区人面像岩画的年代以及彼此之间的关系。

（一）凹穴类人面像

凹穴类人面像的主要特点是眼睛和嘴巴均用研磨而成的小圆凹组成，部分小圆凹外面加有圆形、双圆形或者心形轮廓，从某种意义上来说，均可视为岩画中的一种特殊类型——凹穴岩画的变体。这种类型的人面像岩画在内蒙古的阴山、西辽河以及俄罗斯远东地区均有发现（图 1）。需要指出的是，俄罗斯远东地区的凹穴类人面像均制作在临河的巨石上，而内蒙古的此类岩画除了巨石外，还有部分制作在崖壁上，载体较前者更为多样。

凹穴岩画的年代相当古老。国际岩画组织联合会主席、澳大利亚岩画专家罗伯特·贝德纳里克认为：“我们所知的最早的岩画是沟槽曲线和凹穴岩画，尤其是后者。在 3 个旧大陆它的年代可以早到旧石器时代中期甚至早期，因此，它比西南欧已经测定的旧石器时代晚期的岩画年代要早得多。”[2] 汤惠生教授也指出，凹穴岩画最早出现在旧石器时代早期的阿舍利文化中，代表性的岩画点有印度中央邦的达腊奇—查丹（Daraki-Chattan），随后，凹穴岩画的创作一直持续到青铜时代。但是，旧石器时代的凹穴岩画多是单独出现，或者与沟槽曲线同时出现，而凹穴岩画自身排列成一定图案或与其他圆圈纹、马蹄形、同心圆、缺口同心圆以及人面像一起组合成一幅画面，似乎出现于新石器时代以后，其中，人面像又是该时期凹穴

1　Irina A. Ponomareva. *Continuity in the Rock Art Tradition of the Siberian Lower Amur Basin*, Rock Art Research, 2018 (1), p. 39.

2　Robert G. Bednarik. *Cupules: the Oldest Surviving Rock Art*, INORA, 2001 (30), pp. 18-23.

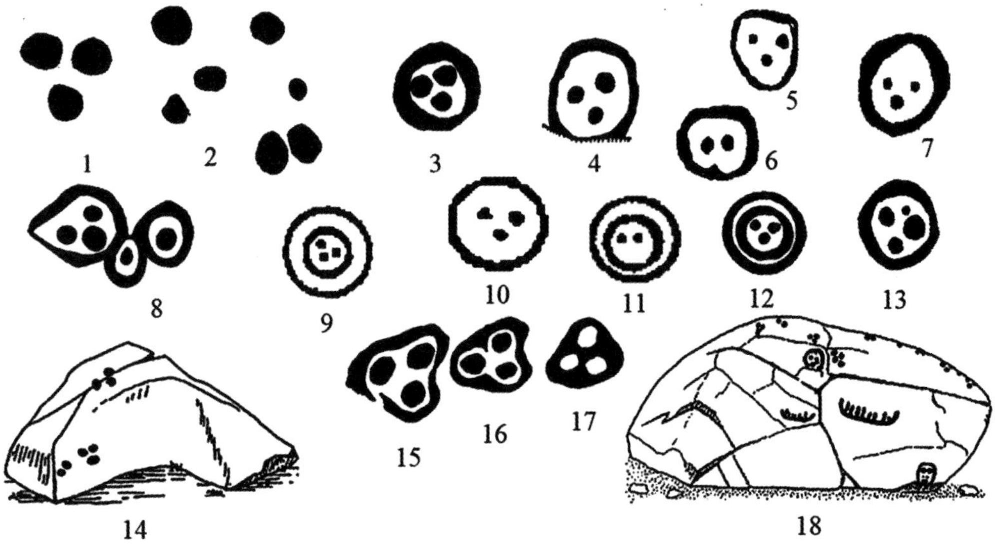

图 1　凹穴类人面像岩画

1-1 至 1-8、1-13　内蒙古阴山；1-9 至 1-12　内蒙古西辽河；1-14 至 1-18　俄罗斯远东

1-1 至 1-7 采自盖山林《阴山岩画》，第 169—294 页；1-8 至 1-13 采自盖山林、盖志浩《内蒙古岩画的文化解读》，北京图书馆出版社，2002，第 22—256 页；1-14 至 1-18 采自 Окладников А. П. *Петроглифы Нижнего Амура*. табл. 31，36，101

岩画最主要的伴生图像。[1] 实际上，不少与人面像共存的凹穴岩画均可视为此类凹穴人面像，与传统意义上的凹穴岩画有所不同，均属于新石器时代及其以后的作品。

通过以上分析发现，凹穴类人面像与凹穴岩画有着紧密的联系，在本地区岩画中可能属于年代较早的类型。

近年来，在我国黑龙江饶河县小南山 15M6 号墓葬出土了一块带有凹穴的石器（发掘者称之为“钻坑石器”）。石器近扁圆形，两面钻出大小不一的圆坑，长 2. 82 厘米、宽 6. 2 厘米、厚 2. 73 厘米，重 146. 9 克（图 2-1）。其年代在距今 9000 年左右，处在奥西波夫卡文化和新开流——鲁德纳亚文化之间的阶段。[2] 石器上的凹穴组合与无轮廓人面像比较相似，只是岩画中的人面特征更明显一些。但是，该墓葬周围没有发现类似的凹穴岩画，其与人面像岩画的关系还不清楚。此外，这种类型的人面像在内蒙古及中国东北地区新石器时代的兴隆洼文化中也有发现。其中 1 件出土于赤峰市兴隆沟第一地

1　汤惠生：《凹穴岩画的分期与断代——中国史前艺术研究之一》，《考古与文物》2004 年第 6 期。

2　黑龙江省文物考古研究所、饶河县文物管理所：《黑龙江饶河县小南山遗址 2015 年Ⅲ区发掘简报》，《考古》2019 年第 8 期。

点（图2-2），另外2件出土于兴隆洼遗址（图2-3、图2-4）。均是在器物表面钻孔，用以表示眼睛和嘴巴，而其中一幅图像还用小孔来表示鼻子（图2-2）。其中，兴隆沟第一地点属于兴隆洼文化中期大型聚落，其年代约为距今8000—7500年。[1] 而兴隆洼、查海和白音长汗遗址具有相同的文化内涵，同在公元前6200—前5400年这一时间阶段内，应属同一个考古学文化。[2] 随后，在辽东半岛属于小珠山下层文化的北吴屯遗址中也发现了类似的图像，该遗址年代约为距今6500—6000年（图2-5）。[3]

需要注意的是，在俄罗斯远东地区的奥西波夫卡文化中发现了一块鹅卵石，中间位置有3个小凿洞，类似于人面的简单描绘，其中两个洞被认为是眼睛，另外一个表示嘴巴（图2-7）。И. А. 波诺马列娃据此将与其类似的人面像岩画断为奥西波夫卡文化时期。[4] 实际上，很难确定这3个小洞究竟是人工的，还是自然形成的，因为除了这3个位于中间位置的洞外，在石块边缘还有几个类似的无规则的洞，表明自然形成的可能性较大。因此，将远东地区的岩画归入奥西波夫卡文化时期还需要更为坚实的证据。

此外，在俄罗斯黑龙江下游博伊斯曼文化（Бойсманская Культура）的石板上发现不少凹穴人面像，为此类岩画的断代提供了较好的参考依据（图2-8至图2-14）。人面像主要发现于博伊斯曼2号地点的下层，迄今为止，共在13块石板上发现了人面像。博伊斯曼2号地点共包含两个文化层，上层为早期铁器时代的扬科夫考古学文化（Янковская Археологическая Культура），年代为距今2800—2300年；下层为新石器时代中期的博伊斯曼文化，年代为距今6500—4700年[5]。人面像均用研磨的技法制作于石板上，石板大多残缺。从保留的情况来看，多数人面像用3个凹穴表示眼睛和嘴巴，也有部分人面像仅有眼睛。而其中一块石板上有12个密集排列的凹穴，可能每3个为一组，分别代表人面像的眼睛和嘴巴，换言之，该组图像共包含了4幅人面像（图2-11）。此外，在属于博伊斯曼文化的格沃兹杰沃3号居址（Поселения Гвоздево-3）也发现了一块带有类似图像的砂岩石板（图2-14）。可见，在博伊斯曼文化中，这种类型的图像广泛存在。其

1 刘国祥：《内蒙古赤峰市兴隆沟聚落遗址2002—2003年的发掘》，《考古》2004年第7期。

2 杨虎、刘国祥：《内蒙古敖汉旗兴隆洼聚落遗址1992年发掘简报》，《考古》1997年第1期。

3 辽宁省文物考古研究所、大连市文物管理委员会、庄河市文物管理办公室：《大连市北吴屯新石器时代遗址》，《考古学报》1994年第3期。

4 Irina A. Ponomareva. *Continuity in the Rock Art Tradition of the Siberian Lower Amur Basin*, p. 39.

5 Попов А. Н. *Погребальные Комплексы на Многослойном Памятнике Бойсмана-2 в Южном Приморье*. Археология, Этнография и Антропология Евразии. 2008（2）. с. 68.

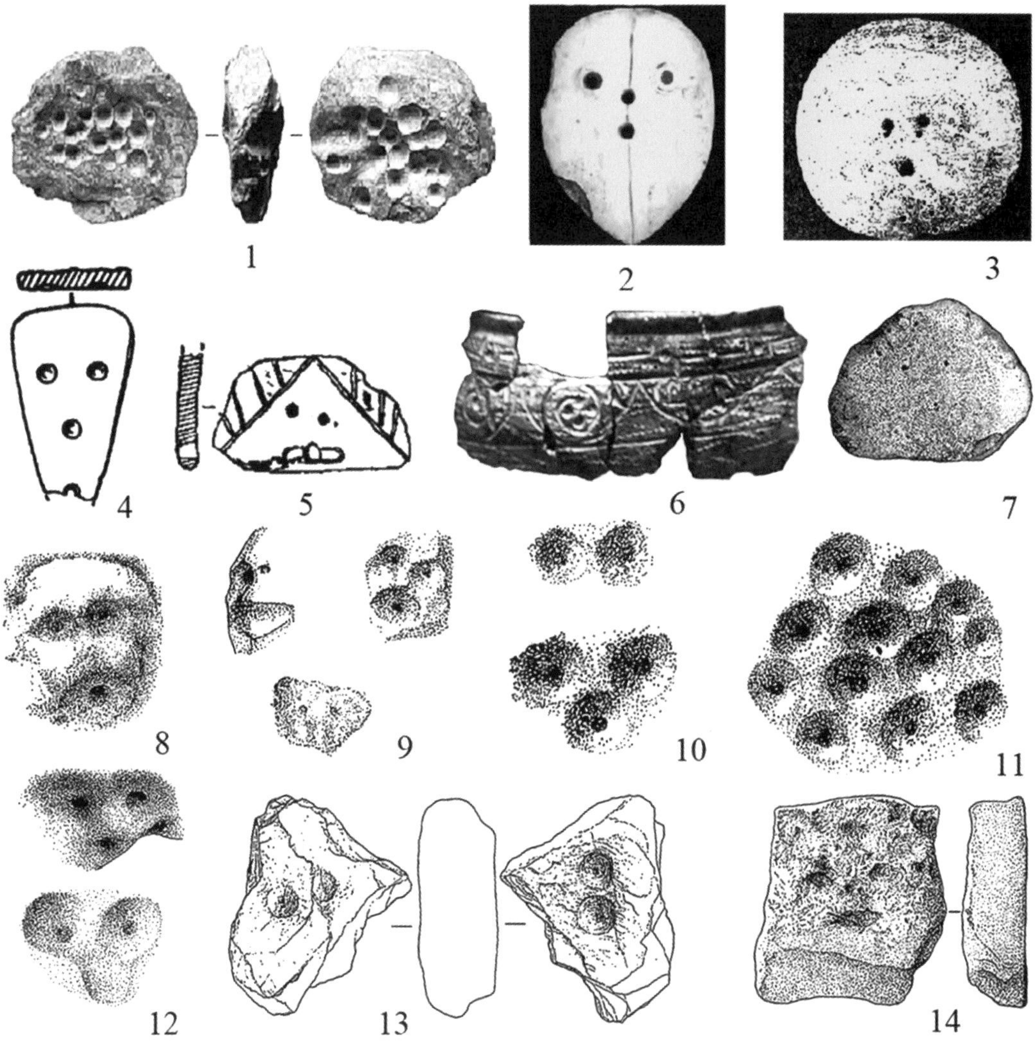

1　2　3　4　5　6　7　8　9　10　11　12　13　14

图2　中国北方和俄罗斯远东地区出土的带有凹穴的石器和陶器

2-1　小南山15M6号墓葬出土石器；2-2至2-4　兴隆洼文化；2-5　小珠山下层文化陶器；2-6　马雷舍沃文化陶器；2-7　奥西波夫卡文化石器；2-8至2-14　博伊斯曼文化石板

2-1采自黑龙江省文物考古研究所、饶河县文物管理所《黑龙江饶河县小南山遗址2015年Ⅲ区发掘简报》；2-2至2-5采自刘伟《黑龙江流域新石器时代人像雕塑研究》，第29—30页；2-6采自 Пономарева И. А. *Личины Нижнего Амура*（*Вопросы Хронологии*）. с. 13；2-7采自 Irina A. Ponomareva. *Continuity in the Rock Art Tradition of the Siberian Lower Amur Basin*, p. 39；2-8至2-12采自 Бродянский Д. Л. *Антропоморфные Персонажи в Неолитическом Искусстве Приморья*. с. 632-633；2-13采自 Бродянский Д. Л. *Персонажи Берингийских Мифов в Неолитическом Искусстве Приморья*. с. 628；2-14采自 Бродянский Д. Л. *Портрет Лесного Кота, Поймавшего Мышь*：（*Неолитический Сюжетный рисунок на Плитке Песчаника*）. с. 46

构图方式与凹穴类人面像岩画非常相似，制作技法也相同，可以合理地推测，二者的年代可能也大致相同。Д. Л. 布罗江斯基也注意到博伊斯曼文化与这种凹穴类人面像岩画之间的关系，进而将后者年代断为距今 6500—5000 年。[1] 笔者也赞同此说。

另外，在俄罗斯远东马雷舍沃文化中出土了一件陶器残片，上面还保留有若干人面像。其中一幅人面像用圆窝表示眼睛和嘴巴，同时还带有心形轮廓（图2-6），这种构图方式与有轮廓人面像岩画高度类似。因此，部分学者据此将此类岩画的年代断在马雷舍沃时期，其年代为距今 5300—4300 年。[2]

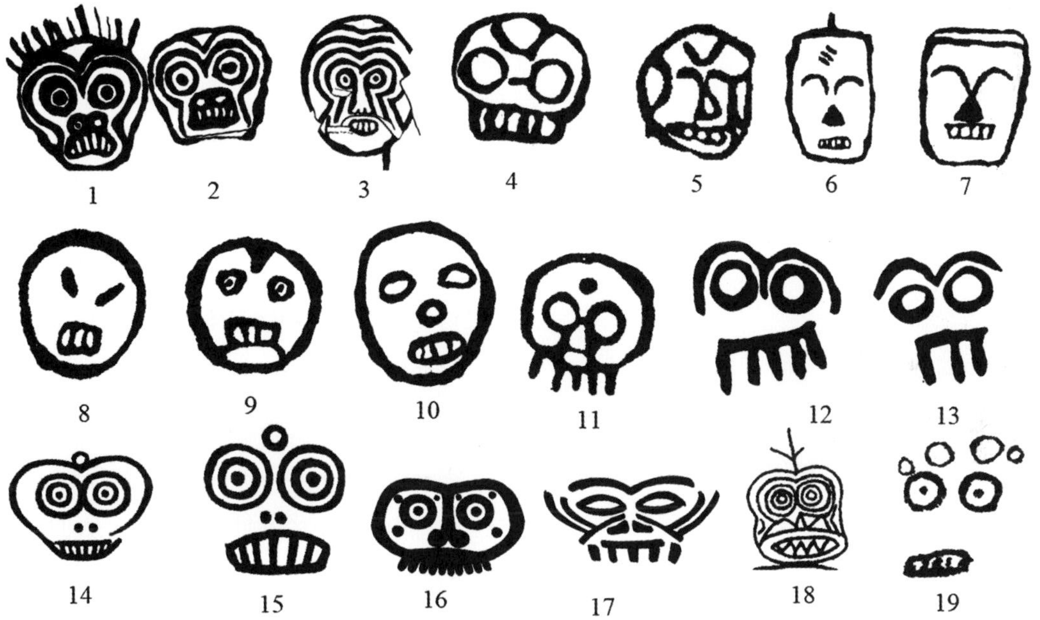

图3　带牙齿纹人面像

3-1 至 3-3　俄罗斯黑龙江下游；3-4 至 3-8、3-11 至 3-13　内蒙古阴山；3-9、3-10　内蒙古巴丹吉林沙漠；3-14 至 3-19　内蒙古西辽河

3-1 至 3-3 采自 Окладников А. П. *Петроглифы Нижнего Амура*. табл. 119，125；3-4 至 3-8、3-11 至 3-13 采自盖山林《阴山岩画》，第 168—312 页；3-9、3-10 采自盖山林《巴丹吉林沙漠岩画》，第 110、382 页；3-14 至 3-17 采自孙晓勇《西辽河流域人面岩画研究》，第 39—47 页；3-18 采自盖山林、盖志浩《内蒙古岩画的文化解读》，第 267 页；3-19 采自阮晋逸《赤峰地区人面岩画研究》，中央民族大学，硕士学位论文，2013，第 30 页

1　Заика А. Л. *Личины Нижней Ангары*. Красноярск：Красноярский Государственный Педагогический Университет им. В. П. Астафьева. 2013. с. 133.

2　Irina A. Ponomareva. *Continuity in the Rock Art Tradition of the Siberian Lower Amur Basin*，p. 39.

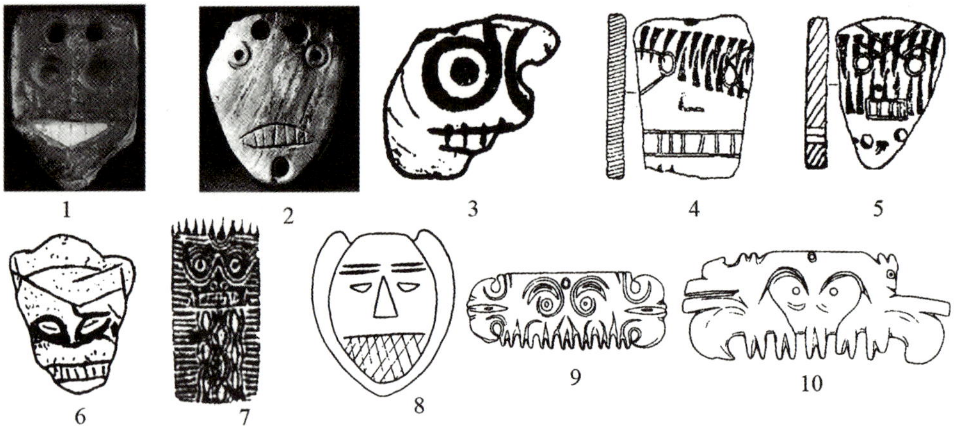

图4 中国北方地区出土的带牙齿纹人面形器物

4-1、4-2 兴隆洼文化；4-3 至 4-6 小珠山下层文化；4-7 神人兽面石饰；4-8 至 4-10 红山文化玉器

4-1 至 4-6 采自刘伟《黑龙江流域新石器时代人像雕塑研究》，第 29—30 页；4-7 采自乌兰《巴林右旗博物馆收藏史前人面饰初探》，第 170 页；4-8 采自乌力吉《巴林右旗博物馆收藏的玉人面纹饰件》，第 26 页；4-9、4-10 采自刘国祥《红山文化勾云形玉器研究》，《考古》1998 年第 5 期

（二）带牙齿纹人面像

在黑龙江下游发现数幅带有牙齿纹的人面像，牙齿均被包在嘴巴内，非常写实（图 3-1 至图 3-3），类似的人面像在内蒙古地区也有发现，分布范围涵盖阴山、西辽河和巴丹吉林沙漠 3 个地区（图 3-4 至图 3-19）。需要指出的是，黑龙江下游的人面像岩画均有轮廓，而内蒙古地区的人面像则包括有轮廓和无轮廓两种类型。此外，在内蒙古地区的人面像岩画中还有一些牙齿并非完全被嘴巴包合，涵盖阴山和西辽河两个地区（图 3-11 至图 3-13、图 3-16、图 3-17）。而巴丹吉林沙漠的两幅图像（图 3-9、图 3-10）与阴山的一幅图像（图 3-8）非常类似，表明二者可能源于同一种作画传统，甚至作画民族可能相同。

这种带有牙齿纹的人面饰品最早见于兴隆洼文化。其中 1 件为兴隆沟聚落遗址第一地点出土的嵌蚌石人面饰，人面像眼睛上方有两个小孔，可能用于悬挂（图 4-1）。其年代约为距今 8000—7500 年。另一件为白音长汗遗址出土的人面蚌饰（图 4-2）。该人面蚌饰系用蚌壳研磨成人面形，两个外凸弧线凹槽相扣代表嘴，内研磨竖向 7 道凹槽表示牙齿。关于其年代，学者们普遍认为其属于兴隆洼文化的较晚阶段。根据中国国家文物局文物保护科学技术研究所对其中两个标本的碳十四测年数据并经树轮校正，“其年代均超过 7000 年”[1]。

1 内蒙古自治区文物考古研究所：《白音长汗：新石器时代遗址发掘报告》，科学出版社，2004，第 501 页。

这种带有牙齿纹的人面像在小珠山下层文化中也有不少发现（图4-3至图4-6）。其中3幅图像无轮廓（图4-3至图4-5），而另外一幅有轮廓（图4-6）。根据碳十四年代推定，小珠山下层文化年代为距今6400年左右。[1]

另外，在内蒙古巴林右旗博物馆发现了另外一件神人兽面石饰（图4-7）。人面像用工具阴刻而成，无轮廓，双目圆形，眼球上方有三道括弧状线条，下方有两道括弧状线条，下方弧状线条在中间位置相连；此外，用两个小圆圈表示鼻孔。[2] 这种构图方式与其中几幅人面像岩画非常相似（图3-1、图3-2、图3-14、图3-15）。此外，该幅图像头顶处有11条射线状头饰，与黑龙江下游的其中一幅人面像岩画类似（图3-1）。该件神人兽面石饰属于征集品，具体年代不详。乌兰指出："根据阴刻的旋目纹饰，制作技法等特征，时代初步认为早于红山文化"[3]，约在距今6500年之前。此外，在内蒙古巴林右旗博物馆还发现另一件玉人面饰件，人嘴内部用细刻网格纹装饰，似为牙齿（图4-8）。此外，前文已指出，在内蒙古人面像岩画中，还有一些牙齿并非完全被嘴巴包合，包括有轮廓和无轮廓两种类型。这种类型的人面像在我国红山文化玉器中也有发现（图4-9、4-10），其年代约为红山文化中晚期，即距今6000—5000年。

需要注意的是，这些人面像岩画虽均具牙齿纹这一共同特征，但彼此间的差异也相当明显，主要体现在轮廓的类型以及轮廓内部装饰线条两方面。例如，黑龙江下游人面像岩画的轮廓全部为类圆形，并且面部轮廓内有纹饰，而内蒙古人面像岩画除了类圆形轮廓外，还有方形（图3-6、图3-7），而多数轮廓内无纹饰或纹饰不明显。此外，带牙齿纹的人面形器物在俄罗斯远东地区并未发现，但根据其他特征，如带有心形或颅骨形轮廓，以及脸部轮廓内带有醒目的曲线装饰等，可以将其年代归入马雷舍沃文化（前5300—前4350年）和沃兹涅谢诺夫卡文化（前4300—前3700年）[4]。这表明，上述地区岩画之间虽然存在着密切的关系，但是时间并非完全一样，可能存在着一个发展演变的过程。

通过以上分析可以发现，与俄罗斯远东地区相比，内蒙古地区带牙齿纹的人面像数量更多、类型更丰富；同时，年代也更为古老。另外，凹穴类人面像（图2-2至图2-4）和带牙齿纹人面像（图4-1、图4-2）在兴隆洼文化中共存过，这表

1 辽宁省文物考古研究所、大连市文物管理委员会、庄河市文物管理办公室：《大连市北吴屯新石器时代遗址》。

2 乌兰：《巴林右旗博物馆收藏史前人面饰初探》，朱士光等编《中国古都研究（第十八辑）上册——中国古都学会2001年年会暨赤峰辽王朝故都历史文化研讨会论文集》，国际华文出版社，2001，第168—173页。

3 乌兰：《巴林右旗博物馆收藏史前人面饰初探》，第171页。

4 Irina A. Ponomareva. *Continuity in the Rock Art Tradition of the Siberian Lower Amur Basin*, p. 39.

明，兴隆洼文化可能是上述类型人面像岩画的一个重要起源地。

（三）带黥面纹人面像

俄罗斯远东人面像岩画最典型的特征是面部带有各种纹饰，可以称之为“黥面纹”（图5），这些人面像基本属于马雷舍沃文化和沃兹涅谢诺夫卡文化。[1] 而类似的图像在西辽河和阴山等地均有发现。此外，我们注意到，中俄上述地区的人面像某些黥面纹饰非常相似。如头部外轮廓上均带有射线状装饰（图5-2、图5-4、图5-6、图5-9、图5-13、图5-18）、眼睛上方带有平行的波浪纹（图5-5、图5-10至图5-13、图5-15至图5-17、图5-21、图5-24、图5-27）；此外，其中3幅图像头上均有两根呈“倒八字”状的装饰线，并且面部均有锐角状括弧（图

图5 带黥面纹人面像

5-1至5-7 内蒙古阴山；5-8至5-15 内蒙古西辽河；5-16至5-27 俄罗斯远东

5-1至5-7采自盖山林《阴山岩画》，第237—397页；5-8采自田广林《内蒙古赤峰市阴河中下游古代岩画的调查》，第21页；5-9、5-10、5-13至5-15采自盖山林、盖志浩《内蒙古岩画的文化解读》，第283—293页；5-11、5-12采自《西辽河流域人面岩画研究》，第55、58页；5-16至5-27采自 Окладников А. П. *Петроглифы Нижнего Амура*. с. 153-244

1 Irina A. Ponomareva. *Continuity in the Rock Art Tradition of the Siberian Lower Amur Basin*, pp. 35-45.

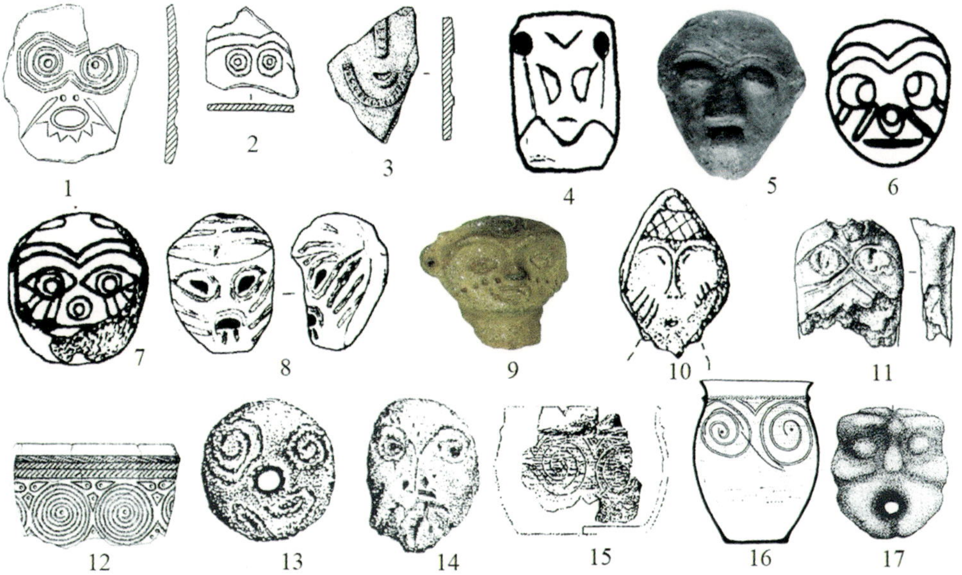

图6 中国北方和俄罗斯远东地区出土的带黥面纹人面形器物

6-1至6-3 双塔一期文化；6-4 小珠山下层文化；6-5 赵宝沟文化；6-6、6-7 洪格力图墓葬；6-8 后洼上层文化；6-9 蚌埠双墩遗址；6-10至6-12 马雷舍沃文化；6-13、6-14 锡尼盖A遗址下层；6-15、6-16 孔东—波奇塔遗址；6-17 科利乔姆遗址

6-1至6-4、6-8、6-10至6-12采自刘伟《黑龙江流域新石器时代人像雕塑研究》，第25—30页；6-5采自刘晋祥、朱延平《内蒙古敖汉旗赵宝沟一号遗址发掘简报》，图版1-6；6-6、6-7采自苏布德《洪格力图红山文化墓葬》，第19页；6-9采自安徽省文物考古研究所、蚌埠市博物馆《蚌埠双墩——新石器时代遗址发掘报告》，封面；6-13采自Бродянский Д. Л. *Антропоморфные персонажи в неолитическом искусстве Приморья*. с. 635；6-14采自Клюев Н. А.（ред.）. *Первобытная археология Дальнего Востока России и смежных территорий Восточной Азии：современное состояние и перспективы развития*. Владивосток：ИИАЭ ДВО РАН. 2015. с. 178；6-15采自刘伟《黑龙江流域新石器时代考古学文化研究》，第169页；6-16采自Окладников А. П.，Деревянко А. П. *Далекое прошлое Приморья и Приамурья. Владивосток：Дальневосточное книжное издательство*. 1973. с. 120；6-17采自Бродянский Д. Л. *Полиэйконическая каменная скульптура из Кольчёма（Нижний Амур）*. Россия и АТР 2. 2005. С. 97.

5-8、图5-14、图5-19）。这表明，上述地区的岩画之间的确具有非常密切的关系。而中国出土的类似器物表明，这类图像大多数属于红山文化，同时在早于红山文化的器物中也有发现。

带黥面纹的人面像最早见于嫩江[1]流域白城双塔一期文化的陶器残片上，年代为公元前9000—前7000年（图6-1至图6-3）。[2] 其中一幅图像以多重圆圈表示眼睛，在同心圆眼睛外面还有两重类似眼罩的纹饰（图6-1）。与其中一幅人

1 嫩江是黑龙江支流松花江的一条支流。

2 刘伟：《黑龙江流域新石器时代人像雕塑研究》，《北方文物》2018年第2期。

面像岩画类似（图3–18）。此外，该幅图像还刻画出鼻孔和嘴巴的形象。鼻孔两侧带有两道呈“八”字形的线条，似为胡子，而嘴巴下方则有一圈锯齿状的纹饰。这种“八”字形的线条在洪格力图墓葬（图6–6、图6–7）、蚌埠双墩遗址（图6–9）和马雷舍沃文化（图6–11）中均有发现。人面像岩画中的一些图像可能与此有关（图3–17、图5–13、图5–27）。而带有鼻孔的人面像在出土文物中同样屡次出现。此类图像最早见于双塔一期的人面像上（图6–1）；随后，出现于前红山文化（图4–7）和小珠山下层文化（图4–5）中，而在马雷舍沃文化中出现的时间最晚（图6–10）。另外，此类图像在内蒙古和俄罗斯远东人面像岩画中多有发现，并且包括有轮廓和无轮廓两种类型（图3–1、图3–2、图3–14至图3–17、图5–23）。

另外一幅图像用浅浮雕的形式表现出鼻子和嘴巴，嘴巴下部有类似胡须或者脸部轮廓的浮雕，上面戳压出连续的凹窝（图6–3）。

此外，还有一幅人面像在同心圆眼睛上方有两条平行的连续弧纹（图6–2），类似的构图在赵宝沟文化（图6–5）、洪格力图墓葬（图6–6、6–7）、后洼上层文化（图6–8）和蚌埠双墩遗址（图6–9）中均有发现。同时，在人面像岩画中也屡次出现（图3–1、图3–2、图3–18），而其他一些人面像岩画额头上的纹饰均可视为其变体，反映了类似的观念（图3–3、图5–5、图5–10至图5–13、图5–15至图5–17、图5–20至图5–22、图5–24、图5–27）。

在人面像岩画所在区域，这种构图方式最早出现在赵宝沟文化中。在内蒙古敖汉旗赵宝沟一号遗址出土了一件陶面具，其眼睛上方有两条平行的连续弧纹（图6–5）。学者们认为，赵宝沟文化绝对年代约在公元前5200—前4200年左右。[1] 此外，在安徽蚌埠双墩遗址出土了一件陶塑人头像，脸颊两侧各有5个篦点纹连成一条斜线，眼睛上方有两条平行的连续弧纹（图6–9）。有学者认为：“双墩遗址的绝对年代在距今7300—7100年左右。”[2] 由于双墩遗址与人面像岩画相距较远，因此，还不能确定二者之间的关系。此后，这种构图出现于洪格力图墓葬中，其出土的两件陶器年代“属于红山文化早期”[3]。有学者认为：“红山文化可以分为4期，年代约为公元前4700—前3000年。其中红山一期年代在公元前4700—前4500年。”[4] 最后，在属于后洼

1 中国社会科学院考古研究所：《敖汉赵宝沟——新石器时代聚落》，中国大百科全书出版社，1997，第216页。

2 安徽省文物考古研究所、蚌埠市博物馆：《蚌埠双墩——新石器时代遗址发掘报告》，科学出版社，2008，第414页。

3 苏布德：《洪格力图红山文化墓葬》，《内蒙古文物考古》2000年第2期。

4 索秀芬：《红山文化研究》，《考古学报》2011年第3期。

上层文化的辽宁东沟后洼遗址中发现了具有此类构图的陶塑人头像（图 6-8）。这是一件两面陶塑人头像，其中一面的额部凸起，面部向内凹，眼睛外轮廓呈水珠状，面部刻有对称的 2 条长斜线，额头刻有 3 条平行的连续弧纹。其中两幅岩画的面部纹饰与其非常类似，同样具有水珠形的眼睛轮廓，以及额头和面部都有线条（图 5-1、图 5-12）。同时，与洪格力图出土陶器上的人面像也很相似。赵宾福认为："后洼上层文化与红山文化晚期年代相当，为公元前 3500—前 3000 年。"[1] 可见，这种构图方式在西辽河地区从赵宝沟文化一直持续到红山文化晚期，经历了一个完整的发展阶段，而当地的人面像岩画很可能与这些考古学文化有关。

此外，在辽宁东沟后洼遗址中出土了 1 件石制面具。该面具位于后洼遗址下层，额头上有"V"形纹饰，两侧脸部分别有一条竖线，眼睛呈水珠状，眼角处有尾巴状线条（图 6-4）。刘伟将后洼下层归入小珠山下层文化。[2] 而赵宾福则进一步指出："后洼下层文化与红山文化早期遗址年代相当，为公元前 4500—前 4000 年。"[3] 与其构图类似的还有洪格力图墓葬出土的一幅图像（图 6-6）。在人面像的眼眶处有比较明显的刻痕，使眼睛末端像带了一条尾巴。这种表现方式在人面像岩画中也多有发现（图 5-1、图 5-2、图 5-5、图 5-10 至图 5-13、图 5-18、图5-19、图 5-24）。

需要注意的是，嫩江流域目前并未发现人面像岩画，所以，不能简单地认为内蒙古地区的人面像岩画年代早到双塔一期，而更有可能是双塔一期的人面像传播到了西辽河地区，并反映在赵宝沟和红山文化等当地的考古学文化上，而西辽河流域的人面像岩画则与这些考古学文化有关。至于阴山地区的类似图像，很可能是受西辽河地区的影响而出现的。需要指出的是，黥面纹饰的传播链条还有不少缺环。例如，目前仅在西辽河的前红山文化中发现了带鼻孔的人面像，年代约为距今 6500 年，与双塔一期之间相差了数千年；而额头上的连续弧纹在西辽河地区最早出现于赵宝沟文化中，与双塔一期同样有着数千年的时间缺环。因此，还需要更多的考古发现来使链条更为完整。

带黥面纹的器物在俄罗斯远东地区也有发现。其中 3 件属于马雷舍沃文化。一幅人面像有轮廓，刻画了眼睛、鼻子和嘴巴，额头上有网状纹饰，脸部两侧各有 4 道斜纹（图 6-10）；另一幅人面像无轮廓，头顶部分残缺，刻画出眼睛和眉毛，眼睛下方有"八"字形线条（图 6-11）；此外，还有一幅人面像用螺旋纹表示眼睛，两眼轮廓最外侧相连，刻画有眼珠

1 赵宾福：《东北新石器文化格局及其与周边文化的关系》，《中国边疆史地研究》2006 年第 2 期。

2 刘伟：《黑龙江流域新石器时代人像雕塑研究》。

3 赵宾福：《东北新石器文化格局及其与周边文化的关系》。

（图 6-12）。而在锡尼盖 A（Синий Гай A）遗址下层也发现了两件带有人面像的陶器。其中一件陶器中间有圆孔，同样用螺旋纹表示眼睛，中心圆孔用来表示鼻子，用椭圆形的螺旋纹表示嘴巴，另在嘴巴右侧有一个与其类似的图案（图 6-13）；另一件陶器刻有眼睛、鼻孔和嘴巴，脸部和下巴处有纹饰（图 6-14）。锡尼盖 A 遗址包含两个文化层，其下层属于新石器时代文化晚期，而上层属于青铜时代。关于锡尼盖 A 遗址下层的具体年代并不清楚，但一般认为滨海地区的古金属时代为公元前 2000—前 1000 年，因此大致可以推断出锡尼盖 A 遗址下层的年代大概在公元前 2000 年前。[1]

在孔东—波奇塔遗址中发现 2 件带有人面像的陶罐。其中一件人面像的眼睛用螺旋纹表示（图 6-15），与马雷舍沃人面像（图 6-12）和锡尼盖 A 人面像（图 6-13）均类似，其年代为沃兹涅谢诺夫卡文化时期。[2] 另一件人面像与其非常相似，年代可能相近（图 6-16）。需要指出的是，沃兹涅谢诺夫卡文化中有大量的螺旋纹装饰，此类人面像的产生具有深厚的考古学基础。另外，在黑龙江下游的科利乔姆（Кольчём）还发现了几件石雕人面像。人面像的眼睛和鼻子均以浮雕的形式呈现，嘴巴用圆孔表示，眼睛下方同样有“八”字形线条（图 6-17）。根据同时发现的陶片，И. Я. 舍夫科姆德将其年代断为“公元前 3 千年中叶至公元前 2 千年上半叶，并将之视为新石器时代晚期文化的变体”[3]。这类人面像类似颅骨，而颅骨类人面像在俄罗斯远东（图 3-1 至图 3-3、图 5-17、图 5-20 至图 5-24）和内蒙古阴山、西辽河地区（图 3-4、图 3-11、图 5-3）均有分布，应为同一文化观念在不同载体上的反映。

用螺旋纹表示眼睛的人面像岩画在内蒙古西辽河三座店石城遗址中也有发现（图 7）。其中一幅图像局部压在夏家店下层文化建筑的石墙之下，表明其年代早于夏家店下层文化（图 7-1）；另一幅为螺旋纹和“八”字形线条组成的人面像，刻在通道中央的一块基岩上，可能与前一幅图像年代相当（图 7-2）。而夏家店下层文化的年代约为距今 4000—3400 年，[4] 因此，岩画年代应该早于距今 4000 年，进一步可以认为，这两幅岩画均为红山文化时期的作品。另外，从同时具备螺旋纹的眼睛和“八”字形线条这两个特征来看，西辽河流域的人面像岩画很可能是俄

1 Белова И. В.，Сидоренко Е. В. *Синегайская Культура Эпохи Палеометалла Приморья：Основные Проблемы Изучения.* ТРУДЫ ИИАЭ ДВО РАН 26. 2020. с. 33-53.

2 刘伟：《黑龙江流域新石器时代考古学文化研究》，博士学位论文，吉林大学，2021，第 167—169 页。

3 Пономарева И. А. *Личины Нижнего Амура（Вопросы Хронологии）*. В Толпенко И. В.（отв. ред.），Ⅷ *Исторические Чтения Памяти Михаила Петровича Грязнова.* Омск：Амфора. 2012. с. 159.

4 郭治中、胡春柏：《赤峰三座店夏家店下层文化石城址发掘全面结束》，《中国文物报》2006 年 12 月 13 日第 2 版。

罗斯远东地区仅具备“八”字形线条（图6-11）和仅具备螺旋纹眼睛（图6-12至图6-16）这两类人面像的共同来源。大概在红山文化晚期与马雷舍沃文化和沃兹涅谢诺夫卡文化发生联系而扩散开来。

1　　2

图7　三座店夏家店下层文化石城遗址内出土人面像

采自张亚莎《赤峰岩画在中国岩画研究格局中的地位与意义》，载内蒙古自治区文物考古研究所编《中国北方及蒙古贝加尔西伯利亚地区古代文化》（下），彩版二，图2、图3

图8　赤峰市小凤山岩画

图片采自 Tang Huisheng et al. *The 2015 Rock Art Missions in China*, p. 27

需要指出的是，以上岩画年代的断定均是通过将出土文物与岩画图像进行交叉比较来实现的，这种方法也被称为间接断代法。除此之外，部分学者也尝试使用直接断代法，即使用自然科学的方法对岩画进行测年。在岩刻画的测年中，目前效果最好、使用最普遍的是微腐蚀测年法。其中最著名的一次微腐蚀测年是2015年由汤惠生教授携手澳大利亚国际岩画组织联合会主席罗伯特·贝德纳里克、印度岩画协会秘书长吉日拉吉·库马尔等共同开展的西辽河岩画微腐蚀测年工作。其中，对小凤山岩画点一幅有轮廓人面像的微腐蚀测年结果显示，其年代约为距今4730+1400/-810年，属于新石器时代晚期，与红山文化年代相当或者稍晚（图8）。[1]这幅图像内部呈心形，外部勾以轮廓，与黑龙江下游多幅人面像构图类似（图3-1至图3-3、图5-20至图5-23）。这进一步表明，西辽河流域和俄罗斯远东地区的人面像岩画多数属于新石器时代的作品。

三 主要结论

一般来说，陶器、玉器、石器上的图案和岩画具有相似性，均是某种象征性表达的手段，反映的是古代神话题材，是古人宗教神话观念的“物化”。因此，上述四者之间不仅题材具有相似性、观念具有相通性，同时，年代也具有相关性，这也是我们根据陶器、玉器和石器等考古出土文物对岩画进行断代的基础。[2] 通过以上分析，大致可以得出如下结论：

（1）中国北方的凹穴类人面像最早发现于黑龙江饶河县乌苏里江左岸的小南山遗址，年代在距今9000年左右，但此时人面的特征并不明显；随后，此类人面像在内蒙古及东北地区新石器时代的兴隆洼文化中出现，其年代约为距今8000年；稍后，在属于小珠山下层文化的辽宁省北吴屯遗址中也发现了类似的图像，年代约为距今6500—6000年。在俄罗斯远东地区，这种类型的人面像最早出现在博伊斯曼文化中，年代为距今6500年之后，虽然И. А. 波诺马列娃将其归入奥西波夫卡文化时期，但证据并不充分。随后，在马雷舍沃文化中也发现了类似的人面像，其年代为距今5300—4300年。此外，博伊斯曼文化离小南山遗址不远，二者出土的凹穴之间是否存在关系还需要进一步研究。

（2）通过对带牙齿纹和黥面纹人面像的分析发现，中国北方的此类人面像起源于嫩江流域的白城双塔一期文化，此时的载体为陶器，年代为距今11000—9000年。随后，人面造像传统在中国北方地区广泛传播开来，大约在距今8000年前后与西辽河地区的兴隆洼文化发生了联系；

1 Tang Huisheng et al. “The 2015 Rock Art Missions in China”. *Rock Art Research 2018* (1), pp. 25-34.

2 肖波：《从对顶三角形岩画看中国新疆和中亚地区的史前文化交流》，《民族艺术》2021年第1期。

约在距今 7200 年，兴隆洼文化发展为赵宝沟文化，人面像在继承前者的基础上又出现了一些新的类型；之后，大约在距今 6700 年，红山文化继赵宝沟文化而起，并一直持续到距今 5000 年前后，此时，人面像创作也达到了高潮，不仅数量众多、类型丰富，而且载体多种多样。

（3）通过图像学和考古学文化的综合研究发现，内蒙古西辽河流域的人面像岩画最早出现于兴隆洼文化；随后，经赵宝沟文化、红山文化早期，一直持续到红山文化晚期，经历了一个完整的发展、演变过程。俄罗斯远东地区人面像岩画可以追溯到新石器时代，其中，凹穴类可以追溯到博伊斯曼时期，其余绝大多数可以归入马雷舍沃和沃兹涅谢诺夫卡时期。至于阴山地区的类似图像年代还不好确定，但是通过图像学的比较研究大致可以推定，其年代可能与同类型的西辽河流域人面像岩画年代相近。关于这一点，还需要更多的考古学证据来进行验证。

（4）内蒙古与俄罗斯远东地区的人面像岩画之间存在着众多相似之处，并与当地的考古学文化密切相关。大致在红山文化晚期，上述地区的人面像岩画之间产生了联系，而且这种联系具有相当坚实的考古学基础。2015 年，在黑龙江饶河小南山遗址 I 区第 2 层出土了沃兹涅谢诺夫卡文化的典型陶片，这也是在中国首次发现该文化的器物。[1] 由此可以推论出：红山文化晚期与马雷舍沃文化和沃兹涅谢诺夫卡文化发生接触，导致人面像岩画由内蒙古向俄罗斯远东地区传播，传播的类型主要是带牙齿纹和黥面纹人面像；至于凹穴类人面像岩画，究竟是在小南山遗址凹穴的影响下分别独立发展而来，还是传播的结果，目前还不能确定。

（5）上述研究表明，内蒙古和俄罗斯远东地区的人面像岩画属于同一种艺术传统，同时，也很可能来自同一种技术传统，但目前学术界对岩画技术特征的分析还非常滞后。在岩画制作工具的鉴定方面，俄罗斯学者有着较为深入的研究。E. Ю. 吉利亚（Гиря E. Ю.）和 E. Г. 杰夫列特（Дэвлет E. Г.）在 2010 年[2]和 2011 年[3]发表的两篇文章中，分别对楚科奇半岛佩格特梅利岩画和叶尼塞河中游沙拉博利诺岩画的制作技术进行了研究，对岩画的打击点进行了微痕分析，进而对使用的究竟是金属工具抑或是石制工具进行了区分，并提出了一套对岩画进行技术分析的具体原则。中国的岩画研究在这方面还比较滞后，迄今尚未见到相关研究成果

---

1 黑龙江省文物考古研究所、饶河县文物管理所：《黑龙江饶河县小南山遗址 2015 年Ⅲ区发掘简报》。

2 Гиря E. Ю.，Дэвлет E. Г. *Некоторые Результаты Разработки Методики Изучения Техники Выполнения Петроглифов Пикетажем*. Уральский Исторический Вестник. 2010（1）. с. 107–118.

3 Дэвлет E. Г.，Гиря E. Ю. *Изобразительный Пласт в Наскальном Искусстве и Исследовании Техники Выполнения Петроглифов Северной Евразии. // Древнее Искусство в Зеркале Археологии. К 70–летию Д. Г. Савинова*. Кемерово：Кузбассвузиздат. 2011. с. 186–201.

的报道。除了微痕分析之外，实验考古学的方法同样非常重要。在不少岩画点附近，经常可以采集或者发掘出一些石器工具，这些石器工具很可能就是岩画的制作工具，通过实验考古学和微痕分析的方法，完全可以建立起岩画与这些石器工具之间的联系，进而将岩画本体的研究推进到制作工具的比较研究。这对判断不同地区岩画之间的关联性非常重要，甚至比图像学的分析更为重要，这也是今后工作中需要努力的一个方向。

（6）内蒙古与俄罗斯远东地区的人面像岩画与中国东北地区"古文化、古城、古国"的历史发展进程有关。1985年，苏秉琦先生在《辽西古文化古城古国——兼谈当前田野考古工作的重点或大课题》的报告中提出"辽西古文化古城古国"的概念，引起学术界的广泛关注。古文化指的是距今7000年到距今5000—4000年间的红山诸文化（包括前红山、红山前、红山后和后红山文化）；[1] 古国则指的是距今5500—4300年，以红山文化牛河梁遗址坛、庙、冢为代表的阶段。[2] 从时间范围来看，内蒙古西辽河与俄罗斯远东地区的人面像岩画年代也大体上与红山文化流行的时间相同；并且，二者作画方式相同，构图类似，具有很高的一致性，这表明，人面像岩画的确与辽西地区的文明起源有关。值得注意的是，西辽河岩画位于红山文化的核心位置，并且位于阴山岩画和俄罗斯远东岩画之间；此外，这里的人面像岩画分布最为集中，与红山文化的关系也最为密切。因此，建立西辽河流域与黑龙江下游和乌苏里江地区考古学文化的关系，将是下一步工作的重点。

1 苏秉琦:《辽西古文化古城古国——兼谈当前田野考古工作的重点或大课题》,《文物》1986年第8期。

2 李伯谦:《黄帝时代的开始——黄帝文化与中国古代文明起源研究》,《光明日报》2017年8月26日第11版。

鲁南汉儒对夏桀管叔之私见*

■ 姜　生（四川大学文化科技中心）

汉儒是一个立足现实的理想主义群体。他们以《春秋》为“宪法”，重置权衡，对上古重大史事及相关人物的评价，与官史传统颇有不同。其中，对秦始皇及秦朝的评价即一要例。[1] 事实上，官史之外，汉儒有关重要历史人物的“异议”，更多见存于汉墓画像之中。汉代鲁南儒生对夏桀、管蔡之私议，便以画像“符号文本”形式“发表”于墓葬祠堂或墓室里，默示其思想主张。

嘉祥武梁祠画像，宋人洪适《隶释》已有载叙：“所画者古帝王、忠臣、义士、孝子、贤妇，各以小字识其旁，有为之赞文者。”[2] 其中特别引人瞩目的是，西壁上部的古帝王图中，素以“暴君”闻名古史的夏桀，却与伏羲女娲、祝融、神农、黄帝、颛顼、帝喾、帝尧、帝舜、夏禹等上古伟大圣王比肩同列（图1），备极庄严，令人甚感意外。古帝王分布十栏，其十图题记自右向左分列如次：

伏羲仓精，初造王业，画卦结绳，以理海内。

祝诵氏无所造为，未有耆欲，刑罚未施。

神农氏因宜教田，辟土种谷，以振万民。

黄帝多所改作，造兵井田，垂衣裳，立宫宅。

帝颛顼高阳者，黄帝之孙，而昌意之子。

帝喾高辛者，黄帝之曾孙也。

帝尧放勋，其仁如天，其知如神，望之如日，就之如云。

帝舜名重华，耕于历山，外养三年。

夏禹长于地理，脉泉知阴，随时设防，退为肉刑。

夏桀。[3]

---

* 本文系“文化名家暨四个一批”人才工程项目（项目批准号：2018-86-1）成果之一。

1 姜生：《“秦人不得真道”考》，《文史哲》2021年第1期。

2 （宋）洪适：《隶释》卷一六《武梁祠画像》，中华书局影印本，1985，第168页。

3 （清）瞿中溶：《汉武梁祠画像考》，北京图书馆出版社影印本，2004，第19—142页。

图1　嘉祥东汉武梁祠西壁画像石

图2 嘉祥东汉武梁祠西壁的夏禹和夏桀画像（细部）

采自容庚《汉武梁祠画像录》，燕京大学考古学社，1936，第4页

诸圣王像旁文字，皆为“人名榜题+赞记”模式，唯独夏桀仅有榜题，而无赞记（清黄易拓本中的夏桀榜题尚清晰，见图2）。一般认为，夏桀作为有名的“暴君”与其他诸圣王并列，乃作为“反面教材”取其教化、劝诫之用。是论看似有理，却难经推敲。如果刻画夏桀的动机在于树立“反面教材”，自不宜“赞”，但古来大量批判夏桀告诫人君的劝诫文字，岂不正该在此大书特书？在正当“教化”的地方却戛然而止，留下了意味深长的“缄默”。且若用意教化，那么桀、纣“二凶”连举正合惯例，何故仅取其一？因此，“劝诫”说在逻辑上难以自圆；夏桀忝列帝王图当另有他因。[1]

夏桀之外，另一位被古来官史“定论”的西周初重要历史人物管叔，学者异议亦多。汉代墓葬画像所见，两种性质之内容并存：一边是，赞颂周公辅成王（图3左）；另一边是，私议周公手足相残、诛杀放逐乃兄乃弟（管叔蔡叔）（图7）。沂南北寨汉墓出现管叔与苏武比肩共事于齐桓公之侧的画像（图3右），发

1 姜生：《汉帝国的遗产：汉鬼考》，科学出版社，2016，第218页。

掘者称此为“乱刻的”[1]。可以理解，齐桓公（春秋）、管叔（西周初）、苏武（西汉）、齐侍郎（战国秦汉职官）等几个不同时代人物跨越千年同堂比肩，初看颇显荒谬。有观点认为，“将苏武和管叔组合在一个画面的目的在于，以正反两方面的典型给人们以深刻的印象和教育”[2]。现在看来，此中尚有更深层的原因；这个原因（如果存在），其隐蔽性本身表明它更具内在规定性。[3]

图3 沂南北寨汉墓周公辅成王（左）、管叔与苏武共事齐桓公（右）画像石

1 曾昭燏、蒋宝庚、黎忠义合著，南京博物院、山东省文物管理处合编：《沂南古画像石墓发掘报告》，文化部文物管理局，1956，第23、40页。

2 张从军：《黄河下游的汉画像石艺术（下）》，齐鲁书社，2004，第303页。

3 《汉帝国的遗产：汉鬼考》，第211页。

事实上，这些看似荒谬的图像背后，隐藏着汉儒对夏桀、管叔等重要历史人物之“异评”“文本”，展现了汉儒承袭荀子、超越古儒的独特史观和汉代道教的仙真标准，实质上是鲁南汉儒之“王道”标准和高洁理想的无言表达。

一 天命英雄之主遭臣属灭国，夏桀仍得跻身圣王之列

观诸史乘，对夏桀的否定，大抵千篇一律、众口一词；且往往桀、纣连举，而为亡国“无道暴君”之典型。比如：

> 昔人君之蔽者，夏桀、殷纣是也。桀蔽于末喜、斯观，而不知关龙逢，以惑其心而乱其行；纣蔽于妲己、飞廉，而不知微子启，以惑其心而乱其行。[1]
>
> 杨朱曰：“天下之美归之舜、禹、周、孔，天下之恶归之桀、纣。……桀藉累世之资，居南面之尊，智足以距群下，威足以震海内；恣耳目之所娱，穷意虑之所为，熙熙然以至于死：此天民之逸荡者也。纣亦藉累世之资，居南面之尊；威无不行，志无不从；肆情于倾宫，纵欲于长夜；不以礼义自苦，熙熙然以至于诛：此天民之放纵者也。彼二凶也，生有从欲之欢，死被愚暴之名。”[2]
>
> 昔者夏桀、殷纣不任其过，其亡也忽焉；成汤、文、武知任其过，其兴也勃焉；夫过而改之，是犹不过。
>
> 昔夏桀贵为天子，富有天下，不修禹之道，毁坏辟法，裂绝世祀，荒淫于乐，沈酗于酒。其臣有左师触龙者，谄谀不止。汤诛桀，左师触龙者身死，四支不同坛而居：此忘其身者也。[3]
>
> 夏桀、殷纣，不定国是，而以合其取舍者为是，以不合其取舍者为非，故致亡而不知。[4]
>
> 昔者夏桀贵为天子，富有四海，忘其圣祖之道，坏其典法，废其世祀，荒于淫乐，耽湎于酒；佞臣谄谀，窥导其心；忠士折口，逃罪不言。天下诛桀而有其国，此谓忘其身之甚矣。[5]

此外，纬书《尚书帝命验》《尚书运

1 （清）王先谦撰，沈啸寰、王星贤点校：《荀子集解》卷一五，中华书局，1988，第 388 页。

2 杨伯峻撰：《列子集释》卷七，中华书局，1979，第 231—232 页。

3 （汉）刘向撰，向宗鲁校证：《说苑校证》，中华书局，1987，第 22、257 页。

4 （汉）刘向：《新序》卷二，中华书局，1985，第 29 页。

5 杨朝明、宋立林主编：《孔子家语通解》，齐鲁书社，2009，第 151—152 页。

期授》《尚书中候》等亦一致称夏桀“无道”[1]。

但在种种批判性传说中，仍有一些言及桀之能力的蛛丝马迹可寻。其中最突出者，莫过于夏桀的惊人勇力。例如：

> 昔夏王桀贵为天子，富有天下，有勇力之人，推哆、大戏，生列兕虎，指画杀人。[2]
>
> 桀之力，制觡伸钩，索铁歙金，椎移大牺，水杀鼋鼍，陆捕熊罴。[3]
>
> 帝桀淫虐有才，力能伸钩索铁，手搏熊虎。[4]

《墨子》称夏桀“推哆大戏”，《淮南子》亦云夏桀“椎移大牺”，许多注家未得其意。原其根本，盖以文字传写之讹。以往有一种解释，认为“椎移”“大牺”指夏桀之二臣。其主要文献依据是《晏子春秋》内篇《谏上》：“昔夏之衰也，有推侈、大戏；殷之衰也，有费仲、恶来；足走千里，手裂兕虎。任之以力，凌轹天下，威戮无罪，崇尚勇力，不顾义理，是以桀纣以灭，殷夏以衰。”[5] 此处“推侈”“大戏”与费仲、恶来相对，很容易被理解为人名。但其意究竟何所指？仍应回归更广泛的同类文本本身去寻求理解。

《吕氏春秋·简选》云：

> 殷汤良车七十乘，必死六千人，以戊子战于郕，遂禽推移、大牺，登自鸣条，乃入巢门，遂有夏。

高诱注曰：“桀多力，能推移大牺，因以为号，而禽克之。”[6] 依此则“推移大牺”系言事以指夏桀，非桀之二臣。

按“推”“椎”形近，文本流传过程中发生讹误不足为奇。《说文》：“椎，所以击也，齐谓之终葵。”段玉裁注称“器曰椎，用之亦曰椎。……今本多误从手，作推”[7]。从文献中之具体使用来看，“椎”字的词性亦是名词与动词兼具。如《史记·张释之冯唐列传》有“五日一椎牛”[8]，《后汉书·冯衍传》言“张良以

---

1 安居香山等：《纬书集成》，河北人民出版社，1994，第 370、385、408、409 页。

2 （清）孙诒让，孙启治点校：《墨子间诂》卷八，中华书局，2001，第 245 页。

3 刘文典集解，冯逸、乔华点校：《淮南鸿烈集解》卷九，中华书局，1989，第 279 页。

4 （晋）皇甫谧：《帝王世纪》，载（宋）李昉等撰《太平御览》卷八二，中华书局，1960，第 386 页。

5 吴则虞撰：《晏子春秋集释》，中华书局，1962，第 1 页。亦见李昉等撰《太平御览》卷四三六，第 2008 页。

6 以上见许维遹集释，梁运华整理《吕氏春秋集释》卷八，中华书局，2009，第 184 页。

7 （汉）许慎撰，（清）段玉裁注：《说文解字注》，上海古籍出版社，1981，第 263 页。

8 （汉）司马迁撰，（南朝宋）裴骃集解，（唐）司马贞索隐，（唐）张守节正义：《史记》卷一〇二，中华书局，1982，第 2758 页。

五世相韩，椎秦始皇博浪之中”[1]。《战国策》：“始皇遗齐君王后连环……君王后引椎，椎破之。”[2]《史记·魏公子列传》：“朱亥袖四十斤铁椎，椎杀晋鄙。”[3]

“移”字或为“拸”。古“拸”通“哆”，“拸”字《说文解字》未收。按《说文》：“哆，张口也。从口，多声。”[4]“拸”是一种人为动作，《康熙字典》引《正韵》曰：“拍也，拽也。”又引《博雅》曰：“加也。”[5]可见“拸”是指人的一种施力行为。另一种可能的情况是，“移”为“棈（槌）”之误，“棈”字在传抄过程中因笔误被讹为其他的形近字，其可能性亦存在。

按“牺”字，《说文》云：“宗庙之牲也。”[6]《尚书·微子》有“今殷民乃攘窃神祇之牺牷牲”，孔安国传：“色纯曰牺。”孔颖达疏：“《曲礼》云：‘天子以牺牛。’天子祭牲必用纯色，故知‘色纯曰牺’也。”[7]按此，“牺”为纯色公牛。

且回顾前文有关桀之能力的记载，均指称桀之“勇力”“桀之力”云云。《墨子》文本的结构是，首先说桀是富有天下、威猛有力之人，接着用三个排比措辞，具体描述其有“勇力”的表现，其一是“推哆大戏”。《淮南子》则连续用五组四字辞描述“桀之力”，“椎移大牺”是其一。这20个字，都是夏桀强壮有勇力的证据，排比表达；其中前两种是以徒手改变金属器物的形状来反映其力量之强，后三种是以独自捕杀大型动物的能力来反映其力量之强。校其所言，“椎移大牺”实指夏桀力能椎杀大牛。谅其古本难免传写之讹，且“哆”通“拸”，而“拸”或为“棈”之讹，可校正为“椎哆大牺”或“椎棈大牺”，皆指以椎槌杀大牛，示其非凡之膂力。

显然，汉人对夏桀的勇力有更多的认知。《史记·律书》：“夏桀、殷纣手搏豺狼，足追四马，勇非微也；百战克胜，诸侯慑服，权非轻也。”[8]且汉人对夏桀并非完全反感，有勇力者甚至亦以桀为名。《汉书·外戚传上》：“孝昭上官皇后。祖父桀，陇西上邽人也。少时为羽林期门郎，从武帝上甘泉，天大风，车不得行，

---

1 （南朝宋）范晔撰，（唐）李贤等注：《后汉书》卷二八，中华书局，1965，第963页。

2 《太平御览》卷七六三，第3388页。

3 《史记》卷七七，第2381页。

4 《说文解字注》，第54页。

5 （清）张玉书等编撰：《康熙字典》，哈佛大学汉和图书馆藏康熙五十五年（1716年）内府刊本，卯集中，第42页。

6 《说文解字注》，第53页。

7 《尚书正义》卷一〇，载阮元校刻《十三经注疏》，中华书局影印本，1980，第178页。

8 《史记》卷二五，第1241页。

图4　兖州博物馆藏西汉石椁上的英雄椎牛画像（中栏）

图5　徐州汉画像石艺术馆藏“英雄会”画像石

解盖授桀。桀奉盖，虽风常属车；雨下，盖辄御。上奇其材力，迁未央厩令。”[1] 可见上官桀生来勇力过人，故以桀为名。时人非但不恶之，反而颇得武帝信任。武梁祠西壁的夏桀，头戴高冠，坐二女之上，手执大戟，雄壮威武。兖州博物馆藏西汉元帝至平帝时期画像石椁[2]，其一侧的中栏，画一怒目圆睁、怒发上指、张口怒号的威猛英雄，左手执牛右耳下按使牛头触地不得起，右手挥起大椎击杀，其意当亦描绘夏桀“椎枱大牺”之情景（图4），可为把握汉人关于夏桀勇力的传说形态提供有形之证。[3] 这些展现夏桀勇力的文字、图像，与汉人崇武尚力、追求“强汉”[4] 之宗旨若合符契。

冷兵器时代，男子的勇武和强壮体魄对于国家具有毋庸置疑的重要价值。秦汉尚力，尚力即尚武，国之所倚。[5] 战国时期秦武王可谓其极，《史记·秦本纪》：“武王有力好戏，力士任鄙、乌获、孟说皆至大官。”[6] 武王亦因比赛举鼎过重，脱手致胫骨断裂而死。而汉家正是因为骁勇的樊哙在鸿门宴上忘死闯帐救刘季，乃得立基。与此紧密相关的，是汉代尚武、尚侠之风的盛行，[7] 此种风尚浸入宗教思维，成为与忠、孝、节、义思想并行不悖的重要内容。汉墓画像系统，普遍存在崇尚英雄勇力的现象；事实上这是汉儒思想的一个重要特征，他们赞颂古来“有英雄之才”者，以死后名列仙谱、图画其像的方式隆崇古代英雄及圣贤，正如陶弘景在整理《真诰》时所总结：“自三代已来，贤圣及英雄者为仙。”[8] 嘉祥武梁祠西壁，刻画的正是至圣、至孝、英雄之楷范，或曰汉代道教仙真之标准（西壁上古帝王图，实为汉代道教认定的上古仙真图）。徐州汉画像石中有一幅描绘古英雄力士聚会的画像（图5下），[9] 一人执盾挥剑，一人骑虎，一人怒目圆睁将树连根拔起，一人捉

1 （汉）班固撰，（唐）颜师古注：《汉书》卷九七上，中华书局，1962，第3957页。

2 《中国画像石全集2·山东汉画像石》图26，山东美术出版社，2000，第20页。

3 河南新郑等地一些汉墓模印画像空心砖上见有晋阳力士“牛子”像，在对付牛的动作上与夏桀有明显不同：“牛子”徒手制伏猛牛，夏桀则是椎杀大牛。详参姜生《〈韩非子〉晋阳力士“牛子”考》，《史学月刊》2020年第8期。且兖州石椁所刻夏桀，似戴高冠。

4 汉武帝以来，汉家君臣善酷吏治世，对外多以“强汉”自持。明代思想家王夫之《读通鉴论》卷八：“国恒以弱丧，而汉以强亡。”（明）王夫之：《读通鉴论》卷八，中华书局，1975，第553页。

5 《汉帝国的遗产：汉鬼考》，第219页。

6 《史记》卷五，第209页。

7 参阅［日］增淵竜夫《漢代における民間秩序の構造と任俠的習俗》，《一桥论丛》26-5，1951年，收入《中国古代の社会と国家》，東京：岩波書店，1996，第77—118页。［日］東晋次：《漢代任俠論ノート》（一、二、三），《三重大学教育学部研究紀要》第51、52、53卷，2000、2001、2002年。

8 《道藏》，文物出版社、上海书店、天津古籍出版社，1988，第20册，第587页。

9 武利华主编：《徐州汉画像石》，线装书局，2001，图124。该画像石系铜山县洪楼东汉祠堂三角隔梁。

住牛尾倒背大牛，一人举大鼎过头，身后跟随有抱羊者、抱壶者；另一幅残石上也出现了举鼎、背牛等人物（图5上），生动表达了汉人对于力量的崇尚。

此亦表明，在以能力、德行并重，[1] 有“以霸、王道杂之”[2]“参杂霸轨”[3] 之“制度”的汉代，尽管存在董仲舒“《春秋》以为戒”[4] 之说，但从图像的整体逻辑及当时社会的思想背景出发，以尚勇、好侠且不避“霸道”的角度去理解夏桀跻身于帝王图的原因，应较合理。而身处长期积淀的“诛桀诫君”主流氛围，武梁（78—151年）[5] 等儒生仍选择以缄默方式将其思想“发表”在自己的祠堂或墓室里。[6]

然而更为引人注目的是，显然，一些鲁南经学家认为，夏桀受到了不应有的否定。试观武梁祠画像的另一现象：儒家至为推崇的“三代圣王”（禹、汤、文武）所创夏、商、周，在武梁生前亲自拟定的武梁祠西壁十王画像中，仅止于夏，而弃商周。对此，清人瞿中溶云：

> 此图三王止于夏而不及商周者，盖以其非禅让而用征诛也，亦未为无识。故愚谓此图必非出于后代俗儒之手。[7]

所见甚是。实质上，此皆武梁等隐世硕儒深思熟虑所为。夏桀亡国后，商周以

1 这种王霸并行的思想基础应源于汉儒所崇《春秋》。《左传·隐公十一年》：“度德而处之，量力而行之。”（《春秋左传正义》卷四，载阮元校刻《十三经注疏》，第1736页。）故东汉崔寔曰：“量力度德，《春秋》之义。”（《后汉书》卷五二，第1727页。）

2 《汉书·元帝纪》记汉宣帝言：“汉家自有制度，本以霸、王道杂之，奈何纯任德教，用周政乎！”见《汉书》卷九，第277页。

3 《后汉书·胡广传》：“汉承周、秦，兼览殷、夏，祖德师经，参杂霸轨，圣主贤臣，世以致理。”《后汉书》卷四四，第1506页。

4 苏舆义证，钟哲点校：《春秋繁露义证》，中华书局，1992，第107页。这里须注意，董仲舒“《春秋》以为戒”的说法出现于西汉时期，到东汉宗教化以后作为鬼神世界之神真的夏桀，已与董仲舒所表达的世俗“教材”属性产生较大差异。

5 武梁，字绥宗，任城（今济宁）人，东汉经学家。治《韩诗》，兼通河洛、诸子传记。州郡请召，辞疾不就。事迹见诸洪适《隶释》卷六《从事武梁碑》。

6 《汉帝国的遗产：汉鬼考》，第219页。蚩尤和夏桀的情况相似，主要特征都是不仁、有勇力。秦始皇时代，齐人所祠八神包括蚩尤。《史记·封禅书》：“三曰兵主，祠蚩尤。蚩尤在东平陆监乡，齐之西境也。”至刘邦起兵时，也要祭祀蚩尤。《史记·高祖本纪》：“祠黄帝，祭蚩尤于沛庭，而衅鼓旗。”《史记·封禅书》：“徇沛，为沛公，则祠蚩尤，衅鼓旗。”汉高祖平定天下后，“令祝官立蚩尤之祠于长安”，汉宣帝时“（祠）蚩尤于寿良”。（以上见《史记》，第1367、350、1378页；《汉书》卷二五下，第1250页。）董仲舒认为，夏季求雨须祭蚩尤，《春秋繁露·求雨》：“夏求雨。令县邑以水日，家人祀灶。无举土功，更火浚井。暴釜于坛，臼杵于术，七日。为四通之坛于邑南门之外，方七尺，植赤缯七。其神蚩尤，祭之以赤雄鸡七、玄酒，具清酒、膊脯，祝斋三日，服赤衣，拜跪陈祝如春辞。”（《春秋繁露义证》，第430—432页。）汉画像中大量出现蚩尤形象，非因蚩尤不仁，而是因其勇力。这说明，不仁而有勇力者也可能获致尊崇。

7 《汉武梁祠画像考》，第146页。问题是，图中所画为十王（即三皇五帝加夏禹和夏桀，又其首始于伏羲女娲交尾，十栏实出十一人），传统评价中，除了末位夏桀，余九皆上古圣王；瞿中溶认为，“桀为无道亡国之君，而亦图其像于末者，所谓劝善惩恶”（第145页），此又与汉儒思想及画像内部逻辑不合，已论不赘。

来传世历史书写均以胜者的视角展开，[1] 而共同指责夏桀“无道”、沉溺酒色、用妇人言等。夏桀不仅被臣属伺机灭国，且遭彻底否定，担负了夏朝灭国的所有道德责任，而本属夏朝臣属的商汤谋灭其主的“犯上作乱”行为，则被歌颂为顺天应人的“鼎革”，这正是周人作《周易·革卦·彖辞》“天地革而四时成，汤武革命，顺乎天而应乎人，革之时义大矣哉”[2] 之目的所在。考诸官史，不难看出这是征诛成功者的话语模式。更有甚者，桀、纣出色的相貌（与所谓“圣人异表”形成强烈对比）乃至勇力也被纳入批判之资。《荀子·非相篇》：“古者桀、纣长巨姣美，天下之杰也，筋力越劲，百人之敌也。然而身死国亡，为天下大僇，后世言恶则必稽焉。是非容貌之患也，闻见之不众，议论之卑尔。”[3] 《列子·黄帝》：“庖牺氏、女娲氏、神农氏、夏后氏，蛇身人面，牛首虎鼻：此有非人之状，而有大圣之德。夏桀、殷纣、鲁桓、楚穆，状貌七窍，皆同于人，而有禽兽之心。”[4]

因此，在实质上，武梁对夏桀的态度，乃涉及商汤弑君灭夏之“合法性”问题。纵观上古历史，反对弑君的思想源远流长，武梁应是其主张者之一。这种思想可上推到商周之际的伯夷、叔齐。伯夷、叔齐极端洁身自好，[5] 明确反对武王伐纣，强烈质疑“以臣弑君，可谓仁乎”[6]。孟子亦然。《孟子·梁惠王下》：“齐宣王问曰：‘汤放桀，武王伐纣，有诸?’孟子对曰：‘于传有之。’曰：‘臣弑其君，可乎?’曰：‘贼仁者，谓之贼；贼义者，谓之残。残贼之人，谓之一夫。闻诛一夫纣矣，未闻弑君也。’”[7] 《荀子·正论》亦曰：“世俗之为说者曰：‘桀、纣有天下，汤、武篡而夺之。’”[8] 其近则可推至黄生。

---

1 如《淮南子·泛论训》：“夏桀、殷纣之盛也，人迹所至，舟车所通，莫不为郡县，然而身死人手，而为天下笑者，有亡形也。”《淮南鸿烈集解》卷一三，第528页。

2 《周易正义》卷五，载阮元校刻《十三经注疏》，第60页。

3 《荀子集解》卷三，第75—76页。

4 《列子集释》卷二，第83—84页。

5 孟子对他们予以高度评价：“伯夷，目不视恶色，耳不听恶声。非其君不事，非其民不使。治则进，乱则退。横政之所出，横民之所止，不忍居也。”；“伯夷，圣之清者也。”（《孟子注疏》卷一〇上，载阮元校刻《十三经注疏》，第2740页。）司马迁亦予以高度评价：“若伯夷、叔齐，可谓善人者非邪？积仁洁行如此而饿死！”（《史记》卷六一，第2124页。）可以相信，上古学者肯定伯夷者不在少数。

6 《史记》卷六一，第2123页。《庄子·让王》载伯夷、叔齐之言曰：“今周见殷之乱而遽为政，上谋而下（下字疑衍）行货，阻兵而保威，割牲而盟以为信，扬行以说众，杀伐以要利，是推乱以易暴也。”《庄子·盗跖》：“尧、舜作，立群臣，汤放其主，武王杀纣。自是之后，以强凌弱，以众暴寡。汤、武以来，皆乱人之徒也。……汤放桀，武王伐纣，贵贱有义乎?”郭庆藩撰，王孝鱼点校：《庄子集释》，中华书局，1961，第988、995、1005页。

7 《孟子注疏》卷二，载阮元校刻《十三经注疏》，第2679—2680页。

8 《荀子集解》卷一二，第322页。

《史记·儒林列传》：

> 清河王太傅辕固生者，齐人也。以治《诗》，孝景时为博士。与黄生争论景帝前。黄生曰："汤武非受命，乃弑也。"辕固生曰："不然。夫桀纣虐乱，天下之心皆归汤武，汤武与天下之心而诛桀纣，桀纣之民不为之使而归汤武，汤武不得已而立，非受命为何？"黄生曰："冠虽敝，必加于首；履虽新，必关于足。何者，上下之分也。今桀纣虽失道，然君上也；汤武虽圣，臣下也。夫主有失行，臣下不能正言匡过以尊天子，反因过而诛之，代立践南面，非弑而何也？"辕固生曰："必若所云，是高帝代秦即天子之位，非邪？"于是景帝曰："食肉不食马肝，不为不知味；言学者无言汤武受命，不为愚。"遂罢。是后学者莫敢明受命放杀者。[1]

很明显，黄生坚守上下之分，反对以臣弑君。但这场争论并未分出胜负：对于汉政权来说，赞成汤武革命，则意味着当下政权亦可被取代；不赞成汤武革命，则当下政权的合法性面临质疑；如此唯有采取回避策略，搁置不论。故从景帝之世，"是后学者莫敢明受命放杀者"。这一思想虽历千年而不绝，孟荀二圣严厉抨击，春秋战国以至两汉，儒林颇有其徒，亦可见其影响之深远。

自汉武帝"卓然罢黜百家，表章六经"[2]，儒生逐渐占据主导地位；武昭宣时期奉行"霸王道杂之"的方略，但元帝以降儒生思想支配作用上升，"纯任德教"的儒化趋势形成，至王莽造其极；隐居民间的一批儒生倾心"王道"，至东汉则已形成相当势力，并力图重构上古"王道"历史。

显然，在隐儒武梁心目中，夏前之圣为圣之上品，商周之圣为圣之下品——以贬抑商周开国圣王的方式表达对远古"王道"之追矜，以缄默不语的方式为被臣属商汤伺机谋弑灭国的夏桀鸣不平（殷纣王本属谋弑立国的殷商亡国之君，自在武梁视线之外），将其与古代圣王一同列入仙真之品。儒生武梁立足现实的理想主义胸臆，于此可睹矣。显然，武梁更赞成夏代以前圣王禅让相袭的远古政治传统，而对谋弑以灭其主的商周"鼎革"持一种等而下之的态度。

是皆可证，武梁作为经学大儒，胸怀何等高洁之梦想。这种思想，也正是汉代儒生及其主导之道教退化论史观的基本特征。[3]《新论·王霸》：

> 夫上古称三皇、五帝，而次有三

1 《史记》卷一二一，第 3122—3123 页。

2 《汉书》卷六，第 212 页。

3 相关研究见姜生《"秦人不得真道"考》。

王、五霸，此皆天下君之冠首也。故言三皇以道治，而五帝用德化；三王由仁义，五霸用权智。其说之曰：无制令刑罚，谓之皇；有制令而无刑罚，谓之帝；赏善诛恶，诸侯朝事，谓之王；兴兵众，约盟誓，以信义矫世，谓之霸。王者，往也，言其惠泽优游，天下归往也。……儒者或曰："图王不成，其弊亦可以霸。"此言未是也。传曰："孔氏门人，五尺童子，不言五霸事者，恶其违仁义而尚权诈也。"[1]

因此，夏桀跻身上古圣王，得列仙真，不独以其英雄勇力；显然，武梁等儒生认为，作为臣属的商汤以智谋武力弑君灭夏、取而代之并将夏之亡国归罪夏桀，[2] 不合经学家所捍卫的"王道"梦想。与此相关，汉代尚流传有武王以"奸谋惑民，权掩不备"而"谲取殷"之讥，《论衡·恢国》篇：

传书或称武王伐纣，太公阴谋食小儿以丹，令身纯赤，长大教言殷亡。殷民见儿身赤，以为天神，及言殷亡，皆谓商灭。兵至牧野，晨举脂烛，奸谋惑民，权掩不备，周之所讳也，世谓之虚。汉取天下，无此虚言。《武成》之篇言，周伐纣，血流浮杵。以《武成》言之，食儿以丹，晨举脂烛，殆且然矣。[3]

且汉人深知，此种"传书"所存，乃"周之所讳"。又曰："邹伯奇[4]论桀、纣之恶不若亡秦，亡秦不若王莽。然则纣恶微而周诛之痛，秦、莽罪重而汉伐之轻。"[5] 此中罪恶轻重之衡即道统。

事实上，周人所讳，殷人亦有之；周人不过是模仿殷人罢了。殷之谋夏，先秦文献尚存少量记述。《太平御览》卷一三五"皇亲部"引《竹书纪年》：

后桀伐岷山，岷山女于桀二人，曰琬、曰琰。桀受二女，无子，刻其

1 （汉）桓谭：《新论》卷二，上海人民出版社，1977，第2、3页。这种退化论史观，或根植于《道德经》十七章："太上，不知有之；其次，亲而誉之；其次，畏之；其次，侮之。信不足焉，有不信焉。"

2 按《尚书·商书·汤誓》，汤与桀战于鸣条之野，与众誓曰："格尔众庶，悉听朕言，非台小子，敢行称乱！有夏多罪，天命殛之。今尔有众，汝曰：'我后不恤我众，舍我穑事而割正夏？'予惟闻汝众言，夏氏有罪，予畏上帝，不敢不正。今汝其曰：'夏罪其如台？'夏王率遏众力，率割夏邑。有众率怠弗协，曰：'时日曷丧？予及汝皆亡。'夏德若兹，今朕必往。"又言："尔尚辅予一人，致天之罚，予其大赉汝！尔无不信，朕不食言。尔不从誓言，予则孥戮汝，罔有攸赦。"《尚书正义》卷八，载阮元校刻《十三经注疏》，第160页。

3 黄晖撰：《论衡校释》卷一九，中华书局，1990，第826—827页。引者对标点有所修订。

4 邹伯奇生卒事迹不详，东汉初期学者，或当桓谭之后。从王充录其《检论》及所引内容，推测其书当属重检古史之说，故王充列之为论而非作。《论衡·对作》篇："桓山君（桓君山）《新论》、邹伯奇《检论》，可谓论矣。今观《论衡》《政务》，桓、邹之二论也，非所谓作也。造端更为，前始未有，若仓颉作书、奚仲作车是也。"《论衡校释》卷二九，第1181页。

5 《论衡校释》卷一九，第828页。

名于苕华之玉，苕是琬，华是琰。而弃其元妃于洛，曰末喜氏。末喜氏以与伊尹交，遂以间夏。[1]

《国语·晋语一》亦言：

昔夏桀伐有施，有施人以妹喜女焉，妹喜有宠，于是乎与伊尹比而亡夏。[2]

伊尹为商朝开国元勋。按《说文解字》："交，交胫也。从大，象交形"；"比，密也。二人为从，反从为比。"[3] 可见，桀妃妹喜"与伊尹交""与伊尹比"，即通过伊尹私通妹喜，阴谋利用二人的非常关系，间夏而灭之。

刘向《说苑》作于西汉末年，更多地记载了作为夏朝臣属的商汤和伊尹共谋灭夏的阴谋和实施过程：

汤欲伐桀。伊尹曰："请阻乏贡职，以观夏动。"桀怒，起九夷之师以伐之。伊尹曰："未可！彼尚犹能起九夷之师，是罪在我也。"汤乃谢罪请服，复入贡职。明年，又不供贡职。桀怒，起九夷之师，九夷之师不起。伊尹曰："可矣！"汤乃兴师，伐而残之，迁桀南巢氏焉。[4]

足见殷人谋夏之甚。事实上，商汤既怀不臣之心，乃反复以不臣之举试探夏桀，并观"九夷之师"之反应：见彼我力量不均，则不敢妄动，请罪入贡继续隐伏，伺机而动；待彼我势力发生变化，即兴师灭夏。这种谋灭天命王朝的做法，自不能为醉心"王道"的汉儒所接受。考之汉史，成帝建始元年（前 32 年），刘向"领校中五经、秘书"[5]，前后十年，得睹皇室藏

---

1 《太平御览》卷一三五，第 657 页。

2 徐元诰撰，王树民、沈长云点校：《国语集解》，中华书局，2002，第 250 页。

3 《说文解字注》，第 494、386 页。

4 《说苑校证》卷一三，第 328—329 页。

5 值得注意的是，刘向兼治神仙"秘书"和儒家"五经"。《汉书·楚元王传》记载，刘向曾为汉宣帝实施"神仙使鬼物为金"的黄白术，几为丧命："宣帝循武帝故事，招选名儒俊材置左右。……上复兴神仙方术之事，而淮南有《枕中鸿宝苑秘书》。书言神仙使鬼物为金之术，及邹衍重道延命方，世人莫见，而更生父德武帝时治淮南狱得其书。更生幼而读诵，以为奇，献之，言黄金可成。上令典尚方铸作事，费甚多，方不验。上乃下更生吏，吏劾更生铸伪黄金，系当死。更生兄阳城侯安民上书，入国户半，赎更生罪。上亦奇其材，得逾冬减死论。会初立《谷梁春秋》，征更生受《谷梁》，讲论五经于石渠。复拜为郎中给事黄门，迁散骑、谏大夫、给事中。"又于成帝时"领校中《五经》《秘书》"："成帝即位，……向以故九卿召拜为中郎，使领护三辅都水。数奏封事，迁光禄大夫。是时，帝元舅阳平侯王凤为大将军，秉政，倚太后，专国权，兄弟七人皆封为列侯。时数有大异，向以为外戚贵盛，凤兄弟用事之咎。而上方精于《诗》《书》，观古文，诏向领校中五经、秘书。向见《尚书·洪范》，箕子为武王陈五行阴阳休咎之应。向乃集合上古以来历春秋六国至秦、汉符瑞灾异之记，推迹行事，连传祸福，著其占验，比类相从，各有条目，凡十一篇，号曰《洪范五行传论》，奏之。"（《汉书》卷三六，第 1928—1929、1949—1950 页。引者对标点有所修订。）当然所谓"秘书"除了神仙黄白之术，亦应包括西汉末出现的诸多谶纬图书。其时汉儒主导的旧道教已渐成型，身处这一文化生态中的刘向，可谓典型的"方士型儒生"，详当另文报告。

书，遍阅诸说，其著《说苑》成书于鸿嘉四年（前17年），保存了当时所能见到的大量思想史料。基于这一背景可以推见，东汉民间经学家亦当有关于汤灭夏不德（有悖“王道”）之说。而且，依于同样的逻辑，汉朝因天命从“王道”得天下，与夏当同列上品，位在商周之上；从王充所论述、所记录的种种观点，庶可得证：

且舍唐、虞、夏、殷，近与周家断量功德，实商优劣，周不如汉。……夫实德化则周不能过汉，论符瑞则汉盛于周，度土境则周狭于汉，汉何以不如周？

《宣汉》之篇，高汉于周，拟汉过周，论者未极也。恢而极之，弥见汉奇。夫经熟讲者，要妙乃见；国极论者，恢奇弥出。恢论汉国，在百代之上，审矣。

武王为殷西伯，臣事于纣。以臣伐周（君），夷、齐耻之，扣马而谏，武王不听，不食周粟，饿死首阳。高祖不为秦臣，光武不仕王莽，诛恶伐无道，无伯夷之讥，可谓顺于周矣。

三郊五代之起，皆有因缘，力易为也。高祖从亭长提三尺剑取天下，光武由白水奋威武，〔帝〕海内，无尺土所因，一位所乘，直奉天命，推自然。此则起高于渊洿，为深于丘山也。比方五代，孰者为优？

汉伐亡新，光武将五千人，王莽遣二公将三（百）万人战于昆阳，雷雨晦冥，前后不相见。汉兵出昆阳城，击二公军，一而当十，二公兵散。天下以雷雨助汉威敌，孰与举脂烛以人事谲取殷哉？

建初孟年，无妄气至，岁之疾疫也，比旱不雨，牛死民流，可谓剧矣。皇帝敦德，俊乂在官，第五司空，股肱国维，转谷振赡，民不乏饿，天下慕德，虽危不乱。民饥于谷，饱于道德，身流在道，心回乡内。以故道路无盗贼之迹，深幽迥绝无劫夺之奸，以危为宁，以困为通，五帝、三王，孰能堪斯哉！[1]

事实上，从汉高祖本人到两汉儒生，纷纷强调汉乃以天命而非征伐得天下，亦未因征伐给天下带来灾难，比于五帝三王而更优。《史记·高祖本纪》：“医入见，高祖问医。医曰：‘病可治。’于是高祖嫚骂之曰：‘吾以布衣提三尺剑取天下，此非天命乎？命乃在天，虽扁鹊何益！’遂不使治病，赐金五十斤罢之。”[2] 《汉书·异姓诸侯王表》：“是以汉亡尺土之阶，由一剑之任，五载而成帝业。书传所载，未尝有焉。”[3] 《论衡·命禄》篇：

1 《论衡校释》，第822、823、824—827、837页。

2 《史记》卷八，第391页。

3 《汉书》卷一三，第364页。

“高祖击黥布，为流矢所中，疾甚。吕后迎良医，医曰：‘可治。’高祖骂之曰：‘吾以布衣提三尺剑取天下，此非天命乎！命乃在天，虽扁鹊何益！’韩信与帝论兵，谓高祖曰：‘陛下所谓天授，非智力所得。’”[1] 可以想见，在儒生心目中，汉家自是上品，得比肩于夏朝。相形之下，“汉国在百代之上”岂不自证。

对殷、周两朝“谲取”前代问题的反省，强烈映衬了汉儒所追求的“王道”观念下的“至忠”臣德理想。[2] 事实证明，出于对君臣纯德的追求，汉儒确实勇于突破旧论，重置权衡。故可想见，何以“读于书肆”的贫穷书生王充笔下能够保存儒生对商周“鼎革”取代前朝行为之合法性的种种质疑，并从建初元年旱灾看出了汉家“圣主”、贤臣、德民共同呈现的“太平之明时”[3] “民饥于谷，饱于道德”、超乎“五帝三王”的“王道再现”景象。

按《礼记·礼运》称孔子论曰：

> 大道之行也，天下为公。选贤与能，讲信修睦，故人不独亲其亲，不独子其子，……是故谋闭而不兴，盗窃乱贼而不作，故外户而不闭，是谓大同。今大道既隐，天下为家，各亲其亲，各子其子，货力为己，大人世及以为礼。……故谋用是作，而兵由此起。禹、汤、文、武、成王、周公，由此其选也。[4]

在五帝—夏禹之间划以鸿沟，夏前“天下为公”，夏始“天下为家”。这是儒家传统的主流观念。事实上，孟子已有不同观点。《孟子·万章》亦借孔子之口说：“唐虞禅，夏后殷周继，其义一也。”[5] 并不认为夏和五帝之间存在巨大

---

1 《论衡校释》卷一，第 24 页。

2 臣忠素为汉人极重，至守之若愚；甚至憨直的“愚忠”，成为臣子尽忠的谦辞。如《汉书·贾谊传》：“臣闻圣主言问其臣而不自造事，故使人臣得毕其愚忠。”《汉书·张汤传》：“上问汤，汤曰：‘此愚儒无知。’狄山曰：‘臣固愚忠，若御史大夫汤，乃诈忠。’”（《汉书》卷四八，中华书局，1962，第 2262、2642 页。）此非愚蠢，而乃真心执着。孤身持节不渝的苏武堪为汉代忠臣典范。子路亦以其愚忠死诚获得了汉儒的推崇；这种推崇之情的极端表达，即以子路取代东王公而与西王母匹配为东西两大神祇，亦示汉儒对子路之重新评价。（姜生、种法义：《汉画像石所见的子路与西王母组合模式》，《考古》2014 年第 2 期。）这些观念正是汉儒崇尚“王道”，崇尚英雄勇力、愚忠死诚的有力证据。

3 《论衡校释》卷一五，第 673 页。

4 《礼记正义》卷二一，载阮元校刻《十三经注疏》，第 1414 页。

5 按《孟子·万章上》，万章问曰：“人有言：‘至于禹而德衰，不传于贤，而传于子。’有诸？”孟子曰：“否，不然也；天与贤，则与贤；天与子，则与子。昔者，舜荐禹与天，十有七年，舜崩，三年之丧毕，禹避舜之子于阳城，天下之民从之，若尧崩之后不从尧之子而从舜也。禹荐益于天，七年，禹崩，三年之丧毕，益避禹之子于箕山之阴。朝觐讼狱者，不之益而之启，曰：‘吾君之子也。’讴歌者，不讴歌益而讴歌启，曰：‘吾君之子也。’丹朱之不肖，舜之子亦不肖。舜之相尧、禹之相舜也，历年多，施泽于民久。启贤，能敬承继禹之道。益之相禹也，历年少，施泽于民未久。舜、禹、益相去久远，其子之贤不肖，皆天也，非人之所能为也。莫之为而为者，天也；莫之致而至者，命也。匹夫而有天下者，德必若舜禹，而又有天子荐之者，故仲尼不有天下。继世而有天下，天之所废，必若桀纣者也，故益、伊尹、周公不有天下。……孔子曰：‘唐虞禅，夏后殷周继，其义一也。’”《孟子注疏》卷九下，载阮元校刻《十三经注疏》，第 2737—2738 页。

的鸿沟；因为，传子抑或传贤，皆待天意，皆天意之体现。可见夏和五帝之间的鸿沟，《孟子》已致力抹除。

身处“天下为家”帝位传子的“汉家”之世，立足现实的理想主义者武梁们关注的核心问题，是在对篡弑天命王朝和失德霸道之君的批判中，承袭荀子，“先王”“后王”并法并重，[1] 遂能超越古儒种种缺陷，并在现实基础上，激扬“王道”理想。从武梁祠的十帝王——三皇+五帝+夏朝开国亡国二王，可以看出武梁的思想，即，不应在夏和五帝之间划以公—私之鸿沟，而应将夏归入“王道”之世。因为，往往为人忽略的一个问题是：夏和五帝一样，系经舜禹相禅合法所得，自属“王道”，焉有鸿沟？故列开国亡国二君，以表示夏朝与五帝时代同列；商、周建国，均由弑夺，自不合法。这应是武梁将夏与三皇五帝归入同类，又于夏和商周之间划以鸿沟的根本依据。与此同时，嘉祥武氏祠“左石室第五石”（图6）出现关于“汉承尧运”和刘邦之祖“刘累饲龙”等证汉为天命王朝的图像表达，[2] 其思想源自刘向父子：“在昔陶唐〔氏〕之后，有刘累者，以御龙事孔甲，为御龙氏，在商为豕韦氏，在周为唐杜氏，其适晋国者为范氏，别处秦者为刘氏。当战国时，刘氏徙于魏，迁于沛之丰邑，处中阳里，而高祖兴焉。”[3] 可见鲁南汉儒思想之深度，亦可知何以汉人自认汉家为“王道再现”、汉国“在百代之上”矣。

于是可以理解，在武梁们看来，作为圣王相禅的天命王朝，夏朝与谋篡立国的商周迥异，应归入“大道之行”的“王道”之世；天命英雄之主夏桀——而非夏禹——乃是上古“王道”历史终结、“大道既隐”的标志。

---

1 从武梁等儒生在接受“汉家”所推重践行的“英雄勇力”因素和“天下为家”（帝位传子）因素的基础上谋求“王道”理想，可以理解其思想路径大抵不出荀子。如张德苏所见，“后王”毫无疑义地指“当今之王”或“近世之王”，亦即那些在急剧变化的时代中变法自强的帝王，“法后王”就是要取法当代之王那些在现实政治中产生了积极有效作用的措施与方略，让儒家理想与切实可行的制度结合起来，把外在制度的匡正作用与孔孟的自律、教化作用结合起来，引导人们走向君子人格，走向安定的社会。荀子探索出了儒学与政治的契合点，并由此开辟了通向政治实践的巷道，从而在汉儒那里发扬光大，获得独尊之位，进而成为两千年来封建统治的意识形态与指导思想。（张德苏：《荀子“法后王”及其儒学史意义》，《孔子研究》2007 年第 2 期。）实质上，荀子“兼陈万物而中悬衡”的“文化战略”，始终支配着汉代思想并成为汉传统之基本思想构造。身处战国时代，荀子不仅预见了一个涉及中国文化发展命运的关键问题，而且提出了解决危机的伟大方略，并在汉代从理论进入实践，内在地支配着历史，形成一种以“道”统摄、整合、纲领一切的文明机制。是乃汉传统之生命所在。汉人不仅“私淑”荀子、得其精髓，而且努力落实，遂能超越周秦之局限性（故王充言“汉高于周”、汉国“在百代之上”），由此构建其思想和信仰的基本架构，使人们终于获得了具有实践意义的“兼陈万物”之“道”。《汉帝国的遗产：汉鬼考》，第 2、532—533 页。

2 刘辉：《武氏祠中“汉承尧运”的汉画像解读》，《徐州工程学院学报》（社会科学版）2007 年第 7 期。

3 （汉）荀悦：《两汉纪》上册《汉纪》卷一，张烈点校，中华书局，2002，第 2 页。

图6 嘉祥武氏祠左石室第五石画像

采自傅惜华《汉代画象全集二编》，巴黎大学北京汉学研究所，1951，图158

二 愚诚愤发所以徼祸，管叔亦得比肩苏武

汉墓画像史料显示，相对于官史诸说，鲁南儒生私议甚重的另一个历史人物，是西周初的管叔。

管叔事迹，史乘所存不丰，故《汉鬼考》将管叔、晋灵公等暂列“先世有功者”而跻身列仙。[1] 进一步推见，除了“先世”之德荫庇之外，鲁地尚流传有关于管叔生前之德的不同叙事；而汉儒应是基于这些言说，形成了对管叔的不同品评，并将其转换为图像语言，植入墓葬（亦可见其固执），使后人竟能一窥其心。

与此直接相关的是，作为儒家之先驱，周公在汉代尚存诸多争议。史家杨宽等提出，周公曾经称王。[2] 事实上，从残存的汉代《尚书纬》《孝经纬》等文献，仍可大致看到历史上流传的“周公践祚”说。如《尚书中候·摘雒戒》曰：

> 若稽古周公旦，钦维皇天，顺践阼，即摄七年。鸾凤见，蓂荚生，青龙衔甲，玄龟背书。
>
> 周公践祚理政，与天合志，万序咸得，休气四塞。[3]

《孝经援神契》亦称周公践祚：

> 周公践阼理政，与天合志，万序咸得，休气充塞。[4]

所谓“践祚”者，即天子之位也。周公践祚称王或许正是“三监之乱”发生的根源；这也应是重新评价管叔（周公之兄）、蔡叔（周公之弟）的重要出发点。

周公称王，不免引人质疑。当其称王，成王的安危自为忠臣所忧。《史记·管蔡世家》：“武王既崩，成王少，周公旦专王室。管叔、蔡叔疑周公之为不利于成王，乃挟武庚以作乱。周公旦承成王命伐诛武庚，杀管叔，而放蔡叔，迁之，……蔡叔度既迁而死。”又：“太史公曰：……周武王崩，成王少，天下既疑，赖同母之弟成叔、厓季之属十人为辅拂，是以诸侯卒宗周。”[5] 类似的危机问题，也曾出现于

---

1 《汉帝国的遗产：汉鬼考》，第 272—273 页。

2 杨宽：《西周史》，上海人民出版社，1999，第 138—142 页。

3 《纬书集成》，第 437 页。《尚书中候》则言：“周公摄政七年，制礼作乐。成王观于洛，沈璧。礼毕王退，有玄龟，青纯苍光，背甲刻书，上跻于坛，赤文成字，周公写之。”“周公摄命七年，归政成王，沈璧于河。荣光幕河，青云浮至，青龙衔元甲临坛，吐图而去。”同书第 415 页。综观《尚书中候》诸篇，《摘雒戒》论周公，《雒师谋》论吕公，《霸免》论五霸，《准谶哲》论霸主桓公，《顗期》论霸者秦公，分别论述了帝王之辅佐或霸主的事迹。

4 《纬书集成》，第 966 页。

5 《史记》卷三五，第 1565、1570 页。

尧崩之时：

> 舜相尧二十有八载，非人之所能为也，天也。尧崩，三年之丧毕，舜避尧之子于南河之南，天下诸侯朝觐者，不之尧之子而之舜；讼狱者，不之尧之子而之舜；讴歌者，不讴歌尧之子而讴歌舜，故曰天也。夫然后之中国，践天子位焉。而居尧之宫，逼尧之子，是篡也，非天与也。[1]

孟子疑之，并无不当。周公称王用权，天子之子自然旁落，此与孟子所指“居尧之宫，逼尧之子”实无大别。按孟子所议，“是篡也”。则管叔之疑周公，自可理解。

且周公作为先儒，诛杀放逐管蔡，手足相残，古人对此亦颇有微词。[2]《孟子·公孙丑下》：

> 燕人畔。王曰：“吾甚惭于孟子。”陈贾曰：“王无患焉。王自以为与周公，孰仁且智？”王曰：“恶！是何言也？”曰：“周公使管叔监殷，管叔以殷畔。知而使之，是不仁也；不知而使之，是不智也。仁智，周公未之尽也，而况于王乎？贾请见而解之。”见孟子，问曰：“周公何人也？”曰：“古圣人也。”曰：“使管叔监殷，管叔以殷畔也，有诸？”曰：“然。”曰：“周公知其将畔而使之与？”曰：“不知也。”“然则圣人且有过与？”曰：“周公，弟也；管叔，兄也。周公之过，不亦宜乎？且古之君子，过则改之；今之君子，过则顺之。古之君子，其过也，如日月之食，民皆见之；及其更也，民皆仰之。今之君子，岂徒顺之，又从为之辞。”[3]

对此东汉王充极为赞同，称“孟子，实事之人也，言周公之圣，处其下，不能知管叔之畔”[4]。故《论衡·恢国》曰：“《春秋》之义，君亲无将，将而必诛。广陵王荆迷于䙴巫，楚王英惑于侠客，事情列见，孝明三宥，二王吞药。周诛管、蔡，违斯远矣！……二王，帝族也，位为王侯，与管、蔡同。管、蔡灭嗣，二王立后，恩已褒矣。”[5]《潜夫论·释难》保存了庚子的观点：“周公知管、蔡之恶，以

1 《孟子注疏》卷九下，载阮元校刻《十三经注疏》，第 2737 页。

2 两汉时期同时存在赞成周公诛杀管、蔡的言论。如《说苑·指武》：“昔尧诛四凶以惩恶，周公杀管、蔡以弭乱，子产杀邓析以威侈，孔子斩少正卯以变众，佞贼之人而不诛，乱之道也。”见《说苑校证》卷一五，第 380 页。

3 《孟子注疏》卷四下，载阮元校刻《十三经注疏》，第 2698 页。

4 《论衡校释》卷二六，第 1095 页。

5 《论衡校释》卷一九，第 833—834 页。

相武庚，使肆厥毒，从而诛之，何不仁也？若其不知，何不圣也？二者之过，必处一焉。……今管、蔡之与周公也，有兄弟之亲，有骨肉之恩，不量能而使之，不堪命而任之，故曰异于桀、纣之与天也。”[1] 这也从侧面反映了，在记忆尚存的汉人心目中，管蔡罪否，尚待权衡。

事实上，汉魏之间，依然流传有关于管叔生前之德的只言片语。《说苑·指武》：

> 文王曰：“吾欲用兵，谁可伐？”〔太公望曰〕：“密须氏疑于我，可先往伐。”管叔曰：“不可。其君天下之明君也，伐之不义。”太公望曰：“臣闻之，先王伐枉不伐顺，伐险不伐易，伐过不伐不及。”文王曰：“善。”遂伐密须氏，灭之也。[2]

曹魏时期刘劭《人物志·释争》曰：“孟之反以不伐获圣人之誉，管叔以辞赏受嘉重之赐。夫岂诡遇以求之哉？乃纯德自然之所合也。”[3] 至嵇康（223—263年）著《管蔡论》，公开为管、蔡鸣冤平反。研究表明，嵇康曾在洛阳停留大约两年，参与学术论战并领导太学生的反主流思想活动；其间，《管蔡论》于甘露元年（256年）完成，[4] 曹髦即至太学问学。按《三国志·高贵乡公纪》，（就曹髦之问），“庾峻对曰：‘臣窃观经传，圣人行事不能无失，是以尧失之四凶，周失之二叔，仲尼失之宰予。’帝曰：‘……至于周公、管、蔡之事，亦《尚书》所载，皆博士所当通也。’峻对曰：‘此皆先贤所疑，非臣寡见所能究论。’”[5] 基于以上背景，吴冠宏推论“嵇康的《管蔡论》很可能即是当时太学辩论下的产物”[6]，或是；但更多的可能，或即源自东汉初期以来鲁南儒生的论辩。

《管蔡论》指出：“明父圣兄，曾不鉴凶愚于幼稚，觉无良之子弟；而乃使理乱殷之弊民，显荣爵于藩国；使恶积罪成，终遇祸害。于理不通，心无所安。”因此认为：“夫管、蔡皆服教殉义，忠诚自然。是以文王列而显之，发旦二圣，举而任之。非以情亲而相私也，乃所以崇德礼贤。济殷弊民，绥辅武庚，以兴顽俗，功业有绩，故旷世不废，名冠当时，列为藩臣。逮至武卒，嗣诵幼冲。周公践政，率朝诸侯；思光前载，以隆王业。而管、

1 （汉）王符著，汪继培笺、彭铎校正：《潜夫论笺校正》卷七，中华书局，1985，第326—327页。

2 《说苑校证》卷一五，第376页。

3 （魏）刘邵：《人物志》，上海古籍出版社，1990，第38页。

4 参见庄万寿《嵇康研究及年谱》，台北学生书局，1990，第159—206页。

5 （西晋）陈寿撰，（南朝宋）裴松之注：《三国志》卷四，中华书局，1959，第137页。

6 吴冠宏：《反叛的重新凝视——嵇康〈管蔡论〉之两层诠释理路试探及其反思》，台南《成大中文学报》第65期（2019年6月）。

蔡服教，不达圣权；卒遇大变，不能自通。忠于乃心，思在王室。遂乃抗言率众，欲除国患；翼存天子，甘心毁旦。斯乃愚诚愤发所以徼祸也。成王大悟周公显，复一化齐俗，义以断恩。虽内信如心，外体不立。称兵叛乱，所惑都广。是以隐忍授刑，流涕行诛。示以赏罚，不避亲戚；荣爵所显，必钟盛德；戮挞所施，必加有罪，斯乃为教之正。今之朝议，管、蔡虽怀忠抱诚，要为罪诛。罪诛已显，不得复理。内必幽伏，罪恶遂章。……且周公居摄，邵公不悦。推此言则管、蔡怀疑，未为不贤"；因此说："昔文武之用管、蔡以实，周公之诛管、蔡以权。权理显，实理沈，故令时人全谓管、蔡为顽凶。"[1]

按嵇康之意，管、蔡乃"皆服教殉义，忠诚自然"；二叔之疑周公，是出于"忠于乃心，思在王室"，是对周室怀忠抱诚的结果。如此则"结局"完满："周公居摄，邵公不悦。推此言则管、蔡怀疑，未为不贤。而忠贤可不达权，三圣未为用恶，而周公不得不诛。若此，三圣所用信良，周公之诛得宜，管、蔡之心见理，尔乃大义得通，内外兼叙，无相伐负者，则时论亦得释然而大解也。"[2] 周公、管蔡皆忠，遂乃"大义得通"，"释然而大解"。

这些文献正可与沂南北寨汉墓所见管叔与苏武同戴高冠比肩共事于齐桓公之侧的画像互为参证，从而可知北寨汉墓墓主人，生前亦鲁南一儒，其思想与当时诸儒相共鸣。需注意者，北寨汉墓同时出现了"周公辅成王"画像，表明死者生前并不以"非周公而是管叔"为宗旨，而是在周公、管叔皆入仙品的前提下，对周公、管叔各有其论，达到了周公、管叔不冲突的"大解"境界。

由此亦可完美印证嘉祥纸坊镇画像石作者（墓主人）的思想：在死后的世界，周公、管蔡皆以至忠而得重聚在成王身边。嘉祥纸坊镇东汉早期墓出土"吴王""天子"榜题画像石，分为上中下三格，下格刻周公辅成王，画面底部刻画两张停尸床，其上尸体，应表示为周公所杀的管叔和蔡叔（图 7）。[3] 值得注意的是，在接近两尸头部的左边，一女性人物正面端坐榻上（其余人物皆站立），双手抚合于胸前；头上为圆形，左边插一羽，这种头部样态在汉画中常用于描绘尊贵的"夫人"形象（有时刻画为对称插两羽）。该女性人物的出现显然与两尸有关；综合其形象、坐姿、氛围，尤其是尊者特有的坐榻，推测为一女神；而汉代信仰中与死者有关的主要女神唯有掌不死药之西王母，

1 《景印文渊阁四库全书》，（台北）商务印书馆，1986，第 1063 册，第 369—370 页。

2 《景印文渊阁四库全书》，第 1063 册，第 370 页。

3 《汉帝国的遗产：汉鬼考》，第 229 页。

图7 嘉祥纸坊镇东汉早期墓出土“吴王”“天子”榜题画像石

采自《中国画像石全集·山东画像石》，山东美术出版社，2000，第106页

且对死者具有拯救性质。[1] 若该“夫人”形象确为西王母，那么显然表示在死后的世界，管、蔡之鬼终于回到当年天子成王身边，在冥界“炼形之宫”经历“太阴炼形”之后，将得西王母拯救而变仙。如此，则该画像石所属的墓主人为管蔡不平的私见，便已分明。其中内含的思想，亦当与《管蔡论》无别，而似乎更早；只是早期同时对管、蔡平反，后期则只有管叔，表明儒生经历了严谨的辩论拣选过程。

综上可以理解，何以汉儒安排管叔与汉代忠孝节义之臣范苏武在死后世界比肩共事：显然，儒生认定二人符合相同的德目，只是北寨汉墓缄默不语，而《管蔡论》保存了这一时期儒生共有的这一思想。以前，只能从嵇康《管蔡论》见其末，以为嵇康造作奇论；现在，则可由纸坊、北寨汉墓观其原，乃知东汉早有其说，遂睹大体，而把其史脉。

由此亦可判明，北寨汉墓画像中管叔与苏武比肩共事于齐桓公之侧，乃因汉代道教仙谱中，管叔与苏武已被认定同属至忠臣范，共列“忠臣节士”之品矣。

余　论

秦始皇三十四年（前213年），丞相李斯上书：“今陛下并有天下，别白黑而定一尊；而私学乃相与非法教之制，闻令下，即各以其私学议之，……若有欲学者，以吏为师。”[2] 继而“焚书坑儒”，禁私学，

1 汉纬《龙鱼河图》所述“九天玄女”助黄帝战蚩尤的神话，与死后之事无涉，未堪为解。

2 《史记》卷八七，第2546页。《秦始皇本纪》所记与此略有不同，曰：“今天下已定，法令出一，百姓当家则力农工，士则学习法令辟禁。……若欲有学法令，以吏为师。”《史记》卷六，第255页。

以掌握法令的官吏作为民众“师”“学”之对象。这种重法轻儒的统治模式，进一步强化了“官学”的权威作用，影响深远。汉代史官修史，在政治史的评价问题上，显然继承了这种传统而忽略（乃至排斥）了民间“私学”所传递和代表的“异议”。汉墓画像系统中所保存的“私见”，以缄默不言的方式向这种传统发出挑战，默示着汉儒对理想治世的不懈追求。东汉思想领域活泼，百家纷呈，不同地域儒生各标其说、异相共生而辐辏“强汉”的文化生态景观，亦可由此窥其一斑。

汉代这些“私见”得以生长和传播的沃土，是私学传统的复兴。汉代经师讲学之风盛行。汉武帝“博开艺能之路，悉延百端之学”[1]，“立五经博士，开弟子员，设科射策，劝以官禄”[2]，私学在官学的影响下得到进一步发展；时至东汉，出现了“四海之内，学校如林，庠序盈门”[3] 的盛况，私学臻乎鼎盛。《后汉书·儒林传》总结：“自光武中年以后，干戈稍戢，专事经学，自是其风世笃焉。其服儒衣，称先王，游庠序，聚横塾者，盖布之于邦域矣。若乃经生所处，不远万里之路，精庐暂建，赢粮动有千百，其耆名高义开门受徒者，编牒不下万人，皆专相传祖，莫或讹杂。”[4] 学者统计，《后汉书》中记载的私家之学共计 38 家，受业弟子千人以上者 15 家，万人以上者 2 家。[5] 在今文经学和古文经学的激烈斗争中，古文经学家在官学中无立足之地，且古文经学家不愿出仕，大多在家授徒，并以此宣其政治理想，故名儒马融、郑玄等徒众千百乃至万人。为示高洁之心，及其学说与主流之“割席”，隐世之儒更将其思想诉诸图画，植入墓葬，反而以这种形式保存了他们对夏桀和管叔之异见“文本”，只是三缄其口；不过这也符合地方大儒臧否人物而“隐居教授”的学术特点。鲁南汉儒，堪谓其极。

私学的兴盛，推动了儒学的社会化进程和士大夫群体的形成，其思想史意义同样重大。徐复观甚至将私学称为“汉代文化广被于社会，为中华民族造型的力量”[6]。管蔡至忠论的出现，代表着中国思想史的重要一页，是东汉时期主辅关系政治生态的表达。东汉后期士大夫精英和党人领袖多出私学，党人与私学有着血肉关系。[7] 面临党锢之祸的残酷现实，儒生

1 《史记》卷一二八，第 3224 页。

2 《汉书》卷八八，第 3620 页。

3 《后汉书》卷四〇下，第 1368 页。

4 《后汉书》卷七九下，第 2588 页。

5 孙峰、肖世民:《汉代私学考》,《西安联合大学学报》1999 年第 3 期。

6 徐复观:《中国经学史的基础》，台北学生书局，1982，第 195 页。

7 张保同:《东汉的私学与党人》,《南都学坛》2005 年第 2 期。

转以检讨历史之方式，为上古抱忠而死之臣鸣冤，以呈高洁之志，同时表达对失德擅权者的批判。汉末儒生喋血、汉家崩溃，魏末强臣司马氏进逼，儒生临危失措，实无异焉。魏晋盛行名士品评古今人物之风，嵇康只是借用鲁南儒生论古之见，成之为文，以行讽今之事，并终为维护曹魏而殉节。明人张采所论甚明："周公摄政，管蔡流言；司马执政，淮南三叛，其事正对。叔夜盛称管蔡，所以讥切司马氏也。安得不被祸耶？"[1]

齐鲁乃两汉思想策源地，鲁南为汉儒重镇。邹鲁之儒秉持圣贤高洁之志，无论身居庙堂抑或隐居世间，率能攻经以治身刺世，而致其褒贬赏诛，追求"王道"梦想，通古今、一死生，达乎仙鬼之道，遂于汉代思想领域形成开放、权威而严谨的群体品格和持久的精神魅力。其隐世之儒，以墓葬图像为终极表达途径，重观古史，品藻人物，神圣"王道"，为夏桀、管蔡正名，贬斥乱臣贼子，甚至不避汤武等"圣王"。在此种思想背景下，"汤武革命"也受到了隐世汉儒大胆而严格的再检讨，被视为臣属对天命王朝的颠覆僭夺。这表明，天命之君不遭颠覆篡夺，神圣道统不容玷污破坏，至为汉儒崇尚维护，视之使命。他们视夏桀为"王道时代之殿军"，与上古"王道"时代的三皇五帝和夏禹等圣王一起入列上古仙真之品，而夏亡之后各代无一帝王得入。从"法先王"的角度来说，"家天下"的夏代被归入武梁认定的理想圣王时代，与"汉家"实践的"家天下"正相符合；更确切地说，武梁把得天命而"家天下"的夏代归入"王道"时代，乃为"尧后"天命王朝"圣汉"[2] 树立了以"家天下"而成"王道"的先例。与此同时，汉儒褒扬历史上遭疑蒙冤的愚诚死忠之臣，列

1　戴明扬校注：《嵇康集校注》，人民文学出版社，1962，第 248 页。

2　两汉士人往往尊称本朝曰"圣汉"，传世及金石文献所见颇多。要如：《汉书・郊祀志下》："圣汉兴，礼仪稍定，已有官社，未立官稷。"《汉书・贾捐之传》："赖圣汉初兴，为百姓请命，平定天下。"《汉书・陈汤传》："延寿、汤为圣汉扬钩深致远之威，雪国家累年之耻，讨绝域不羁之君，系万里难制之虏，岂有比哉！"《汉书・平当传》："今圣汉受命而王，继体承业二百余年，孜孜不怠，政令清矣。"《汉书・扬雄传下》："圣汉权制，而萧何造律，宜也。"《汉书・王莽传上》："诏安汉公居摄践阼，将以成圣汉之业，与唐、虞、三代比隆也"；"此其所以保佑圣汉，安靖元元之效也。"《汉书・王莽传下》："尤为称说王莽篡位、天时所亡、圣汉复兴状，茂伏而涕泣。"（以上见《汉书》，第 1269、2832、3027、3049、3572、4091、4192—4193 页。）《后汉书・隗嚣列传》："冀圣汉复存。"《后汉书・冯衍列传》："天下自以去亡新，就圣汉，当蒙其福而赖其愿。"《后汉书・郎顗列传》："元精所生，王之佐臣，天之生固，必为圣汉，宜蒙特征，以示四方。"《后汉书・班固列传》："矧夫赫赫圣汉，巍巍唐基。"《后汉书・陈宠列传》："秦为虐政，四时行刑；圣汉初兴，改从简易。"（以上见《后汉书》，第 529、966、1070、1380、1551 页。）《潜夫论・考绩》有"圣汉践祚"。（《潜夫论笺校正》卷二，第 71 页。）荀悦《申鉴・政体》有"圣汉统天，惟宗时亮，其功格宇宙"。[（汉）荀悦撰，黄省曾注、孙启治校补：《申鉴注校补》，中华书局，2012，第 2 页。] 欧阳修《集古录》卷一《后汉桐柏庙碑》有"位比诸侯，圣汉所尊"，卷二《后汉杨震碑》有"圣汉龙兴，神祇降祉"。《金石录》卷一六《汉廷尉仲定碑》有"君讳定，圣汉龙兴，家于成阳"，卷一八《汉赵相刘衡碑》有"圣汉龙兴"。（以上见《景印文渊阁四库全书》，第 681 册，第 20、31、269、282 页。）熹平四年（175 年）《帝尧碑》有"圣汉龙兴，缵尧之绪"，《太尉刘宽碑》有"其先（缺二字）圣汉王侯"，《太尉杨震碑》有"圣汉龙兴，杨憙佐命"。（以上见《隶释》，第 13、124、136 页。）

之至忠仙品，[1] 以此强烈表达对管叔遭命之不平、对其忠德之崇仰及踵武自况之情，同时内含着理想信君明主之标准问题。正如荀子指出的，王霸之成败皆由乎用人："国者，天下之大器也，重任也，不可不善为择所而后错，错险则危；……故道王者之法与王者之人为之，则亦王；道霸道之法与霸道之人为之，则亦霸；道亡国之法与亡国之人为之，则亦亡。……故与积礼义之君子为之则王，与端诚信全之士为之则霸，与权谋倾覆之人为之则亡。"[2]《管子・霸言》同样认为："夫霸王之所始也，以人为本。本治则国固，本乱则国危。故上明则下敬，政平则人安，士教和则兵胜敌，使能则百事理，亲仁则上不危，任贤则诸侯服。"[3] 在东汉末年"亲小人远贤臣"及君臣走向冲突的背景下，儒生对管蔡事件的拨乱反正，默示着他们对明君之期许，也默示着甘为"汉辅"以图"王道"再世之苦心。

东汉晚期，儒生处境日渐残酷，但"愚忠"之臣德传统并未因此而消失。蔡邕忠于董卓，可谓一证。按《后汉书・蔡邕传》，邕本鄙视卓之为人，然受卓要挟被迫出仕；虽见重于卓，而邕仍"恨其言少从"，甚至试图遁逃山东；"及卓被诛，邕在司徒王允坐，殊不意言之而叹，有动于色。允勃然叱之曰：'董卓国之大贼，几倾汉室。君为王臣，所宜同忿，而怀其私遇，以忘大节！今天诛有罪，而反相伤痛，岂不共为逆哉？'即收付廷尉治罪。邕陈辞谢，乞黥首刖足，继成汉史。士大夫多矜救之，不能得。……邕遂死狱中……搢绅诸儒莫不流涕。北海郑玄闻而叹曰：'汉世之事，谁与正之！'兖州、陈留间皆画像而颂焉。"可见作为故吏的蔡邕对董卓的愚忠实为自然表现；在时人看来，一边是"国之大贼"董卓当杀无疑，另一边是蔡邕愚忠其主情有可原，且得到广泛理解和宽恕，太尉马日磾

---

1 故东晋葛洪"言道"的《抱朴子内篇・对俗》引东汉《玉钤经中篇》有："欲求仙者，要当以忠、孝、和、顺、仁、信为本。若德行不修，而但务方术，皆不得长生也。"此说当源自东汉（参看《汉帝国的遗产：汉鬼考》，第253页），断非魏晋。至于魏晋道教所倡，则是释天下而求不死之新宗教理想，而以"贪生""长生不死"为主要特征，已回归自我，与往昔固守忠孝节义"杀身成仁"而"先死后蜕"的汉代旧道教大相径庭；其论见存葛洪"言儒"的《抱朴子外篇》："乐毅平齐，伍员破楚，白起以百胜拓疆，文子以九术霸越，韩信功盖于天下，黥布灭家以佐命：荣不移晷，辱已及之。不避其祸，岂智者哉！"［（晋）葛洪：《抱朴子外篇・知止》，载杨明照《抱朴子外篇校笺》卷四九，中华书局，1991，第596页］；"若夫要离灭家以效功，纪信赴燔以诳楚，陈贾刎颈以证弟，仲由投命而葅醢，嬴门伏剑以表心，聂政感惠而屠葅，荆卿绝膑以报燕，樊公含悲而授首，皆下愚之狂惑，岂上智之攸取哉"；"嗟乎！伍员所以怀忠而漂尸；悲夫！白起所以秉义而刎颈也。盖彻鉴所为寒心，匠人之所眩惑矣。"（葛洪：《抱朴子外篇・嘉遁》，载《抱朴子外篇校笺》卷一，第29、39页。）在此种宗教价值观下，晋人对"诸有英雄之才者"尽予贬斥，诸如管蔡至忠而不避杀身之祸，斥为"下愚之狂惑"；昔日汉画对众刺客甚至夏桀在内"英雄"皆予褒赞，英雄忠孝节烈俱登仙品，而《真诰》则抑黜之，指其"永无进仙之冀，坐煞伐积酷害生死多故也"，与汉人价值观相去殊甚，是证唐玄宗"远则夏殷事异、近则汉晋道殊"之论，及终极意义体系变迁之剧（《汉帝国的遗产：汉鬼考》，第273页）。

2 《荀子集解》卷七，第207、209页。

3 戴望：《管子校正》卷九，中华书局，1978，第144页。

仍赞其“忠孝素著”[1]。

显然，在汉末政治环境下，儒生梦想在现实逻辑中无由实现。汉墓资料证明，汉儒种种“私见”之“达成”及其意志之伸张，终赖其所主导建构的道教信仰。[2] 基于“先死后蜕”的尸解信仰，儒生用其崇信之《春秋》，对历代君臣进行批判与拣选，从中筛选出当成神成仙者、永无仙资者，以死后变仙信仰、仙鬼品秩之陟黜为奖惩，行其褒贬，“实现”他们的价值观和历史观。[3] 这种“宗教化春秋笔法”对古代历史人物的评价处置，乃是终极性的，也是最为激烈的处置。[4] 诸此种种，亦内在地“规定”了汉代旧道教特有的文化气质。

西汉中期一枚八龙草叶镜铭文曰“必忠必信，久而必亲；不信不忠，久而自穷”[5]，可谓汉儒心灵之表达。他们对夏桀、管叔等重要历史人物及相关事件重置褒贬，不仅用以表达内心、呈其梦想，而且付诸行动。然所谓“必忠必信”，岂独臣民所宜乎？君信臣忠，矜式贤圣，信义相照，共持汉家，始终为汉儒追求；同时在王朝易代及君臣关系问题上构成强烈的矜古而务实的思想品质，造就了汉儒立足现实而超越现实、追求崇高而重义忘我的精神品格，也在根本上注定了东汉末年儒生群体与现实皇权之间最终悲剧的不可避免。

---

1 以上见《后汉书》卷六〇下，第 2006 页。

2 相关讨论见姜生《汉儒的道教》，载《儒学第三期的人文精神——杜维明先生八十寿庆文集》，人民出版社，2019，第 360—371 页。

3 有关讨论见姜生《汉代列仙图考》，《文史哲》2015 年第 2 期。

4 姜生:《“秦人不得真道”考》。

5 王纲怀编著:《汉镜铭文图集》图 178，中西书局，2016，第 185 页。

孝堂山石祠弋射图像及相关问题考*

■ 吴　旦（西安美术学院、北京大学汉画研究所）

弋射是出现极早随后又逐渐消失的一种古老的射猎活动。描绘该活动的图像，在存世的先秦青铜器上是较为常见的纹样。在漆器、汉代画像砖以及画像石等器物媒介上，也有一定数量的图像遗存。孝堂山石祠中的弋射图像（图1），内容丰富，却一直未被研究者注意。该图分布在孝堂山石祠三角隔梁东壁朝门口方向一端，即“升鼎图”之南。图像从北往南，依次是一人面南跪坐，双手半伸，其前是一架弩机，弩机前息有一大雁，弩机下方是已经射出缴线的绕缴器具；系缴线的矰矢射向空中后加在两只大雁身上，它们头顶有另外三只大雁飞行。画面最后是一人向北同样跪坐，与发射弩机的人相对。此图由人物和雁群组成，由于图像中还有弋射所用弩机、矰缴等图像，故可名为“弋射图”。相较于目前所能见到的弋射图像遗存，其最具特色之处，便在于图像内容的完整性。这主要体现在对弋射中如发射工具弩、矰缴、绕缴器具等主要环节都有细致描绘。这对于弋射问题的研究，在图像层面，提供了丰富的内容依据，对于相关研究的推进和深入，具有十分重要的价值。此前学界对弋射相关问题已有较多深入研究，对已形成的共识，不再详赘。仅就一些尚需讨论和未尽之处，如对弋射概念的认识、弋射图像著录情况以及对弋射活动中具体器物的认识等问题，结合新见孝堂山石祠中的弋射图像内容，在古籍文献和出土器物等材料的基础上，从“图像”“文献”和“器物”三个维度进行考察和辨析，对相关问题的研究加以补充和勘正。

---

* 作者本名：吴旦旦。2020年11月，北京大学历史学系朱青生教授带领《艺术史方法论》课程选课同学和北京大学汉画研究所同人，到山东济南进行田野考察，考察点之一正是长清孝堂山石祠。承蒙山东省石刻艺术博物馆杨爱国先生引领关照，我们有幸得以对石祠画像内容进行了细读。本文正是基于大家对画像内容细读时之发现。笔者后期通过对图像和文献等资料的进一步蒐集辨析，草撰此文。

图 1-1 孝堂山弋射图像原石（摄影：杨超）

图 1-2 弩机、缴线和绕缴器具（孝堂山弋射图像原石局部）

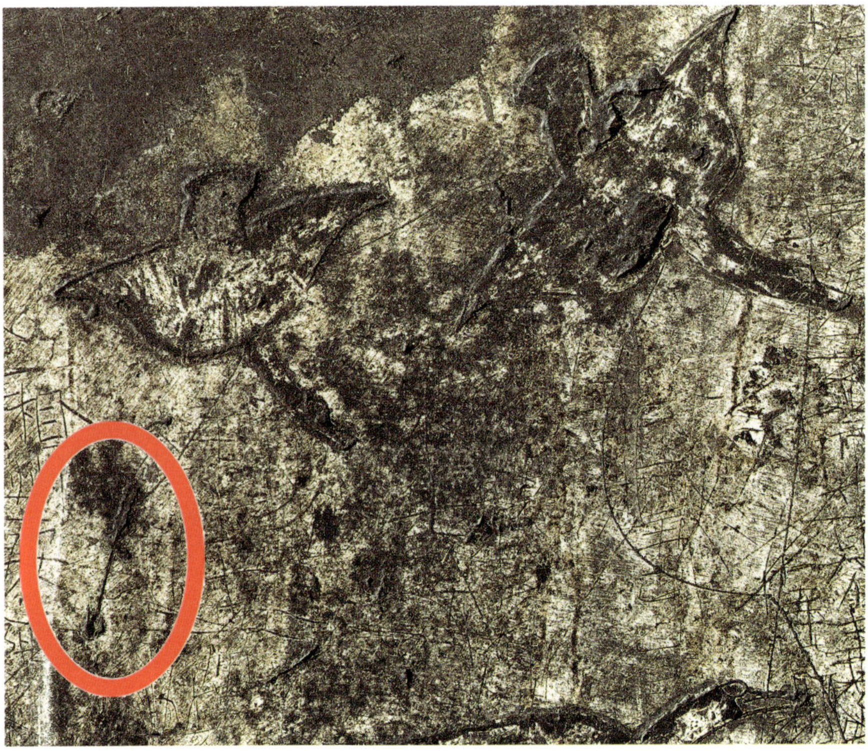

图 1-3　矰矢（孝堂山弋射图像原石局部）

图 1-4　孝堂山弋射图像线描图（绘图：吴旦）

一 弋射活动

在涉及弋射主题的相关研究中，有些问题的产生首先是因为没有认清弋射的具体指谓造成的。《说文解字》云："弋，橜也。象折木衺锐者形。从𠂆，象物挂之也"[1]。即有物挂在木橛上的意思。后来所称"弋射"，起初并不是用"弋"，而是以"隿"谓之，即称"隿射"。在《说文》中，许慎释"隿"为"缴射飞鸟也。从隹弋声"。段注认为是后来才误将"隿射"写作了"弋射"[2]，这种变化起于何时，已难以确考。如上引，至少在汉代许慎时，是写作"隿射"的。《玉篇》云"隿，缴射飞鸟也，今作弋"[3]，或可知《玉篇》作时，已经使用"弋射"一词。误以"弋"代"隿"，也是因为两者具有一定联系使然，因为"缴射飞鸟"之"缴"，《说文》谓"缕系矰矢而以隿射也"[4]，是谓隿射即缴线系在矰矢上射猎飞鸟之义，这与"弋"之有物挂在木橛上之义类似。弋射所用箭矢有矰矢、茀矢之别，据《周礼·司弓矢》及郑注，仅可知弓用矰矢，弩用茀矢[5]，其区别只在使用发射工具不同。矰矢、茀矢的这种区别，或许是随着弩在弓后出现，与之匹配的箭矢也因之变化而来。盖因矰矢在先，故后世以之为弋射箭矢之统称指称弋射所用箭矢，又进一步代称弋射。而茀矢之具体，已难可知，便留在了《周礼》这样的书面文献中。简言之，所谓弋射，即是指以缴系于矢（这种系了缴线的箭矢后来一般被统称为矰矢），使用一定的发射工具弓或弩所进行的射鸟活动。

关于弋射的发射工具，徐中舒无视上引《周礼》及郑注的文献记载，主张弋射用弩，指出"所谓矰缴射者，即加矰缴于弩上""古代之弩，惟用于弋射……盖鸟飞至高，非弩之力不能达"[6]；"弋射所用之弓，有臂有机，当名为弩"[7]。理由是"弩古又通名为弓"，由此还将与弋射相关的文献中的"弓"，全部解释为"弩"[8]，这是相当牵强的。徐氏弋射用弩的观点已有学者提出批评，如宋兆麟、谭白明、丛文俊等。需要补充的是，文献记载诸如《孟子·告子章句上》"一心以为

1 （汉）许慎撰，（清）段玉裁注：《说文解字注》，上海古籍出版社，1981，第627页。

2 《说文解字注》，第143页。

3 《宋本玉篇》，中国书店，1983，第452页。

4 《说文解字注》，第659页。

5 （汉）郑玄注，（唐）贾公彦疏：《周礼注疏》，上海古籍出版社，1990，第484页。

6 徐中舒：《古器物中的古代文化制度》，商务印书馆，2015，第120页。

7 《古器物中的古代文化制度》，第152页。

8 《古器物中的古代文化制度》，第170页。

有鸿鹄将至，思援弓缴而射之”[1]，可知弋射亦用弓。又《新序·杂事》“弋者选其弓弩，修其防翳，加增缴其颈”[2]，以及《汉书·李广苏建传》“单于弟於靬王弋射海上。武能网纺缴，檠弓弩，於靬王爱之，给其衣食”[3]，皆可知弋射亦弓弩并用。就图像来看，矰缴弋射有弩有弓，用弩之弋射图像，孝堂山石祠弋射图即是一例（见图 1-2）。用弓之弋射，在四川大邑县出土的汉画像砖上可以看到（见图 2）[4]，弓弩并用的图像资料与文献记载可以相互印证。

弩因其特殊构造有臂有机，所以有时也直接称“机”“机辟（臂）”“弩机”“机弩”等，如《庄子·内篇》有“中于机辟，死于罔罟”等[5]。

图 2 四川收获弋射画像砖

1 （宋）朱熹撰：《四书章句集注》，中华书局，1983，第 332 页。

2 （汉）刘向撰，赵仲邑注：《新序详注》，中华书局，1997，第 58 页。

3 （汉）班固著，（唐）颜师古注：《汉书》，中华书局，1962，第 2847 页。

4 中国画像砖全集编辑委员会编著：《四川汉画像砖》，四川美术出版社，2005，图版第 80 页。

5 （清）郭庆藩撰，王孝鱼点校：《庄子集释》，中华书局，2016，第 46 页。

弋射之事，在文献中亦多有记载。如《诗・郑风》“弋凫与雁”[1]，《周易・小过卦》“公弋取彼在穴”[2]，《周礼・夏官・司弓矢》“田弋充笼箙共矰矢”[3] 等。因弋射活动所使用如缴线、矰矢等特殊器具，文献中也常以它们的名称作为弋射的代称，如前引“一心以为有鸿鹄将至，思援弓缴而射之”（着重号为笔者所加，下同），“且鸟高飞以避矰弋之害”[4] “虽有矰缴[5]，尚安所施！”[6] “楚人有好以弱弓微缴加归雁之上者”[7] “衔芦而翔，似备弋缴”[8] “弋，缴射也”[9]，“望范氏之发机兮，播纤缴以凌云”[10]。还有文献以弋射所用工具名称的简称来指代弋射，如班固《西都赋》云：“鸟惊触丝，兽骇值锋”[11] 中之“丝”，即为弋射所用之缴丝，在孝堂山弋射图像中，就有对缴丝的形象刻画（见图 1-2）。这一类名称的使用，需根据具体文本语境来考察，非能固定拘泥。总计来看，弋射之名有“矰弋”“弓缴”“矰缴”“微缴”“弋缴”“缴射”“纤缴”“机”“丝”等别名指称。

从上引文献还可知弋射所射猎的对象一般是鸿（雁）、鹄与凫。有研究者认为，后来射鸟和雁就不用缴丝了，“大多数汉画中，射鸟者也是不用矰缴的”[12]，换言之，后面的弋射就不用缴丝，也即不用矰缴了。这种论说及文献引用是存在很大问题且极不严谨的，是对射鸟和弋射概念不明、事实不清导致的。不用矰缴的射鸟活动还是弋射吗？不用矰缴的射鸟活动当然存在，且或许还先于弋射，但它仅是一般射鸟活动，而不是弋射。要之，不是所有的射鸟或射雁活动都是弋射，没有矰缴的射鸟活动更不是弋射。

---

1 （清）阮元校刻：《十三经注疏・毛诗正义》，中华书局，1980，第 340 页。

2 （清）孙星衍注：《周易集解》卷七，上海书店出版社，1988，第 514 页。

3 《周礼注疏》，第 486 页。

4 《庄子集释》，第 291 页。

5 在有些文献中，“矰缴” 也常作 “缯缴”，如刘向《新序・杂事》“弋者选其弓弩，修其防翳，加缯缴其颈”等，此类 “缯缴” 之 “缯” 当如研究者所指出的，是 “矰” 之误写。

6 （汉）司马迁撰，（刘宋）裴骃集解，（唐）司马贞索引，（唐）张守节正义：《史记》，中华书局，1982，第 2047 页。

7 《史记》，第 1730 页。

8 （唐）欧阳询撰，汪绍楹校：《艺文类聚・下》，上海古籍出版社，1999，第 1578 页。

9 《周礼注疏》，第 661 页。

10 （清）严可均辑：《全三国文・上》，商务印书馆，1999，第 139 页。

11 （南朝梁）萧统辑，（唐）李善注：《文选・一》，上海古籍出版社，1986，第 19 页。

12 李发林：《汉画考释和研究》，中国文联出版社，2000，第 165 页。

二 弋射图像的辨认与著录

现有的弋射图像的各种著录，多未能关注到孝堂山石祠中的弋射内容，仅涉及分布在青铜器、漆器等器物上的纹饰，以及画像砖和个别画像石之上的图像。考察弋射图像的著录情况及其中存在的问题，不仅可以明确认识弋射图像的发展脉络，还可以揭示孝堂山弋射图像的独特价值。

（一）青铜器、漆器上的弋射图像。由于图像特征较为明显，易于识辨，这类媒介上的图像著录主要是有无顾及的问题。譬如丛文俊《弋射考》中举有6种[1]，徐志君统计共有10种[2]。后者没有将陈梦家和林巳奈夫等人著录的不同纹饰收集进来，也没有将上海博物馆藏镶嵌画像纹壶收录。并且，在他的统计中，未能指出尊古斋以及日人梅原末治所著录的战国青铜壶实乃为同一壶，所以他统计的弋射图像实际上应该是9项。笔者根据各方面材料重新统计，将器物图片、局部弋射图像和代表性著录出处汇总成表（见表1），便于研究者比对。此外，林巳奈夫在其著作中著录一幅弋射图像（图3）[3]，林氏名之为“战国画像纹仪礼图像壶”，该图林氏注称来自 *Revue des Arts Asiatiques*，但其标注不详，无法据以追踪，难知图像所来之根据。国内顾望、谢海元编著《中国青铜图典》[4] 一书也有收录，但也未标明图像来源。经与表1所录图像进行比对，该图与多个青铜器皿上弋射图像有相似处，却又有所不同。因图源存疑，故不收入表中，暂录于此，以备博识之士进一步查证。还有一些图录和部分研究文献所称上海博物馆藏宴乐画像杯上有弋射图像[5]，经查对，诸家所谓的弋射图，就所见图像内容来看也是一种普通的射鸟图，图像中没有矰缴弋射的显著特征，故亦不收入统计数据。

---

1 吉林大学考古学系：《青果集：吉林大学考古专业成立二十周年考古论文集》，知识出版社，1993。

2 徐志君：《弋射补证——兼论不同材料的互证与“间性”》，《形象史学》2019年第1期。

3 ［日］林巳奈夫：《春秋戰國時代青銅器の研究》，吉川弘文館，1989，第340页。

4 顾望、谢海元：《中国青铜图典》，浙江摄影出版社，1999，第505页。

5 中国青铜器全集编辑委员会编著：《中国青铜器全集7·东周》，文物出版社，1998，图版说明第50页，图版第153页。

表 1　青铜、漆器上矰缴弋射图像著录统计

编号	名称	器物	弋射图像（器物局部）	著录出处
A	成都百花潭战国铜壶			四川省博物馆：《成都百花潭中学十号墓发掘记》，《文物》1976 年第 3 期，今藏四川博物院，http：//www.scmuseum.cn/thread-362-117.html
B	故宫博物院宴乐狩猎攻战纹壶			中国青铜器全集编辑委员会编著：《中国青铜器全集》7《东周 1》，文物出版社，1998，图版第 146 页，今藏故宫博物院，https：//www.dpm.org.cn/collection/bronze/234670.html
C	陕西凤翔高王寺战国镶嵌射宴壶			《中国青铜器全集》7《东周》，图版第 47 页；韩伟、曹明檀：《陕西凤翔高王寺战国铜器窖藏》，《文物》1981 年第 1 期
D	河北平山战国早期宴乐狩猎纹豆			河北省文物研究所：《河北平山三汲古城调查与墓葬发掘》，《考古学集刊（5）》，中国社会科学出版社，1987，第 178 页；中国青铜器全集编辑委员会编著：《中国青铜器全集》9《东周 3》，文物出版社，1998，图版第 156 页

续表

编号	名称	器物	弋射图像（器物局部）	著录出处
E	尊古斋、卢氏和皮斯百所藏［据收藏脉络以及图案比对，实同为一物。日人梅原末治在陈梦家之后辑录时并未考究其时收藏状况，仅停留在巴里（巴黎）卢氏收藏节点。］			中国科学院考古研究所：《美帝国主义劫掠的我国殷周铜器集录》，科学出版社，1962，第1035—1036页；［日］梅原末治：《战国式铜器之研究》，同朋社，1984，图版87；容庚、张维持：《殷周青铜器通论》，文物出版社，1984，第120页，图103
F	辉县琉璃阁出土的战国狩猎纹铜壶			郭宝钧：《山彪镇与琉璃阁》，科学出版社，1959，图版103（笔者按，原报告未发布此器完整实物图片，目前流传所谓该器拓片实为另一墓另一器物拓片）
G	狩猎纹方壶			《美帝国主义劫掠的我国殷周铜器集录》，第1060—1061页，A745；中国青铜器全集编辑委员会编著：《中国青铜器全集》8《东周2》，文物出版社，1998，图版第70页，今藏美国弗利尔博物馆，https：//asia. si. edu/object/F1956. 15/
H	豆（陈梦家著录，共一对，一只耳残）			《美帝国主义劫掠的我国殷周铜器集录》，科学出版社，1962，第565—570页，A271、A272，今藏华尔特艺术博物馆，https：//art. thewalters. org/detail/1313/cove
I	四耳猎盂（徐中舒《古代狩猎图像考》）又称狩猎纹鉴（《中国青铜器全集》8，第87页）			《美帝国主义劫掠的我国殷周铜器集录》，第1184—1186页，A843，今藏弗利尔博物馆，https：//asia. si. edu/object/F1915. 107/

续表

编号	名称	器物	弋射图像（器物局部）	著录出处
J	上博镶嵌画像纹壶			上海博物馆编：《中国青铜器展览图录》，五洲传播出版社，2004，第114—115页，上海博物馆藏，https：//www.shanghaimuseum.net/mu/frontend/pg/article/id/CI00004474
K	曾侯乙墓衣箱箱盖弋射图像			湖北省博物馆：《曾侯乙墓文物艺术》，湖北美术出版社，1992，第88、125页

图3　林巳奈夫著录“战国画像纹仪礼图像壶”弋射图

（二）出土墓葬壁画和一些画像石中弋射图像的著录。由于各种因素的限制，这些图像既存在能否顾及，也存在辨识不清、界定混乱的现状。譬如，出土汉代墓室壁画中，内蒙古鄂托克凤凰山1号墓的一处壁画，被称为“弋射图”[1]。但从图像上仅见有人张弓，有人射弩，无法辨别是否有矰缴、绕缴器具，能判定其为弋射图像的依据太少，谨慎起见，亦不将其称

1　徐光冀：《中国出土壁画全集》第三卷，科学出版社，2011，第4、5页。

为弋射图像。由于表现手法、媒介等诸多因素的限制，很多弋射图像并非如孝堂山石祠中的弋射图像那样完整绘制出弋射各个环节，如此便给弋射图像的识别、命名和著录时的描述带来诸多问题，造成遗漏或者误认。这一问题广泛存在于图像著录以及图像研究之中，特别在一些画像石图像中，存在大量射鸟图像，同样没有矰缴等器物，却被误识为弋射图像，这其实是对弋射名称概念的滥用和错用。因此在一般意义上，辨别一个射鸟图像是否为弋射图像，首先应当以有无矰缴为依据，这是弋射之为弋射的根本所在。但是由于图像所依附的石材等媒介的特性，粗糙的石面并不能表现微小的细节性局部，加之不同制作者艺术表现手法的差异以及所依赖的不同图像模本，使得对弋射诸环节的绘制存有差异。这就又使得对是否为弋射图像，如果仅从有无矰缴去判断，存在特殊性，如此便需要综合其他因素具体对待。在南阳出土的一块画像石中，由于石材表面较为粗糙（图4–1，图4–2）[1]，对诸如细小的矰矢、绕缴器具的刻画就比较困难。再者，整个图像在绘制出缴线后，已经可以表明弋射之事，再追加矰矢、绕缴器具的绘制，就整体表现风格来说，亦有赘饰之嫌。同样，图像中只有缴线而无矰矢的射鸟图像，还出现在山东省平邑县皇圣卿西阙南面画像上（图5，下层）[2]，《中国画像石全集》著录时未能明确指出该图像为弋射图。该图画面上一人坐于地，其前有弩，一手在收已射出去缠在雁身的缴线（笔者按，参照图5上层图像对丝绳的刻画手法及特征表现，比较容易辨识到下层中的缴线刻画）。李发林在《汉画考释与研究》中指出该图为弋射图像[3]，其他研究者很少注意到该图像。

图4–1 南阳弋射画像石原石

1 王清建、朱青生主编：《汉画总录20·南阳》，广西师范大学出版社，2013，第156、157页。

2 俞伟超等：《中国画像石全集1·山东汉画像石》，山东美术出版社，2000，图版第2页原图四，图版说明第1页。

3 《汉画考释和研究》，第164页。

图 4-2 南阳弋射画像石拓片

图 5 山东平邑皇圣卿西阙南面画像局部弋射图

（三）与孝堂山石祠画像内容相关的各类文献中，鲜见对孝堂山弋射图像内容的详细著录。图录专著方面，如在《中国画像石全集》第1卷中，收录了孝堂山石祠画像内容，但其中图像无法看清具体局部细节。在画面描述中，也仅仅用“台左有人张弓射鸟”的简单概述[1]，而且还将图像中的“弩”误指为“弓”。《孝堂山石祠》一书较为详细地描述了该部分图像：河岸南侧有一人面北踞坐，前有六只鸟，五只呈飞行状，一只息立于地；一人面南跪坐，双手展开，其前置弩[2]。《孝堂山石祠》对图像的描述纠正并指出了“弩”的图像，但也未能指出矰矢、缴线和绕缴器具等内容，即未能明确此图为弋射图像。对《中国画像石全集》中描述的“射鸟”题材的界定也有所缺漏。其所著录的图像，拓片无法再看到其文字描述之外的更多内容，线描图也仅是绘出了弩的形状，其他内容并未绘出[3]。在专门的研究文章中，徐中舒在《古代狩猎图像考》一文中曾有“东汉孝堂山，两城山石刻，其弋射则仅绘负弩之形”[4]的论述。罗哲文也注意到了孝堂山弋射这一部分图像，罗氏描述为“在河岸南侧有飞鸟五只，一人正坐，一人用弩打鸟，一只已打下”[5]。相较而言，其描述还是比较细致和准确的。罗氏指出了“用弩打鸟”的图像内容，但和徐氏相比，未能道明该图像为弋射图像之实。从徐、罗两家的文字描述和所附图像（徐文未附图像）来看，他们都没有注意到这一部分图像中弩下方的绕缴器具与射出去加在雁身上的矰缴等内容。除此之外，孝堂山弋射图像在相关的研究中很少被提及，其中图像之细节，更是无人能够揭示出来。综合前文所引，在两汉画像砖、画像石中的弋射图像，共有4例，统计结果

表2 画像石、画像砖上分布弋射图像及组成元素统计

编号	所在地	图像	发射器具	矰矢	缴线	绕线器具
1	山东长清孝堂山石祠矰缴弋射图	图1	弩	√	√	√
2	河南南阳画像石弋射图	图4	弓		√	
3	山东平邑皇圣卿西阙南面弋射图	图5	弩		√	
4	四川大邑汉画像砖弋射收获图	图2	弓		√	√

1 俞伟超等：《中国画像石全集1·山东汉画像石》，图版第26页，图版说明第15页。

2 蒋英炬、杨爱国等：《孝堂山石祠》，文物出版社，2017，第43页。

3 《孝堂山石祠》，第44、45页。

4 《庆祝蔡元培先生六十五岁论文集》，“中研院”历史语言研究所，1933，第607页。

5 罗哲文：《孝堂山郭氏墓石祠》，《文物》1961年第Z1期。

见表 2 所列。至此，就目前所见，在各类器物媒介之上能够确认的弋射图像，总计来看，不下 15 例。这其中孝堂山石祠弋射图像是最具特色的，其弋射情节描绘之清晰、器具刻画之精细、所涉内容之丰富，都是其他各类弋射图像所未有的。

三 矰矢、绕缴器具等问题

弋射所涉问题，主要由弋射活动的几个相关环节如发射工具、矰矢、绕缴器具、缴线、射猎对象等构成。有些问题学人已有较多研究，基本形成了共识，前文亦有述及，但如矰矢、绕缴器具等问题，还有进一步讨论的空间和确证的条件。现结合孝堂山弋射图像内容，就这些问题展开说明。

（一）弋射箭矢——矰矢

矰矢问题之争，主要表现为矰矢这种箭头是尖头锋刃还是平头（或圆头）无刃。此一问题由于没有明确的文献描述，目前存在两种说法，以宋兆麟为代表的研究者认为“弋射之矢，箭头有倒刺，箭铤中有孔槽。前者防猎物逃脱，后者适于系绳”[1]，主张矰矢为尖头锋刃。陈春慧等人亦从此说，认为箭铤上的钮孔是用来系缴线的[2]。从文俊等研究者持不同观点，依据文献详细考证了矰矢最初的源起及发展，指出考古发现中的平头（或圆头）无锋的器物当为矰矢[3]。何驽、程刚等沿袭此说，而且程刚进一步引入图像内容加以佐证[4]。两派观点，前者是以考古发现器物之特点反过来推设弋射矰矢之特征，多牵强附会，也对弋射相关图像内容视而不见。目前还没有发现缴线如何系于矰矢之上的文献和器物证据，但是不能仅凭箭头上有钮孔就来判断它是系缴线的，进而指出这种箭镞就是弋射所用矰矢。就图像描绘来看，此说也无法立脚，弋射图像中缴线大部分都系于矰矢的中部或中部偏上一些，而他们所谓的有锋和带倒刺的矰矢的钮孔，要绘制出来，应该是在箭头部分，即矰矢的头部，这也与诸多弋射图像表现不符。后者从文献和出土器物出发，尤其能结合图像遗存，指出矰矢之特征，这种认识较之前者，有所依凭，切中肯綮。在孝堂山石祠弋射图像中（图 1-3），矰矢部分图像虽有剥泐，但还可以清晰地看到刻绘时的痕迹。矰矢也并不是尖头锋刃，而呈平头形状，这为弋射矰矢为无刃平头（圆头）又添一例新证。而且除了青铜器、漆器上的弋射纹饰之外，孝堂山弋射图像是在画像石、画像砖上目

---

1 宋兆麟：《战国弋射图及弋射溯源》，《文物》1981 年第 6 期。

2 陈春慧：《矰矢、恒矢、绕缴轴——兼与何驽先生商榷》，《文博》1998 年第 6 期。

3 吉林大学考古学系：《青果集：吉林大学考古专业成立二十周年考古论文集》，第 222、223 页。

4 程刚：《缴射新证》，《考古与文物》2012 年第 2 期。

前唯一能够看到有对矰矢部分描绘较为细致的图像。其他如平头（或圆头）无锋的矰矢，考古发现颇多，研究者亦多有引证，从略不赘。

（二）绕缴器具——碆卢

文献记载、图像遗存以及考古出土器物均能证明弋射绕缴器具的存在。目前研究中的首要问题主要是绕缴器具的名称是什么？关于绕缴器具之名称是什么，现在所能见较早的文献是墨子在讲“连弩之车”时以弋射器具喻该车而言“以绳□□矢端，如如弋射，以磨庐卷收矢”。吴毓江对此有详细校注，他据不同版本，补全所缺文字，推测应为“以绳系矢端”（笔者按，依所缺两字，或还少一“于”字）。孙诒让指出两“如”字其一应为衍文[1]，故此句原文或为“以绳系于矢端，如弋射，以磨庐卷收矢”。其他《墨子》版本如毕沅本“磨”皆作“磨”。而“磨”是“磨”之异体字，吴毓江对不同版本使用“磨”之异体字的观点亦表示认可。但他在释义时却又引王引之言，释“磨庐”为“磿鹿”，即鹿轳（辘轳）[2]。此处的问题是，王氏误将“磨”释为“磿”，仅释出“磨庐”之“庐”意，即辘轳无误，却损失和错识了“磨”（磨）之义。“磨”义何也？段注《说文》言“磨”本为“䃺”，是后世省作。《说文》云：“䃺，石磑也”，段注引《毛诗》曰：“玉谓之琢，石谓之磨”，又引《尔雅》云：“治石非以石治物”“作石之谓摩乃善本”[3]。如此可明，“磨”，在做名词时，当为石制器物；在做动词时，当为磨制之义。《墨子》中的“磨庐”，应该是一个偏正结构的词语，偏部为“磨”，解释限定中心词“庐”，“磨庐”虽在《墨子》中可能仅是指“辘轳”，但这个“辘轳”是与“磨”这个石制器物相关的，类似“鱼钩”这个词，“钩”是钓“鱼”之“钩”。又宋鲍彪注《战国策》有云：“方将修其碆卢，治其矰缴，将加已乎百仞之上，被劙磻，引微缴，折清风而抎矣”，其中有“碆卢”，《战国策》汉高诱注本“碆卢”作“䃗卢”[4]。又段注《说文》释“磻”曰：《玉篇》和《广韵》中“碆”同此。故知“碆”“䃗”“磻”互为异体字。且“碆（磻）卢”应该也是《墨子》中的“磨庐”，其一，是因为它们同时出现在描述弋射活动的文献中；其二，它们皆为弋射活动中器具；其三，它们都与同表示辘轳的“卢”或“庐”连用。之所以一为“磨卢”，一为“碆（磻）卢”，应仅是不同时期的字、音之别，其义相同。故“碆（磻）卢”亦同

1 吴毓江撰，孙启治点校：《墨子校注》，中华书局，1993，第838、843页。

2 《墨子校注》，第843页。

3 《说文解字注》，第452页。

4 （汉）高诱注：《战国策附重刻札记》卷一七，商务印书馆，1937，第36页。

图 6-1 湖北老河口楚墓出土木绕线棒

图 6-2 湖北老河口楚墓出土竹绕线棒

“磨卢”，是一种收卷弋矢的工具辘轳，即弋射中的绕缴器具。这在孝堂山弋射图像中也有描绘，加在两只大雁身上的缴线，一端系于平头矰矢，一端系在弩机下方的一尖头圆尾的器物上，此物即是用来卷收缴线的绕缴器具“碆（磻）卢”（图 1-2、图 1-4）。在考古出土器物中，有一种绕缴器具多有发现。如江苏邗江姚庄 101 号西汉墓出土 3 件木胎绕缴器具，被称为漆箭缴轴[1]。湖北老河口安岗一号楚墓出土了两种绕缴器物，分别为木制和竹制，被称为木绕线棒（图 6-1）和竹绕线棒（图 6-2）[2]。这些被称为箭缴轴和绕线棒的器物，形状皆似打水辘轳，可能正因此，一开始才会被称为“磨卢”或“碆（磻）卢”。这应该是早期对弋射绕缴器具的一种形象而朴素的称谓。在许慎著《说文》时，释“[illegible]”为“弋射收缴具也”[3]，可知其时已经有不同于碆卢的另一种称谓来指称弋射中的绕缴器具了。

（三）“磻”为何物?

如上文已所指出，“碆（磻）卢”之“碆（磻）”有其具体意指，更有单独使用的情况，如前文所引“被劖磻”与《史记·楚世家》所云“若王之于弋诚好而不厌，则出宝弓，碆新缴”之“碆新缴”[4]。显然在这种情况下，“碆（磻）”已不再是指卷收弋矢的绕缴器具“碆（磻）卢”了。尤其在“方将修其碆卢，治其矰缴，将加已乎百仞之上，被劖磻，

1 印志华:《江苏邗江姚庄 101 号西汉墓》,《文物》1988 年第 2 期。

2 谭白明、刘九红、袁晓林等:《湖北老河口安岗一号楚墓发掘简报》,《文物》2017 年第 7 期。

3 《说文解字注》，第 188 页。

4 《史记》，第 1730、1732 页。

引微缴，折清风而抎矣”中更明显，在同一文献中，碆卢和磻前后出现，易知“碆（磻）卢”和“䃌磻”即为两物。“䃌磻”之“䃌”，汉代高诱注本作“礛”[1]，清代程夔初亦言作“礛”[2]。且多个注本指出䃌本作礛。无论是䃌，还是礛，《说文》中皆无此二字，《康熙字典》云：“礛，治玉石之青砺也”，而且还特别指出《战国策》中“被礛磻，引微缴”之“礛”本作“厱”，这与较早的高诱注本相合。《说文》云“厱”是一种治玉之石，段注亦指明是一种青砺。如此可知，“礛（䃌）磻”是由两个意义相近的字（同义重复）组成的一个词，指的是一种石质坚硬的磨制器，其色青。这到底是一种什么样的磨制石器呢？《魏志·东夷传》言东夷用石镞时说“青石为镞，古之肃慎氏之国也”[3]。古代以石制矢镞的文献还有如“有隼集于陈廷而死，楛矢贯之，石砮，矢长尺有咫”[4]。考古发现中亦出土有石镞，如河南临汝煤山出土的龙山文化时期石镞，其中既有尖头锋刃，也有圆头无刃[5]。常州圩墩遗址第五次发掘时出土有菱形石镞[6]。出土的石镞形制各异，这里不一一枚举。这些石镞是不是对应弋射所用之磻，目前还不能确定。但通过考古出土的石镞，结合如前文献，可进一步得知“磻”在单独使用时，应是一种用青石磨制过的石镞。又《说文》曰：“磻，以石箸弋缴也，从石番声”[7]，结合鲍注《战国策》引《集韵》曰“碆可为镞”[8]，更可确知“以石箸弋缴”之磻，应是一种系了缴线的石镞，而“碆（磻）卢”也就是收卷磻矢的像辘轳的器具。如此，“礛（䃌）磻”即应该是一种弋射矰矢。指出磻石为一种石镞的，其实早已有之，如《集韵》和《康熙字典》（引《集韵》）等，《辞源》亦释磻为一种结于箭身丝绳上的石块[9]。这个石块不是一般的石块，一是它是在箭身，二是结于丝绳，这显然是矰矢之谓。从文俊说是《辞源》之误[10]，然其根据却并不充分。

---

1 《战国策附重刻札记》卷一七，第36页。

2 （清）程夔初集注，程朱昌、程育全编：《战国策集注》，上海古籍出版社，2013，第154页。

3 （晋）陈寿撰，陈乃乾校点：《三国志》，中华书局，1982，第848页。

4 《史记》，第1922页。

5 赵芝荃、郑光：《河南临汝煤山遗址发掘报告》，《考古学报》1982年第4期。

6 江苏省圩墩遗址考古发掘队：《常州圩墩遗址第五次发掘报告》，《东南文化》1995年第4期。

7 《说文解字注》，第452页。

8 （宋）鲍彪校注，（元）吴师道补注，（明）张文爟校辑：《战国策谭棷》卷五，明万历十五年（1587）刻本，第46页。

9 商务印书馆编辑部等编：《辞源》第3册，商务印书馆，2001，第2259页。

10 《青果集：吉林大学考古专业成立二十周年考古论文集》，第223页。

如此诸多证据，却被相关的研究者长期忽视，反指“磻”为收缴器具。如徐中舒认为缴一端系矢，一端系石上，磻即“系缴之石”[1]。孙机也将辉县琉璃阁出土的战国狩猎纹铜壶图像（见表1F项）中缴线末端的圆形物指认为磻[2]。从文俊认为“缴的前端结系矰弋，末端则挂在磻石上面”[3]，宋兆麟不仅误指缴的下端圆球状物体为磻，而且还错误地推测滑轮式的绕缴设备是磻的进一步发展[4]。其他研究者皆如此误，不枚举。目前学界弋射研究对磻的误认，概多沿袭他人误说，不加细究所致。以致此问题长时期未有纠正。故“被劘磻，引微缴，折清风而抎矣”，是说黄鹄身被礛磻，拖引着缴丝折落下来。这同弋射活动特点有关，也同弋矢之谓矰有关。矰矢射出后是不以射中而是以高过凫雁类鸟禽的脖颈为目的，利用矰矢前重后轻的特点，在加于雁身的一瞬间垂落，快速的缠绕雁鸟脖颈，以此获猎，非射杀、射中，相关研究多已辨明[5]。这一点，亦可参看孝堂山石祠弋射图。

磻作为弋射石镞起于何时已不可知，它应该是早期的一种弋矢，可能后面随着金属弋矢的出现而渐渐少用，但应该还没有完全消失。从张衡所言“磻不特絓”或可测知，其时还称弋矢为磻。弋矢称为磻时，首先是指石镞，是否也有泛指弋矢之说，目前还未有相关文献可证。此外，张衡《西京赋》云：“登豫章，简矰红。蒲且发，弋高鸿。挂白鹄，联飞龙。磻不特絓，往必加双”[6]，其他文献也有此类说法，如《列子·汤问第五》载，蒲苴子弋射能“连双鸧于青云之际”[7]。“磻不特絓，往必加双”和“连双鸧”不仅证实磻是一种弋射用石镞，而且还可明磻矢射出之后，有时并不是单挂一只鸟，而是加在两只鸟上。这或是形容箭术之高，或是因弋射本是用缴线缠绕鸟禽，鸿鹄群飞密集，长长的缴线涉及范围较大之故。在现今可见弋射图像中，青铜纹饰、漆画、汉画像砖中皆不见“磻不特絓，往必加双”的图像内容，在孝堂山弋射图像中，可以看到箭矢带着缴线射向空中后，缴线缠绕在两只大雁身上。这是目前“磻不特絓”文献唯一可见的视觉化呈现（见图1-3、图1-4）。

---

1 《古器物中的古代文化制度》，第131页。

2 孙机：《汉代物质文化资料图说》，上海古籍出版社，2008，第28页。

3 《青果集：吉林大学考古专业成立二十周年考古论文集》，第223页。

4 宋兆麟：《战国弋射图及弋射溯源》，《文物》1981年第6期。

5 《青果集：吉林大学考古专业成立二十周年考古论文集》，第222页。

6 （南朝梁）萧统辑，（唐）李善注：《文选》第1册，上海古籍出版社，1986，第73页。

7 杨伯峻：《列子集释》，中华书局，1979，第173页。

（四）所谓“矰弋机”与“矰缴机”

前文在介绍发射工具弩时指出，因弩的特殊构造，所以常以“机”“机辟（臂）”“弩机”“机弩”等称弋射。但后来研究者却认为存在一种所谓的“矰弋机”或“矰缴机”，并将其指为收缴器具。这个论断，来自徐中舒《古代狩猎图象考》一文。徐氏言矰缴“其发以机，故又称矰缴机、矰弋机”[1]，其依据是《楚辞》“矰弋机而在上兮，罻罗张而在下”[2] 和《淮南鸿烈》“今矰缴机而在上，罝罦张而在下”[3]。显然，徐氏这里对文献的解读有误。《淮南鸿烈》的引文，虽与《楚辞》引文稍有不同，但其可能亦来源于后者。这两处虽然有“矰弋机”“矰缴机”的文字，但是，“机”在这里显然不是作为名词使用的，而应以动词解读。分别与后面出现的“张”在用法上对应。《楚辞》中“矰弋机而在上兮”中的“机”，朱熹注曰：“机，张机以待发也。”[4] 而《淮南鸿烈》中“今矰缴机而在上”中的“机”，注曰：“机，发也”[5]，也是动词义。结合前引曹植《缴离雁赋》中“范氏之发机兮，播纤缴以凌云”，也能明此。因此，目前弋射文献中根本不见一种器具叫作“矰弋机”或“矰缴机”，也不存在将弋射之弩机称作“矰弋机”或“矰缴机”的情况。此外，《庄子·胠箧》“夫弓弩毕弋机变之知多，则鸟乱于上矣”[6] 中，弓弩毕弋是四种不同方式的捕猎活动所用之器具，代称对应的相关活动。机可以为弩牙，是弩之代称，然而此句前面已有弩出现，再将弋与机组合断为弋机而释为弩，亦属重复，也是不合理无必要之重复。所以郭氏释文将机释为弩牙[7]，也属错误，“机”与其后文当断为“机变之知”。因此，弋射文献中也不存在“弋机”之说。然而，确实存在着一种“机”，但它非别物，就是弩机。也不存在卷收缴线的所谓磻石机，且磻石亦如前所证，它是一种矰矢，非卷收缴线之器具。能谓之机，即说明类似弩机有制动装置，但目前文献、图像、传世器物和考古发现，均未有机动的收缴器具之类的例证，孝堂山弋射图像中也未有发现。“矰弋机”“矰缴机”“弋机”之误，皆是对文献的解读有误而致。此说

1 《古器物中的古代文化制度》，第 130、131 页。

2 （宋）朱熹撰，蒋立甫校点：《楚辞集注》，上海古籍出版社，2001，第 76 页。

3 刘文典撰，冯逸、乔华点校：《淮南鸿烈集解》，中华书局，1989，第 78 页。

4 《楚辞集注》，第 76 页。

5 《淮南鸿烈集解》，第 78 页。

6 《庄子集释》，第 359 页。

7 《庄子集释》，第 360 页。

在近世研究文献中，盖以徐中舒为源头，后来者不详究原典文献，遂致谬误流传。

余 论

本文以孝堂山石祠新见弋射图像切入，在对文献、图像和出土器物等多方材料的分析下，对弋射概念名称、弋射图像的著录以及具体如矰矢、磻等相关器具问题，做了新的补充和勘正，指出了孝堂山弋射图像的特殊性和丰富性。可以基本确定的是，弋射活动是一种弓弩并用，一头以缴线系于箭身矰矢部，另一头系于卷收缴线器具磿卢的射猎凫雁等鸟禽的活动。卷收缴线的器具从文献可知战国时称磨庐或磿卢，至迟在汉代许慎时又称𦔹𦔰。从各方面材料，尤其是从青铜器弋射纹饰图像、孝堂山矰缴弋射图像来看，卷收缴线形似辘轳的器具磿卢较为简单，不存在所谓的“矰缴机”或“矰弋机”等器具卷收缴线，“矰缴机”和“矰弋机”等称谓完全是对文献误读所致。磻石是一种石制的矰矢，并不是系在缴线末端收缴用的器具。弋射活动距今甚远，所存文献、图像和器物可以相互参照，但因这些遗存之有限，存在所见各种材料之间、同一材料内部之间又不能完全对应之困窘。譬如弋射活动中有一种起隐蔽猎者的盾，湖北老河口安岗楚墓出土的一件革盾[1]，江苏邗江姚庄西汉墓出土一件木胎漆盾[2]，从这两墓各自墓中临近位置所出土其他如弓、弩、平头镞、箭缴轴、矢箙等器物来看，参照考古学中“共存空间关系（context）”或可以推断，这种盾可能就是射猎活动——也是弋射活动中被文献描述为一种起隐蔽猎者作用的盾，即“翳”。但这一器物的图像描绘在各种弋射图像中均无直接发现，所以也不能下定论。诸如这类情况都使得对弋射相关问题的研究存在一种敞开性，这种敞开性的存在，不仅需要广阔的视野考察、科学的方法论证，亦需要新的材料的补入，方有对弋射活动整体认识的可能。

附记

本文在资料搜集过程中，得到了北京大学汉画研究所徐呈瑞博士、郑亚萌博士、南京大学艺术学院徐志君博士、《汉画总录》摄影师杨超先生的热心帮助，谨致谢意！

1 谭白明、刘九红、袁晓林等：《湖北老河口安岗一号楚墓发掘简报》。

2 印志华：《江苏邗江姚庄 101 号西汉墓》。

辽代公主嫁仪：库伦 1 号辽墓墓道壁画新解及其墓主身份考释*

■ 林　航（杭州师范大学人文学院）

1972—1985 年，内蒙古自治区通辽市库伦旗奈林稿苏木前勿力布格屯王坟梁（时属吉林省哲里木盟）先后发现了八座规模较大的辽代墓葬。这些墓在发掘时，因被盗掘或地下水涌溢，出土的随葬物不多，但除 3 号墓和 8 号墓外，其余皆有大量壁画发现。[1] 其中，1 号墓葬壁画规模最大，保存也最完整，尤其是墓道两壁的壁画，表现场面宏大，所绘人物众多，笔法技艺娴熟，鲜活反映了辽代契丹贵族世俗生活场景，出土后立即引起了学界关注。

既有研究大多将此壁画解读为"出行图"和"归来图"，认为其展现了契丹贵族盛装出行及随后返回的样貌图景。[2] 亦有学者提出，该壁画内容应为辽代契丹"四时捺钵"的场景，并将其统称为"出行图"或"出行仪

* 本文为国家社科基金冷门"绝学"与国别史等研究专项项目"德国藏丝绸之路考古档案文献整理与研究"（项目批准号：19VJX065）阶段性成果。

1 相关考古发掘报告详见吉林省博物馆、哲里木盟文化局《吉林哲里木盟库伦旗一号辽墓发掘简报》，《文物》1973 年第 8 期；王健群《库伦旗二号辽墓发掘散记》，《社会科学战线》1978 年第 1 期；哲里木盟博物馆、内蒙古文物工作队《库伦旗第五、六号辽墓》，《内蒙古文物考古》1982 年第 2 期；内蒙古文物考古研究所、哲里木盟博物馆《内蒙古库伦旗第七、八号辽墓》，《文物》1987 年第 7 期。

2 持此观点的研究包括：吉林省博物馆、哲里木盟文化局：《吉林哲里木盟库伦旗一号辽墓发掘简报》；王泽庆：《库伦旗一号辽墓壁画初探》，《文物》1973 年第 8 期；王健群、陈相伟：《库伦辽代壁画墓》，文物出版社，1989，第 20—33 页；郑隆：《库伦旗辽墓壁画浅谈》，《内蒙古文物考古》1982 年第 2 期；冯恩学：《辽墓壁画中的车》，载《青果集：吉林大学考古系建系十周年纪念文集》，知识出版社，1998，第 397—401 页；郑滦明：《关于辽墓"出行图"的考证》，《华夏考古》2004 年第 4 期；李东等：《库伦辽墓壁画的艺术性初探》，《博物馆研究》2006 年第 1 期；刘希言：《浅谈辽代墓室壁画从中期到晚期的发展——以陈国公主与驸马合葬 3 号墓和库伦 1 号墓墓道壁画为例》，《北方文物》2009 年第 1 期；来雅苓：《辽代契丹贵族生活的真实写照——长幅画卷库伦一号辽墓壁画》，《东方收藏》2011 年第 6 期；李鹏：《通辽地区辽代墓饰综述》，《内蒙古民族大学学报》（社会科学版）2017 年第 5 期。

仗图”[1]。另有国外学者提及，该壁画内容可能和辽代公主婚礼有关，但并未讨论其具体含义，对墓主也未涉及。[2]本文以对该壁画所绘人物和物品的分析为基础，综合《辽史》等相关史料记载和其他图像资料辨析，尝试对其所表现的场景加以新的解读，并推断墓主的身份，以资学界研究讨论。

一 墓葬概况及墓道壁画内容

库伦1号墓由墓道、天井、墓门、主室、耳室等构成。墓室为八角穹隆顶，朝向约135度，符合契丹“东向而尚左”的习俗。[3]其墓道为斜坡式，倾斜角约10度，总长达22.60米。墓中出土数量较多的人骨，亦有马、野猪、鸡、鼠、兔等禽兽骨骼被发现。墓中出土铜钱数枚，其中一枚带有“大康六年”（1080年）的明确纪年。该墓壁画分布在墓道两壁、门侧两壁和墓室天井周围，总面积约180平方米。墓道南北两壁的壁画为对称分布，规模宏大，最高处垂直高度为5.60米，壁画合计面积达80余平方米。

北壁壁画，除去漫漶难辨的，共绘有29人，既有着契丹服饰、留契丹髡发的，亦有穿汉式服装的，依照画面构成和人物组合，可大致分为四组（图1）。从紧靠天井的宽阔处开始，第一组为鞍马随从，共有七人、一马，其中第二人挺身直立，左手叉腰，似正对他人叮嘱吩咐。第二组为车骑随从，有五人、一车，其中三人为男性，立于车前。两名女性相对而立，一人双手举镜，另一人扶镜注视，镜中面容清晰可见。第三组为旗鼓仪仗队列，五根旗杆相互支撑，其下为五面大鼓。其侧皆五人为汉式服装。第四组为队列前导，人物各执长竿等器物，有一抬桌的支杆部分可见。壁画中人物高度在1.5—1.6米间，与现实人物实际大小基本相同。

---

1 张鹏：《辽代契丹贵族墓墓道壁画的象征意涵——以库伦辽墓为中心》，载《艺术史研究》（第六辑），中山大学出版社，2004，第381—406页；吴敬：《从墓葬壁画刊辽代契丹仪仗》，载《边疆考古研究》（第四辑），科学出版社，2005，第238—246页；张鹏：《辽墓壁画研究》，天津美术出版社，2008，第90—92页；乌力吉：《辽代墓葬艺术中的捺钵文化研究》，文化艺术出版社，2013，第77—78、81—82页；巫鸿、李清泉：《宝山辽墓——材料与释读》，上海书画出版社，2013，第68—69页。

2 Linda Cooke Johnson，“The Wedding Ceremony for an Imperial Liao Princess：Wall Paintings from a Liao Dynasty Tomb in Jilin”，*Artibus Asiae* 45，NO. 2/3，1984，pp. 107-132；Robert Albright Rorex，“Some Liao Tomb Murals and Images of Nomads in Chinese Paintings of the Wen-Chi Story”，*Artibus Asiae* 45，NO. 2/3（1984）：174-198；Linda Cooke Johnson，*Women of the Conquest Dynasties：Gender and Identity in Liao and Jin China*，Honolulu：University of Hawai'i Press，2011，pp. 81-85.

3 （元）脱脱：《辽史》卷四五《百官志一》，中华书局，2020，第800页。

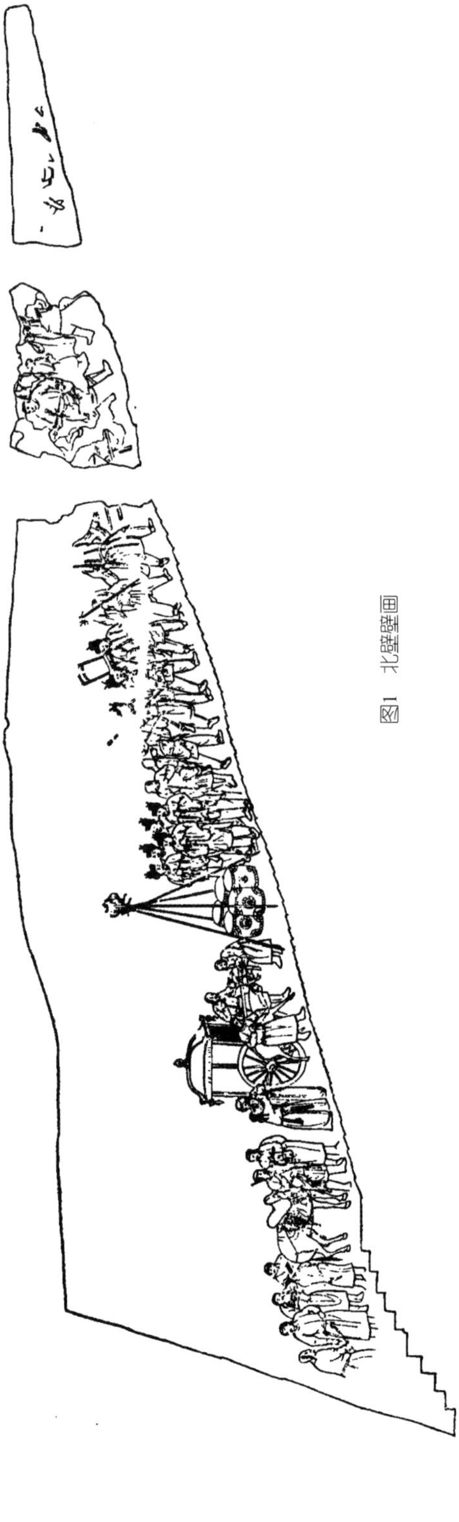

图1　北壁壁画

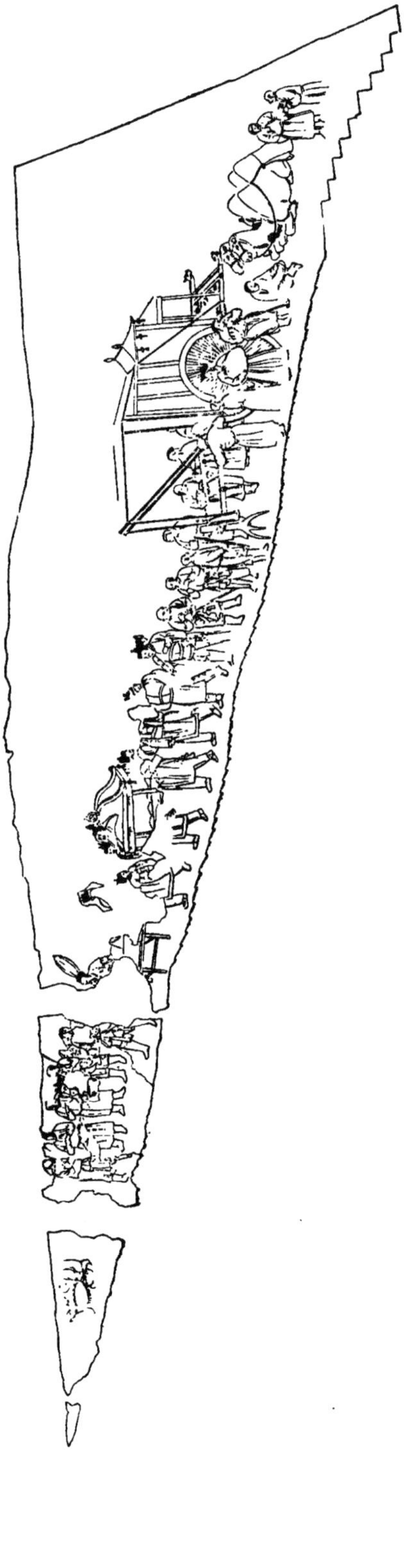

图2　南壁壁画(右)

南壁可辨者24人，兼有汉式服装和契丹装扮，可大致分为三组（图2）。从宽阔处起，第一组为车骑仆从，总计有十四人、两驼、一车。两头骆驼并列跪卧，头部套有笼头，颈部和臀部有垫布，驼峰与臀部间有皮条扎系，为典型的挽车驾辕装备。其旁有一高轮大车，车轮高一人有余，车上用撑杆支有殿廓形车棚和凉棚，车辕用三角支架撑起。第二组为仪仗，六人横排并列，抬有一矮轿，其顶颇似北壁所绘马车。第三组为前导队伍，有四人、一抬桌，其形制与北壁部分可见的抬桌相同，桌上置有一方斗。壁画中人物高度介于1.6—1.8米之间，尺幅等身，而车辆较北壁所绘车辆体积更大。

二 “出行图”“归来图”解读之误

从所绘内容来看，将该壁画释读为“出行图”和“归来图”有一定的合理性。但仔细观察壁画的构成和所绘内容细节，则可以判定其内容不应为“出行图”和“归来图”，特别体现在以下几点。

首先，南北两壁壁画中的队伍朝向相同，无法表现出行和归来两种行进方向。壁画中有鞍辔齐备的马匹、准备完成的马车、可供使用的抬轿、跪卧休息的骆驼，这些都符合出行和归来的实际使用需求，也符合“契丹故俗，便於鞍马，随水草迁徙，则有毡车，任载有大车，妇人乘马，亦有小车”的相关记载。[1]然而，两壁上人物站立面朝方向、车辆前后指向和驼马头部的方向都是背对墓室而面向墓道外，人物分布、车马位置、抬桌位置等也基本呈对称状态，且内容亦互相补充。若壁画所表现的图景确为“出行”和“归来”，则两壁壁画的构图和朝向不应如此。更合理的解释为，南北两壁所绘应为同一幅图景的两个侧面，两者共同构成一幅完整图景，而此构图也与汉魏以来画像石墓中多见的“车马出行”几有相似。[2]

其次，车驼当为辽代契丹常用的生活用具。《辽史·仪卫志》关于“腊仪”的描述中，有“皇帝降舆，祭东毕，乘马入猎围”之言。[3]而辽代皇帝车舆中，又有一种“凉车”，皇帝“省方、罢猎用之……驾以橐驼”[4]。北壁绘有马匹而南壁绘有高轮大车和休息的骆驼，也颇与记载相符。但凭此就判断“驾以橐驼”的车就是用于罢猎后归来所用，似有不妥。

---

1 《辽史》卷五五《仪卫志一》，第1000页。

2 Wu Hung, “Where Are They Going? Where Did They Come From? —Chariots in Ancient Chinese Tomb Art”, *Orientations* 29, NO. 6 (1998): pp. 22-31；巫鸿、郑岩等：《礼仪中的美术——巫鸿中国古代美术史文编》，生活·读书·新知三联书店，2005，第260—273页。

3 《辽史》卷五五《仪卫志一》，第1001页。

4 《辽史》卷五五《仪卫志一》，第1002页。

实际上，橐驼驾车在契丹是较为常见的交通工具。曾奉命使辽的苏辙，在其所作的《赵君偶以微恙乘驼车而行戏赠二绝句》中便提及契丹驼车：“邻国知公未可风，双驼借与两轮红。”[1]在其他辽墓壁画中，双驼一车的形象也多有出现，如库伦2号墓和8号墓、叶茂台萧义墓、北三家3号墓、宣化4号墓等。[2]在建平唐家杖子辽墓和白塔子辽墓中，亦出现了一驼一车的壁画内容，且车辆形制极为相似。[3]车驼在众多辽墓壁画中出现表明，其应为辽代契丹出行所常用的交通工具，其使用场景并非特定指向猎围之时。

此外，壁画中女性形象不只是简单的“女主人”，其出现应有其他含义。鞍马人物壁画在众多契丹贵族墓中出现，表现内容也从较早期陈国公主墓中两壁各有一人一马（一为牡、一为牝）逐渐发展到库伦1号墓这样含有几十人和数头驼马的大型场面。[4]但在所有已知辽墓壁画中，凡墓道壁画体现鞍马人物队列内容的，虽然其中也不乏男女合葬墓，但却只有库伦1号墓南北壁上出现了几名女性形象。仅根据其衣着体态而将其中一名女性定为女主人，而疏于探讨其在此场景中出现的特殊意义，似过于武断，也多有不和逻辑之处。

三 辽代公主嫁仪图景

库伦1号墓的墓道壁画风格自然写实，具有很高的艺术价值。同时，该壁画也包含了丰富的历史信息，通过对人物动作和物品的细节描绘，鲜活地再现了辽代公主嫁仪的盛大场景，也指明了墓主身份。

（一）青幰车

南壁壁画呈现一辆高轮大车，依据其所处位置和尺寸比例判断，很可能为跪卧其后的两头骆驼牵引。该车车轮为红色，其直径高于一旁人物一头有余，依比例推算其直径应在2米以上（图3）。车上施有青绿色幔帐，其顶部呈殿廓形，周边垂有丝织状毓苏。尾部有车架延伸突出，车梁尾端饰有螭头（图4）。螭为古代传说中一种没有角的龙，在辽代常用于皇族和后族所属的物品装饰中。该车与沈括在其《熙宁使虏图抄》中所描述的“契丹之

1 （宋）苏辙：《栾城集》卷一六《赵君偶以微恙乘驼车而行戏赠二绝句》，上海古籍出版社，1987，第396页。

2 关于这些墓中壁画所绘的驼车，参见内蒙古文物考古研究所、哲里木盟博物馆《内蒙古库伦旗第七、八号辽墓》，图一七；温丽和《辽宁法库县叶茂台辽肖义墓》，《考古》1989年第4期，图四；邵国田《内蒙古昭乌达盟敖汉旗北三家辽墓》《考古》1984年第11期，图八；河北省文物研究所《宣化辽墓——1974—1993年考古发掘报告》，文物出版社，2001，彩版92。

3 敖汉旗文化馆：《敖汉旗白塔子辽墓》，《考古》1978年第2期；吕学明：《建平唐家杖子辽墓清理简报》，《辽海文物学刊》1997年第1期。

4 内蒙古文物考古研究所：《辽陈国公主驸马合葬墓发掘简报》，《文物》1987年第11期。

图 3 南壁青幰车和跪卧骆驼

采自王健群、陈相伟《库伦辽代壁画墓》，文物出版社，1989，第 30 页

车”多有符合：“其辎车之制如中国，前广杀而无般，材俭易败，不能任重而利于行山。长毂广轮，轮之牙，其厚不能四寸，而轸之材不能五寸。其驾车乘之以驼，上施幰，为富者加毡幰、文绣之饰。”[1]苏辙在提及契丹驼车时也描绘道：“高屋宽箱虎豹绸，相连燕市不相亲。”[2]以上描述与壁画所绘大致符合，则该壁画所呈现的是契丹高级贵族所乘坐的车辆，应也合理。

事实上，该车形制和装饰与《辽史·礼志》所载“公主下嫁仪”中的“青幰车”极为相似：“赐公主青幰车二，螭头、盖部皆饰以银，驾驼。”[3]《辽史·仪卫志》关于“青幰车”的描述中，也提到：“螭头、盖部皆饰以银，驾用驼，公主下嫁以赐之。”[4]由此可见，壁画所绘的驼车与辽代公主嫁仪中所用的青幰车颇为相像。

图 4 南壁青幰车螭头和北壁送终车觼苏

采自王泽庆《库伦旗一号辽墓壁画初探》，《文物》1973 年第 8 期

1 （宋）沈括：《熙宁使虏图抄》，载赵永春辑注《奉使辽金行程录（增订本）》，商务印书馆，2017，第 95 页。

2 《栾城集》卷一六《赵君偶以微恙乘驼车而行戏赠二绝句》，第 396 页。

3 《辽史》卷五二《礼志五》，第 961 页。

4 《辽史》卷五五《仪卫志一》，第 1001 页。

图5 美国纽约大都会博物馆藏明摹本《胡笳十八拍图》第十三拍局部

Robert Albright Rorex, *Eighteen Songs of a Normad Flute*: *The Story of Lady Wen-Chi*, New York: Metropolitan Museum, 1973, 图版31

图6 美国纽约大都会博物馆藏明摹本《胡笳十八拍图》第十四拍局部

Robert Albright Rorex, *Eighteen Songs of a Normad Flute*: *The Story of Lady Wen-Chi*, New York: Metropolitan Museum, 1973, 图版17

如此推断亦可与其他图像材料互证。美国波士顿美术馆所藏南宋《胡笳十八拍图》残叶中，有一叶便绘有形制非常相似的青幰车，图中车辆同样红轮青幔，头尾饰有螭头。[1] 美国纽约大都会博物馆另藏有以南宋本《胡笳十八拍图》为底本的明中晚期摹本，其中第十三拍和十四拍中的青幰车清晰可辨，也与库伦 1 号墓壁画基本相同（图 5、图 6）。美国学者 Robert Albright Rorex 曾研究过此图，认为其底本当绘于南宋初期，所绘“胡人”形象其实为契丹人。[2] 从图中人物髡发样式和圆领紧袖长袍判断，应为契丹人。有鉴于此，则该图所画的车辆也应为契丹之驼车。考虑到《胡笳十八拍图》的故事题材为汉代蔡文姬返回中原时的行程，而文姬居匈奴时为左贤王妻，其地位约等同于王后或公主，则图中蔡文姬使用辽代公主所乘的驼车，也有合理之处。如此，则《胡笳十八拍图》亦可旁证，青幰车应是辽代公主层级贵族女性出行所乘坐的车辆。

（二）送终车轿

北壁壁画中的车较南壁的青幰车小（图 7）。该车驾辕处可见螭头，配有红色高轮长辕，车棚支杆亦为红色，覆有青蓝色帷幕，前有格状垂帘，车顶为轿顶式，围有黄色短帷，四角挂毓苏。从其样式和装饰判断，颇符合《辽史・仪卫志》中妇人乘坐的“小车”，即“妇人乘马，亦有小车，贵富者加之华饰”[3]。但其后“送终车”条又载，其“车楼纯饰以锦，螭头以银，下悬铎，后垂大毡，驾以牛。上载羊一，以拟送终之用，亦赐公主”[4]。而同书《礼志》“公主下嫁仪”条中也提到，辽代皇帝在公主出嫁时赐给“送终车一，车楼纯锦，银螭，悬铎，后垂大毡，驾牛，载羊一，谓之祭羊，拟送终之具，至覆尸仪物咸在”[5]。

壁画中该车前有一头鹿，多被认为是用来驼驾车辆。然而据《辽史》所载，“送终车”应该“驾牛”。实际上对这头鹿在此场景中的作用，以往研究存在着偏差。美国纽约大都会博物馆藏明摹本《胡笳十八拍图》的第五拍中也有类似的两辆车出现，其虽长度略长，但也有轿顶并青蓝色覆帷，只是它们是由公牛牵拉（图 8）。据上文所述，该画人物装扮和物品样式皆有典型辽代特色，且该车可以和

1 Kojiro Tomito, *Portfolio of Chinese Paintings in the Museum of Fine Arts*, Boston: Museum of Fine Arts, 1933, 图版 61—69.

2 Robert Albright Rorex, *Eighteen Songs of a Nomad Flute: The Story of Lady Wen-chi*, New York: Metropolitan Museum, 1974, pp. 5-6.

3 《辽史》卷五五《仪卫志一》，第 1000 页。

4 《辽史》卷五五《仪卫志一》，第 1001 页。

5 《辽史》卷五二《礼志五》，第 961 页。

《辽史》相关记载相符。而库伦壁画中出现在车前的鹿，其体积较车辆明显过小，很难相信其为牵拉车辆之用。似乎可推测，该鹿也是送终所用的牺牲之一，与记载中的羊用途相同。

图7　北壁马匹和送终车

采自《库伦辽代壁画墓》，第25页

图8　美国纽约大都会博物馆藏明摹本《胡笳十八拍图》第五拍局部

Robert Albright Rorex, *Eighteen Songs of a Normad Flute*: *The Story of Lady Wen-Chi*, New York: Metropolitan Museum, 1973, 图版12

图9 南壁矮轿

采自《库伦辽代壁画墓》，第32页

南壁的第二组人物抬有一顶矮轿，其顶部与北壁所绘送终车几乎相同，四角也挂有毓苏（图9）。从该轿与抬轿人物的比例判断，其高度不及半人，常人应很难坐在其中。由其样式和大小可推测，这顶矮轿可能是在仪式中用于盛放皇帝所赐“覆尸仪物”的。南北两壁描绘的车轿共同构成了辽代皇家婚礼中独有的送终物品，类似内容在其他时代墓葬壁画中并不常见，当为辽代特有，具有很强的指向性。[1]

（三）捧镜却行妇人

北壁送终车的侧后方有两名女性，其中一人戴皮毛帽，着绿长衫，系红腰带，侧身面向另一人，双手捧有一面铜镜（图10）。另一人戴绿巾，顶黑色瓜皮帽，戴黄色耳坠，亦着浅绿长衫配红腰带，佩有黄色葫芦状荷包和黑色囊袋。她右手扶镜注视，镜中反射出她的样貌。既有研究多认为，此图景表现的是女主人出行前整妆准备。但翻查《辽史·仪志》可知此图所示并非整妆。“皇帝纳后之仪”条载，皇帝大婚时，皇后“负银罂，捧縢，履黄道行。后一人张羔裘若袭之，前一妇人捧镜却行。置鞍于道，后过其上”。[2]

图10 北壁照镜妇人头部

采自王泽庆《库伦旗一号辽墓壁画初探》

壁画中虽没有表现“张羔裘若袭之”的人，但头戴皮毛帽的妇人正是“捧镜却行”之人。另一名女性虽未“负银罂”，但其要间系有囊袋，她身后的马匹上有完整的鞍具，可供随后置于道而请皇后“过其上”。《辽史》关于“公主下嫁

1 Christian de Pee 指出，在婚礼中含有送终物品自南宋起时有可见，但他并未指出该习俗之起源。由此，则辽代皇室婚礼可能为此习俗之源。见：Christian de Pee，“Until Death Do Us Unite：Texts，Tombs，and Cultural History of Weddings in Middle-Period China（Eighth through Fourteenth Century）”，*Journal of Asian Studies* 65，NO. 4（2006）：691-712.

2 《辽史》卷五二《礼志五》，第961页。

仪”的记载中并未有此表述，但若此仪适用于皇后婚礼，以此推定公主嫁仪中也有类似的典仪，也应合乎情理。

（四）旗鼓代表高级贵族家族

北壁的送终车前有五套旗鼓，五根旗杆在顶部捆扎而矗立，旗下五面大鼓呈梅花妆排列，五名旗鼓手站立一旁（图11）。与该壁画中类似的五面鼓在羊山1号辽墓的墓道北壁壁画和叶茂台萧义墓的甬道两侧壁画中也有体现。[1]宁城鸽子洞辽墓墓道北壁上绘有三面鼓和三名鼓手。[2]美国纽约大都会博物馆藏明摹本《胡笳十八拍图》中，第五拍中也绘有捆扎的五色旗杆和置于其下的三面大鼓（图8）。[3]

旗鼓在古代多用于指挥作战，北方民族亦将其视为首领权力的象征。契丹的旗鼓制度始于大贺氏摩会获唐朝廷封赏，赐有十二神纛、十二旗、十二鼓，随后契丹便以“是为国仗”[4]。随着契丹崛起，各部落也分别置旗鼓，以示其首领的权威。遥辇氏末期时，阿保机曾“迎十二神纛、天子旗鼓置太祖帐前”，以此彰显示权力的交接。[5]《契丹国志》亦载：“契丹常推一人为王，建旗鼓以统八部，每三年则以次代之。或其部有灾疾而畜养衰耗，则八部聚议，旗鼓立其次而代之。”[6]诸弟之乱时，匀德实纵火烧阿保机行宫，述律后“命曷古鲁救之，止得天子旗鼓”。之后耶律德光即位时，也“置旗鼓、神纛于殿前”，以显示正统的合法传承。[7]

图11 北壁旗鼓和鼓手

采自《库伦辽代壁画墓》，第26页。

1 《敖汉旗羊山1—3号辽墓清理简报》，《内蒙古文物考古》1999年第1期；温丽和：《辽宁法库县叶茂台辽肖义墓》。

2 内蒙古文物考古研究所：《宁城县鸽子洞辽代壁画墓》，《内蒙古文物考古文集（第二辑）》，中国大百科全书出版社，1997，第631—638页。

3 Robert Albright Rorex，*Eighteen Songs of a Nomad Flute*，图版12。

4 《辽史》卷五八《仪卫志四》，第1020页。

5 《辽史》卷五八《仪卫志四》，第1020页。

6 （宋）叶隆礼：《契丹国志》卷二三《并合部落》，中华书局，2014，第248页。

7 《辽史》卷五八《仪卫志四》，第1020页。

契丹建国后，辽帝也将旗鼓赐给贵族，并以其数目多少表示其地位。道宗时，曾“为皇孙梁王延禧（后为天祚帝）设旗鼓拽剌六人卫护之”[1]。萧义墓壁画绘有五面大鼓，根据其墓志铭可知，萧义官至北府宰相、开府仪同三司、检校太尉、守太傅、兼中书。[2] 2003年，辽宁阜新蒙古族自治县平安地乡那汗土村发现一座辽墓，据出土汉文和契丹小字墓志可知，该墓为辽永清公主及其夫合葬墓，墓中壁画亦绘有五旗五鼓。[3]可见，辽时亲王级的契丹贵族可用六旗六鼓，宰相、三公及公主级可用五旗五鼓，则库伦旗1号墓壁画绘有五旗五鼓，可见其主人身份地位当略低于王，等同于宰相、三公或公主。

（五）人物服装样式符合帝后二族归属

南北两壁壁画中的男性人物大多留契丹髡发、着契丹式圆领窄袖外袍，当可确定为契丹人无疑（图12）。自考古发掘报告起，诸多研究认为北壁立于旗鼓之旁的五人、其前引导队伍中的三人，及南壁抬矮轿的六人，因其头戴黑色交角幞头，身穿宽袖中长袍和裤装，当为汉人。单就服装样式而言，这几人的衣着确实与其他人明显不同，更接近于唐末宋初时汉人装扮。但若以此便判定这些人是汉人，却不免过于武断。据《辽史》载，辽自太宗会同年间（938—947年）始，“太后、北

图12 契丹男子发式、幞头

采自王泽庆《库伦旗一号辽墓壁画初探》

1 《辽史》卷二四《道宗四》，第323页。

2 温丽和：《辽宁法库县叶茂台辽肖义墓》。

3 袁海波、李宇峰：《辽代汉文〈永清公主墓志〉考释》，《中国历史文物》2004年第5期。

面臣僚国服；皇帝、南面臣僚汉服”[1]。《契丹国志》亦载：“国母与蕃官皆胡服，国主与汉官即汉服。”[2]所以，以绘画人物穿着“汉服”或“国服”来判断民族属性并不可行。事实上，辽代服装风格更因与帝后二族及与其相关的“因俗而治”南北面官制相联系，着“汉服”的并不一定是汉人，也可能是帝族成员或南面官。

（六）方斗

南北两壁的前导队列中均出现红色抬架，其上放置方斗。两壁的画面都有不同程度的脱落，但所剩余的部分恰好可以互补，可将二者结合而得到几乎完整的样貌（图13）。该方斗开口呈近正方形，底部略小，形制规整，内部中空，并未载有物品。其在两壁均有出现，所处位置也对称，足见重要性非同一般。鉴于该斗形制规整，容积也与唐宋时期升斗相近。《辽史》载，道宗大康八年（1082年）“诏行秬黍所定升斗”[3]。而壁画所绘方斗，通过与人物和车辆相比较，其体积、容量与文献所载高度吻合，似与辽代升斗相似。

库伦1号墓壁画中出现纳税所用的升斗，在其他辽代契丹墓葬壁画中未曾得见，似诉说其有其特殊含义。《辽史·地理志》中记录辽代地方州县时，曾提到一类特殊的“头下军州”：“横帐诸王、国舅公主许创州城……朝廷赐州县额……官位九品之下及井邑商贾之家，征税各归头下；唯酒税课纳上京盐铁司。”[4] 同书《食货志》亦载：“各部大臣从上征伐，俘掠人户，自置郛郭，为头下军州。凡市井之赋，各归头下，惟酒税赴纳上京。”[5]可见，生活在头下军州的头下户，需要“输租为官，其纳课给其主”，由领有该州的契丹贵族直接收取田赋地租。[6]下文将述，库伦1号墓处于辽代头下军州的懿州境内，则这两具方斗应为军州主人收取缴纳实物课税的计量工具。

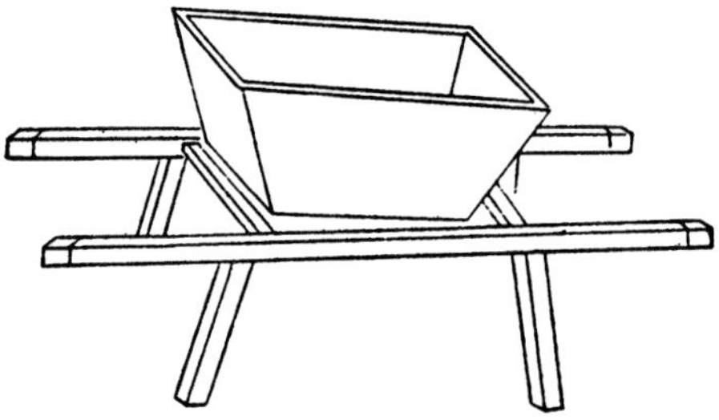

图13 方斗拼接图示

采自王泽庆《库伦旗一号辽墓壁画初探》

1 《辽史》卷五五《仪卫志一》，第1000页。

2 《契丹国志》卷二三《并合部落》，第252页。

3 《辽史》卷二四《道宗四》，第325页。

4 《辽史》卷三七《地理志一》，第506—507页。

5 《辽史》卷五九《食货志上》，第1028页。

6 （金）元好问：《中州集》卷二《李承旨晏》，商务印书馆，1929，第48页。

四 所处区域和墓主身份

头下军州在辽代为世袭制，契丹贵族也多实行按族而葬，即家族成员集中安葬。头下领主与其所领军州关系密切，所以死后多葬于其头下军州。1975年出土的《北大王墓志》载，墓主耶律万辛“薨于上京南之私地……葬于旧郡之丁地”[1]。由于辽代的头下军州具有明显的私属性质，所以该墓志所言“私地”和“旧郡”当指属于万辛的头下军州。内蒙古赤峰市巴林左旗白音罕山的韩氏家族墓，近年来相继出土韩匡嗣及其子孙等170余人的墓葬，而在其东南方约20公里处的四方城遗址，正是韩匡嗣所领的头下私城全州。[2]全州建于景宗时期，在韩匡嗣死后六年被朝廷正式确立为头下军州，而韩氏家族世居于此地，死后也埋葬于此。可见，头下军州不但是其领主统领的私地，也是本家族墓地所在。

库伦旗现属内蒙古自治区，西邻奈曼旗、敖汉旗，南接辽宁省阜新市、彰武县、法库县。据向南先生分析，该地区在辽代为后族萧氏的聚居区，其南部与耶律氏家族居地相邻。[3]而距库伦不远的辽宁阜新地区，迄今已发现辽代墓葬百余座，其中大多属于萧氏后族，可证明该地区在辽代确为萧氏所领头下军州的聚集之处。[4]具体而言，库伦辽墓群处在库伦旗南部，该地在辽代属于懿州管辖范围。《辽史·地理志》所记：“懿州，宁昌军……太平三年（1023年）越国公主以媵臣户置。初曰庆懿军，更曰广顺军。”[5]同书《公主表》载，越国公主名槊古，嫁于萧孝忠。[6]萧孝忠，《辽史》有传，虽未及世次，但称他“尚越国公主，拜驸马都尉，累迁殿前都点检”，后“擢北府宰相……为东京留守……封楚王，拜北院

1 向南：《辽代石刻文编》，河北教育出版社，1995，第224页。

2 相关具体研究参看内蒙古文物考古研究所等《白音罕山辽代韩氏家族墓地发掘报告》，《内蒙古文物考古》2002年第2期；葛华廷《韩匡嗣墓志及其相关的几个问题》，《北方文物》1997年第3期；刘浦江《辽朝的头下制度与头下军州》，《中国史研究》2000年第3期。

3 向南：《辽代萧氏后族及其居地考》，《社会科学辑刊》2003年第2期。

4 张志勇：《辽金时期懿州历史与文化研究》，长江出版社，2010，第125—129页。

5 《辽史》卷五九《地理志二》，第536页。《辽史》卷三七《地理志一》（第449页）亦载：“懿州，广顺军……圣宗女燕国长公主以上赐媵臣户置。”按：此处懿州又称广顺军，当与卷四八所载为同一州。查《辽史》卷六五《公主表》（第1003页）圣宗有14女，未见燕国长公主，而其第三女槊古封越国公主，后加大长公主。又，《辽史》卷十六《圣宗七》（第191页）也支持越国公主说。因此，懿州当为圣宗第三女越国大长公主槊古所置。谭其骧先生亦言：“上京道懿州下误‘越国公主’为‘燕国公主’。”见谭其骧《辽史地理志补正》，载《长水集》，人民出版社，1987，第139页。

6 《辽史》卷六五《公主表》，第1110页。

枢密使”[1]。所以，懿州当为越国公主耶律槊古下嫁萧孝忠时，兴宗赐予其女儿和女婿的头下军州。

综合上文对墓道两壁壁画和其所在地区在辽代所属可知，库伦1号墓南北两壁壁画描绘的应是辽代公主嫁仪的部分场景。首先，北壁所绘送终车和南壁所绘青幰车及盛放“覆尸仪物”的矮轿，均与《辽史·仪卫志》中“公主下嫁仪”所表述的专用车马用具相符。其次，南壁绘有的两名女性，符合辽代“皇帝纳后之仪”中有妇人在皇后前“捧镜却行”的描述，据此可以推测，类似场景可能也会出现在公主嫁仪中。再次，南壁上五旗五鼓的出现，证明该墓主的地位较高，应当略低于王，而等同于公主、宰相。最后，该墓处于辽代懿州境内，为后族萧氏世居之地，壁画中的人物衣着也有契丹式的国服和汉式的汉服，亦贴合该婚姻为帝族耶律氏和后族萧氏结合的实际情况。

该墓中本有两块墓志，但出土时已破碎为24件残块，其上文字已基本无法辨识。但结合墓道壁画的内容和《辽史》中相关记载，可以推定其墓主当为兴宗第三女槊古和其夫萧孝忠。首先，辽代懿州城址据考为现阜新蒙古族自治县东北九十里平安地镇土城子村古城，其西距离该墓只约2公里。[2]槊古和萧孝忠去逝后葬于他们所领的头下私城境内，符合辽代头下领主常见葬俗。其次，辽帝常将旗鼓赐给重要贵族和高级官员，也有特许奚、曷苏馆等部建旗鼓之例，以示恩宠。[3]壁画中出现旗鼓，当是因为公主出嫁而组建新的家庭，辽帝特赐并许建旗鼓，而五套旗鼓也符合槊古为越国公主和萧孝忠为北府宰相、东京留守、楚王、北院枢密使的地位。再次，两壁都出现形制规整的方斗，乃是因新建头下军州，领主将向其所属的头下户征收实物租税，所以需要使用规定制式的方斗。再者，北壁壁画中车后照镜女性（女主人）面容姣好，当为少女形象，符合《辽史》中对槊古“姿质秀丽”的描述。[4]此外，墓中出土的铜钱有“大康六年”字样，其时间段正处于道宗年间，圣宗女和婿卒于此时也符合实际。最后，越国公主嫁与萧孝忠对萧氏是一

1 《辽史》卷八一《萧孝忠传》，第1417页。

2 关于辽代懿州城的具体位置，学界多有争论。综合考古发现和《辽志》《金志》等记载，懿州为头下军州时治所应在阜新平安地镇土城子村古城，官收后置于顺安，即今阜新东北塔营子乡塔营子村古城。对懿州城址的讨论参见刘谦、许道龄《关于古懿州城址的讨论（两篇）》，《考古通讯》1958年第1期；王建群、陈相伟《库伦辽代壁画墓》，第66页；王绵厚《辽金元懿州豪州建置考》，载《阜新辽金史研究》，香港新天出版社，1992，第54页；陈志健《辽金懿州治所同城考》，载《阜新辽金史研究》，香港新天出版社，1992，第61—64页；余蔚《辽代懿州考》，《中华文史论丛》2009年第4期。

3 《辽史》卷三《太宗上》，第30页；卷一〇《圣宗一》，第120页；卷一一《圣宗二》，第129页；卷一七《圣宗八》，第226页。

4 《辽史》卷六五《公主表》，第1110页。

件重要的事件，孝忠一支在此后显赫一时当与此有紧密关系。孝忠入葬时，道宗亲临吊唁，并赐宫户守冢。[1]而其后人将先人所经历的重要事件场景绘于其长眠之地，以示感恩辽帝的封赏，也合乎情理。

库伦辽墓群中，8号墓位置居中，其年代较早，形制规模也最大，特别是墓道长达30.70米，较1号墓长8.10米，壁画总面积达300平方米以上，因此其墓主多被认为是萧孝忠本人。[2]该墓墓道壁画损毁较严重，仅南壁依稀可辨十名戴幞头的仪仗人物，北壁也有部分鼓和鼓架可见，也显示墓主地位较高。然而，若考虑萧孝忠家族在圣宗和道宗朝的发展，则该墓规模和形制也可有其他解释。据《辽史·道宗宣懿皇后传》记载，宣懿为"钦哀皇后弟枢密使（萧）惠之女"[3]。然而据余蔚研究发现，《辽史》中的萧惠当是萧孝忠，而萧孝忠实际上应为萧孝惠。[4]因此，宣懿皇后并不如同书《公主表》所载是圣宗第二女岩母堇额的女儿，而应是槊古和萧孝忠（即萧孝惠）之女。萧孝忠一族在道宗朝时，因宣懿成为皇后而权势更盛。如此一来，我们可以相信8号墓的墓主当为孝忠的后人，死后葬于宣懿在位之时，而得益于宣懿之势所以墓制较大。

余　论

库伦1号辽墓壁画是迄今发现的辽代墓葬壁画中规模最大的之一，是继庆陵壁画发现后辽代考古的又一次重要发现。自该墓考古发掘报告始，学界多依据所绘车马队列内容，将该壁画解读为"出行图"和"归来图"。但通过对细节内容的分析，加以其他文献和图像材料的互证，可推断该壁画所展现的并不是简单的"出行"和"归来"，而是辽代公主嫁仪的一个具体场景。该墓地处辽代越国公主头下私城懿州境内，而懿州为圣宗三女越国公主槊古所建，壁画内容中公主嫁仪、建旗鼓、置方斗等亦皆符合新建头下军州之意。该墓中出土的"大康六年"铜钱所指向的年份也与圣宗女耶律槊古和其夫萧孝忠的生活时代相合。所以，库伦1号墓的墓主当是槊古和萧孝忠。以上所列各条证据，孤立地看多非确证，但将这些不同的线索汇聚在一起时，又可互相佐证。因此，本文所作结论，且备一说。

壁画等图像材料对史学研究的重要性，于唐宋时便已被认识到。张彦远在《历代名画记》中称，图像可以传达"既

1 《辽史》卷八一《萧孝忠传》，第1418页。

2 内蒙古文物考古研究所、哲里木盟博物馆：《内蒙古库伦旗第七、八号辽墓》。

3 《辽史》卷七一《后妃传》，第1326页。

4 余蔚：《辽代懿州考》。

往之踪”，具有文字记载不可比拟的优势。[1]南宋郑樵著《图谱略》，也提倡将图像与文字相互印证。[2]对辽代研究而言，图像材料的重要性更加凸显。《辽史》《契丹国志》等所记辽代事迹较粗略，且疏误颇多，加之宋对辽的书禁甚严，使得辽代遗留文献资料整体有限，给研究辽代历史造成了不少困难。所幸，自20世纪70年代以来，大量辽代墓葬相继发掘，尤其壁画总体保存较好，可反映辽代史实的若干侧面。通过对这些图像材料的解读，提取其包含的历史信息，再与书证结合考察，可以帮助我们修正一些已有的误读，更好勾勒辽代社会生活细节和历史发展脉络。

1 （唐）张彦远：《历代名画记》卷一《叙画之源流》，人民美术出版社，2016，第3页。

2 （宋）郑樵：《通志二十略・图谱略》，中华书局，1995，第1825页。

再论榆林窟第3窟为元代皇家窟而非西夏皇家窟*

■ 杨富学（敦煌研究院）　刘　璟（故宫博物院）

一　榆林窟第3窟营建时代诸说评议

榆林窟第3窟乃敦煌石窟群中最具代表性的大型洞窟之一，关于其营建时代，学界研究者众，但言人人殊，大体可归纳为三种观点。其一为元代说，早在20世纪40年代，敦煌文物研究所对榆林窟调查的结果显示，榆林窟第3窟开凿于元代。[1]兹后，向达明言榆林窟第3窟“虽成于西夏人之手，然已是元代之西夏”[2]。近年，赵声良撰文认为“榆林窟第3窟的山水画作于13世纪初、中叶或者以后的可能性比较大”[3]。其二为西夏说，刘玉权、毕丽兰（Lilla Russell-Smith）、王惠民、沙武田、贾维维、宁梵夫（Max Deeg）等主此说，而且认为其可作为西夏窟的代表。[4]其三为西夏—元代说。2009年，日本学者田中公明在第四届西藏考古与艺术国际学术讨论会上提交《关于安西榆林窟第三窟中的所谓“胎藏界曼荼罗”》一文，指榆林窟第3窟当

---

* 本文为敦煌研究院院级课题重点项目“敦煌晚期石窟的分期与断代”（批准号2020-SK-ZD-01）项目成果。

1 如李浴：《安西万佛峡（榆林窟）石窟志》、李浴：《榆林窟佛教艺术内容调查》、阎文儒：《安西榆林窟调查报告》、罗寄梅：《安西榆林窟的壁画》，分别见敦煌研究院编《榆林窟研究论文集》，上海辞书出版社，2011，第5、17、28、73页。

2 向达：《莫高榆林二窟杂考——瓜沙谈往之三》，《文物参考资料》1951年第5期。

3 赵声良：《榆林窟第三窟山水画初探》，《艺术史研究》第1辑，中山大学出版社，1999，第377页。

4 刘玉权：《敦煌莫高窟、安西榆林窟西夏洞窟分期》，《敦煌研究文集》，甘肃人民出版社，1982，第311页；Lilla Russsell-Smith, *Uygur Patronage in Dunhuang. Regional Art Centres on the Northern Silk Road in the Tenth and Eleventh Centuries*, Leiden-Boston, 2005, pp. 219-220；王惠民：《敦煌西夏洞窟分期及存在的问题》，《西夏研究》2011年第1期；沙武田：《敦煌西夏石窟分期研究之思考》，《西夏研究》2011年第2期；贾维维：《榆林窟第3窟壁画研究》，博士学位论文，首都师范大学，2014；Max Deeg，“Looking from the periphery: some additional thoughts on Yulin Cave 3.” Carmen Meinert and Henrik Sorensen（eds.），*Buddhism in Central Asia* I, Vol. 11. Dynamics in the History of Religions, Brill, 2020: 230-243.

开凿于西夏或元代。[1]刘永增于2014年刊文2篇，十分吊诡的是，二文对榆林窟第3窟的断代迥然有别，《瓜州榆林窟第3窟释迦八相图图像解说》将其称作西夏窟，[2]《瓜州榆林窟第3窟的年代问题》却又言为元代中晚期之物，并据甬道壁上的西夏供养人像而认定洞窟开凿于西夏国时期。[3]以何者为是，不得而知。

总体而言，上述观点虽各有所秉，但有的失之简略，如秉持西夏说者，除了石窟中的西夏供养人像和西夏文题记外，几乎没有给出相对有力的证据，持元代说者，也只是简略提到蒙古人形象、元代官职等，缺乏详细考证；有的则失之对史实的误读，如论者所秉持的西夏开凿、元代重建之说，把原本属于同一时代之遗物分解为不同时代，而且自我矛盾。如此种种，使问题争讼既久，却始终无法得出令人信服的结论。笔者近期关注元代敦煌的历史与文化，觉得对晚期石窟的壁画，如果脱离历史背景、脱离纷杂的民族文化多种要素，仅从汉文化或某一民族的立场出发来对晚期石窟进行分期断代，很难得出令人信服的结论。故而不避浅陋，着力予以探讨，与澳门科技大学人文艺术学院刘璟博士合力撰成《榆林窟第3窟为元代西夏遗民窟新证》一文，认为榆林窟第3窟为元代皇家窟而非西夏皇家窟，[4]唯限于篇幅，言犹未尽，这里再就其中的若干问题进行探讨，提出一得之见，以求教于方家。

二 榆林窟第3窟为西夏“皇家艺术”说驳议

榆林窟第3窟以艺术水平高超而闻名，其中尤以西壁门北的文殊变和西壁门南的普贤变艺术水平为最高。有人视之为西夏皇家石窟，或认为乃夏仁宗后代为其修建的功德窟，[5]或认为就是西夏仁宗皇帝仁孝（1124—1193年）于天盛十七年（1165年）修建的功德窟。[6]若言该窟具有皇家风格，则当无大误。

---

1 Kimiaki Tanaka, “On the So-called Garbhadhātu-mandala in Cave No. 3 of An-xi Yu-lin Cave”，谢继生、罗文华、景安宁、石岩刚主编《汉藏佛教美术研究——第四届西藏考古与艺术国际学术讨论会论文集》，上海古籍出版社，2014，第155页。

2 刘永增：《瓜州榆林窟第3窟释迦八相图图像解说》，《敦煌研究》2014年第4期。

3 刘永增：《瓜州榆林窟第3窟的年代问题》，《艺术设计研究》2014年第4期。

4 杨富学、刘璟：《榆林窟第3窟为元代西夏遗民窟新证》，《敦煌研究》2022年第6期（待刊）。

5 Rob Linrothe, “Xia Renzong and the Patronage of Tangut Buddhist art: The stupa and Ushnishavijaya Cult”, *Journal of Sung-Yuan Studies* No. 28, 1998: 91-123.

6 郭进跃、李宪亮主编：《西夏艺术荟萃》，阳光出版社，2017，第151页；岳键：《敦煌西夏石窟断代的新证据》，《西夏学》第7辑，上海古籍出版社，2011，第237页。

这从该窟的规模之大、造像艺术之高超，都可窥其大略。但如果定为西夏皇家窟，甚至夏仁宗的功德窟，则显得缺乏证据。榆林窟第 25 窟有西夏文题记提到“拜君”二字，且有“圣恩思佛……塔亦疾早愿行……造玉瑞圣……男女一百余时彼岸……果证……故大乘忏悔……因供养……做令此善根以取当今圣帝王座桂树如当全神寿万岁身”等语。内容庶几应属西夏臣僚、眷属百余人为当今皇帝祈福之内容。而同窟题记中又有“时圣帝……大官……丑年中正月二……瓜州监军……子瓜州监军司通判赵祖玉”题记，[1] 其中的“……丑年”被推定为仁孝时期的“癸丑年”，即 1193 年。[2] 果若是，则题记里提到的“当今圣帝”或“圣帝”就是夏仁宗李仁孝。[3] 这些推定都是合乎情理的，但进一步推定“至 1165 年之时，西夏仁宗皇帝李仁孝还亲临瓜、沙地区”[4] 就显得过甚了。至于榆林窟第 3 窟为夏仁宗功德窟之说，那就更是郢书燕说了。史金波曾言：“西夏仁宗皇帝笃信佛教，他曾西巡至河西走廊的甘州，是否到过敦煌不得而知，但他继续西行到敦煌朝佛也是可能的。”[5] 体现出一种审慎的态度。

西夏于 1036 年取肃、瓜、沙三州，灭曹氏归义军政权。至于此后的情况，学术界存在两种意见，一种意见认为从 1036 年开始，西夏就直接统治了敦煌一带。另一种意见认为，西夏灭归义军政权后，未能在敦煌一带建立真正的统治秩序，而且由沙州回鹘取而代之，直到 1067 年以后，西夏才在敦煌建立了稳固的统治。由于敦煌、瓜州地域偏僻，在西夏国境内地位不彰，在《宋史・夏国传》中，沙州仅被提到两次，少于瓜州的四次。总体而言，瓜沙二州在西夏国地位均不高，但瓜州有西平监军司之设，地位又在沙州之上。[6] 这种状况通过榆林窟题记，也可得到反映。史金波从莫高窟北区 B243 窟发现编号为 B243：5 的西夏文文献发现有“肃瓜统军”一词，“肃”指肃州，“瓜”指瓜州，“统军”是西夏监军司的最高长官，推想“西夏时期或西夏某一时期，敦煌地区由监军司直接管理”[7]。有人以瓜州为西夏十二监军司之

1 史金波、白滨：《莫高窟榆林窟西夏文题记研究》，《考古学报》1982 年第 3 期。

2 刘玉权：《榆林窟第 29 窟窟主及其营建年代考论》，《段文杰敦煌研究五十年纪念文集》，世界图书出版公司，1996，第 136 页。

3 何卯平、宁强：《敦煌与瓜州西夏时期石窟艺术的比较研究》，《敦煌研究》2016 年第 6 期。

4 刘玉权：《再论西夏据瓜沙的时间及其相关问题》，《敦煌研究》1993 年第 4 期。

5 史金波：《西夏皇室和敦煌莫高窟刍议》，《西夏学》第 4 辑，宁夏人民出版社，2009，第 170 页。

6 杨富学：《裕固族与敦煌晚期石窟》，《敦煌研究》2017 年第 6 期。

7 史金波：《敦煌莫高窟北区西夏文文献译释研究》（3），彭金章、王建军：《敦煌莫高窟北区石窟》第 3 卷，文物出版社，2004，第 432 页。

一而论定瓜州地位重要，若仅就军事而言，当无不妥，但不能由此推演军事以外的其他领域。任何一个政权都会注重边防，某一地区在国家边防安全方面具有重要性，并不代表其在整个国家机器中具有重要性，古来如此。其状颇类于汉代之西域都护府，唐代之安西大都护府、北庭大都护府、安北大都护府等，其中安西大都护由玄宗第三子陕王李嗣昇（即后来的唐肃宗李亨）遥领，[1]战略地位重要，但就其对整个汉唐中央王朝之社会政治经济生活而言，则又显得无足轻重。时代虽异，其理一也。

夏仁宗所颁《天盛改旧新定律令》规定，各地诸司的官畜、谷物等收支情况要按规定期限上报首都，京师及其附近需要3个月一报，肃州和黑水等地半年一报，只有两地例外，要求一年一报，那就是沙州和瓜州。[2]尽管这是依据与京师的远近而有不同的规定，但西夏时期沙州、瓜州地处西偏，其政治、经济重要性不足与京师中兴府等地相颉颃则是显而易见的。另据清代史料《西夏书事》记载：

> ［天盛十七年（1165年）］夏五月，任得敬营西平府。任得敬志篡夏国，欲以仁孝处瓜沙，己据灵夏。于是役民夫十万大筑灵州城，以翔庆军监军司所为宫殿。[3]

文中之“瓜沙”对应的是“灵夏”。灵夏地区一直充任西夏国的中心，按照权臣任得敬的构想，篡权成功后，自己据守灵夏等京畿要地，而把穷乡僻壤的瓜沙地区让给废帝仁孝，同样体现出瓜沙二州的边缘化特点。有人竟据此认为，仁孝曾居瓜沙，说明瓜沙地位重要，[4]不免南辕北辙了。《金史》卷一三四《夏国传》载：“大定十年（1170年），［仁孝］乃分西南路及灵州、啰庞岭地与得敬，自为国……八月晦，仁孝诛得敬及其党与。”[5]记载明确，任得敬分国，只不过是是痴心妄想而已。大定十年，仁孝将西南路及灵州、啰庞岭地封给任得敬，面积不及西夏国境的1/10，[6]令其“自为国”，旋诛之。从这段记载看，夏仁宗令任得敬“自为国”，到底是出于被迫无奈，还是调虎离山，都是可考虑的选项。任得敬分裂，为大逆，乃十恶不赦之罪，招致杀身之祸罪有应当。再说，任得敬立国有望，志得意满，在赴任途中被夏仁宗斩杀。调虎离

---

1 王庆昱、杨富学：《洛阳新获墓志考见安西大都护郭虔瓘家世与西域行迹》，《西域研究》2020年第1期。

2 史金波、聂鸿音、白滨译注：《天盛改旧新定律令》，法律出版社，1999，第529—531页。

3 （清）吴广成撰，龚世俊等校证：《西夏书事校证》卷三七，甘肃文化出版社，1995，第529—531页。

4 马旭俊：《“任得敬”史事二则再认识》，《西夏研究》2016年第2期。

5 《金史》卷一三四《夏国传》，中华书局，1975，第2869、2870页。

6 杨蕤：《任得敬分国地界考》，《历史教学》2015年第22期。

山，而后斩之，符合古代帝王对付权臣的惯用手法，安可言夏仁宗曾居瓜沙哉？还可进一步推想，如果任得敬篡权成功，则夏仁宗自为废帝，在此情况下，倘若能够存身已属万幸，安有被篡权者安排在瓜沙另立一国之理？言仁宗居瓜沙，只不过是古代史书常用的“绕笔”而已，切莫当真。

陈炳应认为西夏在1036年攻占沙州后就一直统治着瓜、沙二州，但对州城以外边远的回鹘民族实行非常宽松的羁縻政策。[1]史金波是之。[2]羁縻有可能是局部的，也有可能是暂时的，但有一点可以肯定，纵观中国历史，封建王朝把皇家石窟与寺院建立在远离京都的穷乡僻壤或羁縻之地，殆鲜少其例。就敦煌而言，出现中原王朝的皇家石窟共有两次，一为北魏—西魏时期，北魏宗室大臣东阳王元荣笃信佛教，任职期间对莫高窟的营造活动起到过很大的推动作用，著名的莫高窟第285窟就是东阳王的功德窟，窟内有西魏大统四年（538年）的发愿文。窟内造像及壁画人物形象褒衣博带服饰风格，应当是元荣从洛阳带来工匠或粉本后逐渐在敦煌地区流行起来的佛教范式。元荣在瓜州任职近20年，在他的倡导下，莫高窟开窟造像之风盛行，对敦煌佛教艺术的发展做出了重要贡献。[3] 第二次当在元代。至元十三年（1276年），由于不满窝阔台汗海都、察合台汗八剌等于西域发动叛乱，成吉思汗第五代孙出伯、哈班兄弟率万骑东奔元廷，投于忽必烈麾下，受到了忽必烈重用。次年，元政府重设瓜州。至元十五年（1278年），元政府重修瓜州城。大德十一年（1307年），出伯被封为豳王，驻肃州，统辖沙州、瓜州之地。天历二年（1329年），出伯孙速来蛮被封为西宁王，驻敦煌；哈班子宽彻被封肃王，驻瓜州。元统二年（1334年），又从豳王乌鲁斯中析出威武西宁王，驻哈密。这里所谓的豳王家族即为豳王、西宁王、威武西宁王和肃王的总称。[4]沙州、瓜州分别为西宁王和肃王的驻地，从1276年豳王家族入居河西，到1372年豳王家族亡于明朝，历时近百年，元政府在这里兴屯田，开水利，建驿道，这一时期敦煌、瓜州地区的政治、军事、经济、文化发展都臻至极盛。元代后期，敦煌石窟中出现具有皇家艺术风格的石窟，不仅合乎情理，而且不可或缺。

---

1 陈炳应：《11世纪存在过统治瓜沙二州的回鹘汗国吗？——西夏统治瓜沙始年考》，《敦煌研究》2001年第2期。

2 史金波：《西夏皇室和敦煌莫高窟刍议》，第166页。

3 向达：《莫高榆林二窟杂考——瓜沙谈往之三》，《文物参考资料》1951年第5期；宿白：《东阳王与建平公（二稿）》，《敦煌吐鲁番文献研究论集》第4辑，中华书局，1987，第38—57页。

4 杨富学、张海娟：《从蒙古豳王到裕固族大头目》，甘肃文化出版社，2017，第28—37页。

三 从蒸馏酒看榆林窟第3窟的时代

在榆林窟第3窟“千手观音经变”所见观音众多手中，托有《酿酒图》《锻铁图》及其他各物，这些图画大多左右对称，各有一幅（图1、图2）。从图2所示《酿酒图》画面看，中央为一灶台，上安四层叠压的方形器，一妇女穿着浅色长袍，左臂卷袖，在灶前添柴烧火。火膛内炉火正旺，烟囱冒出滚滚浓烟，左膝前有一白酒壶，右边有一高足白碗。碗旁灶台下有一多箍酒桶。另一妇女穿深色对襟大领长袍，立于灶台旁，手持陶钵，回头观看烧火的妇女，似有所问，恰似品酒。图2所示《酿酒图》烟雾缭绕。学术界长期将其视作中国最早的烧酒蒸馏图。[1]

关于蒸馏酒的起源，学术界存在着三种说法，有唐代说、宋金说和元代说。总体观之，前两者均无可信的证据，唯烧酒始于元代的说法论据充分、可信。[2]

图1 榆林窟第3窟东壁南侧《酿酒图》

孙志军摄影

---

1 张伯元：《西夏·佛教·皇权》，《西北史地》1992年第2期；王进玉：《再论敦煌石窟西夏壁“酿酒图”》，《广西民族大学学报》（自然科学版）2010年第4辑。

2 梁方仲：《元代中国手工业的发展》，《中国社会经济史论丛》第2辑，山西人民出版社，1982，第245—247页。

图 2 榆林窟第 3 窟东壁北侧《酿酒图》

孙志军摄影

最早对酿酒图进行研究的是英国科技史专家李约瑟，他以 1957 年出版的《敦煌艺术画库・榆林窟》所附图版（图 1）[1] 为据，对该幅壁画进行了研究，取撰写者之说暂称西夏，但又说："我们猜想对壁画的进一步研究将会发现在右边有一个连接冷却桶的侧管；如果不是这样，那么它就是一幅蒙古画。"[2] 言外之意，应为元代之物。榆林窟第 3 窟酿酒图所反映的酒属于蒸馏酒即烧酒这一说法得到了国际科学技术史学界的广泛认可，如何丙郁、潘吉星、蒙乃昌、邢润川、赵承泽等均认可此说。关于烧酒的起源，元人忽思慧《饮膳正要》有言：

> 阿刺吉酒，味甘辣，大热，有大毒，主消冷坚积，去寒气。用好酒蒸

1 敦煌文物研究所编辑委员会编：《敦煌艺术画库・榆林窟》，中国古典艺术出版社，1957，图 18（下）。

2 潘吉星主编：《李约瑟文集——李约瑟博士有关中国科学技术史的论文和演讲集（1944—1984 年）》，辽宁科学技术出版社，1986，第 662—663 页。

熬，取露成阿剌吉。[1]

元末明初叶子奇《草木子》有着更明确的记载：

法酒，用器烧酒之精液取之，名曰哈剌基。酒极烈，其清如水，盖酒露也……此皆元朝之法酒，古无有也。[2]

明人李时珍《本草纲目·谷四·烧酒》亦载：

【释名】火酒（《纲目》）、阿剌吉酒（《饮膳正要》）。

【集解】〔时珍曰〕烧酒非古法也。自元时始创其法，用浓酒和糟入甑，蒸令气上，用器承取滴露。凡酸坏之酒，皆可蒸烧。[3]

阿剌吉，又作“阿里乞”“轧赖基”“阿尔奇”“哈剌吉”“哈剌基”等，乃阿拉伯语 'araq 之音译，原意为“汗”“出汗”。作为酒名，是形容蒸馏时容器壁上凝结的水珠形状。[4] 由酒名之阿拉伯起源，结合《草木子》与《本草纲目》之相关记载，可以确认，烧酒应是元代随着色目人，尤其是阿拉伯人的入居中原而初兴的。对这一问题，中外关系史专家黄时鉴曾先后撰文予以探讨，认为烧酒的制作方法是 14 世纪上半期由阿拉伯传入中原的，由宫廷、贵族而普及于民间。[5] 资料丰硕，证据充足。惜这一成果在科技界得到广泛认可，而未引起石窟艺术与考古界学者应有的关注，直到今天，还有不少学者尚在继续沿用西夏《酿酒图》之说。

四　榆林窟第 3 窟“皇家艺术”出自蒙古豳王家族说

1362—1365 年，藏传佛教噶玛噶举黑帽系第四世活佛乳必多吉曾应元顺帝之邀赴大都（今北京）弘法，回程巡礼西北众多佛教圣地，途次甘州。本应由甘州南下经扁都口返回西藏，他却没有抄近道，而是绕行千里，亲赴敦煌，顶礼石窟，而且为两座文殊窟布施，然后再返回甘州，经由扁都口回藏。彼时敦煌南下格

1　（元）忽思慧著，尚衍斌、孙立慧、林欢注释：《〈饮膳正要〉注释》卷三《米谷品》，中央民族大学出版社，2009，第 208 页。

2　（明）叶子奇：《草木子》卷之三下《杂制篇》，中华书局，1959，第 68 页。

3　（明）李时珍著，赵怀舟、温武兵校注：《本草纲目》，上海科学技术出版社，2008，第 1715 页。

4　（元）忽思慧著，尚衍斌、孙立慧、林欢注释：《〈饮膳正要〉注释》卷三《米谷品》，中央民族大学出版社，2009，第 208 页。

5　黄时鉴：《阿剌吉与中国烧酒的起始》，《文史》第 31 辑，1988，第 159—171 页；黄时鉴：《中国烧酒的起始与中国蒸馏器》，《东西文化交流史论稿》，上海古籍出版社，1998，第 102—120 页。

尔木之道路尚未开通，必须如此绕行。以乳必多吉活佛“无冕”帝师之尊位，何至如此大费周章？《无比最妙上师传 · 功德无穷明鉴（Mtshungs med bla ma dam pa'ir nam par thar pa yon tan mi zad pa rab tu gsal ba'i me long）》有言“沙州……此处附近所有地面，以三王之府衙（Dbang gi khrims ra）为首”[1]。三王者，指肃州豳王、瓜州肃王、沙州西宁王也。不难看出，正是因为肃州、瓜州、沙州为蒙古皇家之地，乳必多吉活佛才不远万里，绕行前来顶礼。乳必多吉活佛布施的两座文殊窟，一为莫高窟 61 窟，一为榆林窟第 2 窟。榆林窟第 3 窟与第 2 窟仅有一墙之隔，从窟内的回鹘文题记看，也被当作文殊菩萨的道场看待。[2] 与第 3 窟一墙之隔的第 4 窟，内有蒙古装男女供养像多身（图 3、图 4），说明该窟也为元代遗物。此三窟比邻而处，而且都为元代之物，都与五台山信仰息息相关，属于文殊菩萨道场，应为同时开凿的内容相关联的五台山组窟[3]。

图 3　榆林窟第 4 窟蒙古装女供养人

孙志军摄影

1　谢光典：《噶玛噶举黑帽系第四世活佛绕呗朵儿只的河西巡礼》，载杨富学编《裕固族文化研究》，甘肃文化出版社，2021，第 260—261 页。

2　杨富学：《藏传佛教噶玛噶举黑帽系乳必多吉活佛巡礼沙州并布施文殊窟斟议》，《五台山研究》2019 年第 1 期；杨富学：《敦煌与形成期的裕固族》，甘肃文化出版社，2020，第 136—149 页。

3　杨富学、杨琛：《榆林窟第二、三、四窟为五台山组窟论》，《五台山研究》2022 年第 3 期（待刊）。

图 4　榆林窟第 4 窟蒙古装男供养人

孙志军摄影

图 5　榆林窟第 4 窟大白塔及祥云瑞光

孙志军摄影）

另外，榆林窟第4窟西壁门北文殊变中赫然可见元代以后才有的五台山大白塔形象。

众所周知，今山西五台山的标志性建筑之一就是位于五台山塔院寺内的大白塔。塔基呈八角形，十字折角形塔座较为高大，上置覆钵形塔身，钵顶相轮座也为十字折角形，十三级相轮粗壮，宝盖较大，上设仰月、宝珠，为我国现存最高的覆钵式塔，由尼泊尔匠师阿尼哥设计建造，乃其晚年的杰作。[1] 大白塔始建于元大德五年（1301），程钜夫《凉国敏慧公神道碑》载："大德五年建浮图于五台。始构，有祥云瑞光之异。"[2] 这里描述的"祥云瑞光"在榆林窟第4窟文殊变中即有体现（图5），如图所示，大白塔通体放出七彩光芒，天空之中亦有万丈祥云，显然是对大白塔初建时神异之相的反映。[3]

换言之，榆林窟第4窟也被视作文殊菩萨的道场了。在榆林窟第33窟主室甬道南壁供养人像的右肩旁有体回鹘文题记：

1. buquḍluɣqaču ［…］ taɣ （?）
2. mančuširitaɣ （?） kälip

此吉祥的瓜州……山（?）（01）
来到文殊师利山（?）（02）[4]

该题记径呼榆林窟为"mančuširitaɣ"，即文殊师利山，也就是说，在回鹘佛教徒的心目中，榆林窟本身就是文殊菩萨的道场。[5]

元代华严信仰盛行，蒙古统治者被视为文殊菩萨的化身，敦煌吐鲁番出土的与文殊信仰相关的回鹘文文献，如《五台山赞》[6]《文殊所说最胜名义经》[7] 等都是元代翻译的。忽必烈弟阿里不哥甚至亲命回鹘文翻译家安藏依汉文将《华严经》为回鹘文。[8] 有学者因西夏盛行华严信仰

---

1 崔正森：《五台山佛教史》，山西人民出版社，2000，第565页。

2 （元）程钜夫著，张文澍校点：《程钜夫集》卷七《凉国敏慧公神道碑》，吉林文史出版社，2009，第79页。

3 邢耀龙、杨富学：《榆林窟第4窟为元代窟的新证据》，《艺术史研究》第26辑，中山大学出版社，2021，第96—98页。

4 松井太「敦煌諸石窟のウイグル語題記銘文に關する劄記（二）」『人文社會論叢・人文科学篇』第32號，2014，第35頁；松井太「敦煌石窟ウイグル語・モンゴル語題記銘文集成」松井太・荒川慎太郎編『敦煌石窟多語言資料集成』，東京外國語大学アジア・フリカ言語文化研究所，2017，第120頁。

5 杨富学：《藏传佛教噶玛噶举黑帽系乳必多吉活佛巡礼沙州并布施文殊窟斠议》；《敦煌与形成期的裕固族》，第146—147页。

6 杨富学、张艳：《回鹘文〈五台山赞〉及相关问题考释》，《五台山研究》2014年第4期。

7 Takao Moriyasu, "An Uigur Buddhist's Letter of the Yüan Dynasty from Tun-huang (Supplement to 'Uigurica from Tun-huang')", *Memoirs of the Research Department of the Toyo Bunko*, No. 40, 1982: 1-18；［日］森安孝夫：《敦煌出土元代回鹘文佛教徒书简》，杨富学、黄建华译，《敦煌研究》1991年第2期。

8 羽田亨「トルコ文華嚴經の斷簡」『羽田博士史学論文集』下卷，京都：同朋舍，1975，第200—201頁。

而把莫高窟第464窟、第61窟、榆林窟第2、3、4窟等归于西夏窟，殊不知元代同样盛行华严信仰，而且有过之而无不及。位处文殊山、榆林窟、莫高窟的这些文殊窟的窟主，皆非“三王”家族莫属。

酒泉文殊山作为肃州系豳王家族的皇家石窟，因有1326年第三代豳王喃答失所立汉文—回鹘文合璧《有元重修文殊寺碑》而为世人所知。[1]莫高窟第61窟以“文殊洞”而闻名于世，沙州西宁王速来蛮父子于1348年重修的皇庆寺就位于该窟的窟前。笔者曾推测，该窟甬道北壁处于中心位置的画像就是第二代西宁王速来蛮之像，画像遮盖的地方即为速来蛮的瘗窟（1350年去世）。[2]这一推测，后经过敦煌研究院石窟保护研究所的探测而基本坐实。[3]与莫高窟第61窟大体相同的蒙古王室成员瘗埋现象又见于莫高窟第464窟中室北壁。[4]榆林窟第2、3、4窟，均为瓜州肃王（蒙古豳王家族的一支）所崇拜的文殊菩萨的道场，应该都属于蒙古豳王家族肃州系的皇家石窟。

图6　瓜州榆林窟29窟西夏装男供养人

孙志军摄影

1　耿世民、张宝玺：《元回鹘文〈重修文殊寺碑〉初释》，《考古学报》1986年第2期。

2　杨富学：《莫高窟第61窟甬道为元代西夏遗民营建说》，《西夏学》总第15辑，甘肃文化出版社，2018，第97—99页。

3　杨富学：《敦煌晚期石窟研究的若干思考》，《天水师范学院学报》2020年第1期。

4　杨富学：《敦煌莫高窟第464窟的断代及其与回鹘之关系》，《敦煌研究》2012年第6期。

图 7 榆林窟第 3 窟水月观音像中的树木与石头

孙志军摄影

图 8 南宋马远《雪滩双鹭图》中的树木与石头

榆林窟第 3 窟（连同第 2、4 窟）的内容和形式与榆林窟第 29 窟的西夏绘画存在着明显的不同。榆林窟第 29 窟既有典型的西夏供养人像（图 6），而且有题记互相印证，就其画法特点看，又与银川山嘴沟石窟所见的西夏绘画极为接近，可以确定为典型的西夏石窟。[1] 榆林窟第 3 窟则需另当别论。

赵声良研究认为：榆林窟第 3 窟的人物和山水背景并重，但仍然突出人物，以变幻莫测的云朵，填满人物间的空间，将稀疏的十余个人物连为整体。此画山水与人物各占一半画面，以完整的山水统摄全图，山水构图继承了北宋范宽、郭熙山水画的宏大构图风格，在细部山石树木的表现（图 7）中又体现出南宋的小景画山水笔法，如马远《雪滩双鹭图》（图 8）即与之非常接近，而且南宋的风格还是很明显的。[2] 赵先生对榆林窟第 3 窟与南宋绘画因素的比较，也从侧面证明榆林窟第 3 窟应为元代而非西夏遗物。此外，榆林窟第 3 窟对水波纹的处理手法，与马远《水卷图》也是很接近的。马远为南宋光宗

1 杨富学：《莫高窟第 61 窟甬道为元代西夏遗民营建说》，第 96 页。

2 赵声良：《榆林窟第三窟山水画初探》，第 377 页。

(1189—1194 年)、宁宗(1194—1224 年)两朝的画院待诏，其活动时代要晚于夏仁宗(1139—1193 年)。夏仁宗以后，西夏的佛教逐步走向衰落。

结 论

由上文的论述可以看出，榆林窟第 3 窟的营建时代主要存在三种不同意见。一种意见认为开凿于西夏时期，主要证据在于甬道南北壁的西夏供养人画像。这一观点的缺陷在于，没有注意到元代晚期敦煌西夏人同样存在，而且人数很多、地位很高这一史实，误把具有西夏风格的供养人都想当然地理解为西夏国时代之物了；第二种意见认为该窟开凿于元代，主要依据在于甬道南北壁所见蒙古人供养像和元代的艺术风格。这一观点的主要缺陷在于没有准确把握元代君臣之主仆关系，未能将甬道上的供养人像与窟主之关系予以清晰的分辨，同时也不了解元代晚期敦煌具有特殊地位这一史实，未能把洞窟的性质阐述明确，容易让人产生误解。第三种意见认为榆林窟第 3 窟始开于西夏，最后完成于元代，其实在调和西夏、元两种观点的矛盾。该说的症结在于不了解元代蒙古人与西夏人在敦煌并存的共时性问题，元代西夏遗民不仅在敦煌多有活动，而且元代晚期具有较高的政治地位。同时还应看到，在元代特定的社会制度下，地位再高的西夏人，相对于蒙古君主（豳王家族）来说，都只能归于仆人之列（而非臣子）。

本文通过系统的分析研究，可以得出如下结论：

1. 榆林窟第 3 窟是元代西夏遗民在蒙古豳王家族支持下开凿的，营建时代当在元朝后期。窟门南北二壁的供养人都是石窟的营造者、出资者，但其身份都只能属于施主，不可能是窟主，窟主只能属于蒙古豳王家族，具体来说，应该属于驻守瓜州一带的哈班后裔——肃王家族，这是由元代特定的社会条件决定的。

2. 榆林窟第 3 窟艺术水平极高，非一般石窟可以比拟。有人将其视为西夏皇家石窟，非也。瓜州和沙州一样，作为西夏偏远而荒凉的边州，不可能有皇家石窟存在，有人言瓜沙地位高，夏仁宗曾足履于此，甚至认为榆林窟第 3 窟就是夏仁宗营建的，完全是对历史的误解。如果说有皇家艺术风格存在，那只能属于蒙古豳王家族。酒泉、瓜州、敦煌的蒙古“三王”，均尊崇文殊菩萨，酒泉文殊山、瓜州榆林窟（尤其是第 2、3、4 窟）、敦煌莫高窟第 61 窟，都被视作文殊菩萨的道场，这与元代华严信仰在敦煌的盛行息息相关。这些文殊窟的窟主，皆属“三王”家族。

3. 榆林窟第 3 窟的《酿酒图》反映的是蒸馏酒的酿制过程，过去一直皆指为西夏之物。果若是，则蒸馏酒的酿造最早始于西夏。然，元明时代差不多所有相关文献都指向元代，证明蒸馏酒（烧酒）是元代由阿拉伯人传入的，被称作阿剌吉，乃阿拉伯语 'araq 之音译，原意为“汗”“出汗”。

上述各种证据，可以构成比较完整的证据链，以比较充分的证据证明榆林窟第3窟乃元代之物，如同榆林窟第2窟和第4窟一样，均为元代蒙古豳王家族统治时期由敦煌西夏遗民所营造的洞窟，属于蒙古皇家洞窟。言其为西夏国之物，可谓了无任何可以信赖的证据。

（文中所有照片皆由敦煌研究院文物数字化研究所提供，本文的撰写得到榆林窟保护研究所邢耀龙同志的大力帮助，一并致谢）

四

文本研究

圣王与神仙：论汉代黄帝形象增衍的文化支点*

张雁勇（山西大学历史文化学院）　杨宇鲲（山西大学历史文化学院）

黄帝本是传说时代的部落联盟首领，春秋战国时逐渐被赋予功勋卓著的圣王风范，日益受到尊崇。战国时期，“世之所高，莫若黄帝”[1]，庄子借黄帝求仙问道来阐发养生哲学，掀起造神运动的方士神仙家则为他编造了各种神异故事，使其圣人与神仙的双重形象始具雏形，成为一种客观存在的黄帝文化。秦汉天下一统，具有典范圣王和功成登仙形象的黄帝引起了史家、帝王、方士等各怀其志者的浓厚兴趣。他们在接续先秦黄帝文化的基础上，极尽踵事增华之能，成为当时社会的一个重要文化现象。这一历史阶段形成的黄帝文化形象，也为早期道教延揽黄帝入列神系进而构建道教合法性提供了丰富的素材。

鉴于“人文初祖”和“华夏始祖”等盛名，学界关于黄帝的研究取得了丰硕成果。如傅勤家、王明、陈子艾、卿希泰、张兴发、赵世超、钱国旗等学者，从古史传说、神话纬书、道教仙传等方面简要梳理和分析了黄帝文化形象的源流[2]；张广保对唐以前史籍与道经所载黄帝修道登仙说的繁衍作了较为系统的考辨[3]；苟波从图腾和仪式的角度解读了黄帝故事的

* 本成果得到2018年度教育部人文社会科学研究青年基金项目“唐以前道教神系史料整理与研究”（项目编号：18YJC730007）资助。

1 （清）郭庆藩撰，王孝鱼点校：《庄子集释》卷九下《盗跖》，中华书局，2012，第990页。

2 傅勤家：《中国道教史》，上海书店，1984，第102—103页；王明：《〈道教通论——兼论道家学说〉序——兼论黄帝在中华民族文化史上的地位和作用》，《哲学研究》1991年第7期；陈子艾：《古代黄帝形象演变论析》，《北京师范大学学报》（社会科学版）1993年第4期；卿希泰主编：《中国道教》第3卷，知识出版社，1994，第47—51页；张兴发：《道教神仙信仰》，中国社会科学出版社，2001，第301—303页；赵世超：《黄帝与黄帝文化的南迁》，《社会科学评论》2008年第2期；钱国旗、李传军：《黄帝形象的历史塑造及其文化意义》，《社会科学辑刊》2008年第3期。

3 张广保：《唐以前道典所载黄帝修道登仙说之繁衍》，《周口师范学院学报》2006年第3期。

内涵[1]；李桂民考察了汉代黄帝崇拜和黄帝形象神人融通的现象[2]；李凭和李霖考察了司马迁《史记》塑造的黄帝形象及其用意[3]。综观学界成果，对我们深入认识黄帝的文化形象颇有启发，但也由于各有论述重心，在阐述汉代支撑黄帝形象的文化元素上仍有一定的探索空间。本文拟在借鉴前辈时贤成果的基础上，专题梳理和分析汉代对黄帝的崇奉和神化历程，进而揭示当时黄帝之圣王和神仙双重形象得以增衍的文化支点，以期为黄帝文化形象以及早期道教神系的研究提供一些参考。不妥之处，敬祈专家赐正。

一　汉代对圣王黄帝的崇奉

在先秦传说中，黄帝是部落联盟的杰出首领，黄帝战蚩尤及其丰富的发明创造是其圣王形象形成的重要文化元素。汉代对圣王黄帝的崇奉，就是在承接先秦以来黄帝信仰的基础上，通过知识界的书写以及由其引发的官方奉祀而体现出来的，这为当时黄帝的神话化奠定了坚实的社会基础。

据《汉书·艺文志》记载，从战国到秦汉有不少托名黄帝君臣以神其说者，散见于道家、阴阳家、小说家、天文家、历谱家、五行家、杂占家、医家、房中家、神仙家诸类，各有篇卷。如托言黄帝的有《黄帝四经》《黄帝铭》《杂黄帝》《黄帝泰素》《黄帝说》《黄帝》《黄帝杂子气》《黄帝五家历》《黄帝阴阳》《黄帝诸子论阴阳》《黄帝长柳占梦》《黄帝内经》《泰始黄帝扁鹊俞拊方》《神农黄帝食禁》《黄帝三王养阳方》《黄帝杂子步引》《黄帝杂子芝菌》《黄帝杂子十九家方》；依托黄帝臣者有《黄帝君臣》《黄帝岐伯按摩》《力牧》《封胡》《风后》《风后孤虚》《容成子》等。[4]综览这些假托之书，真可谓“黄帝与各家，几乎都有关系”[5]。《淮南子·修务》对于这种现象揭示得非常深刻：“世俗之人，多尊古而贱今，故为道者，必托之于神农、黄帝而后能入说。乱世暗主，高远其所从来，因而贵之；为学者蔽于论而尊其所闻，相与危坐而称之，正领而诵之：此见是非之分不明。”[6]后世高道葛洪在批评当时尊古卑今的现象时也有类似说法：“其于古人所作为神，今人所著为浅，贵远浅

1　苟波：《中国古代神话中黄帝的形象和图腾演变》，《宗教学研究》2017 年第 2 期。

2　李桂民：《两汉黄帝崇拜发微与黄帝形象的神人融通》，《学术探索》2010 年第 4 期。

3　李凭：《黄帝历史形象的塑造》，《中国社会科学》2012 年第 3 期；李霖：《从〈五帝本纪〉取裁看太史公之述作》，《文史》2020 年第 1 辑。

4　（汉）班固：《汉书》卷三〇《艺文志》，中华书局，1962，第 1730—1779 页。

5　萧登福：《周秦两汉早期道教》，台北文津出版社有限公司，1998，第 71—72 页。

6　何宁：《淮南子集释》卷一九《修务训》，中华书局，1998，第 1355 页。

近，有自来矣。”[1]今人陈槃就托始古帝的这种现象指出：“所托的人愈古，则愈足以使人信仰，生意越发兴旺。”[2]确如葛志毅所言，以上著述“说明至少在战国开始，黄帝君臣作为圣君贤相已成为人们信仰推崇的对象”[3]。《汉书·艺文志》是班固删西汉刘歆《七略》而成，可见自西汉以来黄帝的影响不可小觑。

黄帝在汉代的崇高地位也有赖于知识界在政治书写上的不断确认。《大戴礼记·帝系》源自《世本》，确立了黄帝为儒家五帝之首的地位，《五帝德》强调了其“治五气，设五量，抚万民，度四方”的圣王气派。[4]贾谊《新书·修政语上》进一步渲染了黄帝亲身行道之举：“黄帝职道义，经天地，纪人伦，序万物，以信与仁为天下先。然后济东海，入江内取绿图，西济积石，涉流沙，登于昆仑。于是还居中国，以平天下。天下太平，唯躬道而已。”并说帝颛顼以其为典范，“上缘黄帝之道而行之，学黄帝之道而赏之，弗加弗损，天下亦平也”[5]。董仲舒《春秋繁露·三代改制质文》：“周人之王，轩辕直（宜）首天黄（之）号，故曰黄帝云。”[6]此处强调黄帝之“黄”为首天之色。班固对此亦有阐发，《白虎通·号》：“黄者，中和之色，自然之性，万世不易。黄帝始作制度，得其中和，万世常存。故称黄帝也。”“黄帝有天下，号曰有熊。有熊者，独宏大道德也。”并再次确认黄帝为五帝之首。[7]《白虎通·谥》：“黄帝先黄后帝者何？古者质，生死同称，各持行合而言之。美者在上，黄帝始制法度，得道之中，万世不易，后世虽圣，莫能与同也。后世德与天同，亦得称帝，不能制作，故不得复称黄也。”[8]

司马迁著《史记》始于黄帝而止于汉武，《五帝本纪》首列黄帝，历述其世系与功绩，言其“有土德之瑞，故号黄帝”[9]。他在《太史公自序》中解释道：“维昔黄帝，法天则地，四圣遵序，各成法度；唐尧逊位，虞舜不台；厥美帝功，万世载之。作《五帝本纪》第一。”[10]其对

1 （晋）葛洪著，金毅校注：《抱朴子内外篇校注》卷三〇《钧世》，上海古籍出版社，2018，第1346页。

2 陈槃：《黄帝事迹演变考》，《国立中山大学语言历史学研究所周刊》1928年第3卷第28期。

3 葛志毅：《天老与黄老考释》，《史学集刊》2008年第1期。

4 （清）王聘珍撰，王文锦点校：《大戴礼记解诂》卷七《帝系》《五帝德》，中华书局，1983，第126、118页。

5 （汉）贾谊撰，阎振益、钟夏校注：《新书校注》卷九《修政语上》，中华书局，2000，第359—360页。

6 苏舆撰，钟哲点校：《春秋繁露义证》卷七《三代改制质文》，中华书局，1992，第200页。

7 （清）陈立撰，吴则虞点校：《白虎通疏证》卷二《号》，中华书局，1994，第53、60、52页。

8 《白虎通疏证》卷二《谥》，第69—70页。

9 （汉）司马迁：《史记》卷一《五帝本纪》，中华书局，2013，第7页。

10 《史记》卷一三〇《太史公自序》，第3979页。

黄帝的推崇之至溢于言表。按照许兆昌和杨龙的总结，《五帝本纪》从政治统一、重视农业经济和强大宗教神权三个方面塑造了黄帝形象。[1] 司马迁之所以将黄帝“树立为中国历史第一人”，李凭说得十分明白：“他的目的是为西汉朝廷树立一尊理想的帝王样板，以供当朝的汉武帝借鉴。”[2] 基于黄帝“大一统”的光辉形象和极强的文化统摄力，班固《汉书・古今人表》将古今之人“列九等之序”，其中“黄帝轩辕氏”被推为最高的上上等级“圣人”，并记载了方雷氏、彤鱼氏、嫫母、仓颉、封钜、大填、大山稽、力牧、风后等与黄帝有关的诸多上等人物。[3] 东汉末期经学大师郑玄注《礼记・月令》，亦谓轩辕黄帝是“著德立功者也”[4]。一言以蔽之，知识界握有话语权者对黄帝功绩和权威的不断确认，实质上是稽古振今，服务于汉代“大一统”的现实政治诉求。

在知识界的黄帝书写中，由民间介入庙堂的黄老之学值得重视。兴起于齐国稷下学宫的黄老之学在两汉时期得到了一定程度的重视。它在西汉初年虽未盛行，但也因应了汉初休养生息的现实需求，在皇权驾驭群臣、朝臣自保、政府安民上具有一定的影响力。[5] 《史记・乐毅传》：“乐臣公善修黄帝、老子之言，显闻于齐，称贤师。”司马迁接着追述了乐臣公这位战国后期学者的学术源流：“乐臣公学黄帝、老子，其本师号曰河上丈人，不知其所出。河上丈人教安期生，安期生教毛翕公，毛翕公教乐瑕公，乐瑕公教乐臣公，乐臣公教盖公。盖公教于齐高密、胶西，为曹相国师。”[6] 《曹相国世家》说曹参相齐相汉，皆与民休息，采黄老之术治国。[7] 《儒林列传》谓“及至孝景，不任儒者，而窦太后又好黄老之术”。[8] 《外戚世家》：“窦太后好黄帝、老子言，帝及太子诸窦不得不读《黄帝》《老子》，尊其术。”[9] 东汉时“黄老从治国之道演变为

1　许兆昌、杨龙：《〈史记・五帝本纪〉中黄帝形象的知识考古》，《史学集刊》2012 年第 5 期。

2　李凭：《黄帝历史形象的塑造》。李霖认为从帝王谱系上来看，司马迁在《史记》中以黄帝为始的关键原因是“认定五帝、三代血统无不源于黄帝”，参见李霖《从〈五帝本纪〉取裁看太史公之述作》。

3　《汉书》卷一九《古今人表》，第 861—869 页。

4　（汉）郑玄注，（唐）孔颖达疏：《礼记正义》卷一六《月令》，（清）阮元校刻：《十三经注疏》，中华书局，1980，第 1372 页。

5　郭胜团：《汉初黄老思想论辨》，载葛志毅主编《中国古代社会与思想文化研究论集》第 2 辑，黑龙江人民出版社，2007，第 376—396 页。

6　《史记》卷八〇《乐毅传》，第 2941 页。

7　《史记》卷五四《曹相国世家》，第 2450—2453 页。

8　《史记》卷一二一《儒林列传》，第 3761—3762 页。

9　《史记》卷四九《外戚世家》，第 2381 页。

养生之道”[1]，出现了时人出于自保、笃信等原因而推崇黄老的社会现象。如《后汉书·楚王英传》谓楚王刘英“晚节更喜黄老”“诵黄老之微言”[2]；《杨厚传》言顺帝以来广汉新都人杨厚“修黄老，教授门生，上名录者三千余人”[3]；《樊宏传》说南阳湖阳人樊瑞“好黄老言，清静少欲”[4]；《方术列传》谓广汉洛人折像“好黄老言”[5]。由于黄老之学在汉代政治和社会上的传播和影响，黄帝自然受到了不同程度的重视。

随着知识界的黄帝书写特别是黄老之学从民间介入庙堂，黄帝成为汉代皇家奉祀的重要对象。据《史记·封禅书》记载，在秦王朝奉祠的众多“天地名山大川鬼神”中，“唯雍四畤上帝为尊”，皇帝亲往祭祀，“拜于咸阳之旁”，其中就包括春秋秦灵公时作上畤以祭的黄帝。[6]不过此处的“黄帝”是五方色帝之黄帝而非人帝。汉代既继承了先秦以来对色帝之黄帝的祭祀，也有对传说中人帝黄帝的祭祀，而且二者渐有合流之势。刘邦在入关称帝后下诏曰：“吾甚重祠而敬祭。今上帝之祭及山川诸神当祠者，各以其时礼祠之如故。”文帝时“郊见雍五畤”，景帝时“祠官各以岁时祠如故”，武帝时“郊见五畤”[7]。《汉书·郊祀志下》记载在丞相匡衡等建议下，汉成帝曾一度罢废“雍五畤”，不过后来又予以恢复。[8]以上均延续了对色帝之黄帝的祭祀。《史记·高祖本纪》则提到刘邦早在沛国起义时就曾“祠黄帝”[9]，《汉书·郊祀志下》说武帝、宣帝以来还有专门针对黄帝的祭祀之礼[10]，《史记·封禅书》又明确提到元封元年（前 110 年）汉武帝在北巡朔方的返程途中“祭黄帝冢桥山”，并言及“吾闻黄帝不死”[11]。不死之黄帝显然是由人帝而成仙了。

王莽基于政治考量，在登基前后十分尊崇黄帝，此时色帝之黄帝与人帝之黄帝已经完全合流。《汉书·郊祀志下》记

---

1 刘玲娣、熊铁基：《秦汉道家与道教》，三秦出版社，2012，第 32 页。

2 （南朝宋）范晔：《后汉书》卷四二《楚王英传》，中华书局，1965，第 1428 页。

3 《后汉书》卷三〇《杨厚传》，第 1050 页。

4 《后汉书》卷三二《樊宏传》，第 1125 页。

5 《后汉书》卷八二《方术列传》，第 2720 页。

6 《史记》卷二八《封禅书》，第 1641、1647、1633 页。

7 《史记》卷二八《封禅书》，第 1649、1653、1655、1656 页。

8 《汉书》卷二五《郊祀志下》，第 1257—1259 页。

9 《史记》卷八《高祖本纪》，第 442 页。

10 《汉书》卷二五《郊祀志下》，第 1257—1258 页。

11 《史记》卷二八《封禅书》，第 1669 页。

载，汉平帝元始五年（5 年）王莽依周礼改动祭礼，在长安城未地兆设“中央帝黄灵后土畤”[1]，“黄灵”即黄帝。《汉书·王莽传》又说王莽追奉黄帝为祖先，登基时颁诏自称“予以不德，托于皇初祖考黄帝之后，皇始祖考虞帝之苗裔”。他后来又多次强调自己的这一显赫出身，如称“予之皇初祖考黄帝定天下”“予伏念皇初祖考黄帝，皇始祖考虞帝，以宗祀于明堂，宜序于祖宗之亲庙。其立祖庙五，亲庙四，后夫人皆配食。郊祀黄帝以配天，黄后以配地。”[2]此后还进一步采取了实际行动——设置九庙，排在第一位的就是“黄帝太初祖庙”[3]。《汉书·王莽传》载王莽称帝时曾“遣骑都尉嚣等分治黄帝园位于上都桥畤”，颜师古注：“桥山之上，故曰桥畤也。”[4]

东汉亦然，《后汉书·祭祀志》说光武帝时“采元始中故事”举行郊祀，“黄帝位在丁未之地”，明帝时祭祀五帝于明堂，“黄帝在未”，迎时气也是“中兆在未”“先立秋十八日，迎黄灵于中兆，祭黄帝后土。车旗服饰皆黄。歌《朱明》，八佾舞《云翘》《育命》之舞。”[5]可以看出当时的场面甚为壮观。也有并祀黄老的，《后汉书·王涣传》载“延熹中，桓帝事黄老道，悉毁诸房祀”[6]，《襄楷传》说汉桓帝在宫中“立黄老浮屠之祠”[7]。要之，祭祀乃国之大事，奉祀黄帝被汉代帝王当作神圣化政权的重要举措，黄帝信仰也由此而根基更为稳固。

二 汉代黄帝神仙形象的多元建构

汉代知识界的政治书写和官方奉祀塑造了黄帝光辉的圣王形象，与此同时，前引《汉书·艺文志》所著录的《黄帝杂子步引》《黄帝杂子芝菌》《黄帝杂子十九家方》皆属神仙家之作，鲜明地反映出黄帝成仙是当时神仙之术的典范，而以汉武帝和王莽为代表的统治者基于政治考量和希冀成仙的目的，也颇有向慕神仙黄帝的情结。在知识界书写和统治者追慕的汇聚、激荡和推动之下，神仙黄帝的文化形象也呈现出了多元而丰富的色彩。

---

1 《汉书》卷二五《郊祀志下》，第 1268 页。

2 《汉书》卷九九《王莽传》，第 4095、4158、4106 页。

3 《汉书》卷九九《王莽传》，第 4162 页。

4 《汉书》卷九九《王莽传》，第 4107—4108 页。

5 （南朝宋）范晔：《后汉书》志第七《祭祀志》，中华书局，1965，第 3159、3181—3182 页。

6 《后汉书》卷七六《王涣传》，第 2470 页。

7 《后汉书》卷三〇《襄楷传》，第 1082 页。

（一）帝王向慕神仙黄帝

《史记·孝武本纪》记载了一段方士李少君进献神仙之说而汉武帝笃信的话：

> 少君言于上曰："祠灶则致物，致物而丹砂可化为黄金，黄金成以为饮食器则益寿，益寿而海中蓬莱仙者可见，见之以封禅则不死，黄帝是也。臣尝游海上，见安期生，食臣枣，大如瓜。安期生仙者，通蓬莱中，合则见人，不合则隐。"于是天子始亲祠灶，而遣方士入海求蓬莱安期生之属，而事化丹沙诸药齐为黄金矣。居久之，李少君病死。天子以为化去不死也，而使黄锤、史宽舒受其方。求蓬莱安期生莫能得，而海上燕齐怪迂之方士多相效，更言神事矣。[1]

《史记·封禅书》记载管仲言及黄帝曾"封泰山，禅亭亭"[2]，李少君之言显然是神化了黄帝封禅的传说。方士公孙卿等也曾向汉武帝"推销"过黄帝封禅接遇神仙的故事。《封禅书》："天子既闻公孙卿及方士之言，黄帝以上封禅，皆致怪物与神通，欲放黄帝以上接神仙人蓬莱士，高世比德于九皇，而颇采儒术以文之。"[3]诚如陈槃所说，黄帝的传说"给海上燕、齐方士极力编造故实以驱当时人主（如秦皇汉武）入海求长生之药，以达其自己奢侈纵欲、富贵利达之目的"[4]。

《史记·封禅书》还记载了一些方士向汉武帝"推销"的黄帝故事。方士公王带曾向汉武帝进献黄帝时的明堂图："初，天子封泰山，泰山东北阯古时有明堂处，处险不敞。上欲治明堂奉高旁，未晓其制度。济南人公王带上黄帝时明堂图。明堂图中有一殿，四面无壁，以茅盖，通水，圜宫垣，为复道，上有楼，从西南入，命曰昆仑，天子从之入，以拜祠上帝焉。"[5]这段明堂祭祀上帝的记载，是将《庄子》以来黄帝涉足昆仑的神话与秦人所谓黄帝郊祀上帝的传说糅合起来并加工的产物。这个明堂图"试图用直观的方式表达明堂建筑格局和神仙家意念中的方位关系"[6]。《封禅书》又载公孙卿曰："黄帝就青灵台，十二日烧，黄帝乃治明廷。明廷，甘泉也。""其明年，东巡海上，考神仙之属，未有验者。方士有言'黄帝时为五城十二楼，以候神人于

---

1 《史记》卷一二《孝武本纪》，第573—574页。

2 《史记》卷二八《封禅书》，第1629—1630页。

3 《史记》卷二八《封禅书》，第1670页。

4 陈槃：《黄帝事迹演变考》。

5 《史记》卷二八《封禅书》，第1674页。

6 杨英：《汉武帝杂"方"与道教渊源》，《学术月刊》2003年第12期。

执期，命曰迎年'。”公玊带曰：“黄帝时虽封泰山，然风后、封巨、岐伯令黄帝封东泰山，禅凡山，合符，然后不死焉。”[1]这些方士道听途说或造作的黄帝神话均得到了汉武帝的积极响应，后来武帝“益怠厌方士之怪迂语矣，然羁縻不绝，冀遇其真”[2]。汉武帝宠信方士，“终其一生，都生活在神仙祷祀中”[3]。据此我们可以得出一个基本认识，即汉武帝时的黄帝神话很大程度上是由汉武帝希冀长生、求仙心切而催生出来的。

王莽亦有模仿黄帝的求仙之举。《汉书·王莽传》载王莽说“伏念《紫阁图》文，太一、黄帝皆得瑞以仙”，时人阳成修进言“黄帝以百二十女致神仙”，“莽于是遣中散大夫、谒者各四十五人分行天下，博采乡里所高有淑女者上名”；“或言黄帝时建华盖以登仙，莽乃造华盖九重，高八丈一尺，金瑵羽葆，载以秘机四轮车，驾六马，力士三百人黄衣帻，车上人击鼓，挽者皆呼‘登仙’”[4]。黄帝登仙的神话传说成了王莽政治图谋和希冀羽化登仙的工具。

（二）神化黄帝的多元面向

由于知识界的书写和帝王希冀成仙，特别是受到受命改制思潮下谶纬之风的影响，在春秋战国以来别有名号、四面之貌、辅臣追随、学道成仙、常至昆仑、大合鬼神、服食玉膏、子孙神异、降下天女等黄帝神仙形象的基础上，汉代又从变称多元、生而神异、辅臣叠增、屡逢祥瑞、受赐符命、乘龙登仙、职司多元等方面拼叠出了黄帝丰富的文化形象。

1. 变称多元

《世本·帝系》中黄帝有“轩辕”之号[5]，《史记·五帝本纪》又出“有熊”之称[6]，这些都是古人在叙事情结的指引下综合新旧文化因素的结果，其中“轩辕”之号与《庄子》所述黄帝常至仙境昆仑有关。[7]除轩辕和有熊外，汉代黄帝的变称多有“黄”字。班固《幽通赋》：“黄神邈而靡质兮，仪遗谶以臆对。”李善注引应劭曰：“黄，黄帝也。”[8]《续汉

1 《史记》卷二八《封禅书》，第1675—1676页。

2 《史记》卷二八《封禅书》，第1674—1676页。

3 萧登福：《先秦两汉冥界及神仙思想探原》，台北文津出版社有限公司，2001，第244页。

4 《汉书》卷九九《王莽传》，第4160、4168—4169页。

5 （汉）宋衷注，（清）秦嘉谟辑：《世本八种·秦嘉谟辑补本》，中华书局，2008，第11页。

6 《史记》卷一《五帝本纪》，第53页。

7 常金仓：《五帝名号考辨》，《陕西师范大学学报》（哲学社会科学版）2003年第5期。

8 （梁）萧统编，（唐）李善注：《文选》卷一四《幽通赋》，上海古籍出版社，1986，第637页。

书·天文志》刘昭注引张衡《灵宪》曰："星也者，体生于地，精成于天，列居错跱，各有逌属。紫宫为皇极之居，太微为五帝之廷。明堂之房，大角有席，天市有坐。苍龙连蜷于左，白虎猛据于右，朱雀奋翼于前，灵龟圈首于后，黄神轩辕于中。"[1]刘昭瑞就此指出："轩辕为黄帝之号，在五行思想中，居于中央戊己之位的唯有黄帝，所以这里的黄神也是黄帝。"[2]黄帝在两汉文献、镇墓文、道教用印中，常以黄神、大黄、黄、黄天等变称出现，刘先生对此已有论述[3]，此处不再征引。

2. 生而神异

黄帝的出生和成长在时人眼中皆有神异色彩。《大戴礼记·五帝德》载有一段宰我与孔子的问答之语：

> 宰我问于孔子曰："昔者予闻诸荣伊令，黄帝三百年。请问黄帝者人邪？抑非人邪？何以至于三百年乎？"……孔子曰："黄帝，少典之子也，曰轩辕。生而神灵，弱而能言，幼而慧齐，长而敦敏，成而聪明。治五气，设五量，抚万民，度四方，教熊罴貔豹虎，以与赤帝战于版泉之野。三战，然后得行其志。黄帝黼黻衣，大带，黼裳，乘龙扆云，以顺天地之纪，幽明之故，死生之说，存亡之难。时播百谷草木，故教化淳鸟兽昆虫，历离日月星辰，极畋土石金玉，劳心力耳目，节用水火材物。生而民得其利百年，死而民畏其神百年，亡而民用其教百年，故曰三百年。"[4]

从这段问答可知，孔子也承认黄帝天赋异禀，出生和成长中颇有神异之处，不过对于世上黄帝寿命三百年的说法，则予以否定，并作了世俗化的解释，这是很符合孔子"不语怪力乱神"[5]风格的。他的解释无助于对黄帝的进一步神化，故而并未被时人所完全接受。即便是世间流传的"三百年"之说也不及成仙后的长生不老，不过"三百年"的长寿毕竟引起了与道家颇有渊源关系的医家的兴趣。《黄帝内经·素问·上古天真论篇》："昔在黄帝，生而神灵，弱而能言，幼而徇齐，长而敦敏，成而登天。"[6]这句话与《五帝德》的说法既有相同之处，也有实质性的不同，即将《五帝德》的"成而聪明"

1 《后汉书》志第十《天文志》，第 3216 页。

2 刘昭瑞：《论"黄神越章"——兼谈黄巾口号的意义及相关问题》，《历史研究》1996 年第 1 期。

3 刘昭瑞：《论"黄神越章"——兼谈黄巾口号的意义及相关问题》。

4 《大戴礼记解诂》卷七《五帝德》，第 117—119 页。

5 杨儒宾指出孔子的解释是"从长生的神话议题变成时间性的道德政治之影响力问题"，参见杨儒宾《黄帝与尧舜——先秦思想的两种天子观》，《台湾东亚文明研究学刊》2005 年第 2 期。

6 田代华整理：《黄帝内经素问》卷一《上古天真论篇》，人民卫生出版社，2005，第 1 页。

易为“成而登天”，凸显了黄帝的成仙之举。后世也有言及黄帝长寿者。《史记·五帝本纪》：“黄帝崩，葬桥山。”裴骃集解引皇甫谧《帝王世纪》曰：“在位百年而崩，年百一十一岁。”[1] 此说当是沿袭《五帝德》孔子所言黄帝“生而民得其利百年”，虽非不死，但也是可资怪迂方士引申发挥的绝佳素材。

黄帝的感生神话是在商周始祖感生神话、五行思想、星辰信仰的影响之下编造而成的。纬书有关黄帝出生的记载在文辞上略有出入，可互为补充。《诗含神雾》：“大电光绕北斗枢星，照郊野，感附宝而生黄帝。”[2]　《孝经钩命决》：“附宝出，降大灵，生帝轩。”[3]　《河图始开图》：“黄帝名轩，北斗黄神之精。母地祇之女附宝，之郊野，大电绕斗，枢星耀，感附宝，生轩，胸文曰：黄帝子。”[4] 其中《河图始开图》的“黄帝子”是指人帝黄帝乃天神北斗黄神之子。要之，黄帝出世来自天命，由其母附宝在郊野感孕于北斗枢星而生。《河图稽耀钩》还言及出生时的祥瑞：“黄帝之生，先致白狐，有蟥长十二丈。”[5] 这些都是当时“帝王降生必有神异”[6] 观念的产物。

黄帝的出生不同寻常，体貌特征自然也有别于人，经过了好事者的精心刻画。根据《尸子》的记载，战国时已流传“黄帝四面”[7] 之说，《黄帝内经》对黄帝体貌的描述更为丰富。《灵枢·阴阳二十五人》载岐伯答黄帝曰：“土形之人，比于上宫，似于上古黄帝，其为人黄色，圆面大头，美肩背，大腹，美股胫，小手足多肉，上下相称，行安地，举足浮，安心。”[8] 这段记载最晚也是西汉时人想象中的黄帝形象。结合同篇关于苍帝、赤帝、白帝、黑帝的描述，从文本的内在逻辑来看，虽然从头到脚刻画的都是天神黄帝而非人帝黄帝的非凡体貌特征，但是天神黄帝也是经由五行思想，从人帝黄帝附益而来，因此也有其参考价值。纬书中关于黄帝体貌的记载比较细致。《春秋文曜钩》：“黄帝龙颜，得天庭，法中宿，取象文昌。”[9] 《孝经援神契》：“黄帝身逾九尺，

1　《史记》卷一《五帝本纪》，第 12—13 页。

2　［日］安居香山、中村璋八辑：《纬书集成》上册，河北人民出版社，1994，第 461 页。

3　《纬书集成》中册，第 1006 页。

4　《纬书集成》下册，第 1105 页。

5　《纬书集成》下册，第 1113 页。

6　李桂民：《两汉黄帝崇拜发微与黄帝形象的神人融通》。

7　李守奎、李轶：《尸子译注》，黑龙江人民出版社，2003，第 67 页。

8　龙伯坚、龙式昭编著：《黄帝内经集解·灵枢》卷一八《阴阳二十五人》，天津科学技术出版社，2004，第 1913 页。

9　《纬书集成》中册，第 661 页。

附函挺朵，修髯花瘤，河目龙颡，日角龙颜。”[1]《河图》：“中央黄帝，体为轩辕，其人面方广颡，兑颐缓唇，背丰厚，顺木授金。”[2]《孔丛子·嘉言》载周大夫苌弘说孔子是“河目而隆颡，黄帝之形貌也”[3]，此谓眼眶平正，额头高突，也与纬书记载很有关联。“圣人、圣王必有异表，这是一种源远流长的骨相学思想。”[4]张泽兵将这种对特殊体貌的描述称为“异表叙事”，认为是“权力书写在身体特征之中，政治性需要催生了异表叙事”[5]。在纬书的影响下，王符《潜夫论·五德志》也杂糅出了一个简单的黄帝感生神话：“大电绕枢炤野，感符宝，生黄帝轩辕。代炎帝氏。其相龙颜，其德土行。以云纪，故为云师而云名。”[6]

3. 辅臣叠增

辅弼之臣的存在是汉代黄帝神仙形象的扩大化，其中尤以力牧（墨）和风后（伯）的存在最为频繁稳定。自《庄子·徐无鬼》始见黄帝问道时包括黄帝在内的“七圣”（黄帝、方明、昌寓、张若、謵朋、昆阍、滑稽）[7]之后，黄帝的辅臣数目不断叠加。如《韩非子·十过》记载黄帝作为尊神大合鬼神，有辅臣毕方、蚩尤、风伯、雨师与之相随[8]；马王堆汉墓出土帛书《十大经》有力黑（墨、牧）、阉冉、果童、太山之稽[9]，《管子·五行》载黄帝“六相”为蚩尤、大常、奢龙、祝融、大封、后土[10]。汉代在先秦黄帝辅臣基础上既有继承也有新创，如《韩诗外传》有黄帝召问的天老[11]，《史记·五帝本纪》有治民的风后、力牧、常先、大鸿[12]。纬书中更是多次出现辅臣的身影。《诗含神雾》：“大禹之兴，黑风会纪。”“黑风”即力墨与风后的合称。又曰：“风后，黄帝师，又化为老子，以

---

1 ［日］安居香山、中村璋八辑：《纬书集成》中册，第965页。

2 ［日］安居香山、中村璋八辑：《纬书集成》下册，第1249页。

3 傅亚庶：《孔丛子校释》卷一《嘉言》，中华书局，2011，第1页。

4 冷德熙：《超越神话——纬书政治神话研究》，东方出版社，1996，第103页。

5 张泽兵：《谶纬叙事研究》，社会科学文献出版社，2013，第161页。

6 （汉）王符著，（清）汪继培笺，彭铎校正：《潜夫论笺校正》卷八《五德志》，中华书局，1985，第390—391页。

7 《庄子集释》卷八《徐无鬼》，第824—827页。

8 （清）王先慎撰，钟哲点校：《韩非子集解》卷三《十过》，中华书局，1998，第65页。

9 陈鼓应注译：《黄帝四经今注今译——马王堆汉墓帛书》，商务印书馆，2016，第205、233、241、249、263、286、326页。

10 黎翔凤撰，梁运华整理：《管子校注》卷一四《五行》，中华书局，2004，第865页。

11 （汉）韩婴撰，许维遹校释：《韩诗外传集释》卷八，中华书局，1980，第277页。

12 《史记》卷一《五帝本纪》，第7页。

书授张良。”[1] 《春秋内事》：“黄帝师于风后，风后善于伏羲氏之道，故推演阴阳之事。”[2] 《河图始开图》：“黄帝问风后曰：‘余欲知河之始开。’风后曰：‘河凡有五，皆始开乎昆仑之墟。’”[3]《论语比考》：“黄帝师力牧。”[4] 《论语摘辅象》又新增“七辅”之说：“风后受金法，天老受天箓，五圣受道级，知命受纠俗，窥纪受变复，地典受州络，力墨受准斥。”宋均注：“金法，言能决理是非也。箓，天教命也。级，次序也。纠，正也。有祸变能补复也。络，维绪也。准斥，凡事也。”[5]《论语摘辅象》中黄帝的七位辅臣分工明确，衬托出一幅治国有术、天下秩序井然的盛世图景。

4. 屡现祥瑞

《文子·精诚》记载黄帝治理天下时曾出现祥瑞之象：“日月星辰，不失其时，风雨时节，五谷丰昌，凤皇翔于庭，麒麟游于郊。”[6]汉代通过屡现黄龙、凤凰、黄云、赤头黄雀等祥瑞的描述方式继续营造了黄帝时代的治世氛围。《礼含文嘉》：“黄帝修兵革以德行，则黄龙至，凤皇来仪。”[7] 《春秋演孔图》：“黄帝之将兴，黄云升于堂。”[8] 《春秋考异邮》：“黄帝将起，有黄雀赤头，占曰：黄者土精，赤者火荧，雀者赏萌，余当立。”[9]《韩诗外传》有一段天老对黄帝论凤象并凤至帝园的较早记载，可以诠释祥瑞现象的文化寓意：

> 黄帝即位，施惠承天，一道修德，惟仁是行，宇内和平，未见凤凰，惟思其象。夙寐晨兴，乃召天老而问之曰：“凤象何如？”天老对曰：“夫凤之象，鸿前而麟后，蛇颈而鱼尾，龙文而龟身，燕领而鸡啄（喙），戴德负仁，抱中挟义。小音金，大音鼓。延颈奋翼，五彩备明。举动八风，气应时雨。食有质，饮有仪。往即文始，来即嘉成。惟凤为能通天祉，应地灵，律五音，览九德。天下有道，得凤象之一，则凤过之。得凤象之二，则凤翔之。得凤象之三，则凤集之。得凤象之四，则凤春

1 《纬书集成》上册，第 262 页。

2 《纬书集成》中册，第 887 页。

3 《纬书集成》下册，第 1105 页。

4 《纬书集成》中册，第 1067 页。

5 《纬书集成》中册，第 1071 页。

6 王利器：《文子疏义》卷二《精诚》，中华书局，2000，第 73 页。

7 《纬书集成》中册，第 494 页。

8 《纬书集成》中册，第 574 页。

9 《纬书集成》中册，第 780 页。

> 秋下之。得凤象之五，则凤没身居之。”黄帝曰：“于戏，允哉！朕何敢与焉！”于是黄帝乃服黄衣，带黄绅，戴黄冕，致斋于中宫。凤乃蔽日而至。黄帝降于东阶，西面，再拜稽首曰：“皇天降祉，敢不承命！”凤乃止帝东园，集帝梧桐，食帝竹实，没身不去。《诗》曰“凤凰于飞，翙翙其羽，亦集爰止。”[1]

此言凤凰外形华美，仪态非凡，随着帝王德行的渐增，有过、翔、集、下、居五种递增的祥瑞表现与其相应。正是因为黄帝勤于修德，其心至诚，宇内和平，遂有黄龙至、凤凰居、黄云升、黄雀现等祥瑞屡次出现。大概是为了证明黄帝时天下有道而祥瑞极盛，所以纬书造作的黄帝传承世代在诸帝之中为最长。《春秋命历序》：“炎帝号曰大庭氏，传八世，合五百二十岁。黄帝一曰帝轩辕，传十世，二千五百二十岁。次曰帝宣，曰少昊，一曰金天氏，则穷桑氏，传八世，五百岁。次曰颛顼，则高阳氏，传二十世，三百五十岁。次是帝喾，即高辛氏，传十世。四百岁。”[2]

5. 受赐符命

黄帝受赐符命是汉代纬书刻意渲染的重点，它主要有三种叙事模式：

第一，黄帝因至诚感天而受赐图书于河龙洛龟。《尚书帝命验》：“河龙图出，洛龟书威，赤文象字，以授轩辕。”[3]《尚书中候》：“帝轩提像，配永循机，天地休通，五行期化。河龙图出，洛龟书威，赤文像字，以授轩辕。”郑注：“黄帝轩辕观摄提之像，配而行之，以长为顺，斗机为政。休，美也。天地美气相通行，应四时之期而变化。龙御图而出也，龟负书而出威则也。”[4]《河图挺佐辅》记载了一则河出龙图的事件：

> 黄帝修德立义，天下大治，乃召天老而问焉：“余梦见两龙挺日图，即帝以授余于河之都，觉昧素喜，不知其理，敢问于子。”天老曰：“河出龙图，雒出龟书，纪帝录州圣人所纪姓号，典谋治平，然后凤皇处之。今凤皇以下三百六十日矣，合之图纪，天其授帝图乎?”黄帝乃祓斋七日，衣黄衣、黄冠、黄冕，驾黄龙之乘，戴蛟龙之旗。天老五圣，皆从以游河洛之间，求所梦见者之处，弗得。至于翠妫之渊，大卢鱼泝流而至。乃问天老曰：“子见天中河流者乎?”曰：“见之。”顾问五圣，皆曰莫见。乃辞左右，独与天老跪而迎

---

1 《韩诗外传集释》卷八，第 277—279 页。

2 《纬书集成》中册，第 881—882 页。

3 《纬书集成》上册，第 373 页。

4 《纬书集成》上册，第 399—400 页。

> 之，五色毕具，天老以授黄帝，帝舒视之，名曰录图。[1]
>
> 天授元始建帝号，黄龙负图，鳞甲成字，从河中出，付黄帝。令侍臣写，以示天下。[2]

《周易·系辞上》：“河出图，洛出书，圣人则之。”[3]《论语·子罕》载孔子曰：“凤鸟不至，河不出图，吾已矣夫。”[4]葛志毅指出：“孔子所言对汉代谶纬之学也有一定的启发意义，因此在纬书河、洛受命说中，河图、洛书成为天赐圣人符命的根本象征，纬书中天老论凤象的话语也被改变成河、洛受命一样的性质。”[5]黄帝受赐图书的神话也影响到了当时对大禹的神化。《吴越春秋·越王无余外传》：“禹乃东巡，登衡岳……因梦见赤绣衣男子，自称玄夷苍水使者。‘闻帝使文命于斯，故来候之……’东顾谓禹曰：‘欲得我山神书者，斋于黄帝岩岳之下，三月庚子，登山发石，金简之书存矣。’禹退，又斋。三月庚子，登宛委山，发金简之书，案金简玉字，得通水之理。”[6]张文安已经指出：“这段禹治水的神话显系由黄帝得神赐录图的汉人谶书演化而来。”[7]

第二，凤凰衔图书而至黄帝前。《春秋运斗枢》：“黄帝与大司马容光观，凤凰衔图置黄帝前。”又曰：“黄帝得龙图，中有玺章，文曰：天黄符玺。”[8]《春秋合诚图》亦载此事：“黄帝坐玄扈洛水上，与大司马容光等临观，凤皇衔图置帝前，帝再拜受图。”[9]《春秋保乾图》也说：“黄帝坐于扈阁，凤皇衔书置帝前，其中得五始之文。”[10]黄帝得到玺章上写有“天黄符玺”的龙图这一神话也影响到了对舜的神化。《春秋运斗枢》记载有舜受赐黄龙负图的故事：

> 舜以太尉受号，即位为天子。五年二月东巡守，至于中月，与三公诸侯临观，黄龙五采负图出，置舜前。

---

1 《纬书集成》下册，第1108—1109页。

2 《纬书集成》下册，第1109页。

3 （三国魏）王弼注，（唐）孔颖达正义：《周易正义》卷七《系辞上》，载（清）阮元校刻：《十三经注疏》，中华书局，1980，第82页。

4 程树德撰，程俊英、蒋见元点校：《论语集释》卷一七《子罕上》，中华书局，1990，第588页。

5 葛志毅：《天老与黄老考释》。

6 （汉）赵晔撰，（元）徐天祜音注：《吴越春秋》卷六《越王无余外传》，江苏古籍出版社，1999，第95—96页。

7 张文安：《中国与两河流域神话比较研究》，中国社会科学出版社，2009，第100页。

8 《纬书集成》中册，第711、724页。

9 《纬书集成》中册，第763页。

10 《纬书集成》中册，第805页。

图以黄玉为匣如柜，长三尺，广八寸，厚一寸，四合而连，有户、白玉检、黄金绳，芝为泥封两端。章曰“天黄帝符玺”五字，广袤各三寸，深四分，鸟文。舜与大司空禹、临侯望博等三十人集发，图玄色而绨状，可舒卷，长三十二尺，广九寸，中有七十二帝地形之制，天文官位度之差。[1]

黄龙从雒水出，诣虞舜，鳞甲成字。舜令写之，写竟，去。[2]

参考《春秋保乾图》“五始之文”的记载，《春秋运斗枢》所言黄帝受赐龙图写有的“天黄符玺”，似即同篇所言虞舜受赐的“天黄帝符玺”。《春秋演孔图》中关于黄帝和虞舜的表述也完全一致：“黄帝之将兴，黄云升于堂。”“舜之将兴，黄云升于堂。”[3]这几处记载很可能产生于王莽称帝之时。王莽喜好符命，据《汉书·王莽传》，王莽称帝之前有人迎合谋仕，进献了与黄帝有关的金策书：“梓潼人哀章学问长安，素无行，好为大言。见莽居摄，即作铜匮，为两检，署其一曰‘天帝行玺金匮图’，其一署曰‘赤帝行玺某传予黄帝金策书’。某者，高皇帝名也。书言王莽为真天子，皇太后如天命。”[4]所谓“天帝行玺金匮图”和“黄帝金策书”，实际上“是由河图、洛书两概念演化而来”[5]。王莽曾祖述黄帝和虞舜，我们在前文已有征引。通过利用托言黄帝的“天黄帝符玺”和“黄帝金策书”，正可以为行篡之举制造受命改制的合法性。

第三，黄帝得神助而擒蚩尤。《龙鱼河图》记载：

黄帝摄政前，有蚩尤兄弟八十一人，并兽身人语，铜头铁额，食沙石子，造立兵杖刀戟大弩，威振天下，诛杀无道，不仁不慈。万民欲令黄帝行天子事。黄帝仁义，不能禁止蚩尤，遂不敌，乃仰天而叹。天遣玄女下，授黄帝兵信神符，制伏蚩尤，以制八方。[6]

帝伐蚩尤，乃睡梦西王母遣道人，被玄狐之裘，以符授之曰：“太乙在前，天乙备后，河出符信，战则克矣。”黄帝寤，思其符，不能悉憶，以告风后、力牧。曰：“此兵应

1 《纬书集成》中册，第711页。

2 《纬书集成》中册，第724页。

3 《纬书集成》中册，第574页。

4 《汉书》卷九九《王莽传》，第4095页。

5 葛志毅：《战国秦汉之际的受命改制思潮与谶纬之学的兴起》，载氏著《谭史斋论稿四编》，黑龙江人民出版社，2008，第201页。

6 《纬书集成》下册，第1149页。

> 也，战必自胜。”力牧与黄帝俱到盛水之侧，立坛，祭以太牢。有玄龟衔符出水中，置坛中而去。黄帝再拜稽首，受符视之，乃梦所得符也，广三寸，袤一尺。于是黄帝佩之以征，即日禽蚩尤。[1]

以上是汉代新出黄帝擒蚩尤的两种不同神话版本，当然也可能如萧登福所言，若将二者综汇起来看，西王母所遣道人即是玄女。[2]无论如何，其实都是以《山海经·大荒北经》为蓝本的模仿之作。《大荒北经》:“有系昆之山者，有共工之台，射者不敢北向。有人衣青衣，名曰黄帝女魃。蚩尤作兵伐黄帝，黄帝乃令应龙攻之冀州之野。应龙畜水，蚩尤请风伯雨师，纵大风雨。黄帝乃下天女曰魃，雨止，遂杀蚩尤。”[3]很明显，二者的不同之处是，《山海经》中黄帝凭借所降女魃最终制伏了蚩尤，《龙鱼河图》则编排了上天主动派遣玄女授予兵信神符，或者前置黄帝梦见西王母派遣神秘道人授符启示，再安排风后和力牧解梦，待玄龟出水授符，最后黄帝佩符征战而扭转乾坤。后一种神话在内容上极尽增华之能事，情节丰富很多，显然是做了纬书河图洛书受命式的改造。纬书中的“道人”与“符”值得注意，已经与道教存在密切关系。[4]文中所谓“太乙”即“太一”，“天乙”即“天一”，是汉代身份至为崇隆的天神。《春秋合诚图》记载黄帝曾虔心问道于太乙：“黄帝请问太一长生之道，太乙曰：‘斋戒六丁，道乃可成。’”[5]这大概是黄帝安定天下之后的神话了。

6. 乘龙登仙

《庄子》和《山海经》皆是战国时期黄帝成仙说的钤键。如《庄子·在宥》说到黄帝问道广成子习得长生久视之方[6]，《徐无鬼》述及黄帝问途于高人牧马童子[7]，《天地》[8]和《至乐》[9]言其常至昆仑仙境，以至于《大宗师》有“黄帝得之，以登云天”[10]之说。《山海经·

1 《纬书集成》下册，第1150—1151页。

2 萧登福:《谶纬与道教》，台北文津出版社有限公司，2000，第400页；萧登福:《西王母信仰研究》上册，台北新文丰出版股份有限公司，2012，第120页。

3 袁珂:《山海经校注》，北京联合出版公司，2014，第362页。

4 《谶纬与道教》，第400—401页；《西王母信仰研究》上册，第121页。

5 《纬书集成》中册，第763页。

6 《庄子集释》卷四《在宥》，第388—391页。

7 《庄子集释》卷八《徐无鬼》，第824—827页。

8 《庄子集释》卷五《天地》，第419页。

9 《庄子集释》卷一八《至乐》，第614页。

10 《庄子集释》卷三《大宗师》，第252页。

西山经》云黄帝服食不死之药——白玉膏[1]，《大荒北经》又说他能降下女魃。[2]《史记·五帝本纪》有司马迁语："百家言黄帝，其文不雅驯，荐绅先生难言之。"[3]这说明他所了解到的黄帝神话传说非常丰富，现存《史记》所载黄帝神话传说已是经由司马迁精心采择过的，当是比较主流的说法。有关黄帝的神话传说中，尤以铸鼎登仙的故事影响最大。《史记·封禅书》记载汉武帝时汾阴巫锦发现一个"大异于众鼎"的大鼎，有司认为它与黄帝所作宝鼎相同。[4]虽然此鼎并无通神色彩，但时人刻意将它解释成具有神力之物，以图合于帝意。齐人公孙卿抓住了这次发现宝鼎的难得机会，向汉武帝进言：

> 黄帝得宝鼎宛朐，问于鬼臾区。鬼臾区对曰："黄帝得宝鼎神策，是岁己酉朔旦冬至，得天之纪，终而复始。"于是黄帝迎日推策，后率二十岁复朔旦冬至，凡二十推，三百八十年，黄帝仙登于天。
>
> 中国华山、首山、太室、泰山、东莱，此五山黄帝之所常游，与神会。黄帝且战且学仙。患百姓非其道者，乃断斩非鬼神者。百余岁然后得与神通。黄帝郊雍上帝，宿三月。……黄帝采首山铜，铸鼎于荆山下。鼎既成，有龙垂胡髯下迎黄帝。黄帝上骑，群臣后宫从上者七十余人，龙乃上去。余小臣不得上，乃悉持龙髯，龙髯拔，堕，堕黄帝之弓。百姓仰望黄帝既上天，乃抱其弓与胡髯号，故后世因名其处曰鼎湖，其弓曰乌号。[5]

汉武帝听其言而惊叹道："嗟乎！吾诚得如黄帝，吾视去妻子如脱躧耳。"[6]葛志毅指出"黄帝迎日推策"本是黄帝造历之事，"但方士不明所谓而至讹传为黄帝修仙不死的误说"[7]。所谓"讹传"，更可能是刻意而为之，这是方士出于制造修仙神话的需要。至于鼎湖故事，常金仓师认为"不知由战国传来还是汉人的编造，要之皆本《庄子》黄帝登天附益而成"[8]。其实还有一个相关因素来自《山海经》。

---

1 《山海经校注》，第 37 页。

2 《山海经校注》，第 362 页。

3 《史记》卷一《五帝本纪》，第 54 页。

4 《史记》卷二八《封禅书》，第 1664—1665 页。

5 《史记》卷二八《封禅书》，第 1665—1666 页。

6 《史记》卷二八《封禅书》，第 1666 页。

7 葛志毅：《战国秦汉之际的受命改制思潮与封禅》，载氏著《谭史斋论稿四编》，2008，第 216 页。

8 常金仓：《五帝名号考辨》。

该书《北山经》载："又东北二百里，曰轩辕之山，其上多铜，其下多竹。有鸟焉，其状如枭而白首，其名曰黄鸟，其鸣自詨，食之不妒。"[1]虽然这里的"轩辕之山"地处古之上党，但并不影响方士神仙家们将其与西北的"轩辕之丘"或"轩辕之台"等而视之。于是轩辕之山"其上多铜"以及其下有"黄鸟"之"黄"便成为鼎湖故事中黄帝采铜可供剌取嫁接的两个文化元素。黄帝乘龙登仙也曾引起汉武帝的些许怀疑。《史记·封禅书》记载汉武帝在北巡朔方的回京路上，经过桥山时"祭黄帝冢"，继而产生疑问："吾闻黄帝不死，今有冢，何也?"随从回答道："黄帝已仙上天，群臣葬其衣冠。"[2]此处似乎已经加入了假托衣冠遗世的尸解元素。虽然"司马迁着意在全书首篇，塑造黄帝作为人帝的形象"[3]，《封禅书》也有司马迁试图通过"集中破解方士宣扬的神仙邪说"达到"谏阻汉武帝惑于神仙的想法与举动"的讽刺目的[4]，但在客观上却保存和彰显了黄帝鼎湖登天的故事，这对于史迁而言可能有些始料未及。

《列仙传·黄帝》综合了先前的黄帝传说和神话，尤其是承续了《史记·封禅书》黄帝鼎湖登天的记载，并增加了黄帝自择亡日尸解成仙的元素：

> 黄帝者，号轩辕，能劾百神朝而使之。弱而能言，圣而预知，知物之纪，自以为云师；有龙形。自择亡日，与群臣辞，至于卒，还葬桥山，山崩，柩空无尸，惟剑舄在焉。仙书曰："黄帝采首山之铜，铸鼎于荆山之下，鼎成，有龙垂胡髯下迎帝，乃升天。群臣百僚悉持龙髯，从帝而升。攀帝弓及龙髯，拔而弓坠，群臣不得从，仰望帝而悲号，故后世以其处为鼎湖，名其弓为乌号焉。"[5]

尸解成仙是"汉代宗教内在信仰结构的核心"[6]，将其加入黄帝神话因应了当时社会的信仰环境。东汉王充所作《论衡》旨在针砭世人虚妄之言，其《道虚篇》批评《史记》所载黄帝仙去为"虚言"，时人尸解之说亦是"虚妄失其实"[7]。这也从反面充分反映出当时黄帝升仙的故事广为流传，在世间颇有信仰的

1 《山海经校注》，第82页。

2 《史记》卷二八《封禅书》，第1669页。

3 李霖：《从〈五帝本纪〉取裁看太史公之述作》。

4 李凭：《黄帝历史形象的塑造》。

5 王叔岷：《列仙传校笺》卷上《黄帝》，中华书局，2007，第9页。

6 姜生：《汉帝国的遗产：汉鬼考》，科学出版社，2017，第16页。

7 黄晖：《论衡校释》卷七《道虚篇》，中华书局，1990，第313—317、331—332页。

市场。

东汉时还出现了黄帝“乘黄”登仙的记载。《汉书·礼乐志》颜师古注引应劭曰：“訾黄一名乘黄，龙翼而马身，黄帝乘之而仙。”[1]所谓“乘黄”，是黄帝乘龙神话的踵事增华之笔，至少缀合了三种文化元素。《山海经·海外西经》：“白民之国，在龙鱼北，白身被发。有乘黄，其状如狐，其背上有角，乘之寿二千岁。”郭璞注：“《周书》曰：‘白民乘黄，似狐，背上有两角。’即飞黄也。”[2]可知飞黄为瑞兽，骑乘飞黄可以长寿。《淮南子·览冥》：“昔者黄帝治天下……凤皇翔于庭，麒麟游于郊，青龙进驾，飞黄伏皂。”高诱注：“飞黄，乘黄也，出西方，状如狐，背上有角，寿（三）千岁，皂，枥也。”[3]黄帝治理天下而政治清明，故有“飞黄伏皂”之类的祥瑞，不过还尚未出现黄帝骑乘飞黄的迹象。应劭所言黄帝乘飞黄而仙，当是方士等好事者将《山海经》和《淮南子》的元素嵌入《史记》或《列仙传》所载黄帝乘龙登仙故事的结果。张广保指出：“铸鼎、骑龙两事是晋以前史策世典中关于黄帝成仙说注目的焦点。”[4]这一判断是十分准确的。徐州汉画像石有一幅“黄帝升仙”图（见图1），右上方刻有“黄帝有熊氏，人身熊首，生有翅翼”，“中部刻一有翼之马”，学者指出即是“黄帝乘之而仙”的“飞黄”[5]。

7. 职司多元

西汉以来对神仙黄帝职司的表述有许多种，其中被赋予的最大职能是化生阴阳。《文子·精诚》：“昔黄帝之治天下，调日月之行，治阴阳之气，节四时之度，正律历之数……故于此时，日月星辰，不失其时，风雨时节，五谷丰昌，凤皇翔于庭，麒麟游于郊。”[6]《上礼》：“及至神农、黄帝核领天下，纪纲四时，和调阴阳。”[7]战国时期《文子》中的黄帝还是一副圣王的形象，只是伴随着祥瑞的出现。《淮南子·览冥》与《文子·精诚》的记载基本相同[8]，但同书《说林》说“黄帝生阴阳”，高诱注：“黄帝，古天神也，

1 《汉书》卷二二《礼乐志》，第1060页。

2 《山海经校注》，第204—205页。

3 《淮南子集释》卷六《览冥训》，第476—478页。

4 张广保：《唐以前道典所载黄帝修道登仙说之繁衍》。

5 徐毅英主编：《徐州汉画像石》，中国世界语出版社，1995，第85页。

6 《文子疏义》卷二《精诚》，第73页。

7 《文子疏义》卷一二《上礼》，第504页。

8 《淮南子集释》卷六《览冥训》，第476—478页。

图 1 "黄帝升仙"汉画像石及拓片

徐州汉画像石艺术馆提供

始造人之时，化生阴阳。"[1]很明显，所谓"化生阴阳"是由"治阴阳之气"与"和调阴阳"演变而来的，将黄帝由人帝变成了化生阴阳的创世天神。这从汉画像石中可以寻得证据，据专家解读，东汉中晚期南阳麒麟岗汉画像石墓中就有一巨幅画像"黄帝暨日月神图"。画中黄帝戴着山形冠，位居中央，右边是日神羲和，左边是月神常曦[2]，与文献记载非常吻合。《淮南子·时则》延续了战国时期五行思想影响下黄帝和后土掌理中央的安排，并述及其职掌广袤地域："中央之极，自昆仑东绝两恒山，日月之所道，江、汉之所出，众民之野，五谷之所宜，龙门、河、济相贯，以息壤堙洪水之州，东至于碣

1 《淮南子集释》卷一七《说林训》，第 1186 页。

2 黄雅峰、陈长山编著：《南阳麒麟岗汉画像石墓》，三秦出版社，2008，第 73—74 页。

石，黄帝、后土之所司者万二千里。”高诱注：“黄帝，少典之子，以土德王天下，号为轩辕氏，死为中央土德之帝。”[1]诚如李桂民所言，高诱“指出黄帝死托祀于中央之帝，则明确架通了天神黄帝和人文黄帝之间的桥梁”[2]。《淮南子·天文》还为黄帝完善了配置：“中央土也。其帝黄帝，其佐后土，执绳而制四方。其神为镇星，其兽黄龙，其音宫，其日戊己。”[3]

除了尊贵的天神身份，黄帝还被奉为灶神。《淮南子·氾论》：“炎帝于火而死为灶。”高诱注：“炎帝神农，以火德王天下，死托祀于灶神。”[4]炎帝与火有关，故赋予其灶神之职容易理解。而《太平御览》卷一八六引《淮南子》曰：“黄帝作灶，死为灶神。”[5]此说当源于《逸周书》所载黄帝始作灶，“始烝谷为饭”“始烹谷为粥”“始燔肉为炙”“始炊谷为饼”[6]是其有关民生的功劳。又《世本·作篇》说“黄帝造火食”[7]；《管子·轻重戊》：“黄帝作，钻燧生火，以熟荤臊，民食之，无兹胃之病，而天下化之。”[8]亦是其佐证。还有黄帝与火有关的一例，即《吕氏春秋·荡兵》所言“兵所自来者久矣，黄、炎故用水火矣”。高诱注：“黄，黄帝，炎，炎帝也。炎帝为火灾，黄帝灭之也。”[9]如此看来，灶神黄帝不仅会生火，还能控制火，似比炎帝更高一筹。

在化生阴阳的天神和关乎民生的灶神基础上，谶纬又演变出了关于黄帝职司的新一轮表述。首先，黄帝是在太微星座中拥有治所的中央天帝，地位甚高。《诗含神雾》：“黄帝座，一星在太微宫中，含枢纽之神，其精有四象。”“其中黄帝坐，神名含枢纽。”宋均注：“含枢机之纲纽也。”[10]《河图》：“中央黄帝，神名含枢纽，精为麟。”“中央黄帝含枢纽，土帝也。”[11]《尚书帝命验》：“帝者成天立府，以尊天重象，赤曰文祖，黄曰神斗，白曰

---

1 《淮南子集释》卷五《时则训》，第433—434页。

2 李桂民：《两汉黄帝崇拜发微与黄帝形象的神人融通》。

3 《淮南子集释》卷三《天文训》，第186—187页。

4 《淮南子集释》卷一三《氾论训》，第985页。

5 （宋）李昉等：《太平御览》卷一八六《居处部一四》引《淮南子》，中华书局影印本，1960，第903页。

6 黄怀信、张懋镕、田旭东：《逸周书汇校集注》下册，黄怀信修订，李学勤审定，上海古籍出版社，2007，第1140—1141页。

7 《世本八种·秦嘉谟辑补本》，第356页。

8 《管子校注》卷二四《轻重戊》，第1507页。

9 （战国）吕不韦著，陈奇猷校释：《吕氏春秋新校释》卷七《荡兵》，上海古籍出版社，2002，第388、390页。

10 《纬书集成》上册，第466页。

11 《纬书集成》下册，第1221、1247页。

显记，黑曰玄矩，苍曰灵府。”[1]《春秋文曜钩》：“太微宫有五帝座星，苍帝其名曰灵威仰，赤帝其名曰赤熛怒，黄帝其名曰含枢纽，白帝其名曰白招矩，黑帝其名曰汁光纪。”在分司五德的太微五帝之中，黄帝的地位最高：“苍帝春受制，其名灵威仰。赤帝夏受制，其名赤熛怒。黄帝受制，王四季，其名含枢纽。白帝秋受制，其名白招矩。黑帝冬受制，其名汁光纪。”[2]又曰：“黄帝之精，安以主度……故五帝居之，以试天地四方之邪正而起灭之。”[3]纬书对汉代经学的发展也颇有影响，孙英刚指出，当时“儒家学者要想赢得政治上的支持和社会的认同，只能将自己的学说神学化”，“但这绝不是儒家思想的退化，而是其主动地扩展自己的领地”[4]。诚哉斯言，东汉末年经学大师郑玄之礼学影响极为深远，他也精于谶纬之学[5]，为“五帝”作注就采用了纬书的说法。《周礼・春官・小宗伯》：“兆五帝于四郊，四望四类亦如之。”郑注：“兆，为坛之营域。五帝，苍曰灵威仰，大昊食焉；赤曰赤熛怒，炎帝食焉；黄曰含枢纽，黄帝食焉；白曰白招拒，少昊食焉；黑曰汁光纪，颛顼食焉。黄帝亦于南郊。”[6]后世早期道经常称黄帝为“含枢纽”，有总领群仙、校定真人仙官录札和学者之名、考算功过、除灭怪殃的职掌，皆同纬书和经学有着密切的联系。

其次，纬书中的黄帝还职司雷雨。《春秋合诚图》：“轩辕，主雷雨之神，旁有一星玄戈，名曰贵人，旁侧郎位，主宿卫尚书。”宋均注：“轩辕星，象电主雷，谓黄帝以雷精起也。”[7]《河图始开图》：“黄帝名轩辕，北斗神也，以雷精起，胸文曰：黄帝子。”[8]至于纬书中的黄帝缘何职司雷雨，王贻樑指出：“《左传》昭十七年载郯子语云：‘昔者黄帝氏以云纪，故为云师而云名。’此盖即后世纬书说黄帝主雷雨之起因源头。”[9]邹浚智则推测“雷是自然火的来源之一，将黄帝视为雷神，导因于‘黄帝=火神’观念的心理联想”，此说基于《淮南子》的“黄帝作灶，死为灶神”说和丁山的黄帝为日神

---

1 《纬书集成》上册，第367页。

2 《纬书集成》中册，第662页。

3 《纬书集成》中册，第668页。

4 孙英刚：《神文时代：谶纬、术数与中古政治研究》，上海古籍出版社，2015，第4页。

5 吕凯：《郑玄之谶纬学》，台湾商务印书馆，2011，第141—145页。

6 （清）孙怡让撰，王文锦、陈玉霞点校：《周礼正义》卷三六《春官・小宗伯》，中华书局，1987，第1424页。

7 《纬书集成》中册，第763—764页。

8 《纬书集成》下册，第1105页。

9 （晋）郭璞注，王贻樑、陈建敏校释：《穆天子传汇校集释》，中华书局，2019，第90页。

子孙说。[1]丁山的日神说暂且不论，根据我们前文对于灶神黄帝的溯源，黄帝职司雷雨自然与黄帝生火和控制火的世俗功绩有关。云与火皆同雷雨有关，黄帝雷雨之职是融合这两种文化元素的结果。

结　语

在先秦以来“圣王—神仙”式双重黄帝文化形象框架的基础上，通过知识界的书写（尤其是黄老之学）、官方积极奉祀、帝王希冀登仙，特别是在受命改制思潮中以“法古”与“宗圣”为主要特征[2]的谶纬之学的渲染下，汉代制造出了多元立体的黄帝神话，从而塑造出了黄帝功勋卓著、地位显赫、变称多元、生而神异、辅臣叠增、屡逢祥瑞、受赐符命、乘龙登仙、职司多元的圣王形象和神仙色彩，其文化形象被愈放愈大，日益饱满。综观汉代黄帝文化形象的生成不难看出，黄帝之圣王与神仙双重文化形象的存在，为时人的政治诉求、帝王希冀登仙等现实需求提供了得以表达的文化载体，而黄帝之圣王与神仙形象的增衍也成了现实诉求的文化产物。一言以蔽之，正是这些现实诉求创造出了黄帝各种文化形象的有力支点。

需要特别指出的是，先秦两汉时期的黄帝文化形象还是早期道教中黄帝文化形象的前驱。动荡不安的东汉末年产生了有组织的早期道教，神仙同时成为道教信仰的核心。先秦两汉时期对圣王黄帝的崇拜和对黄帝神仙形象的塑造，特别是圣人学道成仙式的叙事，也引起了根植于传统文化土壤的早期道教之极大兴趣。在《抱朴子内篇》《元始上真众仙记》《太上灵宝五符序》《真诰》等早期道教经典中常见黄帝的神迹[3]，他被深度塑造为辅臣追随、至诚修道、接遇神仙、承传经法、统摄天下、总领群仙、司掌脾胃等多元文化形象，名号亦有进一步的滋生。在南朝齐梁之际高道陶弘景所编纂的神仙谱系《真灵位业图》中，又出现了以“玄圃真人轩辕黄帝”为首的儒家“五帝”系统和寓言、传说、神话中与黄帝有关的各种人物，形成了一个颇有规模的黄帝神团系统。[4]对于早期道教神仙体系的研究来说，这无疑也是一个值得深入考察的重要问题。

1　邹浚智：《灶神来源试究》，《元培学报》2007 年第 14 期。

2　向晋卫：《论汉代的谶纬之学》，《广西社会科学》2002 年第 5 期。

3　王明：《抱朴子内篇校释》卷一三《极言》、卷一八《地真》，中华书局，1985，第 241、324 页；《道藏》第 3 册，文物出版社、上海书店、天津古籍出版社联合影印明《道藏》本，1988，第 270 页；《道藏》第 6 册，第 341 页；（梁）陶弘景撰，赵益点校：《真诰》，中华书局，2011，第 260 页。

4　《道藏》第 3 册，第 272—282 页。

俄藏和田梵文《法华经》插图研究*

陈粟裕（中国社会科学院世界宗教研究所） 张建宇（中国人民大学艺术学院、佛教艺术研究所）

3—11 世纪，《妙法莲华经》（*Saddharmapuṇḍárīkasūtra*，以下简称《法华经》）曾广泛流行于丝绸之路西域南北道，并通过竺法护（约 229—306 年）、鸠摩罗什（344—413 年）等高僧的传译活动在汉地散播开来，形成丰富而深厚的法华信仰。在此基础上，艺术家们图绘、塑造《法华经》中场景而产生的"法华美术"，也成为亚洲佛教美术极为重要的组成部分。由于此经的传播范围涉及中亚、南亚、东亚各个区域，故而法华美术也生动展现出不同区域的民众在佛教、图像方面深层次的交流状况。本文主要以新疆和田地区发现的梵文《法华经》插图为例进行分析。

一 新疆和田出土《法华经》写本概况

于阗作为丝绸之路西域南道上信奉大乘佛教的重要城邦，《法华经》在这里广受尊崇。和田地区发现的众多《法华经》写本残片即能充分证明。这些写本年代集中在 6—8 世纪之间，主要由梵文书写而成。现已整理出的明确出自和田地区的梵文《法华经》写本有 20 余件，出土地有法哈特伯克亚依拉克遗址（Farhād-bēg-yailaki）、喀达里克遗址（Khādalik）等。由于 20 世纪初，彼得罗夫斯基（Николай Фёдорович Петровский，1837—1908 年）、斯坦因（Marc Aurel Stein，1862—1943 年）等外国官员和探险家的劫掠，导致这些写本流失海外，现今分藏于大英图书馆、俄罗斯科学院东方文献研究所、柏林国家图书馆等处。此外中国国家图书馆、中国人民大学博物馆近年来也入藏了和田所出的《法华经》梵文残片[2]。目前学界对于各种版本梵文《法华经》的整理、研究工

* 本文为国家社科基金艺术学项目"五代宋辽西夏法华美术研究"（19BF089）阶段性成果。

2 参见段晴、张志清主编《中国国家图书馆藏西域文书：梵文、佉卢文卷》，中西书局，2013，第 39—40 页；张丽香《中国人民大学博物馆藏和田新出〈妙法莲华经〉梵文残片二叶》，《西域研究》2017 年第 3 期。

作还在进行中[1]。梵文写本之外，和田还出土有藏文本《法华经》，1933 年斯文·赫定探险队（1927—1933 年）成员尼尔·安博尔特（Nils Peter Ambolt，1900—1969 年）发现于和田地区，其年代约在 8—9 世纪[2]，今藏于瑞典国立民族博物馆（The National Museum of Ethnography in Sweden）。和田出土品之外，10 世纪初于阗与沙州归义军政权交流密切，特别是在清泰元年（934 年）曹议金嫁女李圣天之后，大量于阗人旅居敦煌，敦煌石窟中也有于阗人留下的法华信仰痕迹[3]，莫高窟 454 窟东壁门上方的《法华经》“见宝塔品”壁画出现“南无释迦牟尼佛说妙法华经/大宝于阗国皇太子/从连供养”“南无多宝佛为听法故来此法会/大宝于阗国皇太子琮原供养”字样的榜题。敦煌藏经洞也发现了于阗文书写的《法华经》摘要本，今藏于法国巴黎国立图书馆，编号 P. 2029、P. 2782。简言之，《法华经》在于阗流行大约始自 3 世纪[4]、一直持续到 11 世纪初于阗被喀喇汗国（Kara-Khanid Khanate）所灭，此外随着于阗人的活动，于阗的法华信仰传播到敦煌，与汉族民众产生了文化共鸣。

在和田所出众多《法华经》写本中，最重要的是一套俗称“喀什本”的《法华经》[5]。这套写本现存 459 张，其主要部分（399 张）为 1882—1903 年间俄国驻喀什领事彼得罗夫斯基所购，可能出自和田地区的喀达里克遗址，今藏于圣彼得堡的俄罗斯科学院东方文献研究所。根据

1 关于和田所出的各个版本《法华经》残片的整理工作，参见蒋忠新《旅顺博物馆藏梵文法华经残片，影印版及罗马字版》，旅顺博物馆、创价学会，1999；Hirofumi Toda（户田宏文），*Saddharmapundarīkasūtra. Central Asian Manuscripts. Romanized Text*，Tokushima：KyoikuShuppan Center，1981. Seishi Karashima& Klaus Wille，*Buddhist Manuscripts from Central Asia：The British Library Sanskrit Fragments*，Vol. I，Tokyo：The International Research Institute for Advanced Buddhology，Soka University，2006. G. M. Bongard-Levin & M. I. Vorob'Eva-Desjatovskaja，*Pamjatnikiindijskojpis'mennostiizcentral'nojAzii. Vypusk I. Izdanietekstov*，*issledoyanieikommentarij.* Pamjatnikipis'mennostivostoka，LXXIII，1；Bibliotheca Buddhica xxxiii.，Moscow：Izdatel'-stvo“Nauka”，Glavnajaredakcijavostoĉnojliteratury，1985.

2 Seishi Karashima，“An Old Tibetan Translation of the Lotus Sutra from Khotan The Romanised Text Collated with the Kanjur Version”，1，*Annual Reports of The International Research Institute for Advanced Buddhology at SokaUniversity* 8（2005）：191.

3 张小刚：《在敦煌留居的于阗人的法华信仰》，《敦煌研究》2019 年第 2 期。

4 近年来学者们根据新疆和田出土的梵文《法华经》文本与《法华经》诸汉译本进行比对，推测 286 年竺法护所译的《正法华经》所采用的梵文与之相近。故而笔者将于阗《法华经》流行的初始年代置于 3 世纪。参见杨富学《所谓的喀什本梵文〈法华经〉写卷》，《中华佛学学报》第 7 期；［日］岩本裕著，刘永增译《梵语〈法华经〉及其研究》，《敦煌研究》1994 年第 4 期。日本学者辛嶋静志则将竺法护译本的《正法华经》与鸠摩罗什本的《妙法莲华经》与《法华经》的诸梵语写本进行过逐字逐句的比较研究，认为这两个版本的读法均与中亚出土的梵语写本，特别是旅顺本最为接近。参见［日］辛嶋静志《〈法华经〉诸汉译本与梵文、藏译本的对比研究》，博士学位论文，北京大学，1991。

5 它被公认为和田写本，称“喀什本”是由于它的主体（俄藏品部分）在喀什购得，详见 *Saddharmapundarīkasūtra. Central Asian Manuscripts. Romanized Text*（Tokushima：KyoikuShuppan Center，1981）；《论所谓的“喀什本梵文〈法华经〉写卷”》。

卷尾题记，这部写经是 Suviprabhā 夫人为她自身、她的父母、丈夫 Jalapuñā、子女亲戚以及一切众生供养的[1]，题记中一共提到了 23 个人的名字，这应该是个庞大且富有的家族。

二 于阗梵文《法华经》插图内容

“喀什本”之外，俄罗斯科学院东方文献研究所还收藏另一套梵文《法华经》写本，亦值得关注。这部残经的出土地点不详，但是其中对应《法华经》第五品、第六品、第七品的页面上保留了三处于阗文题记，供养人是一位名叫 Inkula（Intula）的于阗人[2]，年代约为 7—8 世纪[3]。

更为难能可贵的是，根据《俄罗斯科学院东方写本研究所所藏梵文〈法华经〉写本》[4] 一书刊布的照片，可以清楚看到经页上绘制了精美的随经插图，共有四幅，其中三幅在经页中心或略偏的位置，一幅在经页右下角。这四幅佛经插图是迄今发现的中国境内最西边的法华美术作品，同时也是年代最早的《法华经》插图。

第一张编号 SI P/11（SIS 1939, inv. 1939）（图 1、图 2），梵文经文对应的内容是《法华经》第五品末尾。页面下方左侧有一排于阗文题记，字形较小，据德国弗莱堡大学封兴伯（Oskar von Hinüber）教授释读，意为“Inkula 敬写此经”[5]。画面中心的同心圆内绘有一佛四弟子的说法图：外层绘制蓝紫色与白色相间的双层同心圆，当中主尊正面端坐，身着黄色的通肩袈裟，袈裟衣纹呈平行条纹状，双手于胸前结印，身光中有两重联珠纹装饰带。主尊所坐的宝座具有凹凸效果，左右簇拥着四身比丘，皆穿袒右袈裟，两身衣着为深红色、两身为黑色，双手合十面向主尊，近处两身比丘发色呈浅蓝色（或白色）、后两身为黑发，显示出他们不同的年龄。

1 Oskar von Hinüber, “Three Saddharmapundarīkasūtra Manuscripts from Khotan and Their Donors”, *Annual Reports of The International Research Institute for Advanced Buddhology at Soka University* 18（2015）: 219. Lokesh Chandra, *Saddharma-Pundarīka-Sūtra*, *Kashgar Manuscript*, New Delhi: International Academy of Indian Culture, 1976.

2 “Three Saddharmapundarīkasūtra Manuscripts from Khotan and Their Donors”, *Annual Reports of The International Research Institute for Advanced Buddhology at Soka University* 18（2015）: 225-226.

3 J. W. De Jong, “Reviewed Work（s）: Pamjatnikiindijskojpis'mennostiizcentral'nojAzii, vypusk 1. Izdanietekstov, issledovanieikommentarij, Pamjatnikipis'mennostivostoka, LXXIII, 1; BibliothecaBuddhica, XXXIII, by G. M. Bongard-Levin and M. I. Vorob'eva-Desjatovskaja”, *Indo-Iranian Journal*30（1987）: 220.

4 ロシア科学アカデミー東洋古文書研究所［編］,「ロシア科学アカデミー東洋古文書研究所所蔵梵文法華経写本」, 東京: サンクトペテルブルグ, 2013.

5 “Three Saddharmapundarīkasūtra Manuscripts from Khotan and Their Donors”, *Annual Reports of The International Research Institute for Advanced Buddhology at Soka University* 18（2015）: 225.

图1 SI P/11（SIS 1939，inv. 1939）写经

「ロシア科学アカデミー東洋古文書研究所所蔵梵文法華経写本」，963 頁

图2 SI P/11（SIS 1939，inv. 1939）写经插图

第二张编号 SI P/12+13（SIS 1940，inv. 1940）（图 3、图 4），其内容为《法华经》第六品末尾的偈颂。此页有明显的残损，最下方有于阗文小字，封兴伯释读为："Inkula 写此经的功德，为了他已经离开世界的儿子 Vi. älaka"[1]。经页中心偏右位置，画了一幅圆形的佛说法图，其基本构图模式、主尊坐姿、服饰与上一幅很接近：外层为红、白相间的同心圆，圆内平涂黄色背景，主尊的服饰、动作与第一张相同，佛发为蓝色。主尊左右两侧围绕的四身比丘，两身穿红色袒右袈裟，一身穿黑色、一身穿白色，皆双手合十，面佛而跪。比丘上方的空间中有花朵散落，可能是表现释迦在灵鹫山宣说《法华经》时"天雨众华，纷纷如降"[2] 的场景。

图3 SI P/12+13（SIS 1940，inv. 1940）写经

「ロシア科学アカデミー東洋古文書研究所所蔵梵文法華経写本」，968 頁

1 "Three Saddharmapundarīkasūtra Manuscripts from Khotan and Their Donors", *Annual Reports of The International Research Institute for Advanced Buddhology at Soka University* 18（2015）：226.

2 （西晋）竺法护译：《正法华经》卷一，载［日］高楠顺次郎、渡边海旭等监修《大正新修大藏经》第 9 册，台北：新文丰出版公司，1983，第 64 页。

图4　SI P/12+13（SIS 1940，inv. 1940）写经插图

第三张编号 SI P/7（SIS 1933，inv. 1933）（图5、图6），文字部分对应《法华经》第七品结尾。左下方的于阗文题记，封兴伯释读为"Inkula 写成此经"。此经页同样绘有圆形的佛说法图，在红色圆框内，主尊呈3/4侧面，交脚坐于莲花之上，一手置于胸前，似为无畏印。背后的身光中有火焰纹装饰，主尊略微颔首，目视旁边跪拜的比丘，似在说法。比丘身穿红色袒右袈裟，跪坐于地，面向主尊。其身后另有一位比丘，双手合十。

这部写经中另有一页编号为 SI P/10（SIS 1937，inv. 1937）（图7、图8），其内容为《法华经》第十品最末，与第十一品"七宝塔品"（"见宝塔品"）相连。该页没有题记，插图[1]位于经页右下角，仍为圆形构图：画面中心为一座覆钵式佛塔，上有塔刹、华盖、经幡和相轮，塔基上设阶梯，直通塔身上的主龛，龛内端坐一身结跏趺坐佛，头转向画面右侧。右侧为一身身形较大的黄衣坐佛，与塔内坐佛对视，他右手置于胸前，掌心向外，左手置于腹前。该坐佛头顶有华盖，其上方飘着一物，可能是经文中描述的"天华"。佛塔另一侧为两身戴头冠的人物，

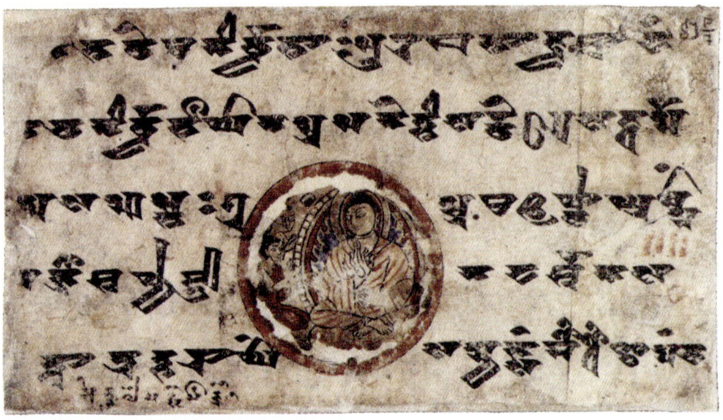

图5　SI P/7（SIS 1933，inv. 1933）写经

「ロシア科学アカデミー東洋古文書研究所所蔵梵文法華経写本」，804頁

图6　SI P/7（SIS 1933，inv. 1933）写经插图

1　关于这件作品的研究另见 Haiyan Hu-von Hinüber，"From the Upper Indus to the East Coast of China-On the Origin of the Pictorial Representation of the Lotus Sūtra"（《二佛并坐像天竺源起考》），*Annual Reports of The International Research Institute for Advanced Buddhology at Soka University* 22（2019）：383.

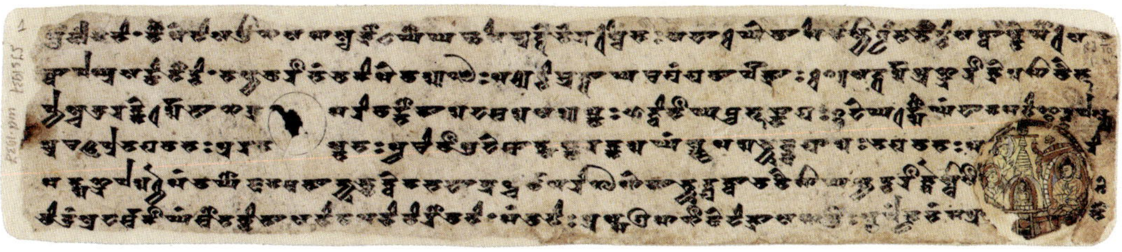

图7 SI P/10（SIS 1937，inv. 1937）写经

「ロシア科学アカデミー東洋古文書研究所所蔵梵文法華経写本」，854頁

图8 SI P/10（SIS 1937，inv. 1937）写经插图

身着圆领半袖衫，面向佛塔双手合十，头后分别有蓝色与红色的头光，封兴伯推测可能是 Inkula 和他的妻子。[1] 显然，这幅画面表现的是释迦说法时，七宝塔（或译作“七宝寺”“多宝塔”）从地底涌现，多宝佛邀请释迦同坐的场景。这一《法华经》的重要内容，在多个汉译本中都有体现，如竺法护所译的《正法华经》：

时四部众见多宝如来、至真、等正觉，闻其灭度去世以来不可称计亿百千劫，听言善哉！甚大惊怪，初未曾有。即以天华，供养散于释迦文佛、多宝如来。时多宝佛则以半座与释迦文，七宝寺中有声出曰：“释迦文佛！愿坐此床。”释迦文佛辄如其言，时二如来共同一处，在于虚空，七宝交露坐师子床。[2]

再如罗什译本：

于是释迦牟尼佛，以右指开七宝塔户，出大音声，如却关钥开大城门。即时一切众会，皆见多宝如来，于宝塔中坐师子座，全身不散，如入禅定。又闻其言：“善哉善哉！释迦牟尼佛！快说是法华经，我为听是经故而来至此。”尔时四众等、见过去无量千万

1 “Three Saddharmapundarīkasūtra Manuscripts from Khotan and Their Donors”, *Annual Reports of The International Research Institute for Advanced Buddhology at Soka University* 18（2015）: 227.

2 《正法华经》卷六，《大正新修大藏经》第9册，第104页。

亿劫灭度佛说如是言，叹未曾有，以天宝华聚，散多宝佛及释迦牟尼佛上。尔时多宝佛，于宝塔中分半座与释迦牟尼佛，而作是言："释迦牟尼佛！可就此座。"即时释迦牟尼佛，入其塔中，坐其半座，结加趺坐。[1]

在汉地法华美术中，该情节通常表现释迦、多宝二佛在塔内并坐，与此不同，这幅插画将画面凝固在七宝塔涌现、多宝佛邀请释迦的那一刻，在时间上比"二佛并坐"略早。形体较小的多宝佛坐于七宝塔内、释迦坐在塔外佛龛中，这种形式在目前发现的同题材绘画和雕塑中尚属孤例。反观汉地流行的塔内"二佛并坐"模式，早在北燕太平二年（410 年）铸造的李普造像就已经采用[2]，此后在永靖炳灵寺、大同云冈石窟和敦煌石窟中广为流行，有绘、塑两种形式。因此，俄藏 SI P/10（SIS 1937，inv. 1937）上绘制的释迦与多宝佛图并非汉地传统。

三 于阗梵文《法华经》插图风格源头

于阗梵文本插图的表现方式独立，与中原传统迥然不同，若要探究其艺术风格源头，需要将目光转向域外。1931 年 5 月，斯坦因在今巴基斯坦克什米尔地区吉尔吉特（Gilgit）以西的诺普尔村（Naupur）附近的一座佛塔中发现了大量梵文佛典写本，年代集中于 6—7 世纪。学界通称这批写经为"吉尔吉特写本"（Gilgit Manuscripts）。与这些写经同时发现的，还有三对（6 幅）木板画，为写经的封面夹板[3]，图像题材较为简单，为佛、菩萨、供养人的组合。

三对木板画中，两对为竖式构图（图 9、图 10）、一对为横式构图。木板上绘制的坐佛像有正面、3/4 侧面两种，皆穿红色通肩袈裟，佛陀很多造型特征，诸如紧致的小脸、相对集中的五官、挑起的眼角、着重刻画的上眼睑、正面像双线勾勒的鼻梁、通肩袈裟上平行排列的衣纹线等，都与前述和田所出《法华经》插图中的主尊非常相似。再者，吉尔吉特出土木板画中的一尊坐佛右手置于胸前，掌心外翻、左手握右手袖口，其双手造型也与前述俄藏编号 SI P/10（SIS 1937，inv. 1937）上的释迦佛手型如出一辙。

考察于阗本地的佛教绘画风格，佛与菩萨往往面部浑圆，而五官则较为紧凑，更加显得面颊宽阔，如巴拉瓦斯特（Bal-

---

1 （姚秦）鸠摩罗什译：《妙法莲华经》卷四，载［日］高楠顺次郎、渡边海旭等监修《大正新修大藏经》第 9 册，台北：新文丰出版公司，1983，第 33 页。

2 此像为日本收藏家小川私藏，为目前发现的最早的二佛并坐纪年雕塑，参见［日］大村西崖《中国美术史·雕塑篇》，国书刊行会，1917，第 174 页。

3 ［奥］德波拉·金伯格—萨特：《吉尔吉特写本封面与"书本崇拜"》，贾玉平译，《藏学学刊》第 5 辑。

awaste）遗址出土的卢舍那佛（图 11），以及喀拉墩 1 号佛寺出土的多臂菩萨（图 12）均体现出这种特点。故而从对图像细节的观察可见，上述于阗梵文《法华经》插图更近于克什米尔地区的绘画风格，而与于阗本地的佛教绘画有所不同。

图 9　吉尔吉特木板画之一

Dr. Daljeet&Prof. P. C. Jain, *Indian Miniature Painting-Manifestation of a Creative Mind*（Noida：Brijbasi Art Press, 2006）, P. 14

图 10　吉尔吉特木板画之二

Indian Miniature Painting-Manifestation of a Creative Mind, P. 15

图 11　巴拉瓦斯特遗址卢舍那佛壁画残片

田辺勝美、前田耕作編：「世界美術大全集・中央アジア」，東京：小學舘，1999，248 頁

图 12　喀拉墩 1 号佛寺遗址多臂菩萨残片

中国新疆文物考古研究所、日本佛教大学尼雅遗址学术研究机构编著：《丹丹乌里克——中日共同考察研究报告》，文物出版社，2009，彩版 79—1

图 13 树下佛陀摩崖线刻

Karl Jettmar&Volker Thewalt& Rautenstrauch Joest Museum, *Zwischen Gandha-ra und den Seidenstrassen* (Mainz am Rhein : Von Zabern, 1985), Photo. 18

图 14 鹿野苑说法图摩崖线刻

Zwischen Gandha-ra und den Seidenstrassen, Photo. 22

以上所举吉尔吉特诺普尔村佛塔所出的三组木板画，虽为目前所知 6—8 世纪克什米尔佛教绘画的孤例，但附近的奇拉斯（Chilas）、特尔班（Thalpan）一带有不少摩崖佛像发现，年代集中在 6—7 世纪，亦可作为讨论于阗梵文《法华经》插图的辅证。以特尔班桥附近的两组线刻佛像为例，一组表现了结跏趺坐于莲花之上的坐佛（图 13），佛背后有繁盛的树木；另一组表现释迦在鹿野苑初说法（图 14），主尊周围还刻画出五比丘、卧鹿等母题。

两组作品中的主尊造型一致，佛身仅凿刻出外轮廓，袈裟衣纹呈 U 字形，双臂和双腿的形体弱化处理，而强化衣纹线条，导致主尊躯体如同被绳索层层缠绕一般。而细观 SI P/12 + 13（SIS 1940, inv. 1940）插图，尽管有黑色线条绘制主尊身体的内外轮廓，但在佛的胸部，土红色的 U 字形衣纹线直接连接了双臂与胸口，并沿躯干外轮廓层层下垂，手法与特尔班岩画相类似（图 15）。

比较于阗《法华经》插图与吉尔吉特木板画，最显著的差别在于供养人形象。“吉尔吉特本”几幅木板画下部都绘制出双手合十跪拜的供养人像，这些供养人头戴布缠的高帽，侧面的面部上绘制着正面的眼睛，鼻梁高挺，身穿圆领窄袖长袍。而 SI P/10（SIS 1937, inv. 1937）表现“七宝塔品”的插画上，可能描绘了 Inkula 与其妻子的画像，均戴头冠、身穿圆领短袖衫，为于阗供养人的常见装扮，与丹丹乌里克遗址 CD10 西北墙所绘的一排跪坐供养人像衣着相似（图 16）。值得注意的是，佛寺壁面下部的这群世俗供养人也都具有头光，与 SI P/10（SIS 1937, inv. 1937）插画上的人物相同。因此笔者倾向认为，俄藏和田梵文《法华经》插图的核心部分（佛说法图、释迦多宝并坐）采用了克什米尔图样，而供养人像则沿袭于阗本地传统。接下来的问题是，这种鲜明的克什米尔绘画风格传入于阗的契机是什么？

图 15 坐佛衣纹比较［左：SI P/12+13（SIS 1940，inv. 1940）；右：特尔班桥摩崖线刻］

图 16 丹丹乌里克遗址 CD10 供养人

《丹丹乌里克——中日共同考察研究报告》，彩版 19—1

根据封兴伯教授对吉尔吉特古代铭文（写本题记、石刻、金铜造像铭文等）的释读研究，6 世纪末至 8 世纪初之际，控制吉尔吉特与奇拉斯地区的为 Patola Sähis 王朝[1]，《旧唐书》中称“小勃律”，玄奘《大唐西域记》则称“钵露罗国”。20 世纪以后的考古发现，使我们对这里的认知极大超越了汉文史料的记载，揭示出吉尔吉特和于阗的关联，比如该王朝“统治者与于阗看来有着非常密切的联系，因为王室成员和贵族都有着于阗萨卡氏（Khotanese Saka）的名字，有学者认为，许多吉尔吉特写本可能在当地由萨卡抄写员复制”[2]。语言、文字研究之外，敦煌藏经洞中有一件于阗文写卷（Ch 1.0021，a，b）[3]，现藏于大英图书馆，记录了 10 世纪中叶于阗前往克什米尔地区的道路，因此被命名为《克什米尔行程》[4]。该写卷最新的转写和翻译工作，由哈佛大学语言学教授施杰我（Prods Oktor Skjaervø）完成[5]。由于涉及古代语言与历史地名，很多城镇名与现今地名难以比对，研究工作仍在艰难进行中，但学者们还是考证出从于阗出发，向西行经疏勒、翻越葱岭，再向南进入克什米尔地区的大体路线走向。其中从出发地行进 35 天，到达 Gīdagīttä 城，即吉尔吉特[6]，它曾是小勃律的都城。据文中记载，此城由石头构筑，内有八座寺院，国王就住在城中，并统治四块地域。通过《克什米尔行程》可以确知，直到 10 世纪时，于阗到吉尔吉特的道路是畅通的。

还有一个重要物证，是和田博物馆所藏的一件青铜佛坐像，证明了两地间的密切交往。这是一件征集品，来自策勒县老达玛沟乡，造像为典型的克什米尔风格，螺发、小脸、五官紧凑，眉间白毫与双眼均镶嵌白银，佛陀身着袒右袈裟，结跏趺坐，双手于胸前结印（图 17）。像座上有四排梵文题记，写明了供养人、引导比丘以及制作人名字。封兴伯翻译为：“这是指挥官 Dholaka 的妻子 Narāyāsārvati（或：Dholaka 和他的妻子 Narāyāsārvati），以及（她的）母亲 Padmasukhā 和（她的）儿子 Āmŭdasimgha、Punyasimgha 和 Khukhethāla

1　Oskar von Hinüber, *Die PalolaSāhis. IhreSteininschrifen, Inschriften auf Bronzen, Handschriftenkolophone und Schutzzauber. Materialienzur Geschichte von Gilgit und Chilas. Antiquities of Northern Pakistan: Reports and Studies*, Vol. 5, Mainz: Verlag Philipp Von Zabern, 2004, p. 7.

2　关于 Patola Sähis 王朝统治者的研究者主要为 Oskar von Hinüber 教授，此处转引自《吉尔吉特写本封面与“书本崇拜”》。

3　荣新江、朱丽双：《于阗与敦煌》，甘肃教育出版社，2013，第 364 页。

4　黄盛璋：《敦煌写卷于阗文〈克什米尔行程〉历史地理研究》，《新疆文物》1994 年第 4 期。

5　P. O. Skjærvø, *Khotanese Manuscripts from Chinese Turkestan in the British Library. A Complete Catalogue with Texts and Translations, with contributions*, London: The British Library, 2002, pp. 524-526.

6　P. O. Skjærvø, *Khotanese Manuscripts from Chinese Turkestan in the British Library. A Complete Catalogue with Texts and Translations, with contributions*, London: The British Library, 2002, pp. 524-526.

的宗教供养。最善知识是 Narendrattrāta。无论产生什么样的功德，都属于众生。Vimuktatrāta 制作。”[1] 根据姓名特征，封兴伯判断主要供养人 Dholaka 是生活在吉尔吉特一带的军事将领，故而这件作品很可能是被佛教信徒从吉尔吉特一带携带至于阗的。

图 17　和田博物馆藏青铜佛坐像

陈粟裕摄

4—8 世纪间，克什米尔地区诸国佛教繁盛，佛教造像风格亦独具特色，如现今判断为 Patola Sähis 王朝时期的十余尊金铜造像均精美细致，品质上乘。学者们很早就注意到克什米尔风格对西藏西部佛教绘画和造像的深远影响[2]，却少有学者讨论克什米尔北部的吉尔吉特佛教艺术对于阗的影响[3]。事实上，不论是和田博物馆藏青铜佛像，还是梵文《法华经》插图都证明了两地间在佛教艺术领域的密切交往，特别是梵文《法华经》有多处于阗文题记，有力说明了克什米尔艺术风格传播到于阗，并为当地民众所接受。

俄藏于阗梵文《法华经》的历史背景也颇值得注意，它被断为 7—8 世纪之作，这时唐与吐蕃两大王朝为争夺吉尔吉特在这里反复用兵，Patola Sähis 王朝一度为吐蕃所占（约 722 年），天宝六年（747 年）高仙芝率兵平定了小勃律。《旧唐书·高仙芝传》载：

> 小勃律国王为吐蕃所招，妻以公主，西北二十余国皆为吐蕃所制，贡献不通。后节度使田仁琬、盖嘉运并灵詧累讨之，不捷，玄宗特敕仙芝以马步万人为行营节度使往讨之。……元庆既至，一如仙芝之所教，缚诸首领。王及公主走入石窟，取不可得。仙芝至，斩其为吐蕃者五六人。急令

1　*Die PalolaSāhis. IhreSteininschriften, Inschriften auf Bronzen, Handschriftenkolophone und Schutzzauber. Materialienzur Geschichte von Gilgit und Chilas. Antiquities of Northern Pakistan: Reports and Studies*, Vol. 5 (2004), pp. 64-66.

2　参见霍巍《西藏西部石窟壁画中几种艺术风格的分析——兼论西藏西部石窟壁画艺术三个主要的发展阶段》，《藏学学刊》2004 年第 1 辑。熊文彬《西藏阿里古格王朝壁画中的克什米尔风格》，《藏学学刊》2017 年第 2 期。

3　（意）富艾莉著，朱丽双译：《“彼岸”之旅：佛教朝圣和于阗绿洲的旅行物》，《敦煌吐鲁番研究》第十八卷，上海古籍出版社，2019，第 331—356 页。

> 元庆斫藤桥，去勃律犹六十里，及暮，才斫了，吐蕃兵马大至，已无及矣。藤桥阔一箭道，修之一年方成。勃律先为吐蕃所诈借路，遂成此桥。至是，仙芝徐自招谕勃律及公主出降，并平其国。[1]

唐王朝与吐蕃在吉尔吉特一带多年争夺，势必导致当地社会动荡，前述藏经洞所出于阗文《克什米尔行程》为10世纪中叶文献，假设它所记录的这条道路在8—9世纪时就已存在，那么小勃律僧侣或工匠为躲避战乱而翻越葱岭，逃至西域则完全是顺理成章之事，或许这就是克什米尔风格传到于阗的历史背景。

四 “七宝塔品”插图中的宝塔形制

俄藏梵文《法华经》编号SI P/10（SIS 1937，inv. 1937）页面的插图中描绘出“七宝塔品”内容，画面里出现了佛塔，多宝佛端坐其中。最后再对该佛塔的造型进行讨论。

这座佛塔的造型具有如下特点：顶端为圆形（宝珠状）塔刹，其下为华盖，经幡系在华盖两端，相轮上部有束腰处理，塔身呈圆形覆钵状，塔基上设阶梯。在大英博物馆所藏的一件于阗壁画残片（编号1925，0619，0.31）上，可以看到与之相似的佛塔（图18）。这片壁画残片表现的是卢舍那佛的腿部，大约绘制于8世纪，壁画上绘出一座佛塔，与俄藏梵文《法华经》插画上的佛塔形制接近，区别在于，于阗壁画残片上的塔基更高，相轮无束腰。故而可知，两件作品上的佛塔应该是7—8世纪时于阗佛塔的流行样式。

图18 大英博物馆藏卢舍那佛壁画残片

大英博物馆官网，https://www.britishmuseum.org/collection/object/A_1925-0619-0-31

辛嶋静志（Seishi Karashima）在《〈法华经〉中描述的犍陀罗佛塔》（2018年）[2] 一文中将“喀什本”《法华经》之

1 （后晋）刘昫等撰：《旧唐书》卷一〇四，中华书局，1975，第3203—3204页。

2 Seishi Karashima, “A Gandhāranstūpa as Depicted in the Lotus Sutra”, *Annual Reports of The International Research Institute for Advanced Buddhology at Soka University* 21 (2018): 471-478.

“七宝塔品”（“见宝塔品”）部分由梵文译成英文，他认为文中对宝塔的描述符合犍陀罗佛塔样式。如下，将辛嶋静志的译文试译成中文：

> 这时，在释尊的面前，从地底踊出一座由七宝构成的佛塔。它矗立于虚空之中，高度和周长均为五百由旬。它闪闪发光，非常庄严，装饰着成百的由鲜花点缀着栏杆的露台，装饰着成百的塔门，悬挂着成百的经幡与彩旗，悬挂着成百的璎珞，悬挂着成百的布带做成的花环与成百上千的铃铛，散发着大叶藤黄和檀香木的香味，香气遍满整个世界。成排的华盖（相轮）由七种珍贵物质制成：金、银、青金石、蓝宝石、绿宝石、红珊瑚和金绿宝石，高度达到四天王的宫殿。[1]

将上述“喀什本”汉译文字，同西晋竺法护译《正法华经》、鸠摩罗什译《法华经》，以及隋阇那崛多、达摩笈多译《添品法华经》这三种译本中的宝塔描述文字进行比对，如表 1 所示。

表 1　多宝塔描述文字简表

版本	正法华经	法华经	添品法华经	喀什本
大小	二万里适现绕佛	高五百由旬，纵广二百五十由旬	高五百由旬，纵广二百五十由旬	高度和周长均为五百由旬
露台				装饰着成百的由鲜花点缀着栏杆的露台
栏杆	百千栏楯窗牖轩户，不可称计	五千栏楯，龛室千万	五千栏楯，龛室千万	
塔门（列龛）				装饰着成百的塔门

1　原文如下：“Then, in front of the Lord, arose a stūpa, consisting of seven precious substances, from a spot on the Earth. In the middle of the [O. Lord's] assembly, (the stūpa) of five hundred yojanas (ca. 3, 500 km) in height and of proportionate circumference, arose and stood up in the sky. It was aglitter, [very] beautiful, [shining in various ways,] nicely decorated with five [O. hundreds of] thousands of terraces (vedikā) with railings attached with flower (-ornament) s (puṣpagrahaṇī) 2, adorned with many [O. hundreds of] thousands of arched-niches (toraṇa) 3, hung [O. decorated] with [O. hundreds of] thousands of banners and streamers, hung (KN. pralambita~; O. avasikta~) with [O. hundreds of] thousands of garlands of jewels, hung with [O. hundreds of] thousands of pieces of cloth and bells (KN. paṭṭaghaṇṭā; O. paṭṭadāma-: ‘garlands made of cloth’), [O. with the hundreds of thousands of ringing bells], emitting the fragrance of tamālapattra (Xanthochymuspictorius) and sandal wood, whose scent filled this whole world. (The stūpa's) row of chattras, made of the seven precious substances--namely, gold, silver, lapis lazuli, sapphire, emerald, (KN 240) red coral, and chrysoberyl --, rose (KN. samucchrita~; O. anuprāpta~ ‘reached’) as high as the divine palaces of the Four Great Kings.” “A Gandhāranstūpa as depicted in the Lotus Sutra”, *Annual Reports of The International Research Institute for Advanced Buddhology at Soka University* 21 (2018): 471-472.

续表

版本	正法华经	法华经	添品法华经	喀什本
经幡与璎珞	悬众幡盖垂宝、璎珞，诸明月珠罗列虚空，犹如众星	无数幢幡以为严饰，垂宝、璎珞、宝铃万亿而悬其上	无数幢幡以为严饰，垂宝、璎珞、宝铃万亿而悬其上	悬挂着成百的经幡与彩旗，悬挂着成百的璎珞，悬挂着成百的布带做成的花环与成百上千的铃铛
香	香炉宝瓶满中名香，栴檀芬馨一切普熏	四面皆出多摩罗跋栴檀之香，充遍世界	四面皆出多摩罗跋栴檀之香，充遍世界	散发着大叶藤黄和檀香木的香味，香气遍满整个世界
宝盖（相轮）	金、银、琉璃、水精、珊瑚、虎魄、车渠、马瑙，以为宝盖	其诸幡盖，以金、银、琉璃、车渠、马脑、真珠、玫瑰、七宝合成	其诸幡盖，以金、银、琉璃、砗磲、马瑙、真珠、玫瑰七宝合成	成排的华盖（相轮）由七种珍贵物质制成：金、银、青金石、蓝宝石、绿宝石、红珊瑚和金绿宝石
高度	其盖高显至第一天	高至四天王宫	高至四天王宫	高度达到四天王的宫殿

从表1可知，在宝塔形制的描述上，“喀什本”与其他汉译诸本内容大体一致。区别主要在于如下三项：其一，关于“露台”的表述，各汉译本只说有众多栏楯（栏杆），没有提及带有栏杆的露台这一特色。其二，诸本所述华盖（相轮）材质略有差异，我们注意到“喀什本”提到了青金石（lapis lazuli），这种宝石原产于阿富汗一带，价格昂贵，中古时作为高级壁画颜料使用，在敦煌、于阗、龟兹、巴米扬和粟特壁画中均可见到。其三，对于宝盖（相轮）数量的描述，诸译本间也有所出入。《正法华经》只说“华盖”，未提及数量，给人感觉仅一个华盖，“其盖高显至第一天”；《法华经》与《添品法华经》则说“其诸幡盖……高至四天王宫”；“喀什本”则表述为“成排的华盖”（row of chattras）。辛嶋静志在研究“喀什本”时判断，其所描述是犍陀罗地区佛塔，以列龛众多、相轮高耸为特色，如加尔各答印度博物馆所藏供养塔（图19），由此建立起于阗佛经文本与犍陀罗艺术之间的联系。

图19 加尔各答印度博物馆藏犍陀罗供养塔

「世界美術大全集・中央アジア」，12頁

图 20 楼兰 L. B. Ⅱ. 0033 木质佛塔
大英博物馆官网，https：//www.britishmuseum.org/collection/object/A_ MAS-706

图 21 楼兰 L. B. Ⅱ. 0034 木质佛塔
Serindia，Vol. 4，P. XXXII

图 22 楼兰 L. B. Ⅱ. 009 相轮残件
大英博物馆官网，https：//www.britishmuseum.org/collection/object/A_ MAS-702

佛塔基座上设置连续列龛的做法也出现在西域南道。米兰 M. Ⅱ 遗址是一处以佛塔为中心的塔院和周围的僧院的组合，约为 5 世纪[1]。1907 年斯坦因发掘这里时，发现长方形佛塔基座东北面与东南面的壁脚残存有整齐排列的像龛[2]。

西域南道具有多层相轮的佛塔也多有发现，考察该区域佛塔样式，大塔遗迹均不存相轮，以小型供养塔及佛塔图像为主。高相轮的佛塔早在 3—4 世纪前后的楼兰佛寺中即已使用，斯坦因曾在楼兰 L. B. Ⅱ 佛寺遗址发现 2 件木质佛塔模型，[3] 样式基本相同，方形塔基，瓶状塔身中部有束腰，上面是高高的相轮。其中编号 L. B. Ⅱ. 0033 木塔高 51. 5 厘米，顶部现有五层相轮（图 20），或许原先更多[4]；编号 L. B. Ⅱ. 0034 木塔有七层相轮

1 陈晓露：《鄯善佛寺分期初探》，《华夏考古》2013 年第 2 期。

2 Marc Aurel Stein，*Serindia*，Vol. 1，Oxford Press，1921，pp. 485-492.

3 Marc Aurel Stein，*Serindia*，Vol. 1，Oxford Press，1921，p. 443.

4 该塔现藏大英博物馆，编号 MAS. 706。

（图21），相轮超过全塔高度1/3。斯坦因在楼兰L. B. Ⅱ佛寺还发现了一个木构件（编号L. B. Ⅱ. 009），[1] 是小型木质供养塔的残件（图22），高9. 8厘米，共有14个相轮，顶端是两个呈T字形交错的圆盘，残存鎏金，可能模仿摩尼宝珠。通过以上3例小型木塔（及残件），可知4世纪西域南道的佛塔样式，这时已流行高相轮佛塔，此后相轮甚至变得更高。以前述大英博物馆藏于阗"法界人中像"壁画残片（编号1925，0619，0. 31）为例，其相轮占全塔高度将近一半。另外德国不来梅海外博物馆（Übersee-Museum Bremen）收藏的一块于阗壁画残片（编号A16164）[2]，也图绘了高相轮的佛塔，俄藏梵文《法华经》插图中的佛塔亦是如此。

西域南道以外，吉尔吉特附近的岩画中亦有很多佛塔，其中不乏相轮高耸者。如前述位于特尔班桥附近摩崖线刻，画面中佛陀端坐在树下，其上方是一座具有七重相轮的佛塔（图23）。与俄藏梵文《法华经》插图相比，虽然岩画中塔基更高、上方的经幡直接系在塔顶摩尼珠上，两者样式略有区别，但都突出了高相轮的特征。

故而笔者认为，"喀什本"《法华经》描绘的七宝塔，实际上是一种3—8世纪间广泛流传于犍陀罗地区、克什米尔北部以及丝绸之路西域南道的佛塔样式。俄藏梵文《法华经》插图的绘制者选择这种样式表现多宝佛的七宝塔，一方面说明该佛塔样式在于阗流行，另一方面也体现了当地民众对《法华经》充分的信仰与了解，故而经典与图像细节能互相对应。

图23 佛塔摩崖线刻

Zwischen Gandha-ra und den Seidenstrassen, Photo. 18

小 结

最后再回到俄藏梵文《法华经》写本中的四幅插画，通过以上讨论，可以清

1 *Serindia*, Vol. 1, Oxford Press, 1921, p. 441. 该木质塔刹现藏大英博物馆，编号MAS. 702。

2 G. Gropp, *ArchäologischesFundeausKhotan*, *Chinesisch-Ostturkestan. Die Trinkler-SammlungimÜbersee-Museum*, Bremen: Monographien der Wittheitzu Bremen, 1974, p. 138.

晰看出这些插图展现了来自克什米尔北部（小勃律）的外来风格和本土样式的碰撞与融合。具体而言，包括两个方面：

第一，佛像的面部细节刻画、佛衣的衣纹表现承自克什米尔北部地区，特别是与吉尔吉特一带的佛教绘画相接近。而7—8世纪吐蕃与唐王朝在吉尔吉特用兵，可能在一定程度上加剧了当地僧侣、工匠的外逃，故而产生克什米尔佛教艺术风格传入于阗的契机。虽然就和田地区所出的佛教文物而言，具有克什米尔风格的雕塑、绘画作品数量有限，但包括俄藏梵文《法华经》插图在内的艺术品折射出小勃律与于阗在佛教、艺术领域确实存在着交流，填补了汉文史料记录和丝绸之路研究的空白。

第二，俄藏梵文《法华经》插图中的供养人像和佛塔形制与7—8世纪的于阗佛教艺术相符，特别是佛塔样式能够与“喀什本”《法华经》中所描述的七宝塔进行图文互证，展现出于阗地区法华美术的特色。

宋代浙南滨海地区的环境变迁*

——以水利碑刻中陡门记载为例的考察

■ 康武刚（安徽省社会科学院）

目前学界涉及浙南地区水利史的研究成果主要有：日本学者斯波义信所著《宋代江南经济史研究》一书，曾涉及宋代温州水利方面的考察[1]。陈丽霞《历史视野下的温州人地关系（960—1840）》[2] 在一些资料的援引上重新予以审正。还有吴松弟的《温州沿海平原的成陆过程和主要海塘、塘河的形成》[3]等文章。本文拟在上述学者研究的基础上，试图通过分析搜集到的相关碑刻资料中的宋代陡门记载，揭示历史时期浙南滨海地区的水利修筑与环境变迁之间的关联。

通过查阅文献和实地调查，本文中的陡门碑刻资料来源有两处：（一）方志资料。所利用的文献资料一部分是1949年前的温州地区的方志，如弘治《温州府志》、民国《平阳县志》。（二）新中国成立后所编修的水利志、碑刻资料是资料的又一来源，其中具有代表性水利志则以《温州市水利志》为主体，辅以其他各区县水利志书，《温州历代碑刻集》《温州历代碑刻二集》资料集则是碑刻资料的代表。

浙南地区多是丘陵山区，“负山滨海，沃土少而瘠地多。民生其间，转侧以

---

* 基金项目：2015年国家社科基金青年项目“10—19世纪浙南滨海平原的水利建设与环境变迁研究”（项目编号：15CZS012）。

1 ［日］斯波义信：《宋代江南经济史研究》，方健、何忠礼译，江苏人民出版社，2012，第215—217页。

2 陈丽霞：《历史视野下的温州人地关系（960—1840）》，浙江大学出版社，2011。

3 吴松弟：《温州沿海平原的成陆过程和主要海塘、塘河的形成》，《中国历史地理论丛》2007年第2期。

谋衣食”[1]。农业土地稀少、贫瘠，浙南人民围垦滨海滩涂，“阪田狭薄，上下涂泥，侧耕危获，较计毫厘……惟海滨广斥之地聚人力焉”[2]。宋代浙南滨海地区的围垦滩涂，主要由于当时日渐严重的人地矛盾。《王祯农书》对此描述道：“初种水稗，斥卤既尽，可为稼田。所谓泻斥卤兮生稻粱……其稼收比常田，利可十倍。民多以为永业。”[3] 滨海涂地灌溉困难，且在土壤脱盐过程中也需要相应的水利设施——陡门（闸），此类设施在浙南滨海地区名称不一，如台州称为闸，在温州则被称为陡门，其他地区也有称为闸门、石门等，本文统一称为陡门。

一　宋代浙南滨海平原陡门的地理分布

陡门是浙南滨海地区水利修筑的重要内容之一，唐末宋初，温州已经出现了水湫、陂塘等水利设施修筑有简单闸门。北宋大中祥符年间（1008—1016 年）瑞安县集善乡修筑温州滨海平原第一座塔山陡门，根据弘治《温州府志》卷五《水利》的记载，到了南宋时期整个温州修建了 42 座陡门。依据此志的记载，对宋代温州滨海平原陡门的地理分布情况，略做介绍。

表 1　宋代瑞安县陡门

陡门名称	地点	修筑时间	备注
月井陡门	瑞安县城东三里，清泉乡龙山下	南宋绍兴间（1131—1162 年）	邑令吕勤浚之
桐浦陡门	城西三十余里二十五都，属集善乡	北宋元丰间（1078—1085 年）	明洪武十七年（1384 年）重筑
塔山陡门	集善乡二十六都	北宋大中祥符（1016 年）	明正统三年（1438 年）耆老吴明载复修
新丰陡门	集善乡	南宋淳熙二年（1175 年）	元延祐六年（1319 年）孙宗泽重修
半浦陡门	浦西乡	南宋淳熙二年（1175 年）	后为潮水冲激，屡费修筑
唐坊陡门	浦西乡	不详	宋乾道二年（1166 年）水毁后唐氏重修

1　（宋）陈耆卿：《嘉定赤城志》卷一三《版籍门一》，载中华书局编辑部编《宋元方志丛刊》第七册，中华书局，1990，第 7389 页。

2　（清）阮元：《两浙金石志》卷八《宋佛窟岩涂田记碑》，载中国东方文化研究会历史文化分会编《历代碑志丛书》第十九册，江苏古籍出版社，1998，第 188 页。

3　（元）王祯：《王祯农书》卷一一《农器图谱集之一・田制门》，中华书局，1956，第 192 页。

续表

陡门名称	地点	修筑时间	备注
俞浦陡门	十五都	不详	宋绍兴十五年（1146年）因以石助建沙塘陡门
安禄陡门	县城西半里	不详	因西岘山岩穴通潮遂建
江际陡门	二十都	不详	宋乾道时（1165—1173年）漂损
永丰陡门	二十四都小奥	南宋淳熙乙未（1175年）	后不详
莲团陡门	二十四都	不详	长6丈
矢石陡门	三十五都	北宋元丰二年（1079年）以前	宋元丰二年（1079年）洪水冲损
石冈陡门	东崇泰乡六都韩田村	北宋元丰间（1085年）以前	宋元丰间（1078—1085年）重修
屿头陡门	涨西乡	南宋绍兴间（1131—1162年）	乾道二年（1166年）水毁重筑
周田陡门	涨西乡	南宋绍兴间（1131—1162年）	岁久潮水冲坏
南口陡门	来暮乡	北宋宣和五年（1123年）	明弘治间（1488—1544年）重修
塘东陡门	来暮乡	南宋嘉定间（1209—1223年）	又名登场陡门，里人张金部修
姜家陡门	来暮乡	南宋淳熙间	清嘉庆间圮

表2　宋代平阳县陡门

陡门名称	地点	修筑时间	备注
河边陡门	万全乡二都石塘岭	南宋景定间（1260—1264年）	水灾冲坏，遂改建为陡门
永丰陡门	万全乡六都近沙塘	南宋绍兴十五年（1146年）以前	自宋绍兴十五年建沙塘陡门，此陡门坍坏，不复修
沙塘陡门	万全乡六都	南宋绍兴十五年（1146年）	太常博士吴蕴古创建
江口陡门	东乡九都，去县东南二十五里	南宋端平三年（1236年）	邑令林宜孙创筑
塘湾陡门	西乡十四都	南宋嘉定五年（1212年）	宋末已坏
下涝陡门	西乡十四都	南宋嘉定五年（1212年）	宋末已坏
江西陡门	西乡十四都	南宋嘉定五年（1212年）	宋末已坏
楼浦陡门	西乡十四都	宋嘉定五年（1212年）	宋末已坏
新陡门	西乡十四都	宋嘉定五年（1212年）	宋末已坏
萧江渡陡门	西乡十四都	南宋嘉定五年（1212年）	宋末已坏

续表

陡门名称	地点	修筑时间	备注
相思浦陡门	亲仁乡	南宋开禧中（1207 年）	宋陈伯恭修筑
石竟陡门	亲仁乡	南宋绍兴间（1131—1162 年）	宋嘉定间，拆其石筑黄浦埭
象山陡门	亲仁乡二十六都	南宋嘉泰元年（1201 年）以前	南宋嘉泰元年（1201 年）复筑
楼石陡门	亲仁乡二十六都	南宋乾道间（1165—1173 年）	宋陈伯恭修筑
阴均陡门	金舟乡二十一都	南宋嘉定元年（1208 年）	县令汪季良、林居雅修筑
湖南陡门	金舟乡二十一都	南宋嘉定元年（1208 年）	自阴均陡门成遂废
新潜陡门	金舟乡二十一都	南宋嘉定元年（1208 年）	自阴均陡门成遂废
乌屿陡门	金舟乡二十一都	南宋乾道四年（1168 年）	自阴均陡门成遂废

表 3　宋代乐清县、永嘉县陡门

	陡门名称	地点	修筑时间	备注
乐清县	白沙	永康乡一都	北宋治平间（1064—1067 年）	邑令焦千之建
	东山	永康乡一都	北宋治平间（1064—1067 年）	邑令焦千之建
	石马	永康乡一都	北宋治平间（1064—1067 年）	邑令焦千之建
永嘉县	山前陡门	府治大南门外	南宋绍兴间（1131—1161 年）	郡守赵不群建
	茅竹陡门	华盖乡五都茅竹岭	南宋庆元六年（1200 年）	邑人陈熊筑
	瞿屿陡门	膺符乡九都二里瞿屿山麓	约南宋嘉定元年（1208 年）前后	宋郡守杨简修筑

表 4　宋代温黄地区闸门

	闸门名称	地点	修筑时间	备注
宋代温黄平原闸门	常丰	黄岩县东隅	宋元祐中（1086—1094 年）	罗提刑适建
	清混	黄岩县东隅	宋元祐中（1086—1094 年）	罗提刑适建
	石湫	二十五都	南宋	知县陈君遇明建
	永丰	黄岩县	宋元祐中（1086—1094 年）	罗提刑适建
	周洋	黄岩县	宋元祐中（1086—1094 年）	罗提刑适建
	黄望	黄岩县	宋元祐中（1086—1094 年）	罗提刑适建
	回浦	黄岩县	宋淳熙中（1174—1189 年）	勾龙昌泰建
	鲍步	五十四都	宋淳熙中（1174—1189 年）	勾龙昌泰建

续表

	闸门名称	地点	修筑时间	备注
宋代温黄平原闸门	金清	金清乡	宋淳熙中（1174—1189 年）	勾龙昌泰建
	长浦	五十四都	宋淳熙中（1174—1189 年）	勾龙昌泰建
	蛟龙	六十三都	宋淳熙中（1174—1189 年）	勾龙昌泰建
	陡门	在六十四都	宋淳熙中（1174—1189 年）	勾龙昌泰建

由表 1 至表 4 可知，修建于北宋的陡门有 13 座，修筑时间不确定在北宋或南宋的有 6 座，修建于南宋的有 35 座。瑞安、平阳各修筑了 18 座陡门，永嘉、乐清各修筑了 3 座陡门，温黄地区修筑了 12 座闸门。

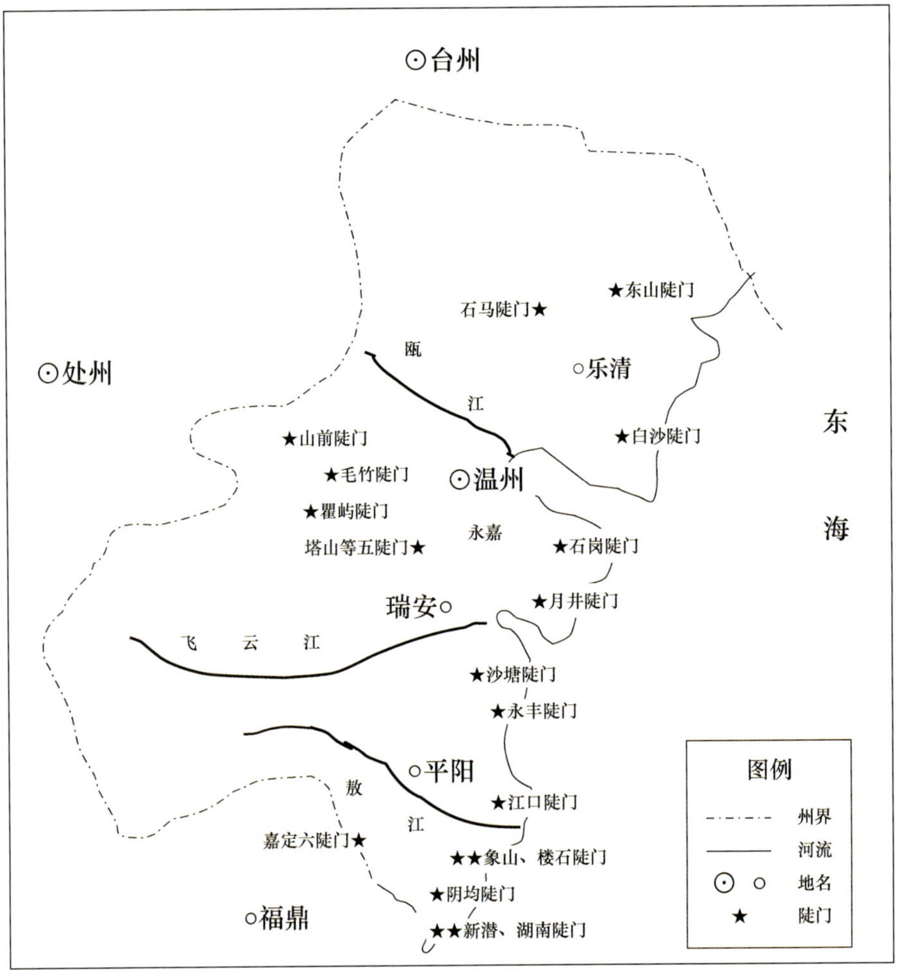

图 1 宋代浙南滨海平原陡门分布示意简图

上述陡门的修筑大多数都历经数次，有的历经元、明、清数代，一直在使用。如阴均陡门、沙塘陡门、石岗陡门[1]等，这些长期使用的陡门多处于人口稠密、交通便利、经济发展较快、河流交汇的地区。反之，则很快弃用。

浙南滨海平原被椒江、瓯江、飞云江、鳌江分割成五块平原，这五块滨海平原的陡门修筑呈现出不同的特征。瑞安滨海平原处于飞云江两岸，受到江浙海洋潮汐与台湾海峡潮汐的影响较大。其滨海平原人口密集，对于陡门的修筑需求较多。平阳处于鳌江两岸，也易受到江浙海洋潮汐与台湾海峡潮汐的影响，宋以后人口的迁入，都是其陡门修筑较多的因素。乐清由于地处乐清湾西侧，其所受海洋灾害影响较小，滨海平原多为小平原，面积也较小，因此，陡门的修筑不多。永嘉的位置在瓯江南岸，紧邻乐清湾，东海的海洋潮汐受到乐清湾的吸附与湾内潮流的冲击而趋于削弱，因此，海洋自然灾害对于永嘉滨海平原的影响不大，其修筑的陡门也较少。宋代温黄平原紧邻台州湾，其滨海围垦所形成平原面积较大，因此对闸门的需求较为迫切，故其闸门修筑历史较长，北宋就开始大规模修筑闸门。

二　宋代浙南滨海地区的陡门与水利系统构建

宋代浙南滨海地区普遍在海塘内修筑陡门以控制水利。陡门的功能，即在田内开凿的河流上修建水闸门，用来阻挡咸潮、拦截河渠以壅高水位。“温地环山而平衍，骤雨虞溢，滨海而易泄，稍旱虞涸。故有陡门水湫以疏之，又有塘埭以蓄之，旱港亦云备矣。”[2] 绍兴十五年（1145年），平阳县吴蕴古为家乡捐材首创沙塘陡门，调控灌溉周边农田四千多顷。嗣后其子孙又继承其遗志，几度重修陡门。[3] 这些陡门的修筑，与捍海塘堰相配合，形成完备的水利系统，上蓄流泉，下捍咸潮，潴其不足，泄其有余，为农业生产提供了坚实有力的保障。

宋代浙南滨海平原的陡门主要修筑于江河入海口处，是重要的水利工程设施。宋代浙南滨海地区修筑的海塘，挡潮抗灾能力弱。在北宋浙南滨海平原陡门开始修筑之前，潮涨海水涌入河溪，潮退河水汇

1　宋代温州滨海平原陡门的修建反映了海岸线变化。如瑞安重修石岗陡门，还要根据海边田地向海淤涨的变化而向东延展，“从前陡门始于穗丰山之 南趾，以离海远，泻水不效，而议迁置”。此记载可以追溯石岗陡门的位置变化。（陈傅良：《重修石岗陡门记》，载吴明哲《温州历代碑刻二集》，上海社会科学院出版社，2006，第901页）石岗陡门本创建于穗丰山之南趾（仙岩附近），后因离海远，泻水不效，而下移12里，移到石冈建陡门。通过陈傅良《重修石岗陡门记》对石岗陡门位置变迁的记载，真实反映了截至南宋时期温瑞塘河东侧前沿淤涨，进而导致平原土地已向外推移了十余里的状况。

2　万历《温州府志》卷二《水利》，《四库全书存目丛书·史部》第210册，齐鲁书社，1996，第502页。

3　吴明哲：《温州历代碑刻二集》，上海社会科学院出版社，2006，第895—896页。

流入海。滨海平原陡门与埭、海塘相依，控制蓄泄河水，经历代创新发展，遂成江海河防工程体系。如平阳县阴均大埭，建于宋嘉泰年间，控制江南平原十万余亩农田灌溉排涝，汇集金舟、亲仁、慕贤等四乡之水，最后由阴均陡门入海。[1] 乐清县西埭，“宋淳熙间（1174—1188 年）县令袁采增筑。另外又筑护埭，下为暗沟，又建小陡门两间”[2]。闸门对温黄滨海平原的水量调控、御咸蓄淡起到了关键作用。至淳祐十年（1250 年），温黄平原上已建十五座闸，平原初步形成了一个河网排蓄系统，兼收灌溉、排水、航运之利。[3] 这些建于宋代的闸规模较小，构造形态多为桥状闸门，闸身为石砌，桥墩为石伸臂梁式结构，闸门的桥台、桥墩上分别凿有两条沟槽，用以安放木板，在水流的上、下方各设块石，分以水势。这些桥状闸门不仅可以起到排蓄水的作用，也为两岸交通提供了便利。

又如瑞安县芳山乡湖北埭，“元丰七年（1084 年）洪水冲坏，河分为东西，溪水尽注西河，而东河不接上流，民田失溉。建炎三年（1129 年）王汝晖买地开凿新河，以接上流。其河皆枕大江，埭岸甚狭。乾道九年（1173 年）王确疏河重筑。淳熙十一年（1184 年）潮冲埭坏，江河为一，王确念前功，复加修筑，并建陡门，埭始巩固”[4]。矢石陡门，“在芳山乡，元丰七年，洪水损坏。建炎三年后，河应接上流，乾道九年重筑，又有矢石上下二埭、新河埭。榆浦陡门，在南社乡榆浦，废久，止存石柱，后修建沙塘陡门，遂筑埭，今为坦途”[5]。

宋代浙南滨海地区的陡门还可以与海塘、埭修筑在一起，共同发挥御卤蓄淡的功效。如平阳县横河埭，其地连接平阳万全，东面是沙塘陡门，先修筑有横河埭。乾道二年（1166 年）大水灾，横河埭被冲坏，临近田地都被海水淹没，宋朝政府委派官吏，“外筑（海）塘捍潮，内塞河以副之”[6]。从此以后，横河埭与沙塘陡门、海塘互为唇齿，共同发挥着斥盐卤蓄淡水的重要作用。

有的陡门，因为没有修埭，导致陡门的水利功能大减，如平阳塘湾陡门、江西陡门、楼浦陡门、下涝陡门、萧家渡陡门、新陡门六座陡门，《元志》云：“嘉定五年，郡守杨简复奏筑黄浦埭，（相视

1 《温州历代碑刻二集》，第 902 页。

2 （清）李登云：光绪《乐清县志》卷二《水利》，清光绪修民国元年刊本，第 201 页。

3 光绪《太平续志》卷一，清光绪刻本，第 167 页。

4 （清）陈永清：乾隆《瑞安县志》卷二《水利》，清乾隆十四年刻本，第 189 页。

5 （明）王瓒：弘治《温州府志》卷五《水利》，上海社会科学院出版社，2006，第 86 页。

6 （清）金以埈：康熙《平阳县志》卷二《水利》，清康熙刻本，第 249 页。

官)[1] 临海主簿吴宝卿申令先筑六座陡门以泄上流，仍开庄严院前一带旧河以通舟楫，遂立埭，后不成，陡门少利。"[2] 由此可见，温州滨海平原的某些地域，在海、江、河水的不断冲击下，仅仅依靠陡门，是难以抗衡自然灾害的，需要海塘、陡门和埭相互配合，才能抵御自然灾害的侵袭。

宋代浙南滨海平原一些陡门是由埭改建的。在浙南滨海平原的围垦过程中，埭的修筑，一方面阻挡海水回流倒灌，以免侵入已开发的耕地；另一方面内蓄涧水流泉，又使靠近海岸线的盐碱化平原开发成耕地。浙南滨海地区陡门的作用主要有三个方面，一是蓄淡斥咸；二是开闸泄洪排涝；三是提高或者降低水位，以利船只通航。从功能上而言陡门较之埭更多，且更能满足经济发展的需求。因此，南宋开始，陡门由埭改建的案例越来越多。如平阳黄公埭，"宋朝里人高黎黄姓筑埭于扈山东，防御海潮，后移址扈山改埭为陡门"[3]。平阳相思浦陡门，在亲仁乡越潭，乾道间，乡民筑埭，为水所坏，后改建为陡门。[4] 瑞安新曹埭，"在集善乡，旧皆泥埭，宋淳熙乙未（二年）建陡门。唐枋埭，在集善乡，古系泥埭，宋乾道丙戌潮坏，后唐氏作唐枋陡门。塔山埭，在集善乡，宋大中祥符间筑，因潮冲坏，咸水入河，元丰元年建陡门"[5]。埭改造为陡门后，便利了人员的往来与物资的运输，促进了温州滨海平原经济、社会的发展，带来了人口的增加。对百姓而言，只要水利设施得当，"沿海夷涂，可以畇畎。塘以捍之，涂亦恒产"[6]。如罗适[7]元祐年间（1086—1094 年）任两浙提点刑狱时，巡行浙东，以黄岩官河岁久壅塞，境内易旱易涝易碱，遂亲临黄岩督修，疏导八乡官河 90 里，沟通大小支流 936 条，计长 75 万丈；改埭建陡门，兴建椒江常丰闸，西江石漱陡门（羽山）及江海永丰、黄望、周洋三闸（今属温岭），均为温黄地区最早建成的闸门。这些闸门建成后，海水受阻，河渠畅通，排灌两宜，使温黄滨海平原连岁丰裕，"所出稻米甲于一州"，人

1 相视官即为南宋政府临时委派勘察温州水利的官员。

2 弘治《温州府志》卷五《水利》，第 85 页。

3 康熙《平阳县志》卷二《水利》，第 249 页。

4 弘治《温州府志》卷五《水利》，第 84 页。

5 弘治《温州府志》卷五《水利》，第 74 页。

6 弘治《温州府志》卷一九《抚安塘记》，第 607 页。

7 罗适（1029—1101 年），字正之，号赤城，北宋宁海海游（今属三门）人。治平进士。初为桐城县尉，历任泗水、济阴、江都、开封县等知县，迁推官相度京西等路水利，均有政绩。复迁提刑两浙、朝散大夫护军。罗适早年就学湖州，深知以农为本，当以兴修水利为要旨。尝与苏轼书信往来，探讨治水方略。他初知泗水，即治水开荒，使数千农户安居乐业。在江都时，建石湖，筑大堤，堵潮水，并疏通泽水，使入长江，兴修水利 50 多处，溉田六千余顷。

称“黄岩熟，六县足”[1]。如南宋中后期温州“向也涂泥之地，宜植粳稻，罕种麰麦，今则弥川布垅，其苗幪幪，无不种之麦矣”[2]。

宋代浙南滨海地区陡门的修筑可以抵御海潮侵袭，储蓄淡水，开发滨海土地。在浙南滨海地区的众多闸门中，金清闸十分重要，它控制着温黄滨海平原的主要灌溉水系金清水系的干流，在宋代时便已引起当地官员的注意并开始建闸门，并在历代水利治理中都作为修整的重点。宋淳熙九年（1182 年），时任浙东常平使的朱熹了解到当时黄岩县的水利困局，便上书请奏建金清闸等六座闸门，选址、人员、经费都已落实，但闸门未建成便被调任，次年，由其继任者建成。金清闸于淳熙十年（1183 年）建成，位于黄岩四十七都金清（今温岭新河蔡洋附近，当时为金清港入海口），闸阔一丈六尺，深一丈四尺，两旁墙壁各长七尺二寸。[3] 金清闸建成以后，锁住了金清港的海潮，成为温黄平原的出海咽喉，控制了平原一半以上的灌溉水系不被海潮倒灌，民众甚赖之。

浙南地方志记载：“旧闸凡十有一，常丰、清混、永丰、周洋、黄望五闸，宋元祐中，罗提刑适建。回浦、鲍步、金清、长浦、蛟龙、陡门六闸，则淳熙中文公朱子提举浙东常平，行部至黄岩，乡士支汝绩、陈谦、陈纬、徐弗如以水利告，公用其议，请于朝，属林鼐、蔡镐区画兴工，而公有江西之命，蜀人勾龙昌泰主其事，役大费繁至厘，朝廷拨封桩、降度牒以附益之。厥后，庆元中常平使者李洪川拜职，以本路便宜请于庙堂，时郡人谢深甫当轴，因言黄岩建闸利害，李公用是深加注意而竣成之。”[4] 据此可知，宋代温黄平原大概有十一座闸：“今仍在黄岩者五闸，长浦、鲍步、蛟龙、陡门、委山是也。分隶太平者六闸金清、回浦、周洋、黄望、永丰、细螆（西屿）。”[5] 这其中最重要且多次重修的是金清闸。

又如平阳万全的沙塘陡门，地处沙塘的入海口，“平阳、瑞安相望三十里，其三乡西南负山，东北遵海”，沙塘“上蓄流泉，下捍潮卤”，沙塘陡门的选址位于平阳、瑞安的交界处，并且上“连亘水之源于山者，八十有四，支分派散，溉民田四千顷”，下则入于海。此处地理位置十分重要，正是周边河流入海的地方，如果不在此处修筑陡门，则“先是走潦，惟沙塘一塘一埭，决于既溢，塞于将涸，

1 万历《黄岩县志》卷一，《天一阁藏明代方志选刊》，上海古籍书店，1981，第 89 页。

2 （宋）吴泳：《鹤林集》卷三九《温州劝农文》，《景印文渊阁四库全书》，（台北）商务印书馆，1986，第 1176 册，第 382 页。

3 嘉庆《太平县志》卷一，清嘉庆刻本，第 121 页。

4 嘉庆《太平县志》卷一，第 122 页。

5 同上注。

雨旸微愆，农不获者居半，其患非一日也”[1]。江口陡门的修筑也是考虑到了御卤蓄淡，江口陡门在县东南二十五里，所处位置在海边，周边河流也从这里流入大海，之前没有修建陡门，临近村落面对水旱灾束手无策，“众流既莫遏，而海卤水亦以害稼，民交以为病”，自从江口陡门建成后，“溢不患溺，旱有所仰，而惠利及于二乡矣”[2]。苍南阴均陡门，金舟、亲仁、慕贤、东西四乡之水在此交汇后流入大海，南宋嘉定元年（1208 年）县令汪季良倡筑的阴均陡门，使鳌江以南四十余万亩田地免受咸潮侵害，逐步改造成为良田。[3] 上述陡门的修筑，一方面阻挡海水回流倒灌，以免已开发的耕地盐碱化；另一方面内蓄涧水流泉，又使靠近海岸线的盐碱化平原开发成耕地。

三 宋代浙南滨海平原陡门修筑与水利技术进步

宋代之前浙南滨海地区的陡门修筑，多以泥土筑垒，木板为闸，经不住风潮洪水冲刷，以致年年岁修。[4] 到了南宋，浙南滨海平原人口增加，民众围垦造地，海溢带来的损失更大。例如南宋乾道二年（1166 年），温州滨海地区遭受了大规模海溢的侵袭，据弘治《温州府志》卷五《水利》记载，石墩陡门、蛎踦陡门、屿头陡门、唐枋陡门、沙塘陡门五座陡门都受到破坏。宋政府非常重视此次风暴潮灾的救助，专门下拨了内藏库所藏钱赋，以修筑相关陡门设施，《宋会要辑稿》记载甚详：“温州近被大风驾潮……仍令内藏库支降钱二万贯付温州，专充修筑塘埭陡门使用，疾速如法修置，不得灭裂。”[5]

除了乾道二年的海溢，宋代浙南滨海平原还遭受了多次的海潮侵袭，正是为了抵御海水的倒灌，浙南滨海平原陡门的修筑技术出现了新的特点，体现为“以石易木”“石木混用”。如沙塘陡门为南宋吴蕴古修筑，史料记载“乃用巨木交错，若重屋者，凡七间，周以厚板，柜土其内，用以壅截河流，连络塘岸，虚其中三间之上，增置闸焉；其左右上下，又沉石攒撑，功不可计，以护土力，以敌水势”[6]。南宋吴蕴古修筑沙塘陡门即是用巨木、厚木板事先做成七个房屋样的木质预制构件，在其中四间塞满沙土，平行放置于河流中，两侧正好连接塘岸，用于堵

1 《温州历代碑刻二集》，第 897 页。

2 《温州历代碑刻二集》，第 930 页。

3 《温州历代碑刻二集》，第 902 页。

4 温州市江河水利志编纂委员会编：《温州水利史料汇编》，中华书局，1999，第 159 页。

5 （清）徐松：《宋会要辑稿·食货》，中华书局，1957，第 5860 页。

6 （宋）徐谊：《重修沙塘陡门记》，《温州历代碑刻二集》，第 897 页。

截水流，另外三间木质预制构件平行放在上述四个木质构件的中间，这三件木质构件做成闸门使用，在其周围又以石头加固。南宋时瑞安县重修石岗陡门，据陈傅良的记载，“莅匠以石代木，撤旧而新之”[1]，石岗陡门的重修也是以石质构件代替原先的木质构件。

平阳江口陡门“旧常因海堤中断之，建石为两涯，深广各三丈……视水盈缩，而闭从之，覆以屋五间，号江口陡门，始作于宋端平中”。江口陡门的修筑也是以石头垒建两侧，且加深加宽，以增强其抵御海潮侵袭的能力。为了增固陡门正面的强度，江口陡门还“内外贴石为左翼，又甃石坛于前后，中涯植石楹，折为双门，锲坎陷板以为局，每门板十有二层”[2]，考虑周详，大大延长了陡门的使用寿命。

宋代浙南滨海地区的陡门修筑技术，还出现了在陡门上修筑亭、桥等建筑，如瑞安屿头陡门，绍熙间架桥三间，每间用石版四片，中用版泄水。唐枋陡门，上置桥，下有闸。塘东陡门，宋嘉定间里人张金部建，有桥。平阳县沙塘陡门，宋淳熙间，侍郎徐谊、知阁蔡必胜作亭其上，立石曰“召杜亭”[3]。这些陡门上的桥、亭，可以给路人提供遮蔽，方便行人往来、休息。

浙南滨海地区多为深层软基，宋代尚未掌握桩基技术，因此陡门的修筑需要考虑具有足够地基承载力的位置。浙南滨海地区的陡门主要采用岩石地基来解决，由岩基来承载陡门的全部荷载，维持陡门的稳定。[4]

四　宋代浙南滨海地区陡门与水利纠纷的解决

宋代浙南滨海地区陡门的修筑也可以缓和聚落之间的矛盾。浙南滨海平原不同村落之间围绕着水资源的分配，往往会产生矛盾。如前述南宋时期吴蕴古修筑平阳沙塘陡门，就是为了解决相关村落的用水矛盾。沙塘陡门临近村落旧时分别建有水闸，“以潴泄水”，当水灾来时，“莫肯先决”，只考虑本村落的利益，“以便己私，乃竞争斗讼”。后修建沙塘陡门，才解决了临近村落的用水纷争。[5]

浙南滨海平原属正常半日潮，每日涨潮落潮各两次，遇台风暴雨时涝水还未排

1　（宋）陈傅良：《重修石岗陡门记》，《温州历代碑刻二集》，第 901 页。

2　（明）苏伯衡：《重修江口陡门记》，《温州历代碑刻二集》，第 930 页。

3　弘治《温州府志》卷五《水利》，第 84—85 页。

4　郑加财、薛荣华、林炳东：《温州南宋“下陡门”古闸遗迹水文考证与分析》，《浙江水利科技》2011 年第 4 期。

5　《温州历代碑刻二集》，第 897 页。

完，海水就已经涨上来了。[1] 海潮对农业生产影响很大，海水浸泡过的土地，农作物基本无收，且土壤内的盐卤几年也难以洗净，在很长一段时间内农作物的产量都会受到较大影响。自然状态下，海潮沿着金清港及众多支流倒灌进温黄平原，导致平原都为斥卤之地，难以耕种。宋代元祐以前，当地民众会修建土埭御咸蓄淡，但土埭在遭遇洪涝时经常导致排水不畅，常被村民私下掘堤放水，土埭被破坏后难以修复，河道便又遭咸潮侵入。嘉靖《太平县志》曰："地最洼下，昔人谓为釜底，田十岁率九荒，民或茭牧其中。滨海之民为咸潮所害，齐民率筑坝以捍潮。时或积雨，则中乡沉灶，往往窃而启之，至不可复筑，民甚苦焉。"[2] 因此，可蓄可排的闸门是温黄滨海平原的重要水利设施，在宋代滨海平原开发的早期，便开始在滨海平原上的自然河流上修筑闸门以拒咸蓄淡。海塘内围垦区的河网的水量控制和拒潮蓄淡也主要依靠闸门的修建。

在浙南滨海地区，围绕陡门的开、闭问题，民众出现了纷争，为了解决相关的纷争，浙南滨海地区以"水则"为证，刻石立柱，以决定是否开闭陡门。决定陡门的开或关的依据，是洪水时泄洪，平水时挡潮，并确保内河蓄水，因此必须遵照"水则"。宋代的"水则"类似现代为控制水位而设定高程的规则，然无具体参照物来标示高程基准面，应属假定高程的特例。水则镌刻在陡门柱上，可以直观地显示水位高低变化，因此虽不确知其高程基准面，也能适时开、闭陡门。

宋代元祐三年（1088 年），温州创立了《永嘉水则》。据弘治《温州府志》记载，永嘉县陡门水则原文如下："平字上高七寸合开陡门，永嘉水则至平字，诸乡合宜平，平字下低三寸合闸陡门。宋元祐三年立。"[3] 《永嘉水则》为四行正书，经四寸五分，下平字大倍之镌刻在谯楼[4]前五福桥（又名大洲桥）西北墩第一间第一条石柱上，温瑞塘河诸乡皆按此开、闭陡门。民国《永嘉县二十三年度建设计划书》记载：此水则"宜"字与"平"字之间，刻有横线数道，最高横线，其高度为 9.19 公尺，较"宜"字低 6.3 公分，较"平"字顶高 3 公寸。1942 年《浙江省瓯江、飞云江间滨海区域陡门改善计划书》记载：开字高度为 7.06 公尺，平字高度为 6.84 公尺，闸字高度为 6.74 公尺。标高系华北水利会测量队假定海坛山麓井圈石高度为 10.00 米。[5] 可以看出，宋代温州陡门的开合启闭的管理，依照

1 伍廷昊：《温黄平原金清水系分片控运设想及影响分析》，《浙江水利科技》2016 年第 3 期。

2 嘉靖《太平县志》卷二，明嘉靖刻本，第 147 页。

3 弘治《温州府志》卷五《水则》，第 70 页。

4 此谯楼位于今温州市区。

5 王国俊：《温州自十一世纪以来的高程控制测量》，《温州通史编纂通讯》2014 年第 1 期。

《永嘉水则》所规定的严格的制度，而这一套制度是根据温瑞平原的地面高度，科学测量不同时期的水位和不同时候管理水位的要求而制定的。古代，山区植被良好，少水土流失和泥石流等天灾，也无过量开采地下水之人祸，因此，海塘内的地面高度比较稳定。施肥（河泥、畜肥）加高农田，日常制砖、建房择高田取土，这种良性循环使地面高度只会有些微的变化。《永嘉水则》的“开—闸”范围仅0.30—0.35米，若构筑物发生其半即0.15米的沉降，温瑞平原就会受灾而必须改变水则，实际情况是《永嘉水则》千年未变，这是构筑物沉降很少的反映。

宋元祐三年创立《永嘉水则》，约束“永瑞塘河诸乡皆按此开关陡门”，既涉及“诸乡”，为了有利于管理，镌刻地点才选择在城中谯楼前、河道通畅的“五福桥”附近。此水则首先准确标定“平字”的镌刻高度，再辅以27字简要说明在什么水位“开、平、闸”，二者共同构成完整的《永嘉水则》。除了《永嘉水则》，温州瑞安穗丰石桥亦刻水则，淳熙戊申（十五年）郡守楼钥立。[1] 由此，也可以看出，温州滨海地区陡门的启闭多由地方官府管理。处理陡门启闭这样的水利纠纷是国家介入地方管理的重要渠道，相关决断成为国家控制地方社会的重要筹码。水利成为连接国家和地方社会的桥梁，国家介入水利事业，反映的是国家和地方社会的角力，更是国家控制基层社会的一种重要手段，维系基层社会稳定的重要砝码。

结　语

在宋代浙南滨海地区的开发过程中，修筑了大量的陡门，伴随着陡门（闸）等水利设施的兴建，宋代浙南滨海地区人民将海塘、埭等与陡门完美结合，构建了完善的水利系统。宋代浙南滨海地区陡门的修筑，可以阻挡御卤蓄淡，加快近海滩涂盐碱化的进程。同时，宋代浙南滨海地区陡门的修筑也可以解决不同聚落之间的用水纠纷。宋代浙南滨海平原陡门的修筑还促进了以石代木等水利工程修筑技术的进步。

1　弘治《温州府志》卷五《水利》，第71页。

《形象史学》征稿启事

《形象史学》是由中国社会科学院古代史研究所文化史研究室主办、面向海内外征稿的中文集刊，自2021年起每年出版四辑。凡属中国古代文化史研究范畴的专题文章，只要内容充实，文字洗练，并有一定的深度和广度，均在收辑之列。尤其欢迎利用历史上流传下来的各类形象材料进行专题研究的考据文章，以及围绕中国古代文化史学科建构与方法探讨的理论文章。此外，与古代丝路文化和碑刻文献研究相关的文章，亦在欢迎之列。具体说明如下。

一、本刊常设栏目有理论动态、名家笔谈、器物研究、图像研究、汉画研究、服饰研究、文本研究等，主要登载专题研究文章，字数以2万字以内为宜。对于反映文化史研究前沿动态与热点问题的综述、书评、随笔，以及相关领域国外学者的最新研究成果（须提供中文译本），亦适量选用。

二、来稿文责自负。章节层次应清晰明了，序号一致，建议采用汉字数字、阿拉伯数字。举例如下。

第一级：一　二　三；

第二级：（一）（二）（三）；

第三级：1. 2. 3. ；

第四级：（1）（2）（3）。

三、中国历代纪年（1912年以前）在文中首次出现时，须标出公元纪年。涉及其他国家的非公元纪年，亦须标出公元纪年。如清朝康熙六年（1667），越南阮朝明命元年（1820）。

四、来稿请采用脚注，如确实必要，可少量采用夹注。引用文献资料，古籍须注明朝代、作者、书名、卷数、篇名、版本；现当代出版的论著、图录等，须注明作者（或译者、整理者）、书名、出版地点和出版者、出版年、页码等；同一种文献被再次征引时，只须注出作者、书名、卷数、篇名、页码即可；期刊论文则须注明作者、论文名、刊物名称、卷期等。如为连续不间断引用，下一条可注为“同上注”。外文文献标注方法以目前通行的外文书籍及刊物的引用规范为准。具体格式举例如下。

（1）（清）张金吾编：《金文最》卷一一，光绪十七年江苏书局刻本，第18页。

（2）（元）苏天爵辑：《元朝名臣事略》卷一三《廉访使杨文宪公》，姚景安点校，中华书局，1996，第257—258页。

（3）（清）杨钟羲：《雪桥诗话续集》卷五上册，辽沈书社，1991年影印本，第461页下栏。

（4）（唐）李隆基注，（宋）邢昺疏：《孝经注疏》，载李学勤主编《十三经注疏》，北京大学出版社，1999，第 3 页。

（5）金冲及：《二十世纪中国史纲（简本）》上册，社会科学文献出版社，2012，第 295 页。

（6）苗体君、窦春芳：《秦始皇、朱元璋的长相知多少——谈中学〈中国历史〉教科书中的图片选用》，《文史天地》2006 年第 4 期。

（7）林甘泉：《论中国古代民本思想及其历史价值》，《光明日报》2003 年 10 月 28 日。

（8）［英］G. E. 哈威：《缅甸史》，姚楠译，商务印书馆，1957，第 51 页。

（9）Marc Aurel Stein，Serindia（London：Oxford Press，1911），p. 5.

（10）Cahill，Suzanne，“Taoism at the Song Court：The Heavenly Text Affair of 1008.” *Bulletin of Sung-Yuan Studies* 16（1980）：23-44.

五、（1）请提供简化字（请参照国家语言文字工作委员会 1986 年重新发布的《简化字总表》）word 电子版。如有图片，需插入正文对应位置。（2）同时提供全文 pdf 电子版。（3）另附注明序号、名称、出处的高清图片电子版（图片大小应在 3M 以上），并确保无版权争议。（如为打印稿，须同时提供电子版）。（4）随文单附作者简介（包括姓名、单位、职称、研究方向）、生活照（电子版）、联系方式、通讯地址、邮编。

六、如获得省部级及以上项目基金资助，可在首页页下注明。格式如：本成果得到××××项目（项目编号：××××）资助。项目资助标注不能超过两项。

七、邮箱投稿请以“文章名称”命名邮件名称和附件名称。请用文章全名命名，副标题可省略。

八、请作者严格按照本刊格式规范投稿，本刊将优先拜读符合规范的稿件。

九、来稿一律采用匿名评审，自收稿之日起三个月内，将通过电话或电子邮件告知审稿结果。稿件正式刊印后，将赠送样刊两本。

十、本刊已入编知网，作者文章一经录用刊发即会被知网收录，作者同意刊发，即被视为认可著作权转让（本刊已授权出版方处理相关事宜）。

十一、本刊地址：北京市朝阳区国家体育场北路 1 号中国历史研究院行成楼 220 房间，邮编：100101。联系电话：010-87420859（周一、周二办公）。电子邮箱：xxshx2011@yeah. net。